제2판

학교폭력예방 및 학생의 이해

| 조형정 김명랑 조민희 공저 |

YANGSEOWON
양서원

| 머리말 |

최근에 나타나는 학교폭력은 학교라는 특정 공간에서만 발생하는 것이 아니라 가정, 사회, 사이버 공간 등 시간과 공간에 구애받지 않고 확대되어 피해의 정도가 나날이 심각해지고 있으며, 그로 인한 괴로움을 호소하는 학생들이 나날이 늘어나고 있다. 뿐만 아니라 학교폭력은 교사를 대상으로도 적지 않게 발생되고 있는 것이 현실이다. 학교폭력은 표면적으로는 피해학생과 가해학생, 교사와 학생간의 문제에서 비롯된 것으로 비춰질 수 있지만 사실상 많은 수의 주변학생과 교사, 부모나 양육자의 역동적인 관계에서 발생되는 것으로 볼 수 있다. 이에 교사들은 '학교폭력 상황에서 피해학생, 가해학생, 주변인, 그리고 학부모에 대한 개입을 어떻게 해야 할지', '학교폭력 사건을 효과적으로 해결하기 위해 어떤 절차를 통하고 어떤 기관의 도움을 받아야 할지' 혹은 '학교폭력사건 종결 후 관계회복과 사후지도는 어떻게 해야 할지'에 대한 고민이 많을 수밖에 없다. 특히, 무엇보다도 큰 고민은 '학교폭력이 발생하기 전에 어떻게 하면 학교폭력을 사전에 예방할 수 있을지'에 대한 것일 것이다.

이러한 고민은 교사가 학생들의 발달적 문제 및 심리·정서적 문제들을 이해하고, 도움이 필요한 학생에게 면담 및 상담을 제공할 수 있는 실제적인 지식과 문제해결 능력을 갖추는 과정에서 해결의 실마리를 찾을 수 있을 것이다. 특히 교사가 지속적으로 학교폭력예방 교육을 실천할 수 있는 가장 좋은 방법은 학교 활동의 대부분을 차지하고 있는 수업을 활용하는 것이다.

교사는 학교폭력의 근본적인 예방을 위해 과거 지식중심의 입시위주 교육에서 다소 등한시되었던 인성교육 측면이 강화된 수업을 고안하기 위한 노력을 해야 한다. 기술발달에 따른 상호연결성이 커지고 정보가 급증하는 미래사회에서는 상대방을 존중하고 배려하면서 소통하는 인성은 필수적이다. 따라서 학교폭력예방교육은 일회성의 학교폭력 프로그램 운영이나 특정교사 책임의 생활지도에만 한정하지 않고 전 교과 수업 속에서 각종 활동과 수업내용을 통해 자연스럽게 이루어지도록 수업의 재설계가 이루어질 필요가 있다.

이에 본 교재는 예비교사 혹은 현직 교사들이 인성교육에 기반한 수업지도와 생활지도 그리고 상담이 가능한 교사역량을 지닐 수 있도록 각 장별로 다양한 이론과 학습활동을 경험할 수 있게 구성되었다. 이러한 구성을 활용하여 학교폭력 관련 교직과목을 지도하는 교수자들은 학습자 참여를 유도하는 수업을 설계하고 운영할 수 있으며, 학습자들은 수업시간에 이해한 내용을 바탕으로 학교폭력과 유관한 문제를 스스로 해결해보고 학교폭력예방 교육활동 설계 등의 경험을 통해 학교폭력에 대한 대처와 예방을 구체적으로 실천할 수 있는 역량과 태도를 지닐 수 있게 될 것이다. 따라서 본 교재는 예비교사나 현직교사들이 학생을 좀 더 깊이 이해하고, 학교폭력과 인성교육에 대한 관련성을 인식하여 교과지도, 생활지도와 상담을 실시하는데 실질적인 도움이 될 것이다.

「학교폭력예방 및 학생의 이해」는 교사들이 학교현장에서 학교폭력 사건을 개입하고, 학교폭력을 예방하기 위한 이론적이며 실천적인 내용을 담고 있다. 2017년부터 교과목명이 "학교폭력예방의 이론과 실제"에서 "학교폭력예방 및 학생의 이해"로 변경되었다. 이에 본 교재에서는 학교폭력에 대한 개념과 변화된 학교폭력에 대한 법규 및 사안처리 등에 관한 이해뿐만 아니라 청소년 발달과 상담이론 및 기법습득을 통한 학생지도, 왜곡된 성인식 및 문화개선과 안전한 환경을 위한 성인지 감수성 교육, 아동학대와 가정폭력에 대한 이해, 학교폭력예방을 위한 교과연계 인성수업설계 등의 내용을 강화하여 학생의 이해에 기반한 학교폭력예방활동과 인성교육활동에 실질적인 도움이 되도록 내용으로 구성하였다.

이 책은 총 12장으로 구성되었으며, 각 장에서 다루고 있는 내용을 차례로 살펴보면 다음과 같다. 1장 학교폭력의 이해에서는 학교폭력을 이해함에 있어서 요구되는 학교폭력의 개념적 정의 및 유형, 학교폭력의 원인 및 경향성을 다루었다. 2장 아동학대와 가정폭력의 이해는 아동학대와 가정폭력의 실태와 유형, 학교폭력과의 관계, 예방 등을 다루었다. 3장 학교폭력 역할 및 유형에 따른 학생 행동에 대한 이해에서는 학교폭력의 유형별로 나타나는 학생 행동들을 구체적으로 살펴봄으로써 학교폭력의 징후를 발견하고 예방 방안을 수립하는 데 도움을 주고자 하였다. 4장 학교폭력예방교육프로그램의 개발에서는 교사로서 학교폭력예방을 위한 교육프로그램을 개발하는 데 필요한 절차와 수업모형을 소개하고 실행을 위한 모형별 지도안을 제공하였다. 5장 학교폭력 법규 및 사안처리는 학교폭력이 발생하였을 때 교사가 반드시 숙지해야 할 법적 조치와 이행 및 사안처리 절차와 학교장 자체해결제에 대한 이해를 할 수 있도록 구성하였다. 6장 학교폭력 관계회복 및 사후지도방안에서는 학교폭력 사안처리 완료 후 학교폭력과 관련된 학생, 학부모의 정신건강 측면에 기반한 관계회복과 추후 학교폭력 재발 방지를 위한 학교와 교사 차원의 지도방안을 살펴보았다. 7장 청소년기 발달에서는 청소년기 발달이론을 토대로 하여 청소년의 정서·행동발달을 포함한 발달심리학적 측면에서의 청소년기의 특징을 다루었고, 이 시기의 대인관계에서 중요한 역할은 하는 또래 및 부모관계의 주요 특징을 소개하였다. 8장 심리검사와 학생이해에서는 심리평가와 심리검사 및 전문가에 의한 표준화된 심리검사 및 활용방법과 교사에 의한 심리검사 및 활동들을 소개하였다. 9장 학교폭력 상담과 자기이해에서는 학교폭력의 진단 및 예방을 위한 상담의 개입방향과 과정에 대해 살펴보고, 학교폭력 유형별 상담 접근방법 및 상담전략에 대해 중점적으로 다루었다. 10장 학교폭력예방 프로그램에서는 국·내외에서 개발된 다양한 학교폭력예방 프로그램들을 살펴보고 이를 토대로 학교 교육현장에서 예방교육 프로그램을 개발하고 시행해야 하는 담당 교사의 역할 수행에 도움을 주고자 하였다. 11장 인성교육의 이해에서는 인성교육의 개념, 인성교육의 방향과 목표, 인성교육 핵심 육성 요소와 평가, 인성교육의 실천과제에 대해 다루었다. 12장 교과교육을 통한 인성교육에서는 학교폭력예방활동을 위해 학교교과교육과정과 교과활동이 인성교육과의 연계 속에서 지속적으로 이루어질 수 있도록 수업을 재구조화하는 방법에 대한 내용을 다루었다.

'학교폭력예방 및 학생의 이해'는 학교폭력에 관련된 최근의 경향과 정책은 물론 학생에 대한 이해를 바탕으로 한 인성교육의 필요성과 인성교육이 학교교육현장에서 구현될 수 있는 실천적인 방법에 대해 설명하고 있다. 따라서 예비교사뿐만 아니라 일선 교사나 학교폭력이나 학생에 대한 이해에 관심 있는 일반인들의 참고자료나 교재로 사용되기에 적합하다고 판단된다.

끝으로 이 책이 출판되기까지 적극적으로 지원해 주신 양서원 박철용 회장님을 비롯해 출판을 위해 많은 협조와 수고를 아끼지 않으신 모든 분의 노고에 진심으로 감사를 드린다.

2023년 3월

저자 조형정, 김명랑, 조민희

| 차　례 |

chapter 01

학교폭력의 이해

학습목표

1. 학교폭력에 대해 정의할 수 있다.
2. 학교폭력의 유형을 설명할 수 있다.
3. 학교폭력 유형별 초기 대응방법을 이해하고 구별할 수 있다.
4. 학교폭력의 원인을 관점에 맞게 설명할 수 있다.

본 장에서는 학교폭력예방 및 학생이해를 위해 필요한 학교폭력의 보편적 정의, 유형, 유형별 초기 대응, 학교폭력의 원인과 실태를 다루고 있다. 학교폭력은 '학교 내·외에서 학생을 대상으로 발생한 상해, 폭행, 감금, 협박, 약취, 유인, 명예훼손, 모욕, 공갈, 강요 강제적인 심부름 및 성폭력, 따돌림, 사이버 따돌림, 정보통신망을 이용한 음란 폭력 정보 등에 의하여 신체 정신 또는 재산상의 피해를 수반하는 행위'로 정의된다. 학교폭력의 유형은 크게 물리적 폭력, 정서적 폭력, 사이버폭력, 성폭력으로 나눌 수 있으며 학교폭력 유형별 초기 대응 사항을 숙지하여 적절한 안전조치를 취해야 한다. 학교폭력의 주요 원인은 학생, 학교, 가정과 지역사회에서 찾을 수 있으며 보다 통합적 측면에서 원인을 찾아 해결방안을 수립해야 한다. 학교폭력의 실태는 교육부가 실시하는 학교폭력 실태조사 결과를 살펴봄으로써 학교폭력의 실태와 경향성을 살펴본다. 본 장을 학습한 후에는 학교폭력을 이해하는 데 필요한 가장 기본적인 지식을 습득할 수 있다.

1. 학교폭력의 정의

동영상 보기

- 학교의 눈물

학교폭력(School violence)이란 용어는 학교와 폭력이라는 두 단어가 조합된 말임은 분명하지만, 다른 교직과목의 제목처럼 오로지 사전적인 의미를 합성하여 단순하게 정의내리기는 쉽지 않다. 우리나라에서의 학교폭력의 의미가 무엇인지 이해하고 특히, 예비교사들에게 있어서 학교폭력예방 과목을 교원양성기관에서 이수해야 하는 타당성을 납득하기 위해서는 그 배경을 이해할 필요가 있다. 학교폭력이라는 말은 1995년 현 "청소년폭력예방재단"의 전신인 "학교폭력예방시민모임"에서 처음 사용하기 시작하였다(한국학교폭력상담협회, 2015). 이는 단순히 학교에서 학생들에 의해 이루어진 폭력사태를 지칭하는 의미로 사용되었으나 당시에 학교관계자들은 이 용어에 대해 심하게 반발하였다. 학교라는 교육현장에서 폭력이 행해진다는 것과 학생들을 가해자와 피해자의 신분으로 보아야 하는 자체가 어려웠기 때문이다. 그러나 학생들의 폭력사태가 악화되고 학교폭력으로 인한 학생들의 자살이 늘어나자 1997년경부터 정부기관 및 매체에서 학교폭력이란 말을 공식적인 용어로 사용하기 시작하였다(이명우 외, 2005).

교육부의 학교폭력예방 정책의 추진 경과를 살펴보면 1995년 학교폭력예방대책이 수립된 후 2005, 2010, 2012년에 걸쳐 총 3차에 의한 학교폭력근절종합대책이 마련되었다. 2011년 대구 ○○중학교 2학년 학생이 집단괴롭힘을 견디다 못해 자살한 사건은 학교폭력을 큰 이슈로 몰고 온 사건(나무위키백과, 2016)으로 이후 다큐멘터리로도 만들어져 학교폭력의 심각성을 드러냈다. 2012년에 3차 학교폭력근절대책은 4대 직접대책과 3대 근본대책으로 수립된 후, 2016년부터 교원양성기관에 '학교폭력예방의 이론과 실제'가 교직 기본소양강좌로 개설되었으며 2017년부터 '학교폭력예방 및 학생의 이해'로 강좌명이 변경되었다.

이러한 배경을 이해한 후 학교폭력의 정의를 살펴보면, 우선 학교폭력은 일반폭력과 장소, 주체/대상, 사실 인지, 지속성의 관점에서 차이가 있다(김규태 외, 2015). 학교폭력은 장소가 학교 또는 학급공간일 확률이 높고, 주체/대상은 학교 또는 학급친구가 해당된다. 일반폭력에 비해 사실인지가 용이하고 동일한 공간에서 1~3년의 시간을 보내기 때문에 지속성이 높다. 이를 구체적으로 설명하면 다음과 같다(이현림 외, 2012 재인용).

첫째, 학교폭력이 일어나고 있는 장소와 관련된 것이다. 학교폭력이란 학생들이 학교에서 경험하는 폭력뿐만 아니라 가정이나 학교 밖에서 일어나는 폭력이라도 그것이 학생들에게 영향을 미치는 것이면 모두 학교폭력으로 보아야 한다는 광의의 정의가 있다. 반면 학교폭력의 범위를 학교 내에서 발생하는 폭력이나 학교 주변과 등·하굣길에서 발생하는 폭력으로 한정하는 협의의 정의도 있다.

둘째, 학교폭력의 주체가 되는 가해자와 피해자와 관련된 것이다. 적용 범위에 따라서 학교폭력을 학교 내에서 발생하는 협의의 의미로 규정하지 않고, 장소 또는 학교 내에서 일어나는 폭력뿐 아니라 광의의 차원에서 학교 주변까지 포함하여 학생들이 실제로 경험하게 되는 것으로 정의하였다. 또한 가해자 중심에서 피해자 중심으로 규정하여 가해자의 신분과 관계없이 학생이 학교 내외에서 받는 모든 종류의 폭력 피해를 학교폭력으로 규정한다. 즉, 학급이나 학교뿐만 아니라 학생들에게 영향을 주는 아동학대와 가정폭력 등 모든 폭력을 포함시키고 있다.

셋째, 학교폭력을 관계를 중심으로 보는 것으로, 장소적 개념의 한계와 인물적 개념의 한계를 극복할 수 있다고 보고 있다. 이 관점은 학교폭력을 대단히 포괄적으로 정의내리고 있다. 인물 중심적 정의와 장소 중심적 정의에 학교라는 특수한 기관에서 가질 수밖에 없는 관계를 끌어들임으로써 학교폭력 정의의 여러 가지 모순점을 해결하고 있다. 즉, 학교폭력을 학교 내에서 마주쳐서 관계를 맺는 대상(교사와 학생의 관계, 학생과 학생의 관계, 학교 구조와 학생의 관계)들 간의 폭력 혹은 그 관계에 영향을 받아 일어나는 폭력이라 정의하고 있다.

넷째, 어떠한 행위를 폭력으로 간주할 것인가에 관한 것으로, 학교폭력에 대한 정의에서 가장 어려운 부분이라 할 수 있다. 폭력이라는 용어의 정의에 대해서 명확한 합의가 없기 때문이다. 그렇지만 일반적으로 폭력은 타인 또는 타인의 재산에 해를 끼치려는 의도를 가진 어떠한 행동도 폭력으로 간주될 수 있음을 시사한다. 그러나 이러한 정의 역시 어떤 행위를 폭력으로 분류할 것인가에 대해서는 명확하게 규정하지 못하고 있기 때문에 학자에 따라 조금씩 다른 견해를 보이고 있다. 그럼에도 불구하고 우리나라 학교폭력에서 가장 빈번하게 나타나는 유형은 고의적 괴롭힘이나 따돌림, 금품갈취, 언어적 놀림이나 협박과 욕설, 신체적 폭행이나 집단적 폭행이다. 그러므로 학교폭력은 학생들의 개인적 특성, 좌절감, 학교 내외의 사회적 요인들에 의해 유발되는 범죄적 특성을 가진 행위, 자신보다 신체적·심리적으로 약한 위치에 있는 학생에게 가해지는 위협이라고 정의할 수 있다.

다섯째, 「학교폭력예방 및 대책에 관한 법률」 제2조 제1호에 의하면, 학교폭력이란 학교 내외에서 학생을 대상으로 발생한 상해, 폭행, 감금, 협박, 약취·유인, 명예훼손·모욕, 공갈, 강요·강제적인 심부름 및 성폭력, 따돌림, 사이버 따돌림, 정보통신망을 이용한 음란·폭력 정보 등에 의하여 신체·정신 또는 재산상의 피해를 수반하는 행위를 말한다.

표 1-1 학교폭력과 일반폭력의 차이점

구분	일반폭력	학교폭력
장소	특정한 장소가 없음	학교, 학급 공간 / 학교 밖
주체/대상	불특정 대상	학생
사실 인지	어려움	용이함
빈도	일회성	지속성

학교폭력이란 개념은 관점과 적용 범위에 따라, 대상의 주체와 객체에 따라 학자들마다 다르게 정의되고 있으나(Olweus, 1993), 학교는 '학교 내·외에서 학생을 대상으로 발생하는', 폭력은 '신체·정신 또는 재산상의 피해를 수반하는 행위'로 규정될 수 있고 학교폭력에 대한 시각이나 유형은 시간이 흐름에 따라 변동될 수 있는 개념이라 볼 수 있다. 그러나 대체로 학교폭력으로 규정할 수 있는 행동에는 고의적인(intentional), 반복적인(repeated), 힘의 불균형(imblance) 중 하나 이상의 요건이 성립된다면, 그 행동은 학교폭력이라고 볼 수 있다(Coloroso, 2003).

- **고의적인** : 실수가 아닌 고의적으로 해를 입히거나 괴롭히는 말과 행동
- **반복적인** : 어쩌다 한 번 일어난 행동이 아니고, 반복적으로 되풀이되는 행동
- **힘의 불균형** : 힘이 더 센 학생이 약한 학생을, 상급생이 하급생을, 다수의 학생이 한두 명 소수의 학생을 괴롭히는 것

「학교폭력예방 및 대책에 관한 법률」 제2조에 공시한 학교폭력의 정의는 '학교 내·외에서 학생을 대상으로 발생한 상해, 폭행, 감금, 협박, 약취·유인, 명예훼손, 모욕, 공갈, 강요·강제적인 심부름 및 성폭력, 따돌림, 사이버 따돌림, 정보통신망을 이용한 음란·폭력 정보 등에 의하여 신체·정신 또는 재산상의 피해를 수반하는 행위'이다. 이 법률에서 규정하고 있는 학교폭력의 관련 개념에 대한 의미를 살펴보면 다음과 같다(송재홍 외, 2015).

- **상해** : 신체의 완전성을 해하는 것으로 남의 몸에 상처를 내어 해를 입히는 것

형법

범죄와 형벌에 관한 법률 체계. 어떤 행위가 처벌되고 그 처벌은 어느 정도이며 어떤 종류의 것인가를 규정

- **폭행** : 학생 간의 발생하는 폭행으로 해당 사안은 교원이 해결해야 하고, 당사자 간 분쟁을 교육적 차원에서 조정하기 위해서는 다소 구체성을 띠어야 하기 때문에 형법*상 협의의 개념인 '사람의 신체에 대한 유형력의 행사'로 해석(형법상 폭행죄에 해당하는 협의의 개념)
- **감금** : 장소 이전의 자유를 침해하는 행위를 말하는 것으로 신체 그 자체를 구속하지 않고, 다만 일정한 장소에서 나오지 못하게 하는 일이 그 성립 요건임
- **협박** : 상대방의 반항을 불가능하게 하거나 곤란하게 할 정도는 아니라도 상대방이 현실로 공포심을 느낄 수 있을 정도의 해악의 고지가 있는 경우(형법상 협의의 개념)
- **약취** : 폭행 또는 협박으로 사람의 현재의 상태에서 자기 또는 제3자의 실력적 지배하에 두는 것
- **유인** : 허위의 사실을 가지고 상대방을 착오에 빠뜨리게 하거나 감언이설(甘言利說)로 상대방을 현혹시켜 판단을 바르게 할 수 없게 된 사람을 자기 또는 제3자의 실력적 지배 내에 옮기는 행위
- **명예훼손** : 특정 또는 불특정 다수가 인식할 수 있는 상태에서 진실한 사실이나 허위의 사실을 직시하여 그 사람의 평판이나 사회적 가치를 떨어뜨리는 행위
- **모욕** : 공연히(불특정 또는 다수인이 인식할 수 있는 상태) 사실을 적시하지 아니하고 사람에 대하여 경멸의 의사 표시를 하는 행위
- **공갈** : 재물을 교부받거나 재산상의 이득을 취득하기 위하여 폭행 또는 협박으로 공포심을 일으키는 행위
- **강요** : 특정인에게 하기 싫은 일을 억지로 또는 강제로 요구하는 행위
- **강제적인 심부름** : 특정인에게 강제적으로 심부름을 시키는 행위
- **성폭력** : 성욕의 흥분, 자극 또는 만족을 목적으로 하는 행위로서 상대방에게 폭행과 협박을 하면서 신체적인 접촉을 하거나 성행위를 강제로 하는 것
- **따돌림** : 특정인이나 특정집단의 학생들을 대상으로 지속적이거나 반복적으로 신체적 또는 심리적 공격을 가하여 상대방이 고통을 느끼도록 하는 일체의 행위
- **사이버 따돌림** : 인터넷, 휴대전화 등 정보통신기기를 이용하여 학생들이 특정 학생들을 대상으로 지속적·반복적으로 심리적 공격을 가하거나, 특정 학생과 관련된 개인정

보 또는 허위사실을 유포하여 상대방이 고통을 느끼도록 하는 일체의 행위

- **재물손괴** : 「민법」*상 재물은 유체물(동산, 부동산) 또는 전기, 기타 관리 가능한 자연력을 말하며, 「형법」상으로는 유체물 및 관리할 수 있는 동력을 말하고, 손괴*죄는 재물만을 객체로 함(손괴란 재물에 직접 유형력을 행사하여 그 이용 가능성을 침해하는 것임)
- **정보통신망을 이용한 음란·폭력 정보** : 특정인에 대해 모욕적 언사나 욕설·허위의 글이나 사생활에 관한 사실을 인터넷 게시판에 올리거나 인터넷상이나 휴대전화를 통해 성적 수치심을 주는 음란한 대화를 강요하거나 위협이 되는 문자나 동영상을 보내어 정신적 피해를 주는 일체의 행위
- **학교폭력** : 학교 내·외에서 학생들이 발생하는 지속성, 의도성을 지닌 물리적 폭력, 정서적 폭력, 사이버폭력, 성적 폭력 등에 의하여 신체·정신 또는 재산상의 피해를 수반하는 행위

민법
개인의 권리와 관련된 법규를 통틀어 이르는 말

손괴
어떤 물건을 망가뜨림

2. 학교폭력의 유형

학교폭력은 학교 내·외에서 학생을 대상으로 발생하는 신체·정신 또는 재산상의 피해를 수반하는 행위로 학교폭력은 크게 물리적 폭력, 정서적 폭력, 사이버폭력, 성적 폭력으로 나누곤 한다. 이 중 물리적 폭력은 금품갈취, 신체폭력, 게임을 빙자한 폭력 등을 포함하며, 정서적 폭력은 집단따돌림, 강제 심부름, 언어적 폭력 등을 포괄한다. 사이버폭력은 인터넷과 휴대폰 등 정보통신기술을 이용한 폭력 행태를 의미하며, 성폭력은 가벼운 성추행부터 중증의 성폭력까지 포괄한다. 어떠한 유형의 학교폭력이든 이는 개인의 권리를 침해하고 공동체를 와해시키는 행위이다(전영주, 이영아, 이경희, 2014).

학교폭력의 유형은 일반폭력 유형이 다양해지고, 학교폭력의 새로운 유형이 나타나게 되면 변화될 수 있으나 현재까지 교육부에서 공시한 학교폭력의 유형은 신체폭력, 언어폭력, 금품갈취, 강요, 따돌림, 성폭력, 사이버폭력이 있다(교육부, 2022).

1) 신체폭력

- 신체를 손, 발로 때리는 등 고통을 가하는 행위(상해, 폭행)
- 일정한 장소에서 쉽게 나오지 못하도록 하는 행위(감금)
- 강제(폭행, 협박)로 일정한 장소로 데리고 가는 행위(약취)
- 상대방을 속이거나 유혹해서 일정한 장소로 데리고 가는 행위(유인)
- 장난을 빙자한 꼬집기, 때리기, 힘껏 밀치기 등 상대 학생이 폭력으로 인식하는 행위

2) 언어폭력

- 여러 사람 앞에서 상대방의 명예를 훼손하는 구체적인 말(성격, 능력, 배경 등)을 하거나 그런 내용의 글을 인터넷, SNS 등으로 퍼뜨리는 행위(명예훼손)

※ 내용이 진실이라고 하더라도 범죄이고, 허위인 경우에는 형법상 가중 처벌 대상이 됨.

- 여러 사람 앞에서 모욕적인 용어(생김새에 대한 놀림, 병신, 바보 등 상대방을 비하하는 내용)를 지속적으로 말하거나 그런 내용의 글을 인터넷, SNS 등으로 퍼뜨리는 행위(모욕)
- 신체 등에 해를 끼칠 듯한 언행("죽을래" 등)과 문자메시지 등으로 겁을 주는 행위(협박)

3) 사이버폭력

- 속칭 사이버모욕, 사이버명예훼손, 사이버성희롱, 사이버스토킹, 사이버음란물 유통, 대화명 테러, 인증놀이, 게임부주 강요 등 정보통신기기를 이용하여 괴롭히는 행위
- 특정인에 대해 모욕적 언사나 욕설 등을 인터넷 게시판, 채팅, 카페 등에 올리는 행위. 특정인에 대한 저격글이 그 한 형태임
- 특정인에 대한 허위 글이나 개인의 사생활에 관한 사실을 인터넷, SNS 등을 통해 불특정 다수에 공개하는 행위
- 성적 수치심을 주거나, 위협하는 내용, 조롱하는 글, 그림, 동영상 등을 정보통신망을 통해 유포하는 행위
- 공포심이나 불안감을 유발하는 문자, 음향, 영상 등을 휴대폰 등 정보통신망을 통해 반복적으로 보내는 행위

4) 금품갈취

- 돌려줄 생각이 없으면서 돈을 요구하는 행위
- 옷, 문구류 등을 빌린다며 되돌려주지 않는 행위
- 일부러 물품을 망가뜨리는 행위
- 돈을 걷어오라고 하는 행위 등

5) 따돌림

- 집단적으로 상대방을 의도적이고, 반복적으로 피하는 행위
- 싫어하는 말로 바보 취급 등 놀리기, 빈정거림, 면박주기, 겁주는 행동, 골탕먹이기, 비웃기
- 다른 학생들과 어울리지 못하도록 막는 행위

6) 성폭력

- 폭행 · 협박을 하여 성행위를 강제하거나 유사 성행위, 성기에 이물질을 삽입하는 등의 행위
- 상대방에게 폭행과 협박을 하면서 성적 모멸감을 느끼도록 신체적 접촉을 하는 행위
- 성적인 말과 행동을 함으로써 상대방이 성적 굴욕감, 수치감을 느끼도록 하는 행위

7) 강요

- 속칭 빵 셔틀, 와이파이 셔틀, 과제 대행, 게임 대행, 심부름 강요 등 의사에 반하는 행동을 강요하는 행위(강제적 심부름)
- 폭행 또는 협박으로 상대방의 권리행사를 방해하거나 해야 할 의무가 없는 일을 하게 하는 행위(강요)

3. 학교폭력 대응

학교의 학교폭력 대응은 학교폭력예방을 위해 교사들이 반드시 이해해야 할 내용이다. 교사는 학교폭력 상황을 감지·인지했을 경우 관련학생에 대한 안전조치가 우선적으로 이루어져야 하며 학교 내의 경우 담임교사 또는 교직원의 신속하고 적극적인 개입이 필요하다. 학교폭력이 감지·인지된 경우 학교장에게 보고하여야 하고, 학교장은 지체 없이 전담기구 또는 소속 교원으로 하여금 사실 여부를 확인하도록 해야 한다(교육부, 2022).

감지
학생들의 행동이나 교실 분위기 등을 보고 학교폭력이라고 느끼어 알게 되는 것

인지
학생 또는 학부모의 직접 신고, 목격자 신고, 제3자 신고, 기관통보, 언론 및 방송 보도, 상담 등으로 학교폭력 사안을 알게 되는 것

1) 주요 대상별 초기 대응

교육부(2002)에서는 학교폭력이 발생했을 경우 대응은 사안발생 → 관련학생 안전조치 → 보호자 연락 / 사안조사 / 상담의 순으로 제시하고 있고, 대응 순서에 따라 학교에서 대처한 내용을 문서로 만들어 두어야 불필요한 분쟁을 막을 수 있다

고 강조하고 있다. 관련학생 안전조치를 위한 피해학생, 가해학생, 목격학생·주변학생의 초기 대응 요령과 그 후 보호자 조치는 아래와 같다.

조치
벌어지는 사태를 잘 살펴서 필요한 대책을 세워 행함. 또는 그 대책

표 1-2 관련학생들의 학교폭력 대응 요령

주요대상	대응 요령
피해학생	• 피해를 당한 학생의 마음을 안정시키고(심호흡, 안정을 유도하는 말 등) 신변안전이 급선무다. • 가벼운 상처는 학교 보건실에서 1차적으로 치료하고, 상처 정도가 심해 학교 보건실에서 치료할 수 없을 때는 2차적으로 병원으로 신속히 이송한다. • 탈골, 기도 막힘, 기타 위급상황이라고 판단된 경우 자리에서 움직이지 않고 119에 도움을 청한다.
가해학생	• 피해학생의 상태가 위중하거나 외상이 심한 경우, 가해학생 역시 충격을 받아 예측하지 못하는 돌발행동을 할 수 있다. 그러므로 심리적으로 안정될 수 있도록 교사가 계속 주의를 기울이고 빨리 보호자에게 연락을 취한다. • 이후 가해학생에게 지나친 질책 및 감정적 대처를 하지 않도록 유의한다.
목격학생· 주변학생	• 학교폭력을 목격하거나 폭력 현장에 있음으로 인해 심리적·정서적 충격을 받은 간접 피해자도 유사한 문제 반응이 나타날 수 있다. • 주변학생들의 현장 접근을 통제하고, 특히 초등학교 저학년의 경우 동화책 읽어주기, 종이접기 등 흥미있는 활동으로 주의를 돌려 심리적 충격을 완화시킨다. • 사안에 관련된 학생 및 목격한 학생들에게 상황을 인식시키고, 차후 유사한 폭력상황이 벌어지지 않도록 예방교육을 한다. • 사안에 관련된 학생들에 대해 낙인을 찍어 따돌리거나, 사안과 관련하여 사실과 다른 소문을 퍼뜨리지 않도록 주의시킨다.
보호자	• 보호자에게 사실을 빠르게 알린다. • 연락할 때 보호자들이 지나치게 흥분하거나 놀라지 않도록 연락하고, 학교에 오면 사전에 정해진 장소에 가서 자녀를 만날 수 있도록 안내한다. • 사안의 내용과 학교 측의 대처사항에 대해 보호자에게 정확히 알려준다. • 피해 및 가해학생이 귀가했을 경우, 학생이 가정에서 심리적 안정을 취할 수 있도록 보호자에게 안내한다. 특히 피해학생인 경우, 보호자가 자녀에게 정서적 지지와 지원을 아끼지 말 것을 당부한다.

2) 학교폭력 유형별 대응

교육부(2022)는 학교폭력 유형을 신체폭력, 언어폭력, 금품갈취, 강요·강제적 심부름, 따돌림, 사이버폭력, 성폭력으로 구분하고 피해학생, 가해학생을 비롯한 대응 방안을 제시하였다.

① 신체폭력

신체폭력 사안이 발생한 경우 신속히 학교폭력 전담기구와 소속교사(교감, 책임, 보건, 상담교사)에게 연락하고, 피해학생의 위급상황을 발견한 교직원은 보건교사에게 이를 알리거나 119에 연락하며 관리자와 해당 교사, 학부모에게 이를 알리고 응급조치한 내용은 빠짐없이 기록하고 현장에 있는 모든 증거자료는 훼손하지 말고 유지 및 보관한다.

표 1-3 신체폭력 대응

교사	• 보호자 연락 : 피해학생, 상태 및 병원 안내 • 병원 이송 시 동승 • 사안조사에 협조
학교폭력 전담기구 학교장 등 관리자	• 교감 : 상황 파악, 지시 • 책임교사 : 상황 지시, 주위 학생 안정 및 질서유지 지도, 진행 상황 육하원칙에 따라 기록 • 보건교사 : 응급조치, 병원 이송 시 반드시 동승, 차량 내에서 요원의 응급처치 도움, 병원에서 피해학생 상태 설명 • 상담(교)사 : 피해학생의 심리적 안정 지원 • 학교장 등 관리자 : 전반적인 상황파악 및 총괄, 원인분석 및 재발 방지 주력

② 언어폭력

언어폭력 사안이 발생했을 경우 상대방의 명예를 훼손하는 구체적인 말을 하거나 인터넷, SNS, 문자메시지 등으로 퍼뜨리는 행위이므로 증거를 확보해 놓고, 피해학생과 가해학생에 대한 조치를 구분하여 취한다.

표 1-4 언어폭력 대응

피해학생 조치	• 욕설, 협박 등에 무응답할 것을 지도 • 인터넷, 모바일 상의 언어폭력은 저장(캡처) • 보호자에게 연락, 필요시 상담 조치
가해학생 조치	• 언어폭력을 했는지 사실 여부와 이유 등을 확인 • 장난으로 한 욕설이라도 피해학생이 고통 받을 수 있음을 인식

③ 금품갈취

아무리 적은 금액이라도 다른 사람에게 돈을 빼앗겼을 경우 즉시 신고하여 피해가 커지지 않도록 한다.

표 1-5 금품갈취 대응

피해학생 조치	• 초등학교 저학년 학생은 소액(500원, 1000원)을 빼앗겨도 두려워하고 불안해할 수 있음 • 적은 금액을 빼앗겼을 때 얘기하기를 주저할 수 있지만 교사는 금품갈취를 당했다는 사실에 대해 주목하고 이에 대해 학생의 심정을 공감하고 해결을 위해 노력
가해학생 조치	• 가해학생과의 면담을 통하여 사실 확인 • 아무리 적은 금액이라도 남의 돈을 빼앗는 행위는 폭력에 해당한다는 사실 인식 • 보호자에게 사실을 알림 • 방임·빈곤아동일 경우, 경제적 도움을 줄 수 있도록 사회복지사나 지역주민자치센터에 연계하여 지원함

④ 강요·강제적 심부름

강요 등은 폭력서클과 연계하여 일어날 수 있으므로 즉시 신고하여 피해가 커지지 않도록 한다. 친구를 대신하여 심부름, 과제를 하거나 음식물이나 옷을 제공하는 등의 행동 변화가 있을 경우 학생을 상담하고 보호자에게도 확인한다.

표 1-6 강요 및 강제적 심부름

피해학생 조치	• 상담을 통하여 어느 정도 피해를 받았는지, 다른 폭력 피해는 없는지 확인 • 당분간 부모가 등·하굣길에 동행
가해학생 조치	• 단순가담 학생들은 상담을 통해 지도 • 보호자에게 알리고 재발하지 않도록 지도

⑤ 따돌림

따돌림의 경우 피해학생 의사에 반하는 피해사실을 공개해서는 안 되며 학교폭력 중 가장 조심스럽게 접근할 필요가 있어 유연한 초기 대응이 요구된다. 피해사실이 확인되고 난 후 이를 바로 공개하면 2차 피해가 올 수 있기 때문에 교사는 피해학생과 상담을 깊이 있게 하여 피해학생의 요구를 최대한 존중해 주는 방식으로 대처한다. 가해학생을 바로 불러서 야단치면 가해학생은 교사에게 일렀다는 이유로 피해학생을 더욱 심하게 괴롭히고 따돌리는 경우가 많기 때문에 반 전체 앞에서 피해·가해학생의 이름을 지목하며 따돌림에 대해 훈계하면 피해·가해학생 모두가 낙인이 찍혀 문제해결에 효과적이지 않다.

그러나 피해를 당했을 때 조치를 취하지 않으면 폭력은 점점 심해지고 지속되며 따돌리는 학생은 자신이 폭력을 행사하는 줄 모르기 때문에 이름을 알려주어야 가해행동을 멈출 수 있다는 사실을 피해자에게 인지시켜 학생을 설득할 필요가 있다. 피해학생과 가해학생에 대한 조치를 취할 때 다음과 같은 사항을 충분히 숙지해야 한다.

표 1-7 따돌림 대응

피해학생 조치	• 피해학생이 정신적 피해를 심하게 입어 학교에 나오지 못하는 경우 집에서 휴식을 취하거나, 적절한 기관에서 상담을 받게 함 • 학교에 출석하지 못하는 동안 담임교사는 학생의 학습 상황을 수시로 점검하여 학업이 뒤처지지 않도록 신경을 씀 • 관련 기관에서 받은 진단서나 상담소견서 등을 교사에게 제출하여 출석으로 인정받을 수 있도록 함
가해학생 조치	• 가해학생은 실제 자신이 무엇을 잘못했는지 모르는 경우가 많기 때문에 가해학생의 따돌림 행동이 명확한 학교폭력이라는 것을 인식시킴 • 담임교사나 상담교사가 수시로 가해학생을 만나 지속적으로 상담

⑥ 사이버폭력

사이버폭력은 특히 평소 예방교육이 무엇보다 중요하다. 인터넷 사용 예절, 정보통신 윤리 교육 등을 수시로 실시하고, 피해·가해사실은 모두 기록으로 남는다는 사실을 반드시 인지시키며 가정에서도 컴퓨터, 스마트폰 사용 교육을 실시토록 안내해야 한다. 사이버폭력의 경우도 피해학생과 가해학생에 대한 조치가 구분되어 실시되어야 한다.

표 1-8 사이버폭력 대응

피해학생 조치	• 협박성 문자가 오면 무응답할 것을 지도 • 인터넷, 모바일 등 공개적인 비방 및 욕설의 내용은 그 자체로 저장(캡처) • 학교전담경찰관, 학교교사 등을 SNS 친구로 등록하여 사이버 폭력 피해 발생 시 즉시 대화방 초대 • 필요시 상담 조치
가해학생 조치	• 교사가 증거를 철저하게 확보한 후, 사이버폭력을 지속하지 않도록 지도 • 피해학생에게 사이버상에서 사과

⑦ **성폭력**

성폭력은 발생 빈도는 상대적으로 적지만, 한 번 발생하면 피해의 정도가 매우 심각하고 회복이 어렵기 때문에 철저한 예방교육과 초기 대응이 요구된다. 성폭력 사안이 발생했을 경우 즉시 반드시 경찰 등 수사기관에 신고(미신고 시 과태료 처분)하고, 가능한 빨리 의료기관으로 이송하며 성폭력 전문 상담기관과 연계하여 성폭력 사건 발생 후 증거물 수집 및 보관 등 전문상담 및 조치가 필요하다.

피해학생 상담 시에는 비밀보장 및 2차 피해에 주의하고, 피해학생의 심리적 안정 도모가 중요하다. 성폭력 발생으로 인한 자살 위험성을 파악하고, 보호자에게 즉시 연락하며 목격자 및 주위 학생에 대한 조치, 성폭력 비밀누설 금지 유의사항을 전달해야 한다. 특히 성폭력 사안을 처리할 때는 다음과 같은 유의사항을 숙지해야 한다.

① 「아동·청소년의 성보호에 관한 법률」* 에 따라 성폭력 사안의 경우 즉시 수사기관에 신고

* 성폭력 관계기관 연계(심리상담, 일시보호 등) 시에는 피해자 동의가 필요함

② 학교장은 중대한 사안에 대해서는 해당 교육청에 즉시 유선 보고

③ 성폭력 관련 사실을 외부에 누출하거나 공개하는 경우 피해자에게 더 큰 상처가 되며, 피해 사실을 유포하는 경우 법적 처벌을 받을 수 있음

④ 성폭력 피해학생(또는 보호자)이 피해학생의 신변·사생활 보호를 위해 심의위원회 참석을 원하지 않는 경우 심의위원회에 참석하지 않고 서면 의견 진술로 대체할 수 있음. 피해학생(또는 보호자)이 심의위원회 참석을 원하지 않더라도 심의위원회는 비공개로 가해학생에 대해 학폭법상의 조치를 심의·의결해야 하며, 학생징계조정위원회 징계로 가해학생에 대한 조치를 갈음할 수 없음

부록

- 「아동·청소년의 성보호에 관한 법률」 참조
- 「자살예방 및 생명존중문화 조성을 위한 법률」 참조

4. 학교폭력의 원인

학교폭력은 일반폭력과는 다르게 학교나 학급 공간에서 학급 친구들과의 관계에서 발생되는 비중이 높기 때문에 학교폭력의 원인은 우선적으로 학교, 학생에서 찾을 수 있다. 그러나 최근 발생하는 학교폭력은 한 가지 요인에 의해서 발생한다기보다는 여러 가지 요인이 복합적으로 작용하여 발생한다고 보아야 한다. 이에 학교폭력의 원인은 학생, 학교, 가정과 지역사회의 통합적 측면에서 찾아야 한다.

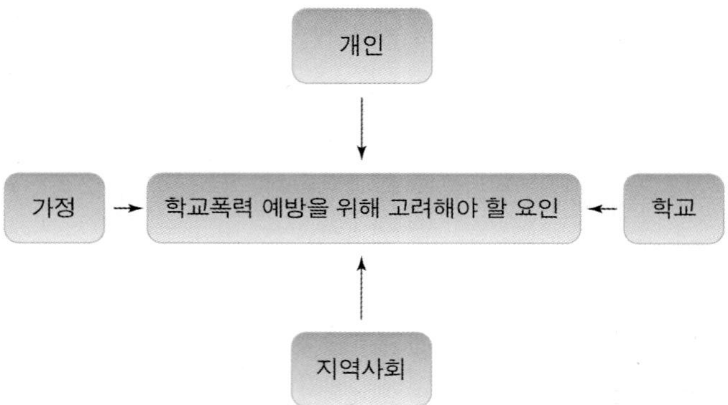

그림 1-1 학교폭력의 원인

1) 개인

청소년기는 눈에 보이는 신체적 성장뿐만 아니라 정신적, 정서적, 지적, 사회적 성숙 등 다양한 변화와 발달이 일어나는 시기이다. 가장 변화가 많은 시기를 학교에서 보내기 때문에 여러 가지 적응상의 어려움을 만나게 되고, 일어나는 변화와 발달에 대처할 수 있는 충분한 지식이나 기술을 아직 갖추고 있지 못하기 때문에 항상 불안과 혼란 속에서 끊임없이 긴장하고 갈등하게 된다.

이 시기에 학교폭력예방의 차원에서 고려해야 할 학생 개인적 요인은 성별, 학생의 나이, 인종적 영향, 개인의 자아의식, 학교에 대한 개인적 인식, 학업성적,

이전의 학교폭력 경험 등이 해당될 수 있다. 또한 생물학적 요인, 발달적 요인, 뇌 기능의 요인, 사회적 정보처리능력의 결함으로 인해 나타나는 공격적 특성이 학교폭력의 직접적 원인이 될 수도 있어 고려할 필요가 있다. 그러나 이러한 원인은 병리학, 심리학적인 차원에서의 접근이기 때문에 전문적 판단이 함께 요구된다.

2) 학교

학교폭력은 학교에서 발생할 확률이 높고, 학교의 학생들이 주체가 되기 때문에 학교 차원의 예방과 대처가 무엇보다 필요하다. 그러나 교사들의 '우리 학교가 설마', '우리 학생이 설마' 하는 학교폭력에 대한 인식과 대처능력의 부족은 학교폭력의 원인으로 작용할 수 있다. 학교 차원에서의 학교폭력 근절에 대한 인식은 생활지도, 인성교육을 통해서도 충분히 이루어질 수 있기 때문에 학교폭력예방을 위한 적극적인 자세와 올바른 인식은 무엇보다 필요하다.

더불어 입시위주의 교육, 교과에 치우진 교육과정 운영으로 인해 교사와 학생 간, 학생과 학생 간의 긍정적인 관계 형성이나 친사회적 능력을 습득할 수 있는 기회가 상대적으로 부족한 측면도 원인이 될 수 있다. 학교에서 제공하는 학생들과 어울릴 수 있는 다양한 프로그램은 또래문화를 긍정적으로 형성할 수 있는 기회를 제공할 수 있다. 형식적인 측면에서 한계를 가진 프로그램의 기획이나 운영이 아닌 학교문화와(교원의 학생존중 정도, 교원의 학생성취도 기대수준, 학교규율의 공정성과 엄격성) 연계된 지속적인 학교폭력예방 프로그램의 운영이 필요하다.

3) 가정 및 지역사회

학교폭력의 요인으로 가정적 요인 역시 중요하다. 부모의 양육방식과 관심 및 지원 정도는 유대 및 애착관계 형성에 영향을 주기 때문에 부모의 적절치 못한 양육방식과 무관심은 공격성과 불안감을 형성할 가능성이 높다. 부적절한 가족환경에서 자라는 아동 및 청소년, 가족의 구조적 특징과 가족 내부의 관계 및 분위기, 부모의 결손에 따른 가족 내부 기능의 저하, 부모의 경제적인 어려움에 대한 스트레스, 자녀의 양육과 관련된 어머니와 아버지의 균형적 영향 이외에도 낮은 사회경제적 지위, 부부불화 및 가정폭력, 이혼 및 별거, 잦은 이사 등 가정의 불안정 및 변화는 또 다른 위험 요인이 될 수 있다. 특히 가해학생은 자신이 경험한 가정폭력의 정도가 심각할수록 폭력적인 성향을 나타내는데, 그들은 보고 듣고 경험한 그대로를 모방하여 폭력으로 상황을 해결하게 되고, 가정은 이를 통제하고 관리하지 못하게 된다(김종운, 2015).

가정 요인과 함께 사회 요인도 학교폭력의 원인이 될 수 있다. 그러나 이 요인은 개인과 학교에 영향을 주는 외부 요인이기 때문에 학교폭력에 직접적 영향을 줄 수도 간접적인 영향을 줄 수도 있는 요인으로 해석되어야 한다. 폭력행동을 유발하는 미디어, 지역사회의 무질서한 환경에의 노출을 전면 차단할 수는 없기 때문에 다양한 학교폭력예방 프로그램을 통해 이러한 환경에 대처하는 방법을 습득하여 스스로 조절하는 능력을 기를 필요가 있다.

5. 교직수업 적용활동

활 동

1. 학교폭력 개념 이해하기

① 학교폭력의 유형, 원인을 마인드맵으로 정리해 봅시다.

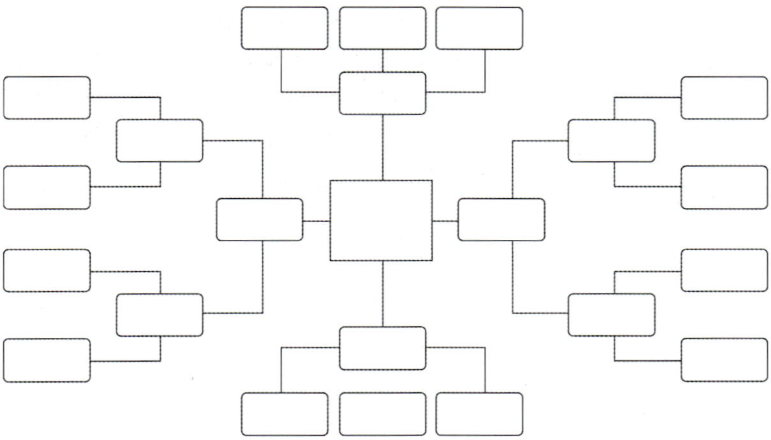

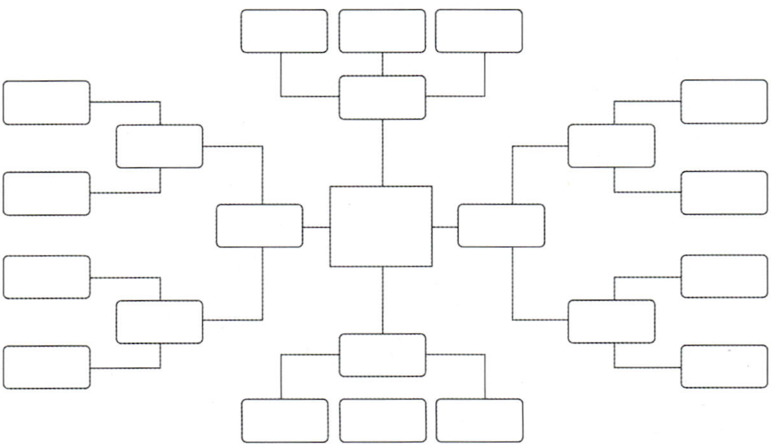

활 동

② 학교폭력의 이해 ○ × 퀴즈 만들어서 풀어보기

문제	답안
	O X
	O X
	O X
	O X
	O X
	O X

활 동

2. 사이버폭력에 대한 이해

사이버폭력의 유형과 예시 상황을 읽고 대응 방안에 대해 이야기해 보기

유 형	설 명
사이버 모욕	• 모욕적인 내용의 글을 인터넷, SNS 등으로 퍼뜨리는 행위
사이버 따돌림	• 떼카(다굴), 카톡감옥, 방폭, 멤놀 등 사이버 공간을 활용하여 따돌림하는 행위
사이버 갈취	• 정보통신기기를 이용하여 금품갈취를 하는 행위
사이버명예훼손	• 상대방의 명예를 훼손하는 구체적인 내용의 글을 인터넷, SNS 등으로 퍼뜨리는 행위
사이버 성폭력	• 사이버성희롱, 사이버스토킹, 사이버음란물 유통 등 정보통신기기를 이용하여 괴롭히는 행위 • 성적 수치심을 주거나, 위협하는 내용, 조롱하는 글, 그림, 동영상 등을 정보통신망을 통해 유포하는 행위
사이버스토킹	• 사이버 공간에서 원하지 않는 문자, 사진, 동영상을 반복적으로 보내 상대방에게 공포심이나 불안감을 주는 행위
사이버 강요	• 속칭 와이파이 셔틀, 게임 대행 등 의사에 반하는 행동을 강요하는 행위(강제적 심부름) • 게임부주, 강요 등 정보통신기기를 이용하여 괴롭히는 행위

상황	예시
저격	• 개인이 SNS상에서 피해 대상에게 게시글이나 댓글로 비난하는 행위
패드립	• 패륜+드립 혹은 패밀리+드립의 합성어로 엄마, 아빠, 할머니, 할아버지, 혹은 그 외 가족 친지를 농담의 소재로 삼아 모욕하는 행위
불법촬영(유포)	• 카메라나 그 밖에 이와 유사한 기능을 갖춘 기계장치를 이용하여 동의 없이 상대방을 촬영하거나 이를 동의 없이 유포하는 행위
지인능욕	• 온라인상에 게시된 사진(예: 나체 사진)에 지인의 얼굴을 합성한 사진을 인터넷에 게시하고 신상정보와 함께 유포하는 행위
디지털 그루밍	• 온라인 채팅, 모바일 메신저, SNS를 통해 아동·청소년에게 접근하여 피해자를 유인하고 길들여 성 착취 행위를 용이하게 하고 피해 폭로를 막는 행위

활 동

상황	예시
몸캠피싱	• 온라인상에서 서로 몸을 보여 주면서 화상 대화(몸캠)하도록 유도하여 음란 사진이나 동영상을 보여 주거나, 상대방에게도 음란 사진이나 동영상을 찍게 해 이를 유포하겠다고 협박하는 행위
떼카	• 단체대화방에서 한 사람을 초대하여 단체로 욕을 하며 괴롭히는 행위
방폭	• 피해학생을 단체대화방에 초대해 놓고 모두가 다 퇴장하여 온라인상에서 왕따를 시키는 행위
카톡감옥 (카톡감금)	• 여러 명의 학생들이 한 학생을 단체대화방에 지속적으로 초대(대화방을 나가면 다시 초대)하여 나가지 못하게 가두어 괴롭히는 행위
멤놀	• 멤버놀이의 줄임말로 좋아하는 연예인으로 가장해 인터넷 공간에서 역할놀이를 하다가 역할놀이를 제대로 하지 못하는 한 명을 몰아서 비방하고 따돌리는 행위
랜선팸(젠리팸/단펨 /단톡/틱톡크루)	• '랜선팸'은 온라인에서 취향에 맞는 친구들과 관계를 맺고 유대를 쌓는다는 의미로 '팸'에 소속되고 싶어 하는 친구에게 하기 싫은 것을 강요하거나 부당한 일을 시키는 행위 • '젠리팸'은 위치 공유 서비스 '젠리앱'의 친구 맺기 기능이고, '단펨'은 단체 O이스북 메신저, '단톡' 단체 카톡방, '틱톡크루'는 크루원을 모집하는 기능
부계	• SNS나 게임 등에서 부계정을 만들어 타인의 허락 없이 사진 등을 게시하고 친구들을 따돌리는 행위
용돈벌이	• 타인의 카카오톡 계정과 전화번호 등 개인정보를 강제로 갈취하여 이 정보를 타인에게 넘겨 이득을 취하려는 행위
게임부주	• 타인의 계정을 사용하여 레벨을 올려주거나 아이템을 얻어주거나 하는 사람을 의미하나, 이를 악용하여 부당한 요구(금품요구, 협박)를 하는 행위
인증놀이	• 수치스럽거나 하기 싫은 행동을 하도록 강요하여 인증하도록 하는 행위

출처 : 교육부(2022). 사이버폭력 예방 및 대처 방안 가이드라인

chapter 02

아동학대와 가정폭력의 이해

학습목표

1. 아동학대와 청소년기의 학교생활 적응의 관련성을 이해한다.
2. 가정폭력의 유형과 실태를 이해한다.
3. 아동학대 및 가정폭력과 청소년기 학교폭력의 관련성을 이해한다.

우리나라 상당수의 아동·청소년들은 부모의 돌봄 양육이 필요한 시기임에도 불구하고 학대와 방임의 위험에 노출되어 있다. 본 장에서는 아동학대 및 가정폭력의 정의를 살펴보고 아동학대 및 가정폭력이 청소년 학교폭력에 미치는 영향을 이해하고자 한다. 학교폭력이 발생하였을 때 폭력의 근본적 원인을 이해하는 과정이 중요하며, 이를 위해 가정에서의 부모-자녀 관계를 포괄적으로 살펴보는 것을 고려해야 한다.

1. 아동학대

1) 아동학대의 정의 및 실태

아동학대는 「아동복지법」 제3조 제7호에서 '보호자를 포함한 성인이 아동의 건강 또는 복지를 해치거나 정상적 발달을 저해할 수 있는 신체적·정신적·성적 폭력이나 가혹행위를 하는 것과 아동의 보호자가 아동을 유기하거나 방임하는 것'으로 신체, 정서, 성 학대 범주로 구분된다(홍미·김효진, 2007). 아동학대와 방임은 기본권 침해로 인해 아동의 정상적인 발달과 성장을 방해하며, 신체뿐만 아니라 심리·사회·행동에 부정적 영향을 미친다.

2014년 9월부터 「아동학대범죄의 처벌 등에 관한 특례법」이 시행되면서 아동학대 피해 신고 및 학대건수는 법이 시행된 14년부터는 큰 폭으로 증가하였고, 이들을 보호하는 아동보호전문기관 수도 증가하는 추세로 나타났다(보건복지부, 2021).

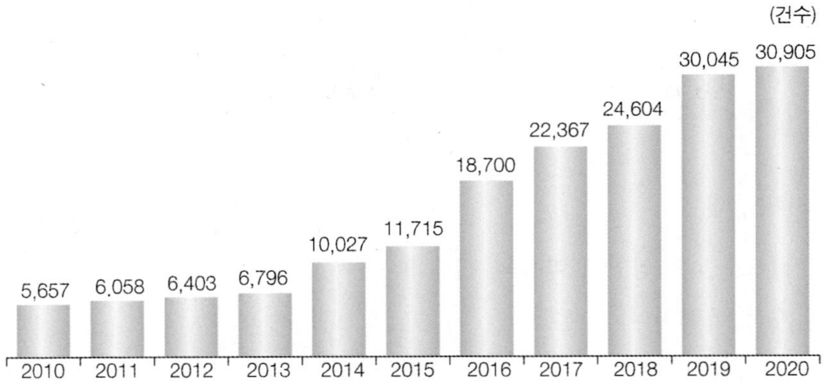

그림 2-1 학대건수

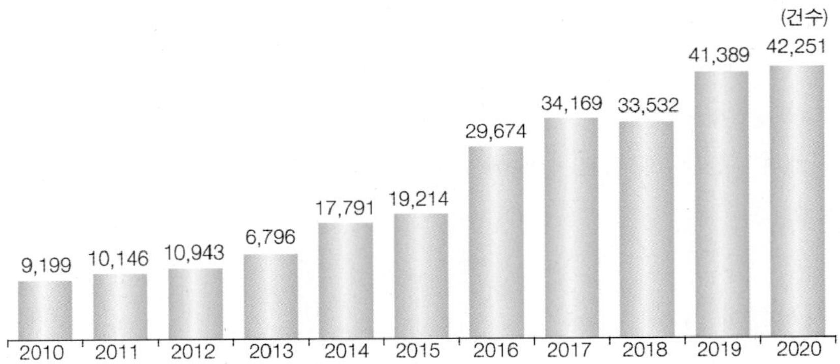

그림 2-2 신고건수

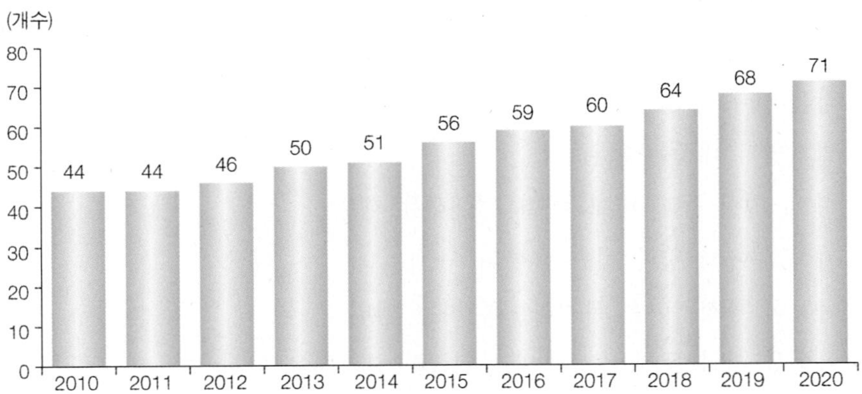

그림 2-3 아동보호전문기관 개소 수

2) 아동학대의 유형

아동학대는 크게 신체학대, 정서학대, 성 학대, 방임의 4가지 유형으로 구분된다.

(1) 신체학대

보호자를 포함한 성인이 아동의 건강 또는 복지 및 정상적인 발달을 저해할 수 있는 신체적 폭력이나 가혹행위

① 직접 신체에 가해지는 행위(손과 발 등으로 때림, 꼬집고 물어뜯는 행위, 비트는 행위, 할퀴는 행위 등)

② 도구를 사용하여 신체를 가해하는 행위(도구로 때림, 흉기 및 뾰족한 도구로 찌르는 행위 등)

③ 완력을 사용하여 신체를 위협하는 행위(강하게 흔듦, 벽에 밀어붙임, 신체부위 결박, 거꾸로 매달기, 물에 빠뜨림 등)

④ 신체에 해로운 물질로 신체에 가해지는 행위(화학물질 혹은 약물 등으로 상해를 입힘, 화상 입힘 등)

(2) 정서학대

보호자를 포함한 성인이 아동에게 행하는 언어적 모욕, 정서적 위협, 감금 및 기타 가학적 행위

① 다양한 부정적 태도의 언어폭력

② 잠을 재우지 않는 행위

③ 벌거벗겨 내쫓는 행위

④ 형제, 친구 등과 비교·차별·편애하는 행위

⑤ 가족 내에서 왕따 시키는 행위

⑥ 아동이 가정폭력을 목격하도록 하는 행위

⑦ 아동을 시설 등에 버리겠다고 위협하거나 짐을 싸서 쫓아내는 행위

⑧ 미성년자 출입금지 업소에 아동을 데리고 다니는 행위

⑨ 아동의 정서발달 및 연령상 감당하기 어려운 것을 강요하는 행위(감금, 약취 및 유인, 아동착취 등)

⑩ 다른 아동을 학대하도록 강요하는 행위

(3) 성 학대

18세 미만의 아동에게 보호자를 포함한 성인이 자신의 성적 충족을 목적으로 행하는 모든 성적 행위

① 자신의 성적 만족을 위해 아동을 관찰하거나 아동에게 성적 노출을 하는 행위(관음 행위, 성관계 장면 노출, 성기 노출, 자위행위 노출 및 강요, 음란물 노출 행위 등)

② 성추행 행위(구강 추행, 성기 추행, 항문 추행, 기타 신체부위를 성적으로 추행하는 행위 등)

③ 유사 성행위 및 성교

④ 성매매를 강요하거나 성매매를 매개하는 행위

(4) 방임

보호자가 아동을 위험한 환경에 처하게 하거나 아동에게 필요한 의식주, 의무교육, 의료적 조치 등을 제공하지 않는 행위

① 기본적인 의식주를 제공하지 않는 행위

② 비위생적인 환경이나 위험한 상태에 아동을 방치하는 행위

③ 아동의 출생신고를 하지 않는 행위

④ 아동들을 가정 내에 두고 가출한 행위

⑤ 보호자가 친족에게 연락하지 않고 무작정 아동을 친척 집 근처에 두고 사라지는 경우

⑥ 보호자가 아동을 특별한 사유 없이 학교에 등교 시키지 않거나 아동의 무단결석을 방치하는 경우

⑦ 아동에게 필요한 의료적 처치 및 개입을 하지 않는 행위

⑧ 아동을 유기하는 행위

⑨ 아동을 병원에 입원시키고 사라지는 경우

⑩ 시설 근처에 버리고 가는 행위

3) 아동학대의 예방

아동학대는 주변사람들의 관심으로 관련기관에 신고를 통해 예방할 수 있다. 또한 학생이 아동학대로 의심된다면 담임교사는 관련기관 신고 및 상담교사의 상담 연계를 통해 학생이 학대로부터 분리될 수 있도록 조력해야 한다.

표 2-1 아동학대 신고 방법

언제	• 아동의 울음소리, 비명, 신음소리가 계속되는 경우 • 아동의 상처에 대한 보호자의 설명이 모순되는 경우 • 계절에 맞지 않거나 깨끗하지 않은 옷을 계속 입고 다니는 경우 • 뚜렷한 이유 없이 지각이나 결석이 잦은 경우 • 나이에 맞지 않는 성적 행동을 보이는 경우
무엇을	• 신고자의 이름, 연락처 • 아동의 이름, 성별, 나이, 주소 • 학대행위자로 의심되는 사람의 이름, 성별, 나이, 주소 • 아동이 위험에 처해 있거나 학대를 받고 있다고 믿는 이유 ※ 아동이나 학대행위자의 정보를 파악하지 못해도 신고 가능
어떻게	• 전화: 국번없이 112 • 방문: 관할지역 아동보호전문기관 • 신고자의 신분은 「아동학대범죄의 처벌 등에 관한 특례법」 제10조, 62조에 의해 보호

더 나아가 국가 차원에서는 가족 구성원의 협력 하에 아동학대를 예방할 수 있는 방안들을 마련하는 것이 필요하다. 현재 우리나라는 2014년 이후로 아동학대 신고전화를 '112'로 통합한 후 아동학대 신고율은 증가하는 추세이지만 이는 사후 대처의 접근으로 볼 수 있다. 이에 반해 사전 예방적인 접근은 미비한 실정이므로

국가 정책적으로 아동학대 예방과 관련한 제도 및 교육(아동 권리 교육, 부모 교육) 등이 마련될 필요가 있다. 더 나아가 부모-자녀 관계의 중요성을 고려해 볼 때, 양육코칭 및 의사소통 교육 등을 통해 부모들이 아동을 건강하게 성장시킬 수 있는 환경을 마련해야 한다. 이를 위해서는 다양한 기관들이 서로 협력하여 아동과 부모가 필요한 교육과 서비스들을 효과적으로 연계할 수 있는 시스템이 마련되어야 하며, 체계적인 교육 콘텐츠를 연구하고 개발하는 노력이 필요하다(박언하, 2018).

4) 아동학대와 학교생활 적응

긍정적인 부모-자녀 관계와 원만한 교우관계는 학교생활 적응뿐만 아니라 사회성 발달에 필수적이다. 이러한 측면에서 아동학대 경험은 아동의 심리·사회적 성장뿐만 아니라 청소년기의 학교생활 적응에 부정적인 영향을 미친다. 구체적으로 부모양육태도에서의 방임 및 학대 경험은 청소년의 학교생활에 있어서 부정적인 사고, 낮은 학업성취도, 대인관계 부적응, 학교폭력, 공격적 행동 등을 유발하는 요인으로 나타나고 있다(배화옥, 2010; 이호택, 2012). 특히, 부모-자녀 관계에서의 정서적 학대 경험은 청소년기 자녀의 자아탄력성 향상을 저해시켜 학교생활 적응에 부정적 영향을 줄 수 있다(송미령, 이재연, 2011).

또한, 부모의 학대는 아동에게 수치심 및 우울 정서를 유발하여 정체성 확립과 또래관계 형성에 부정적 영향을 미칠 수 있으며, 이는 아동이 타인을 지각할 때 부모가 자신을 대한 것처럼 타인이 자신을 싫어한다는 생각과 감정을 갖게 하여 타인을 신뢰하지 못하고 갈등 및 폭력상황에서 무기력하고 회피하는 행동으로 연결된다. 즉, 이러한 행동패턴은 학교폭력 피해로 이어질 가능성을 시사한다(한시언, 장재홍 2017).

2. 가정폭력

1) 가정폭력의 정의 및 실태

가정폭력이란 「가정폭력범죄의 처벌 등에 관한 특례법」 제2조에 의해 '가족구성원 사이의 신체적·정신적 또는 재산상의 피해를 수반하는 행위'로써 가정구성원 사이에서 상대방을 통제하고 지배하기 위해 반복적인 신체적, 심리, 정서적·성적 학대를 포함한 모든 행위를 의미한다.

표 2-2 가정구성원의 범위(가정폭력범죄의 처벌 등에 관한 특례법 제2조 제1호)

- 배우자(사실상 혼인관계에 있는 자 포함) 또는 배우자 관계에 있었던 자
- 자기 또는 배우자와 직계존비속 관계(사실상 양친자 포함)에 있거나 있었던 자
- 계부모와 자의 관계 또는 적모와 서자의 관계에 있거나 있었던 자
- 동거하는 친족관계에 있는 자

※ 동거하지 않는 형제자매는 해당 없음

가정폭력 피해 아동·청소년의 경우, 가해자와 분리된 생활을 원하는 피해자에 한해 각 기관과 면접 상담 후 쉼터에 입소 가능하며, 특히 10세 이상 남아를 동반한 가정폭력 피해자를 위한 보호시설로 별도 운영한다.

단기 쉼터 6개월(필요시 3개월 연장 가능)
장기 쉼터 2년 이내
임시 보호 3일 이내(필요시 7일까지 연장 가능)

2) 가정폭력의 유형

가정폭력의 유형은 신체적, 정서적, 경제적, 성적 폭력으로 구분된다.

- 신체적 폭력: 폭행, 감금, 신체적 억압, 자유구속 간접폭력(기물파손 등)
- 정서적 폭력: 언어적 학대, 정신적 학대, 의심 가족원 비난, 심각한 욕설, 간섭
- 경제적 폭력: 경제적 활동 통제, 경제적 방임
- 성적 폭력: 성적 자기결정권 침해(부부강간 포함)

(1) 신체적 폭력

① 잡기

② 뒤흔들기

③ 밀치기

④ 뺨때리기

⑤ 주먹으로 때리기

⑤ 발로차기

⑥ 목조르기

⑦ 흉기 사용하기

(2) 심리 · 정서적 폭력

말로 상처주기	무시하기
• 큰 소리를 지른다 • 아이들 앞에서 배우자를 비난한다 • 욕한다 • 배우자가 보는 앞에서 아이들을 위협한다 • 자존심이 상하게 비난한다 • 배우자의 가까운 사람들을 모욕한다 • 모욕한다 • 배우자 가족들을 헐뜯고 모욕한다 • 위협하거나 협박한다	• 배우자의 말을 무시한다 • 배우자에게 의논하지 않고 자신의 중요한 신상에 대한 결정을 한다 • 약속을 지키지 않는다 • 배우자를 하인처럼 대한다 • 배우자가 알아야 할 자신의 계획을 말하지 않는다 • 배우자에게 의논하지 않고 집안대소사를 결정한다

구속하기	경제적 학대
• 전화를 하지 못하게 한다 • 배우자의 사회활동을 못하게 한다 • 전화내용을 엿듣는다 • 친구를 만나지 못하게 한다 • 배우자의 이성관계를 의심하는 질문을 한다 • 외출을 못하게 한다 • 배우자의 뒤를 미행한다 • 배우자의 친구나 친척이 오는 것을 싫어해 못 오도록 한다	• 배우자에게 돈을 주지 않는다 • 배우자의 돈 씀씀이를 비난한다 • 생활비를 인색하게 준다 • 배우자가 돈을 쓴 곳을 추궁한다 • 일일이 허가 받고 돈을 받도록 한다 • 손이나 도박에 돈을 쓴다 • 얼마나 버는지 알리지 않는다 • 배우자의 돈을 빼앗는다 • 내가 쓰는 돈에 대해서 배우자에게 말하지 않는다

위협하기
• 물건을 부수어 위협한다 • 애완동물을 학대하며 위협한다 • 문을 차며 위협한다 • 주먹으로 벽, 방바닥, 탁자 등을 치며 위협한다 • 물건을 배우자 있는 곳으로 던진다 • 때리거나 친다고 위협한다 • 배우자 물건을 부수며 위협한다 • 흉기를 가지고 위협한다

(3) 성적 폭력

① 과거 성적인 일을 비난하기

② 신체에 대해 성적인 비난하기

③ 성적으로 비하하는 욕하기

④ 싫다는데도 성행위 요구하기

⑤ 원치 않는 성행위 강요하기

⑥ 구타 후 성관계 하기

⑦ 흉기로 위협하여 성관계하기

3) 가정폭력과 학교폭력과의 관계

가정 내에서 부모의 학대 경험이나 부모 간 폭력을 목격한 가정폭력 경험은 청소년기 자녀의 우울, 불안의 부정적 정서와 공격성 등을 증가시키고, 학교폭력 피·가해 경험에 유의미한 영향을 미치는 것으로 보고되고 있다(Boivin, Lavoie, Hebert, Gagne, 2012). 가정폭력 경험은 청소년기의 학교폭력 가해경험에 밀접한 관련이 있는데, 가정폭력 노출경험은 아동기에 잠재되었다가 자기표현이 가능해지는 청소년기에 학교폭력, 비행, 가출, 외상 후 스트레스 장애 등의 부적응적 양상으로 표출되고 있다(Lee, 2012). 또한, 가정학대 경험이 많을수록 이후 학교폭력 가해 혹은 피해의 경험이 높아지는 것으로 나타났으며, 구체적으로 학교폭력 가해는 공격성을 매개로 하는 반면, 피해 경험은 우울을 매개로 하여 영향을 미치는 것으로 나타났다. 더 나아가 가정학대를 경험한 적이 있는 학교폭력 가해자는 학교폭력 가해경험을 매개로 다시 학교폭력 피해자가 될 수 있는 것으로 나타났다(조민경, 조한익, 2019). 즉, 가정폭력에 노출된 청소년들은 정서 및 행동문제로 드러났으며, 사회성 영역에서도 학교생활에 적응하지 못하거나 또래 및 가족관계에 어려움을 겪는 것으로 나타났다.

이렇듯 청소년의 가정폭력 경험은 학교폭력 발생 원인이 개인적 특성뿐만 아니라 가정환경과 부모-자녀 관계와 밀접한 관련이 있음을 알 수 있다. 따라서 이러한 결과는 청소년이 가정 내의 학대, 방임, 가정폭력에 노출되지 않도록 관심을 가질 것을 다시 한 번 상기시켜 준다.

3. 교직수업 적용활동

활 동

아래 글을 읽고, 여러분이 민서의 담임교사라면 민서를 가정폭력으로부터 보호하고 또래관계 개선을 위해 어떤 개입을 할지 토론해 봅시다.

> 중학교 3학년인 민서는 어릴 때부터 부모님의 잦은 부부싸움을 목격하였는데, 특히 아버지는 술을 드시면 자주 어머니를 구타하는 모습을 보이셨다. 아버지의 폭력행동은 지금까지 지속되었고, 사춘기에 접어든 민서에게도 행해졌다. 어느 날 민서는 학교에서 친구와 말다툼을 하다 감정이 격해지면서 친구를 때렸고, 이에 친구가 선생님께 민서의 폭력행동을 보고하였다.

chapter 03

학교폭력 역할 및 유형에 따른 학생 행동에 대한 이해

학습목표

1. 학교폭력 이해를 위한 기본적인 학생발달, 학생인권의 관점을 설명할 수 있다.
2. 학교폭력 역할별 유형과 행동을 구별할 수 있다.
3. 학교폭력 유형별 가해행동을 설명할 수 있다.

본 장에서는 학교폭력 역할과 유형을 살펴보고 이에 따른 학생행동을 이해하는 데 초점을 두고 있다. 학교폭력상황에서 보다 학생을 이해하는 측면에서 발달적 측면과 학교폭력의 인권적 해석을 학습한다. 학교폭력 역할 유형을 가해자, 피해자, 방관자로 구분하여 행동에 대한 이해와 특성을 살펴본다. 마지막으로 학교폭력 유형별 가해행동에 대한 이해에서는 학교폭력 유형별 가해행동 요인을 살펴봄으로써 가해행동을 보다 구체적으로 이해하여 교사로서 학교폭력예방을 위한 방안 수립에 도움을 주고자 하였다. 본 장을 학습한 후에는 학교폭력 역할과 행동에 대한 지식을 습득하고, 주어진 학습활동을 통해 학생 입장에서 학교폭력의 상황을 이해하고 공감할 수 있다.

동영상 보기:
EBS 교육혁명
15세에 주목하라
1부 - 왜 15세인가

Piaget의 인지적 발달 단계

- 감각 운동기
- 전조작기
- 구체적 조작기
- 형식적 조작기

Erikson의 심리사회적 발달단계

- 신뢰감 대 불신감
- 자율성 대 수치심
- 주도성 대 죄책감
- 근면성 대 열등감
- 정체성 대 역할혼미
- 친밀감 대 고립감
- 생산성 대 침체성
- 통합성 대 절망감

1. 학생발달에 대한 이해

청소년 시기의 발달은 신체적·인지적·사회정서적 측면에서 중요한 의미를 지닌다. 이는 청소년 시기에 보편적으로 겪는 성인이 되기 위한 과정이지만 이때 학교폭력을 발생시킬 수 있는 부적절한 원인이 개입될 경우에 가해자, 피해자, 방관자의 특성이 두드러지게 나타날 가능성이 높기 때문에 기본적인 이해가 요구된다.

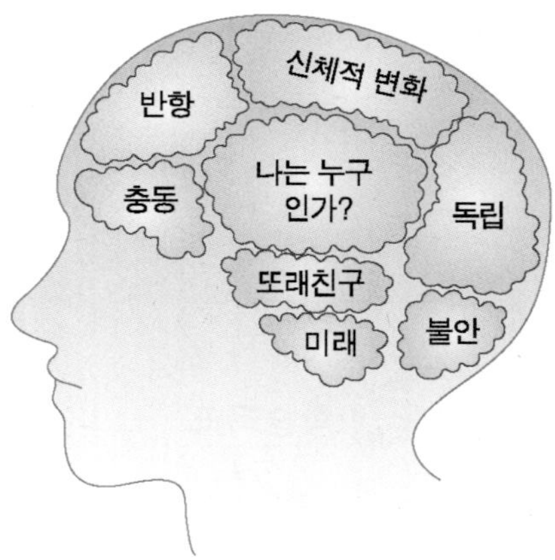

초등학교 상급학년에서 시작하여 중·고등학교 시기는 1차, 2차 성징이 나타나는 시기이다. 평균적으로 과거에 비해 신체발달이 빨라지기도 하였지만, 반대로 학생들 간의 발달의 차이가 있어 학생별로 개인차가 두드러지게 나타나는 경향이 있다. 인지적 발달 측면에서는 Piaget*의 형식적 조작기에 해당하는 시기로 과학

적이고 추상적으로 사고하는 인지기능을 갖추는 시기이다. 이때 현실에 대한 이상적인 기준을 설정하고 기존의 권위체계에 불만을 느낄 수 있기 때문에 이 시기에 부적절한 경험이 이루어질 경우 학교폭력에 노출될 가능성이 높다. 사회정서적 발달 측면에서 살펴보면 Erikson의 심리사회적 발달단계*에 따르면 청소년기는 5단계인 정체성 대 역할혼미의 시기에 해당한다. 자아정체감을 형성하는 시기로 자신의 역할에 대한 혼미를 함께 경험하는 시기이며, 또래관계에서 '교섭'과 '협상'을 학습하는 시기이기도 하다.

국가인권위원회

국가인권위원회법(인권위법 제3조 1항)에서 정한 인권의 보호와 향상을 위한 업무를 수행하는 국가기관

인권(human rights)

인간이 인간답게 존재하기 위한 보편적이고 절대적인 인간의 권리 및 지위와 자격을 의미하는 개념

2. 학생인권에 대한 이해

학교폭력은 학교 내에서의 학생인권과도 연관성이 있다. 국가인권위원회(2011)*의 인권의식 실태조사에 따르면, 우리나라 청소년 인권침해 문제가 심각한 것으로 나타났는데 특히 청소년을 경쟁적·경제적 고등동물로 전락시켜 교육시키는 점, 나이가 어리다는 이유만으로 청소년을 무시하는 점, 학교를 떠난 청소년 인권 보호의 시급함, 학생인권조례 제정과 인권 토론문화를 위한 예산 지원 문제, 청소년기의 자기결정력을 약화시키는 지나친 부모의존 관계, 개인 정보의 무의식적 노출 현상 등의 문제가 제기되었다.

UN(United nations)

국제법, 국제적 안보 공조, 경제 개발 협력 증진, 인권 개선으로 세계 평화를 유지하는 데 목적이 있는 국제기구

구체적으로 학교폭력에서 피해자, 방관자, 가해자의 인권에 대한 내용을 살펴보면(전영주, 아영아, 이경희, 2014), 학교폭력이 인권을 침해하는 부분은 피해학생의 존엄권, 자유권, 안전권, 평화권, 교육권 등 기본 권리에 해당한다. 방관자의 경우 또한 건강한 갈등 대처를 배울 기회를 놓치며 정상적인 발달이 위협될 수 있다는 점, 평화롭게 학습할 수 있는 교육권이나 평화권이 침해된다는 문제도 발생한다. 반면 가해자의 경우 학교폭력이 심각한 인권침해를 한 범죄행위일지라도 국제원칙을 고려하면 가해학생에 대한 국가의 대응은 처벌이 아닌 보호 중심이 될 필요가 있다. 세계적으로 소년범죄자에 대한 국가 사법(UN)*의 대응은 선도 처분이며,

UN의 '아동·청소년권리조약 37조'에 따르면 어떠한 아동도 위법적 또는 자의적으로 자유를 박탈당하지 아니한다고 명시되어 있다. 아동의 체포, 억류 또는 구금은 법률에 따라 행해져야 하며, 오직 최후의 수단으로서 또는 적절한 최단기간 동안만 사용되어야 한다고 기술하고 있다(국가인권위원회, 2012). 학교폭력과 관련된 인권을 정리하면 다음과 같다(전영주 외, 2014).

표 3-1 학교폭력과 관련된 인권

인권	설명
존엄권	• 인간의 존엄성과 고유의 가치를 보장받는 권리 • 사생활 보호 및 폭력이나 모욕 등 비인간적이거나 굴욕적인 대우나 처벌을 받지 않을 권리
평등권	• 비차별 및 다양성을 존중받을 권리 • 성별, 외모, 성적, 가정환경, 장애 등 어떤 이유로든 차별받지 않을 권리
자유권	• 학대와 방임 및 착취 방지, 안전과 건강을 보장받을 권리 • 신체적, 정신적 폭력, 상해나 학대, 부당한 대우, 착취로부터 보호받을 권리
교육권	• 개인은 서로를 자유롭고 평등한 존재로서 존중하고 행복할 권리를 가진다는 가치를 배울 권리 • 안전하고 쾌적한 환경에서 평등한 교육을 받을 권리
평화권	• 어느 누구도 노예가 되거나 타인에게 예속된 상태가 되어서는 안 되는 권리 • 개인 간, 집단 간 착취와 억압이 존재하지 않는 상태
안전권	• 모든 사람이 안락하고 만족스러운 삶을 추구할 수 있는 권리 • 고통이나 불행에서 벗어나 정신적으로 안정될 권리
공동체 의무	• 모든 사람은 자신이 속한 공동체에 대한 인간으로서의 의무를 져야 함 • 공공질서, 공공의 선, 도덕의 보호를 위해 개인의 권리는 일정 부분 제한을 받을 수 있음
타인의 권리에 대한 존중 의무	• 어떤 권리와 자유도 타인의 권리와 자유를 짓밟기 위해 사용될 수 없음 • 사람은 표현의 자유를 가지지만 타인의 권리를 침해할 수 없음

3. 학교폭력 역할 유형에 대한 이해

학교폭력예방을 위해 가장 중요한 것은 학교폭력에서 학생들이 어떤 역할에 노출되어 있는지와 그 행동을 하는 원인을 이해하는 것이 중요하다. 「학교폭력예방 및 대책에 관한 법률」 제2조에 의하면 가해학생은 '가해자 중에서 학교폭력을 행사하거나 그 행위에 가담한 학생을 말한다.', 피해학생은 '학교폭력으로 인하여 피해를 입은 학생을 말한다.'로 용어를 정의하고 있다. 학교폭력에서 역할에 따른 유형은 가해자, 조력자, 강화자, 방어자, 방관자, 피해자로 볼 수 있고(염명용, 송민경, 2011), 차명호 외(2013)는 학교폭력의 역할 유형별로 모형을 만들어 제시하기도 하였다(그림 3-1).

표 3-2 학교폭력 역할

역할	역할 설명
가해자	적극적, 주도적으로 괴롭힘 행동을 이끌어 가는 사람
조력자	가해자의 추종자로서 가해자를 도와주는 사람
강화자	가해자의 행동을 격려해 주는 사람
방어자	피해자의 편을 들어주는 사람
방관자	학교폭력에 대해 반응하지 않고 피하는 사람
피해자	학교폭력에서 희생당하는 사람

인지적 오류
주변의 사건이나 상황의 의미를 해석하는 정보처리과정에서 범하는 체계적인 잘못

1) 가해자 및 행동에 대한 이해

학교폭력은 가해자가 피해자에게 가해행동을 하게 되는 이유가 무엇인지를 우선적으로 고려해서 살펴볼 필요가 있다. 이는 가해자가 '그럴 수밖에 없었다'는 상황을 이해하고 반영하는 차원이 아닌 예방 차원에서 접근하기 위함으로 가해행동

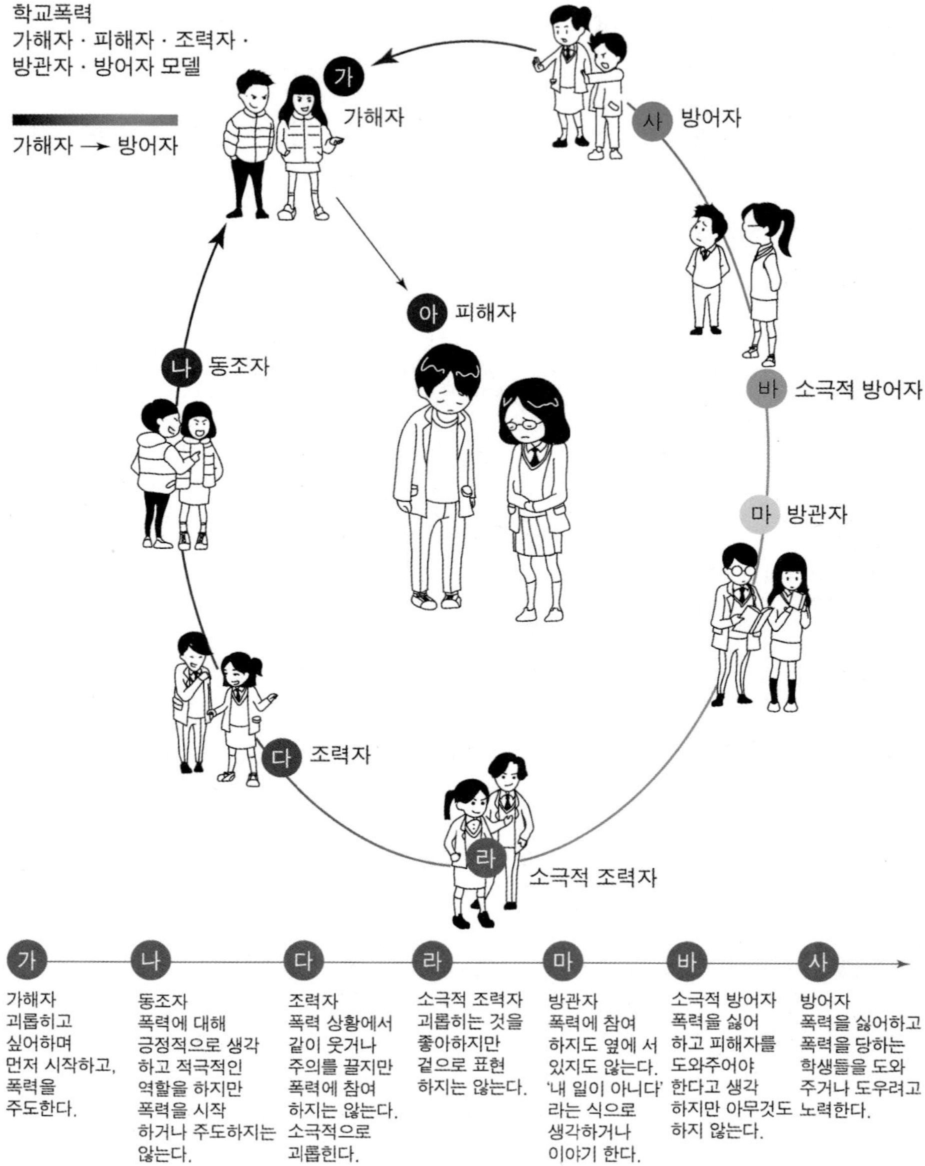

그림 3-1 학교폭력 역할 모델

이 발생하지 않게 하는 것이 가장 우선적인 예방책일 수 있기 때문이다. 가해학생은 폭력과 폭력적 수단을 사용하는 것에 대해 일반학생보다 더 적극적인 태도를 취하는가 하면 충동적 성격으로 타인을 지배하려는 강한 욕구를 보인다(김종운, 2015). 일반적으로 가해자는 공격적 행동을 하게 되는데 이는 인지적 오류*로 설명될 수 있다. 이는 뇌의 실행기능의 이상이나 사회적 정보처리능력의 결함으로 볼 수 있다(이규미 외, 2015). 개인의 비합리적 신념과 인지적 오류로 인하여 나타나는 현상과 사례를 교사가 판단하기 쉽게 구체적으로 설명한 자료를 설명하면 다음과 같다(차명호 외, 2013). 인지적인 오류의 강도가 심해질 경우 가해행동의 원인이 될 가능성이 높으며 피해자나 방관자의 행동에도 영향을 줄 수 있다.

표 3-3 인지적 오류와 사례

인지적인 오류	사례
과도한 자기기대감	나는 항상 잘한다는 칭찬을 받아야 한다. 친구들 사이에서 나는 인기 있어야 한다.
완벽주의	나는 비난 받아서는 안 된다.
비난 경향성	'개똥녀'와 같은 나쁜 사람은 반드시 비난과 처벌을 받아야 하고, 따라서 비난하고 공격해도 된다.
정서적 무책임감	불행은 내 탓이 아니듯이, 피해학생이 속상해하는 것은 내 탓이 아니다.
문제회피	문제는 안 보면 그만이다
재앙화	사소한 일을 심각하게 인지하여 극단적 결과를 생각한다.
흑백논리	내 말을 따르지 않으면 내 편이 아니다.
과잉일반화	나쁜 댓글이 하나 달리면 자신 전체를 욕하는 것으로 해석한다.
개인화	어떤 일이 잘못되면 자신이 무엇인가를 잘못해서 일어났다고 믿는다.
감정적 추론	막연히 느껴지는 감정에 근거하여 결론을 내린다.
독심술	타인의 마음을 근거 없이 추측하고 인정한다.
낙인찍기	사람의 특성이나 행위에 과장 혹은 부적절한 명칭을 붙인다.

학교폭력에서 가해행동은 무심하게 보면 학급 친구들에게서 나타나는 사소한 행동이 될 수도 있지만, 반복적이고 지속적으로 나타날 경우 가해자의 학교폭력 행위로 볼 수 있다. 무시하기, 깎아내리기, 비난하기, 과장하기, 축소하기, 약올리기 등의 행동으로 나타날 수 있다.

표 3-4 가해행동과 사례

행동	사 례
무시하기	상대편이 아무 의미나 가치가 없는 사람인 것처럼 취급하는 행동
깎아내리기	상대편의 말이나 행동 및 가치를 근거 없이 낮추는 것
비난하기	상대편에게 모든 책임이 있다고 말하는 것
과장하기	원래 글이나 이야기보다 허풍을 더하거나 사실이 아닌 것을 사실인 것처럼 이야기하는 것
축소하기	자신이 행한 부정적 행동의 의미를 별 것 아닌 듯 취급하는 것
약올리기	상대가 싫어하는 말이나 행동을 계속하는 것

2) 방관학생 및 행동에 대한 이해

최근 학교폭력 현상을 해석함에 있어 방관자에 대한 역할의 중요성이 높아지고 있다. 방관자는 학교폭력에 대해 반응하지 않는 사람으로 구분되지만, 학급 내에서 모든 학생에게 노출된 학교폭력의 경우 자신도 모르는 사이에 조력자와 강화자의 역할을 하게 되기 때문에 순수한 방관자로 볼 수 없다. 피해자도 아니고 가해자도 아니기 때문에 직접적인 처벌이나 피해의 대상이 되지는 않지만 학교폭력을 확대하기도 저지하기도 할 수 있는 힘을 지닌다고 볼 수 있다. 방관자, 조력자, 강화자에게는 다음과 같은 방관행동이 나타날 수 있다(차명호 외, 2013).

표 3-5 방관행동 유형과 특징

행동 유형	특 징
이기주의형 행동	학교폭력을 목격하고도 귀찮아질까 봐 도와주지 않음
동조형 행동	평소 미운 행동을 하는 친구가 괴롭힘을 당하면 은근히 동조함
걱정형 행동	말했다가 일이 커지는 것을 걱정해서 개입하지 않음
무지형 행동	도와주고 싶어도 누구에게 어떻게 신고하는지 몰라 그냥 넘어감

○○광역시 7개구에 소재한 12개 중학교(남학교 4개, 여학교 6개, 남녀공학 2개) 1~3학년에 재학 중이고 학교폭력 방관경험이 있는 여학생 19명과 남학생 21명 총 40명을 표본으로 선정하여 방관자 유형을 분류한 연구를 살펴보면(김화숙, 신경일, 2015), 방관유형을 자기보호형, 성인불신형, 무관심형, 책임전가형의 4가지로 구분하고 있고, 응답자들이 강하게 긍정한 문항과 강하게 부정한 문항을 결과로 제시하였다.

첫째, 자기보호형으로 자신이 피해를 당할까 봐 두려워하며 자신의 안전을 걱정하고 보호하고자 하는 유형이다. 자기보호형은 아래와 같이 학교폭력을 부정적 또는 긍정적으로 인식하고 행동하는 경향이 있다.

표 3-6 방관유형과 행동-자기보호형

인식의 방향	학교폭력에 대한 생각이나 행동
긍정	• 말리거나 나섰다가 내가 해코지를 당할 수 있다. • 겁이 나고 용기가 없다. • 피해자 편을 들었다가 같이 따돌림 당할 수가 있다. • 신고하면 비밀을 보장한다고 하지만 믿을 수 없다.
부정	• 내 할 일이 바빠서 남에게 신경 쓸 시간이 없다. • 피해자는 당할 만한 이유가 있어서 폭력을 당한다. • 다른 사람 일에 신경 쓰는 게 귀찮다. • 나한테 이익이 안 되는 일이니까 나서지 않는다. • 남이 당하는 것을 보면 재미있다.

둘째, 성인불신형으로 학교폭력 상황에 개입하게 되어 불려다니는 등 귀찮은 일이 생기는 것이나 신고 후 교사들의 대처방법을 믿지 못하는 학생들이 포함된다.

표 3-7 방관유형과 행동-성인불신형

인식의 방향	학교폭력에 대한 생각이나 행동
긍정	• 끼어들었다가 사건에 휘말려 같이 처벌받을까 봐 걱정된다. • 선생님들께 불려다니는 등 귀찮은 일이 생길 것 같다. • 괜히 잘못 끼어들면 일이 더 꼬일 것 같다. • 신고했을 때 선생님들의 대처방법을 믿을 수 없다. • 나쁜 일에는 끼어들 필요가 없다.
부정	• 겁이 나고 용기가 없다. • 피해자는 당할 만한 이유가 있어서 폭력을 당한다. • 피해자보다 가해자와 더 친하기 때문에 신고할 수 없다. • 가해자가 힘 있고 인기 있는 아이일 때는 모른 척한다. • 남이 당하는 것을 보면 재미있다.

셋째, 무관심형으로 학교폭력 경험을 통해 무관심, 무기력을 학습한 것으로 보이며 자신이 직접적으로 관련된 일이 아니면 개입을 해도 소용이 없기 때문에 무관심할 수밖에 없다고 생각하는 학생들이 해당된다.

표 3-8 방관유형과 행동-무관심형

인식의 방향	학교폭력에 대한 생각이나 행동
긍정	• 남의 일에 관심이 없다. • 상황을 정확히 모르는데 나섰다가 일을 더 크게 만들 것 같아 가만히 있는다. • 내 일도 아닌데 나설 필요가 없다 • 내 할 일이 바빠서 남에게 신경 쓸 시간이 없다.
부정	• 끼어들었다가 사건에 휘말려 같이 처벌받을까 봐 걱정된다. • 피해자가 내가 싫어하는 애라서 도와주지 않는다. • 말리거나 나섰다가 내가 해코지를 당할 수 있다. • 피해자는 당할 만한 이유가 있어서 폭력을 당한다. • 괜히 잘못 끼어들면 나도 피해를 당할 수 있다.

넷째, 책임전가형으로 자신이 도움행동을 했을 때 피해자가 너무 가까이 다가오는 것에 대한 부담과 그로 인해 발생하게 될 피해를 우려하여 그 책임을 피해자에게 전가하는 특징을 지닌다.

표 3-9 방관유형과 행동-책임전가형

인식의 방향	학교폭력에 대한 생각이나 행동
긍정	• 피해자가 너무 의지하게 될까 봐 뒷일이 걱정된다. • 괜히 잘못 끼어들면 나도 피해를 당할 수 있다. • 피해자 편을 들었다가 같이 따돌림 당할 수가 있다. • 내 일도 아닌데 나설 필요가 없다. • 내 할 일이 바빠서 남에게 신경 쓸 시간이 없다.
부정	• 신고했을 때 선생님들의 대처방법을 믿을 수 없다. • 끼어들었다가 사건에 휘말려 같이 처벌받을까 봐 걱정된다. • 신고하면 비밀을 보장한다고 하지만 믿을 수 없다. • 피해자가 잘난 척하는 아이라서 도와주지 않는다. • 고자질하는 애로 낙인찍힐까 봐 겁이 난다.

3) 피해학생 및 행동에 대한 이해

학교폭력예방 차원에서는 가해자와 방관자 행동의 원인과 구체적인 내용을 파악하는 것이 우선적이라고 앞서 제시하였다. 이러한 예방에도 불구하고 피해자가 발생할 경우에 피해자에게는 다양한 지원 및 보호 조치를 아낌없이 제공해야 한다. 학교폭력의 원인에는 피해자의 소극적인 성격, 자신감 부족, 사회성 및 대인관계 기술 부족, 외모의 문제 등이 언급되기도 한다.

초등학생 대상 학교폭력에 대한 42편의 연구를 통해 학교폭력 피해변인과 예방 및 보호변인을 종합적으로 분석한 결과를 살펴보면(김수진, 정원철, 2015), 학교폭력 피해 위험변인은 또래변인, 개인심리변인, 가정적 변인, 학교변인 순으로 나타났다. 또래변인에서는 부정적 또래관계와 비행또래가 학교폭력 피해 요인으로 높게 나타났고, 개인심리변인은 부정적 자기애, 자동적 사고, 부정적 정서, 충동성, 도덕적 이탈 순으로 나타났다. 가정변인은 가정방임, 가정폭력, 가정갈등 순으로, 학교변인은 부정적 학급풍토, 공부압력 순으로 영향을 미치는 것으로 나타났다.

이어 학교폭력 피해를 예방 및 보호할 수 있는 변인은 또래변인, 개인심리변인, 학교변인, 가정변인 순으로 나타났다. 또래변인은 긍정적 또래관계, 또래관계 친화력, 또래애착 순으로 나타났고, 개인심리변인은 자기효능감, 호감성, 자아존중감, 긍정적 자기애, 성실성, 긍정정서, 정서조절력 순으로 나타났다. 학교변인으로는 공동체 수업실천, 학교응집력, 사회성, 사회적 지지, 긍정적 학교생활적응, 긍정적 교사관계, 학교분위기 순으로 나타났으며, 가정변인은 긍정적 부모양육태도, 애착안정성, 부모애착 순으로 나타났다.

반면, 학교폭력 피해를 예방 및 보호할 수 있는 변인으로는 위험변인과 동일하게 또래변인과 개인심리변인이 높게 나타났지만, 학교폭력 피해 위험변인과 예방 및 보호변인에서 효과 크기면에서는 차이가 있었다. 학교폭력 위험변인에서는 가정변인이 학교변인보다 효과가 더 우세한 반면, 예방 및 보호변인에서는 학교변인이 가정변인보다 더 크게 나타났다. 이는 학교폭력 위험에 노출될 가능성은 학교변인보다 가정변인이 높지만, 학교폭력을 예방하고 보호하는 차원에서는 학교변인이 영향을 미칠 수 있다는 점이다. 가정과 학교변인이 모두 학교폭력 피해에 영향을 주지만 학교폭력예방 차원에서 학교의 역할이 중요함을 시사한다고 볼 수 있다.

한편 문용린 외(2007)는 학교폭력 피해에 대한 상담사례를 통해 남녀별로 특징을 분석하였는데 남학생은 약한 학생이 주로 대상이 되는 반면 여학생은 튀는 학생인 것으로 제시하였다. 학교폭력의 주요 유형은 남학생은 직접적인 신체폭력, 여학생은 간접적으로 나쁜 소문을 퍼뜨리는 언어폭력이나 따돌림을 많이 당한다고 보았다.

4. 학교폭력 유형별 가해행동에 대한 이해

학교폭력은 신체폭력, 언어폭력, 금품갈취, 강요, 따돌림, 성폭력, 사이버폭력 7가지로 분류된다. 학교폭력 유형별 가해행동 관련 요인에 관한 메타분석(염숙현, 2015) 연구를 살펴보면 최근 10년간 진행한 연구 50여 편을 바탕으로 학교폭력 유형별로 가해행동을 파악할 수 있다.

첫째, 신체폭력에서 가해행동을 감소시키는 요인에는 가족 요인이 가장 큰 것으로 나타났다. 가족 요인 중 가족의 기능과 부모의 양육행동에 대한 인식이 긍정적일수록 신체폭력이 낮아진다는 결과로 종합될 수 있다. 가해행동을 증가시키는 요인으로는 대인관계가 가장 큰 것으로 나타났는데 비행행동, 급우관계는 신체폭력을 높이는 데 영향을 줄 수 있는 요인으로 볼 수 있다.

표 3-10 학교폭력 유형별 가해행동-신체폭력

행동	요인 (영향력 높은 요인+)	하위요인 (효과크기순, 효과크기 .1이상)
행동 감소	개인	자아존중감 > 공감 > 죄책감 > 대인관계성향 > 정서조절
	가족+	양육 행동 > 가족기능
행동 증가	인구사회	성별
	개인	공격성 > 충동성 > 대인관계성향
	가족	가정폭력 노출경험 > 양육행동
	대인관계+	비행행동 > 급우관계
	학교	학업스트레스
	사회	대중매체

둘째, 언어폭력에서 가해행동에 영향을 미치는 가장 큰 요인은 부적, 정적 요인 모두 가족 요인인 것으로 나타났다. 특히 언어폭력의 경우 가정폭력 노출경험과 부정적 양육태도에 대한 인식이 영향을 주는 것으로 나타났다.

표 3-11 학교폭력 유형별 가해행동-언어폭력

행동	요인 (영향력 높은 요인+)	하위요인 (효과크기순, 효과크기 .1이상)
행동 감소	개인	자아존중감 > 공감 > 성격유형 > 대인관계성향 > 죄책감 > 정서조절
	가족+	양육태도 > 가족기능
행동 증가	인구사회	성별
	개인	공격성 > 대인관계성향 > 충동성
	가족+	가정폭력 노출경험 > 양육태도
	학교	학업스트레스

셋째, 따돌림 가해행동을 감소시키는 요인으로는 사회요인이 가장 영향력이 큰 것으로 나타났다. 사회적 지지가 가해행동을 감소시킬 수 있으며 그 다음으로는 학교 요인이 영향력이 큰 것으로 나타났다. 학생과 교사관계, 학교응집력, 교사지지 순으로 나타났다. 반면, 따돌림을 증가시키는 요인 역시 사회 요인이었으나 대중매체가 가장 영향력이 높았고 다음으로 대인관계 요인에서 비행행동, 급우관계가 주요한 요인으로 작용한 것으로 나타났다.

표 3-12 학교폭력 유형별 가해행동-따돌림

행동	요인 (영향력 높은 요인+)	하위요인 (효과 크기순, 효과 크기 .1이상)
행동 감소	개인	공감 > 죄책감 > 성격유형 > 자기지각 > 정서조절 > 애착안정성
	가족	가족지지 > 가족기능 > 양육태도
	대인관계	또래지지
	학교+	학생교사관계 > 학교응집력
	사회+	사회지지
행동 증가	개인	도덕적 이탈 > 공격성 > 우월인식 > 대인관계성향 > 자기개념 명확성 > 내적 자기애
	가족	가정폭력 노출경험 > 부정적 양육태도
	대인관계+	비행행동 > 급우관계 > 또래동조성 > 친구의 비행 > 위험또래집단
	학교	학업스트레스
	사회+	대중매체

넷째, 사이버폭력에서 가해행동의 감소에 영향을 미치는 요인은 개인 요인으로 윤리의식, 정서, 공감 순으로 영향을 미치는 것으로 나타났다. 반면 증가시키는 요인으로는 학교 요인, 개인 요인으로 나타났고 학교 요인으로 학교폭력 피해경험, 학업스트레스 순으로 영향을 미치는 것으로 나타났다. 개인 요인으로는 동기요인, 공격성, 태도 순으로 나타났다.

표 3-13 학교폭력 유형별 가해행동-사이버폭력

행동	요인 (영향력 높은 요인+)	하위요인 (효과크기순, 효과크기 .1이상)
행동 감소	인구사회	성별 > 학년
	개인+	윤리의식 > 정서 > 공감 > 자아효능감
	가족	애착 > 양육태도
	대인관계	친구관계
	사회	사회유대
행동 증가	인구사회	성별
	개인+	동기요인 > 공격성 > 태도 > 폭력용인태도 > 자기방어 양가성* > 정서표현 양가성 > 소외감 > 우울
	가족	가족폭력 피해경험 > 양육태도 > 가족폭력 목격경험 > 부모자녀갈등
	대인관계	비행행동 > 비행친구수 > 비행친구접촉 > 비행친구 > 따돌림
	학교+	학교폭력 피해경험 > 학업스트레스
	사회	사이버피해경험 > PC방 이용 유무 > 도덕적 이탈 > 폭력피해경험 > 심각한 이탈 > 폭력행동 > 유해환경 > 대중매체 > 인터넷 사용 > 익명성

양가성

사랑과 증오, 복종과 반항, 쾌락과 고통, 금기와 욕망 등 서로 대립적인 감정상태가 공존하는 심리적 현상을 지칭하는 용어

5. 교직수업 적용활동

활 동

1. 인권과 학교폭력과의 관계 이해하기

① 세계인권선언문*(용어 및 자료추가에 제시)을 보고 각 조항의 내용을 학교폭력 상황에서의인권 조항으로 새롭게 만들어 봅시다.

제 1조

우리는 모두 형제자매 정신으로 대해야 한다.
우리 모두는 태어날 때부터 자유롭고, 존엄성과 권리에 있어서 평등하다.

예시) 제1조: 우리는 모두 귀한 사람들이다.
우리 모두는 학교에서 자유롭게 생활하고,
존엄성과 권리에 있어 모든 학생이 평등하다.

제 2조

차별은 안 돼! 피부색, 성별, 종교, 언어, 국적, 갖고 있는 의견이나 신념 등이 다를지라도 우리는 모두 평등하다.

제 3조

안심하고 살아간다. 우리는 누구나 생명을 존중받으며, 자유롭고 안전하게 살아갈 권리가 있다.

제 4조

노예는 없다! 어느 누구도 사람을 노예처럼 다루거나 강제로 통제할 수 없다.

세계인권선언
(Universal Declaration of Human Rights)
1948년 12월 10일 유엔 총회에서 채택된 인권에 관한 세계 선언문

활 동

제 5조

고문이나 모욕은 싫다. 사람은 누구나 고문이나 가혹하거나 비인도적이거나 모욕적인 처우를 받지 않는다.

제 9조

제멋대로 잡아 가둘 수 없다. 사람은 정당한 법률에 의하지 않고는 제멋대로 잡히거나 갇히거나 쫓겨나지 않는다.

제 12조

나만의 세상을 가질 수 있다. 나의 사생활, 가족, 집, 전화 등 통신에 대해여 아무도 함부로 간섭할 수 없다. 나의 명예와 신용에 상처를 입지 않는다.

제 14조

도망치는 것도 권리이다. 누구나 괴롭힘을 당하면 다른나라로 도망쳐 피난처를 찾아 살 권리가 있다. 그러나 그 사람이 누가 보아도 나쁜 짓을 저지를 경우는 제외된다.

제 17조

재산을 갖는다. 사람은 누구나 혼자 또는 다른 사람과 함께 재산을 가질 수 있다. 재산은 함부로 빼앗기지 않는다.

활 동

제 29조

우리에게는 모든 사람의 자유와 권리는 지키고 살기 좋은 세상을 만들기 위한 의무가 있다. 다른 사람의 권리와 자유를 존중하기 위하여 필요한 경우에만 우리의 자유와 권리는 법률에 따라 제한된다.

제 30조

권리를 짓밟을 권리는 없다. 이 선언에서 말한 어떤 권리와 자유도 다른 사람의 권리와 자유를 짓밟기 위해 사용될 수 없다. 누구에게도 남의 권리를 파괴할 목적으로 자기 권리를 사용할 수 없다.

2. 방관행동에 대한 이해

지식채널 e '38명의 목격자'를 보고 질문에 답해봅시다.

1. 여인이 어려움에 처했을 때 많은 사람들이 보고 있었는데도, 도움을 도와주지 않은 이유를 적어봅시다.

2. 생활하면서 남을 도와주었던 경험이나 도움을 받았던 경험을 이야기해 봅시다.

chapter 04

학교폭력예방 교육프로그램의 개발

학습목표

1. 학교폭력예방 교육프로그램 개발의 필요성을 이해할 수 있다.
2. 학교폭력예방 교육프로그램 개발에 필요한 수업모형과 절차를 설명할 수 있다.
3. 학교폭력예방 교육프로그램을 개발할 수 있다.
4. 학교폭력예방 교육프로그램을 적용하여 수업을 운영할 수 있다.

본 장에서는 학교폭력예방 교육프로그램 개발과 관련된 이론과 실제를 제공한다. 학교폭력예방 교육프로그램은 학생, 교직원, 학부모를 대상으로 학기별로 1회 이상 실시하도록 규정되어 있고 학교교육과정과 연계되어 실시되어야 한다. 또한 학교폭력예방 교육프로그램은 학교폭력에 대한 이해와 더불어 실천과 연계되어야 하기 때문에 학습자가 직접 참여하고 공감하는 내용과 방법으로 설계될 필요가 있다. 본 장에서는 학교폭력예방 교육프로그램 설계하는 데 필요한 수업모형과 지도안, 운영전략을 제공하여 학교폭력예방 교육프로그램을 개발할 수 있는 기회를 제공하였다. 학습활동을 통해 학교폭력예방 교육프로그램을 설계하고 실행해 봄으로써 교사로서의 전문성을 신장시킬 수 있을 것이다.

1. 학교폭력예방 교육프로그램 개발의 필요성

「학교폭력예방 및 대책에 관한 법률」 제15조는 다음과 같이 학교폭력예방교육에 대한 내용을 담고 있다.

① 학교의 장은 학생의 육체적·정신적 보호와 학교폭력의 예방을 위한 학생들에 대한 교육(학교폭력의 개념·실태 및 대처방안 등을 포함하여야 한다)을 학기별로 1회 이상 실시하여야 한다. 〈개정 2012.1.26.〉

② 학교의 장은 학교폭력의 예방 및 대책 등을 위한 교직원 및 학부모에 대한 교육을 학기별로 1회 이상 실시하여야 한다. 〈개정 2012.3.21.〉

③ 학교의 장은 제1항에 따른 학교폭력예방 교육프로그램의 구성 및 그 운용 등을 전담기구와 협의하여 전문단체 또는 전문가에게 위탁할 수 있다.

④ 교육장은 제1항부터 제3항까지의 규정에 따른 학교폭력예방 교육프로그램의 구성과 운용계획을 학부모가 쉽게 확인할 수 있도록 인터넷 홈페이지에 게시하고, 그 밖에 다양한 방법으로 학부모에게 알릴 수 있도록 노력하여야 한다. 〈개정 2012.1.26.〉

⑤ 그 밖에 학교폭력예방교육의 실시와 관련한 사항은 대통령령으로 정한다. 〈개정 2011.5.19.〉

「학교폭력예방 및 대책에 관한 법률 시행령」 제17조는 다음과 같이 학교폭력예방교육에 대한 내용을 담고 있다([시행 2021. 9. 29.] [대통령령 제32018호, 2021. 9. 29., 타법개정]).

① 학기별로 1회 이상 실시하고, 교육 횟수·시간 및 강사 등 세부적인 사항은 학교 여건에 따라 학교의 장이 정한다.

② 학생에 대한 학교폭력 예방교육은 학급 단위로 실시함을 원칙으로 하되, 학교 여건에 따라 전체 학생을 대상으로 한 장소에서 동시에 실시할 수 있다.

③ 학생과 교직원, 학부모를 따로 교육하는 것을 원칙으로 하되, 내용에 따라 함께 교육할 수 있다.

④ 강의, 토론 및 역할연기 등 다양한 방법으로 하고, 다양한 자료나 프로그램 등을 활용하여야 한다.

⑤ 교직원에 대한 학교폭력 예방교육은 학교폭력 관련 법령에 대한 내용, 학교폭력 발생 시 대응요령, 학생 대상 학교폭력예방 프로그램 운영 방법 등을 포함하여야 한다.

⑥ 학부모에 대한 학교폭력 예방교육은 학교폭력 징후 판별, 학교폭력 발생 시 대응요령, 가정에서의 인성교육에 관한 사항을 포함하여야 한다.

학교폭력 대책 제도의 개선책으로 도입된 학교장 자체해결제의 현장 안착을 위해, 학교에서의 학교폭력 예방교육 지도 역량 강화의 필요성이 더욱 대두하였다. 학교폭력예방 교육프로그램은 법률에 의거하여 학교에서 반드시 실행해야 하며 교과수업, 자유학기프로그램, 생활지도와 연계하여 실시할 수 있다. 학교폭력예방 교육프로그램 개발에 있어 기존의 교육프로그램보다 강조되어야 하는 것은 학습자의 자발적인 참여를 이끌도록 설계되어야 한다는 것이다. 학교폭력예방교육은 학교폭력의 내용을 인지하는 것을 넘어 자발적 공감과 예방 및 대처행동으로 연계해야하기 때문에 학습자들의 직접 참여를 통해 유의미한 경험을 이끌어 낼 필요가 있다.

학생의 참여를 이끄는 프로그램을 개발하기 위해서는 철저히 학습자 중심으로 접근해야 하며, 지속적인 피드백 과정이 포함되어야만 한다. 1, 2시간의 짧은 교육 시간에서 유의미한 학습이라는 목표를 달성하기 위하여 교사, 프로그램, 학생이 상호작용하는 '학습의 순간'에 초점을 두어야 하기 때문이다(박인우, 김명랑, 2014). 즉, 교육프로그램의 내용에 초점을 두는 것이 아닌, 교육프로그램을 수동적으로 참여한 후에 추가적인 학습활동으로 학습자의 참여를 이끄는 것이 아닌 교육프로그램 운영 시 학습자를 포함시키는 방법을 적용하여 개발해야 한다.

학교폭력예방 교육프로그램을 학습자 활동중심 프로그램으로 개발하기 위해서는 다음의 3가지를 고려해야 한다. 첫째, 학교폭력예방을 위한 교육프로그램의 목표를 개발함에 있어 학교폭력 예방 역량과 연계하여 수립해야 한다. 어울림 프로그램은 공감, 의사소통, 감정조절, 자기존중감, 갈등해결, 학교폭력 인식 및 대처의 6대 역량을 제시하고 있다. 둘째, 어떻게 목표가 달성되었는지 알 수 있는가의 관점으로 이 과정에서 학습목표 달성을 확인할 수 있는 평가기준 등이 무엇인지를 결정해야 한다. 교과+창체 수업, 자유학기프로그램, 생활지도의 영역에 따라 성취기준을 고려해서 평가기준 및 수행과제를 결정해야 한다.

셋째, 학습 활동을 설계하는 단계로 학습목표를 달성하기 위한 활동, 경험, 전략 등을 고안해야 한다. 이때 기존의 다양한 교수·학습 모형이나 방법이 활용될 수 있다. 예를 들어, 교육프로그램을 개발할 때 이에 전문적인 강사초청, 기관방문 등의 거시적 방법을 먼저 결정한 후 1~2시간의 프로그램을 강사나 기관에 위임하는 순서가 아닌 교사의 입장에서 학습자가 변화되기를 바라는 학습자의 인지적, 정의적 목표를 우선 고려한다. 학교폭력의 현황을 파악하여 심각성을 인지하게 하는 것을 목표로 한다면, 학생들이 인지했는지 여부를 평가할 수 있는 기준을 생각한다. 기존의 인지 정도와의 변화를 보고자 한다면 진단지가 필요할 것이고, 학교폭력에 대한 실태를 보여준 후 해석하게 한다면 이와 관련된 학습지가 필요할 것이다. 그 후 학습활동을 설계하는 단계에서는 진단지 작성, 강연이나 영상시청 후 학습지 작성 등과 같은 활동 내용을 개발한다.

이때의 학습목표는 '학교폭력예방 교육프로그램에 참여하여 나의 학교폭력징후를 진단하고 예방할 수 있다.'가 되고 평가기준은 '학교폭력징후진단지 작성 결과지, 학교폭력예방 방안이 담긴 3행시 및 포스터 제출'이 되며 학습활동은 '전문가 강연, 영상 시청, 진단지 작성, 3행시 및 포스터 작성' 등이 될 수 있다. 물론, 교육프로그램 개발에 있어서 요구되는 요소들은 기존의 프로그램 개발과 다를 것이 없어 보이지만, 학습을 통해 변화를 기대하는 인지적, 정의적 결과를 확인할 수 있는 기준에 맞게 학습활동을 설계하는 것은 기존의 수업설계에 대한 패러다임의 변화를 요구할 수도 있다. 학습자의 요구, 학습자의 수준에 맞는 학습활동을 설계해야만 학습자의 적극적인 참여를 유도할 수 있다.

1. 목표 설정	→	2. 평가기준 마련	→	3. 학습활동 설계
학교폭력예방 교육프로그램을 통해 변화되기를 바라는 학습자의 인지적, 정의적 결과를 기술	→	학교폭력예방 교육프로그램을 통해 달성될 학습자들의 변화 정도를 확인할 수 있는 기준 및 양식 설계	→	학교폭력예방 교육프로그램의 목표를 달성하기 위한 활동, 경험, 전략 등을 설계

그림 4-1 학교폭력예방 교육프로그램 개발 절차

2. 학교폭력예방 교육프로그램 개발

「학교폭력예방 및 대책에 관한 법률」 이행과 자발적인 필요성에 의해 이미 학교폭력예방을 위해 다양한 교육프로그램이 개발되어 운영되고 있다. 이미 효과가 검증된 프로그램을 재구성하여 활용하는 것도 가능하지만 우리 학교, 학급의 학생들에게 맞는 학교폭력예방 프로그램을 개발하기 위해서는 교육프로그램 개발에 필요한 이론 및 절차에 대한 이해가 요구된다. 무엇보다 학교폭력예방 교육프로그램은 학생들의 사회·정서적 역량 강화를 통한 학교폭력 예방과 근절을 위해서 교내 행사, 캠페인 활동, 체험활동 등과 함께 교육과정과 연계하여 자연스럽게 학생들의 삶과 밀착된 학교폭력 예방교육이 필요하다(교육부, 2021). 학교폭력예방 교육프로그램을 설계하는 데 적용 가능한 수업모형을 체험형, 토의(토론)형, 역할극 활동의 3가지로 제시하고자 한다(박인우, 김명랑, 2014).

1) 체험형

체험형은 창의적 체험활동 시간을 통해 현장체험활동으로 적용될 수 있는 모형으로 도입, 체험, 대담, 추후활동의 단계로 구성한다. 학생들의 체험활동은 체험 자체에 의의를 두는 것이 아닌 체험을 통해 얻은 학교폭력예방을 위한 성찰활동이 수반되어야 한다. 보통 체험활동의 경우 체험기관에서 제공한 프로그램을 학습하게 되는데, 일반적으로 전문가의 설명, 체험관 견학 등의 활동으로 구성되는 경향이 있다. 이때 체험활동을 통한 학습의 효과를 높이기 위해서는 반드시 전문가의 대담 또는 간단하게라도 학생들의 질의응답 활동을 포함하거나 그 후 추후활동을 통해 기존의 지식이 어떻게 달라졌고, 새로운 지식과 연계하여 무엇을 경험했는지를 확인할 수 있는 과제를 부여하여 평가자료로 활용할 수 있도록 해야 한다. 체험활동 보고서의 평가는 교사, 체험기관의 전문가 등이 참여할 수 있다.

도입 → 체험 → 대담 → 추후활동

그림 4-2 체험형 절차

전문가와의 대담 시 사회자, 전문가, 학습자 대표 및 학습자들로 구성해야 하며 〈표 4-2〉와 같이 역할이 주어진다. 체험 전에 체험기관에 대담 시 포함되어야 할 학생내용을 전달하여 학생들의 참여를 이끌어 의미있는 경험을 제공해야 한다. 사회자는 적절한 시간 안배 및 구성원 역할을 분배하며 주로 교사가 이 역할을 수행한다. 학습자가 전문가 및 자원인사와의 대담이 가능하기 위해서는 사전 학습이 필요하다.

표 4-1 대담 시 역할

사회자	토의를 이끌어가는 사람으로 토의 기법을 사용하는 것에 익숙해야 함
전문가	토의할 주제에 대해 전문 지식과 관심을 가진 3~4명의 사람들로 구성해야 함
학습자 대표 및 학습자	주제에 관심이 있고 논리적인 논평과 질문을 할 수 있는 능력을 갖춘 사람들로 구성

2) 토의(토론)형

토의(토론)형은 교과 수업에 용이하게 적용 가능한 모형으로 도입, 강의, 토의(토론), 피드백의 과정으로 이루어진다. 일반적인 토의(토론)의 단계를 적용할 수 있으나 토의 전에 토의에 필요한 다양한 자료 및 토의 운영에 필요한 사항들이 반드시 학생들에게 전달되어야 한다. 교사는 내용을 설명하기보다는 토의가 잘 이루어질 수 있는 가이드라인을 제공해야 하며, 학습자 토의 중에 교사는 내용적으로 개입하는 것을 자제해야 한다.

도입 → 강의(영상) → 토의(토론) → 피드백

그림 4-3 토의(토론)형 절차

토의(토론) 방법의 일반적인 절차는 사전준비, 토의장소 및 환경정비, 토의 진행, 토의결과 종합의 순서로 이루어진다.

표 4-2 토의(토론) 절차

순서	내용
사전준비	• 토의목적을 분명히 설정 • 토의방식 선택, 시간 계획, 토의에 필요한 자료 준비, 집단의 크기 결정
토의장소 환경정비	• 토의 유형에 따라 토의 장소, 좌석 배치, 시설물 등에 대한 세심한 배려 필요

순서	내용
토의진행	• 토의목적과 주제, 토의규칙과 방법 등을 명확하게 제시 • 자유로운 분위기 속에서 전체가 참여하는 토의가 되도록 유도
토의결과 종합	• 기록자는 정리된 토의결과 발표 • 처음 제시한 토의목적 검토 • 토의 진행과정에 대한 평가

3) 역할극

역할극은 소집단 구성원에게 개인별로 서로 다른 역할을 주고 어떤 가상적 상황에서 특정 결론을 도출하게 하는 과정을 통해 다른 역할을 맡은 사람들과 원만한 타협을 보도록 하는 기법이다. 두 명 이상의 사람들이 등장하며 집단의 다수 인원들은 공통되는 어떤 문제를 다루는 역할을 연기하고 관객들은 그 역할을 해석하도록 독려된다. 학교폭력의 다양한 예방책을 적용하고, 감정이입과 공감의 효과를 높일 수 있다. 학교폭력에 관여하는 가해자, 피해자를 비롯하여 다양한 이해관계자의 역할을 부여하여 서로를 이해하고 화해하는 과정을 경험하게 할 수 있다.

동영상 보기
TBS '학폭 상황, 나라면 어떻게' 역할극으로 배워요.

역할극은 기본적으로 협동이 요구되는 방법이며, 역할극에 참여하는 모든 구성원 간의 원활한 의견 교환과 긍정적인 피드백이 요구된다. 또한 모든 학생이 참여해야 하며, 본인이 맡은 역할을 성공적으로 수행하기 위해서는 교수자 및 동료 학습자와의 상호작용이 무엇보다 필요하다. 역할극에서 다루게 되는 내용은 실제적인 주제 상황에서 집단 구성원의 역할 대행을 효율화하기 위해 가상적인 상황을 설정해 놓는다. 연기의 주제는 집단 구성원의 실제 상황에 적용할 수 있는 것으로 좋다. 역할극을 통해서 공동체 의식이 증진되는 경험을 갖게 되며, 학습자의 적극적인 참여를 요구하고, 집단 구성원 간의 친근감을 증대시킬 수 있다. 역할극을 위한 토의과정 및 연습이 교육 효과를 주기도 하며, 연기자는 연기활동을 통해 자신의 감정이나 태도, 신념 등을 자유로이 표출함으로써 심리적 억압을 풀 수 있고, 문제에 대한 참여자의 흥미를 유발시킬 수 있다. 역할극의 과정은 크게 8단계로 구성된다(허미경, 2008).

표 4-3 역할극 절차 및 활동

과정	단계	주요활동
도입	• 프로그램 소개	• 지도자 소개 • 프로그램 및 진행방식 소개 • 규칙 정하기
준비	• 촉진활동 • 역할극 상황 설정과 준비	• 응집력 향상을 위한 촉진활동 • 폭력관제 문제 상황 선정하기 • 간단한 무대장면 설정하기 • 역할에 대한 등장인물 성격 탐색
전개	• 역할극 참가자 선정	• 역할극 선정 • 역할에 대한 배역을 맡은 사람들의 전반적 계획
	• 관객의 준비자세 확인	• 관객들에 대한 관람 태도 및 관찰해야 할 주요 관점 제시하기
	• 역할극 시연	• 실제의 연기활동
	• 역할극에 대한 토론 및 평가	• 등장인물의 말과 행동에 대한 생각 나누기 • 문제 상황에서 또 다른 해결 방안 의견 나누기
	• 수정된 역할극 시연	• 주인공만 새로 뽑고 나머지는 재등장 • 문제 상황에서 새로운 해결방안 제시 • 새로운 해결방안에 대한 의견 나누기
마무리	• 경험의 공유와 일반화	• 폭력예방을 위한 생활에서의 시도 • 일상생활에서 우리가 노력할 수 있는 일 • 폭력예방에 대한 새로운 아이디어 창출 • 소감나누기

4) 비대면형 수업

비대면형 수업은 교수자와 학습자가 시·공간적으로 분리된 상황에서 인터넷을 통해 중재되는 교수-학습 활동이다. 대면 학습은 전통적인 교실 수업으로 이루어지지만, 온라인 학습은 온라인 플랫폼에서 텍스트를 활용하여 이루어지는 토론, 오프라인 학습 계획에 따라 진행되는 학생의 온라인 코칭 및 멘토링, 그리고 그룹 프로젝트를 하기 위한 학생 간의 협동과 준비가 포함되어야 한다.

비대면형 수업을 운영하기 위해서는 온라인 수업과 오프라인 수업의 설계 방향을 이해할 필요가 있다(Hunter & Austin, 2020). 비대면형 수업은 대면수업을 전제로 한 기존 수업 시수를 줄일 수 있고 시간과 공간으로부터 상대적으로 자유롭다는 것이며, 이를 위해서는 비대면수업과 대면수업에서 다루는 학습 주제와 방식이 각기 달라야 의미가 있으므로 이에 따른 수업 설계가 이루어져야 한다.

표 4-4 대면수업과 비대면수업

대면수업	비대면수업
• 선생님들의 격려와 함께 팀워크와 협력이 필요한 과제를 완수 • 친밀감과 신뢰를 증진함으로써 정서적 연결 • 능동적, 헌신적이고 가치 있는 관계 형성	• 장기적인 협업을 포함하는 온라인 접촉의 중요성을 강조 • 시각적 익명성이 실제로 온라인 커뮤니케이션을 향상할 수 있다는 것을 암시 • 어떤 시점에서든 상호작용을 할 수 있어 그룹간 불안을 완화하는 데 도움이 될 수 있음 • 기기(예: 데스크톱 컴퓨터, 랩톱, 스마트폰), 그룹 간 생성이 용이함 • 인터넷이 제공하는 정보는 동기를 유발하고, 학습자에게 다양한 경험 제공

교육부는 학교폭력예방교육(어울림)을 위한 비대면 수업 운영을 위한 유의점과 운영 사례를 아래와 같이 제시하였다(교육부, 2021).

- 학교폭력예방 교육 프로그램의 차시 목표를 달성할 수 있도록 학습자 특성과 여건에 맞게 어울림 프로그램 내의 활동을 재구조화한다.
- 학생들간 상호작용이 원활히 일어날 수 있는 방안을 모색한다. 역량 발달은 수행의 과정에서, 지속적이고 형성적으로 발달하는 특징이 있다. 비대면 수업에서도 대면 수업 수준의 학생간 상호작용이 일어날 수 있도록 다양한 교수-학습 방법을 적용할 필요가 있다.

- 학습자의 개별적 요구와 특성에 맞는 수업으로 진행한다. 온라인 수업은 학습자의 개인차와 특성을 더욱 존중해줄 수 있는 장점이 있다. 온라인 수업의 장점을 활용하여 개별적 피드백과 학습차를 고려한 수업이 이루어지도록 사전 준비가 필요하다.

표 4-5 비대면수업 방법과 사례

방법	사례
• 영상 콘텐츠를 활용하여 실시간 쌍방향 수업 중 모둠학습으로 진행	• 프로젝트형 어울림 프로그램 수업을 활용하여 설문조사와 대면/비대면 상황을 혼합하여 운영
• 도입 활동 및 특정 전개 활동을 영상으로 대체하여 활용하는 사례	• 비대면 모둠 활동시 동영상을 보면서 탐구문제 파악 및 동기 유발 활동을 대신하여 운영
• 비대면 수업 시 줌(Zoom) 화면 공유 기능을 활용	• Zoom의 화면 공유 기능을 활용하여 학생이 활동지에 작성한 내용을 공유하며 주제에 대한 각자의 생각을 나누며 운영
• 비대면 수업 시 Zoom의 소회의실 기능을 활용	• Zoom의 소회의실 기능을 활용하여 경청·공감 놀이에서 소그룹 별로 활동 후 소감을 적고 발표하는 활동
• 비대면 수업 시 패들렛(Padlet)을 활용	• Padlet을 활용하여 실시간으로 활동지를 올리고, 모두가 참여하는 협업 활동을 통해 의견을 나누며, 즉각적인 피드백을 통해 실시간 의사소통을 하며 운영

3. 학교폭력예방 교육프로그램 실행

학교폭력예방 교육프로그램이 교과 수업 및 창의적 체험활동 시간을 활용하여 용이하게 실행할 수 있도록 과목명, 학습내용, 활동목표, 활동제목, 소요시간을 제시하여 이해를 돕고자 하였다.

1) 학교폭력예방 교육프로그램 모형별 지도안

① 체험형 : 학교폭력교육(상담)기관 탐방

구분	내용
학습내용	• 학교폭력예방 교육의 이해와 과제 • 현장에서의 학교폭력예방 교육의 실현
활동목표	• 학교폭력교육(상담)기관을 방문하여 학교폭력의 이해와 실제를 경험할 수 있다. • 학교폭력전문가와의 대담에 사용할 질문을 작성할 수 있다. • 학교폭력전문가의 대담에 참여하여 질문에 대한 답을 확인할 수 있다. • 학교폭력교육(상담)기관 체험보고서를 기준에 맞게 작성할 수 있다.
평가방법	• 사전질문지 작성 및 제출 • 체험보고서 작성 및 제출
활동 제목	학교폭력교육(상담)기관 현장 방문하기
활동내용	1. 개요 및 진행 순서 제시 2. Wee Center 방문(3시간) – Wee Center 다양한 프로그램 체험 – 상담전문가, 운영자 등의 특강 포함 3. 전문가참여 대담(1시간) – 미리 준비한 통합교육에 대한 질문을 바탕으로 상담전문가, 운영자, 학생들이 참여해서 토의 – 방문 전에 미리 학교폭력에 대한 질문사항을 준비하도록 하고, 질문지도 미리 강사에게 알려주고 그에 대한 내용이 포함될 수 있도록 요청하기 4. 체험보고서 제출하기
소요시간	4

② 토의(토론)활동 : 학교폭력 예방의 성과와 과제

학습내용	• 학교폭력현황 • 학교폭력근절대책 추진현황 • 학교폭력근절대책의 주요정책과제 및 추진방향
활동목표	• 학교폭력예방법, 학교의 변화, 학교폭력의 실태를 설명할 수 있다. • 학교폭력예방 대책의 전문가의 의견을 비판할 수 있다. • 학교폭력예방 대책을 제안할 수 있다.
평가방법	• 토론보고서 작성 및 제출 • 토론참여도 작성 및 제출
활동 제목	학교폭력예방 대책 들여다보기
활동내용	1. 개요 및 진행순서 제시(5분) 2. 영상시청 – 학교폭력예방법 개정 국회토론회 동영상(푸른나무재단) 시청 : https://www.youtube.com/watch?v=UAoZC4irFaU – 2021년 학교보고서 영상(kbc 광주방송) 시청 : https://www.youtube.com/watch?v=foV50cznlXE 3. 전문가 참관 토론(40분) – 체크리스트지를 학생들에게 배부하여 논란의 포인트나 논리의 전개 과정 등에 대해 기록하게 한다. 교사, 학생, 학부모, 정책수립자 등을 섭외하여 그들이 주장하는 학교폭력 문제 해결방안에 대해 직접 듣는 기회를 경험 4. 모둠별 모의 토론(1시간) – 전문가들이 제시한 해결방안을 토대로 세부 전략 도출 5. 발표 및 전문가 피드백(55분) – 모둠별 토론 결과를 공유하고 전문가로부터 피드백을 받음
소요시간	3

③ 역할극 : 학교폭력 대처의 실제

학습내용	• 학교폭력의 유형별 실태 • 학교폭력의 사안별 대처 사례
활동목표	• 학교폭력 이해 당사자의 입장에서의 어려움을 설명할 수 있다. • 학교폭력에 대한 잘못된 인식을 개선할 수 있다.
활동제목	• 학교폭력 당사자(가해자, 피해자)들은 어떤 기분을 느낄까? • 학교폭력 당사자에게 어떤 도움이 필요할까?
평가방법	• 학습지 작성 및 제출 • 역할극 체험보고서 작성 및 제출
활동내용	1. 개요 및 진행순서 제시(5분) 2. 영상시청(5~10분) – 학교폭력의 상황이 담긴 영상물(드라마나 영화 장면을 편집해서 제시, 학교폭력 당사자가 3명 이상 포함되어야 함) 3. 학교폭력 당사자 이해하기(20분) – '빈디게임'을 활용('빈디(인도의 종교 의식에서 유래된 것. 이마 가운데 혹은 미간의 한 점에 칠을 하거나, 보석 등을 붙이는 행위를 말하며, 붉은 빈디는 기혼자, 과부는 검은 빈디) 게임'은 당사자는 어떤 스티커가 붙어 있는지 모른 채 스티커별로 역할행동을 부여하여 역할 행동을 이해하는 활동임) – 학교폭력 당사자들을 선정함(예 : 가해자/피해자 or 교사 / 학생(가해자, 피해자) or 학부모 / 학생 등으로 짝을 형성하거나 3명 정도로 구성함) – 교사, 학부모, 방관자 등)에게 역할을 줌(예를 들면 가해자는 괴롭히는 행동, 피해자는 피하거나 사람들에게 도움을 요청하는 행동 등을 부여함) – 스티커에 따른 역할 행동을 모두에게 설명하고 본인이 어떤 역할인지 모른 채 전체 사람들에게 역할 행동을 함. 3. 학습지 활동 (20분) – 빈디게임을 통해 느낀 점과 현재 예방 대책에서 더 강조되어야 할 점 등을 작성함 4. 모둠 활동 (30분) – 진행요원은 학습지를 걷어 상반되는 내용 또는 유사한 내용 등을 작성한 학습자들끼리 집단을 만들어 현 정책 내에서 해결방안을 제시함 5. 모둠별 발표하기 (1시간) 6. 전문가 피드백받기 (35~40분)
소요시간	3

2) 학교폭력예방 교육프로그램 운영 시 유의사항

체험형, 토의(토론)형, 역할극 모두 학생들의 토의(토론)과정이 수반되기 때문에 학교폭력예방 프로그램 운영 시 학생들을 토의(토론)에 원활하게 참여시키기 위해서는 활발한 참여를 위한 전략, 원활한 토의 진행을 위한 스킬, 집단 구성, 학습이 되는 듣기 기술, 효과적인 피드백에 대한 안내가 필요하다.

① 활발한 참여를 위한 전략

- 다른 사람을 설득하기보다는 문제에 대한 가장 좋은 답안 찾아라!
- 열린 마음을 갖자 : 나와 의견이 다르더라도 기꺼이 인정하라.
- 새로운 이슈를 제시하여 토론의 방향을 방해하지 말아라(꼭 이야기해야 한다면 상대방에게 동의를 구하자).
- 주제에 대해 간단히 이야기하라.
- 긴 일화, 예는 피하라.
- 다른 사람을 격려하고 지지한다는 표현을 하라.
- 나와는 다른 관점을 찾아서 토론을 풍부하게 하라.
- 다른 사람의 관점을 인정하고, 이해하라.

② 원활한 토의 진행을 위한 스킬

- 주제에 대한 배경을 설명하자.
- 학생들이 편안하게 답변하도록 질문을 알기 쉽게 설명하자(single correct answer는 피하자(예, 아니오, what에 대한 답변) / 학생들이 준비할 수 있는 시간을 주자).
- 1~2개의 질문을 미리 준비해 오도록 하고 이 중 하나를 택해서 토론을 시작하거나 소그룹 토론을 유도하자.
- Opening question을 마무리하고, 학생들의 입장을 구분하자.
- 토론 주제에 대한 답변을 준비(작성)할 시간을 갖자(5분 정도).

- 토론 주제에 대한 이미지를 떠올리도록 학생들에게 질문하자(토론 주제 및 과제(교과내용)를 읽고 어떤 생각(이미지)이 떠오릅니까?).
- 각 입장에 대한 강력한 예를 제시하자(찬/반).
- 브레인스토밍 연습을 하자(집단 내에서 의견을 자유롭게 제시한 후 의견에 대한 평가를 하자).
- 간단한 질문을 통해 의견을 정리할 기회를 부여하자(예 : 영희야 넌 철수의 의견에 부정적 답변을 제시하였네, 민호야 너의 네 번째 의견은 매우 흥미롭구나).
- 정리카드를 준비하여 주어진 주제에 대한 몇몇 사실(fact)을 기록하자. 무작위 카드를 뽑아 관련된 정보를 더하거나 코멘트를 하도록 학생들을 유도하자.
- 의견을 제시하는 문장을 사용하여 연습하자.

  예) 내가 가장 질문(이야기)하고 싶은 것은 ________입니다.

  내가 가장 이 주제에 대해 혼동하는 점은 _______입니다.

③ 토의집단 구성 및 역할

소집단 토의 시에 집단 구성은 학습의 효과와 연계될 수 있으며 역할을 부여하고 적절한 역할 행동을 제시해야 한다.

표 4-6 토의참여자 역할

역할	역할 행동
지도자	토의를 끌어가는 사람으로 주체의 중요성과 제시된 논쟁점을 이해할 만한 지식을 갖추어야 함
기록자	중요하고 필요한 내용을 기록, 요약
관찰자	토의과정을 지켜보는 자로 토의집단으로부터 떨어져 앉으며 토의에 대한 평가를 함
토의 참여자	적극적인 참여가 가능한 참여자로 구성해야 하며 자신의 생각과 의견을 다른 사람들과 공유할 책임을 인정해야 함
자원인사	토의 중에 참고서적이 사용되는 것과 같은 방식으로 토의자원을 이용 가능한 사람이어야 함

④ 학습이 되는 듣기 기술

토의나 토론, 대담에 참여하지 않은 청중에게 학습자의 학습 효과를 기대하기 위해서는 듣기 기술에 대한 전략이 요구되며 학습자들에게 이를 안내해야 한다.

- 머리를 끄덕이거나 '음', '예' 등 가벼운 표현을 활용
- 상대방을 정면으로 바라봄
- 가끔 상대방 쪽으로 몸을 기울여 열심히 듣고 있음을 전달
- 학습자의 주장이나 질문에 대해 잘 이해가 되지 않는다면 솔직히 되물어 봄
- 중립을 지킴
- 확인(당신의 이야기를 이렇게 전달받았습니다), 공감(당신의 기분을 수용할 수 있습니다. 동의가 아닌), 이야기(자신의 생각을 이야기), 표현(기분을 솔직히 표현)의 방법을 활용

⑤ 효과적인 피드백 기술

피드백(feedback)이란 학습자의 행동에 대한 반응을 의미하며 교육프로그램 운영 시 학생들의 반응에 대한 효과적인 피드백이 요구한다. 학습자 반응에 대한 결과는 바람직한 행동을 강화시키거나 약화시킬 수 있고 긍정적인 피드백은 동기부여와 격려를 유도하기 때문에 행위가 끝난 다음 바로 피드백을 제공해야 한다.

표 4-7 효과적인 피드백과 비효과적인 피드백

효과적인 피드백	비효과적인 피드백
• 행동을 분명하게 묘사하는 일 • 행동이 끝난 즉시 • 피드백하는 사람이 받는 사람에게 곧바로 하는 • 피드백하는 사람이 "나는~"식으로 자기주장을 분명히 하며 자신의 생각이나 느낌, 반응에 분명히 책임지는 태도가 있을 때 • 피드백하는 사람의 솔직한 감정이 표현될 때	• 짐작하거나, 평가하거나, 비판하거나, 일반화하는 일 • 지연되거나 몇 번 지켜보고 있다가 하는 피드백 • 간접적이며 다른 사람을 통해서 전달하는 • 자기주장을 분명히 하지 않을 때 "나는"이라는 말 대신에 "우리들은", "일반적으로", "모두가" 따위를 사용하고 있을 때

효과적인 피드백	비효과적인 피드백
• 받아들이는 사람이 분명하게 전달받았는지 확인이 되었을 때 • 정보를 구하기 위하여 적절한 질문을 하는 일 • 상대의 행동이 나에게 미친 영향을 분명히 하는 일 - 현재나 미래에 있어서(당신이 내 얘기를 중단시키고 당신 얘기만 했을 때 나는 당신과 이야기하기가 싫어졌습니다. 만약 당신이 이런 태도를 계속한다면 나는 당신과 더 이상 이야기하고 싶지 않을 것 같습니다.) • 받아들이는 사람이 요구했거나 적어도 수용하려는 자세가 되었을 때 • 받아들이는 사람이 자신이 원한다면 수정이 가능한 행동일 때 • 이야기의 요점이 피드백하는 사람과 받는 사람 두 사람의 욕구에 다 같이 관계가 있을 때, 그리고 이것이 두 사람의 관계를 맺는 과정이라는 것이 분명하게 인식되어 있을 때, 그리고 두 사람의 역할이 언제든지 바뀔 수 있을 때 • 받아들이는 사람이 어떤 행동을 취하든 자신의 권리라는 것이 분명할 때 • 진행되는 과정에 의미가 있고 도움이 되는 내용일 때	• 감정이 왜곡되거나, 부정되거나 해서 분명하게 전달되지 않았을 때 • 보내는 사람은 '상대방이 알아들었겠지' 하고 짐작만 하고 있을 때 • 함정이 있거나 대답을 유도해 내는 질문 • 막연한 반응을 하는 일(당신은 바로 그런 점이 문제입니다. 그래서는 안 됩니다 등) • 받아들이는 것이 강요되었을 때 • 받아들이는 사람이 자기 자신도 컨트롤하기 어려운 행동일 때 • 이야기하고자 하는 요점이 분명하지 않을 때, 상대의 감정을 건드리지 않으려고 과도하게 신경을 쓸 때 • 받아들이는 사람이 거부할 권리가 주어지지 않을 때 • 진행되는 과정에도 도움이 안 되고 이야기하고자 하는 내용이 아닐 때

출처: 김종표, 이복희(2010)

■■ 표 4-8 대담 및 토론활동 양식지

1. 모둠 토론	
토론논제	
2. 전체 토론	
논제 1	
논제 2	
논제 3	
3. 토론정리 및 평가	
토론평가	

⑥ 역할극 운영 시 유의사항

교수자에 의해 먼저 요구되는 문제가 규정된 후 그 문제를 구체적인 항목으로 만들어 그에 따른 상황을 설정하고 배역을 정하게 된다. 이때 교수자는 모든 학생이 참여할 수 있도록 학생 수에 맞게 역할을 제공해야 한다. 인원수가 많을 경우 사람이 직접 소품의 역할을 하는 것도 흥미로울 것이다. 완벽하게 준비된 소품은 극의 현실성을 높이는 장점이 있지만, 엉성하게 준비된 소품 역시 학생들의 상상력을 자극한다는 점에서 권할 만하다. 학교폭력예방 교육프로그램에서 교육의 효과를 높이기 위해서 역할극 운영 시 고려해야 할 점은 다음과 같다(장연주, 신나민, 2014).

표 4-9 역할극 운영 시 고려사항

수업 전	수업 중	수업 후
• 수업 시간, 장소, 학생 인원 및 특성을 파악하였는가? • 수업목표가 학습자들의 연령과 특성에 적합한가? • 목표 설정을 위한 효과적인 전략을 세웠는가? 예) 짝을 이룬 모둠, 소모둠, 전체 활동, 연극의 점차적인 접근/직접적인 접근 예) 학습자에게 적합한 역할 선정 : 연극 수업의 규칙을 설명였는가? 예) 배역 설정 시 학생들의 대사량 고려, 불필요한 신체 접촉 금지	• 설정-토의-발표-판단의 각 단계에 적합한 시간을 배분하였는가? • 각 활동을 마칠 때 학생들에게 활동에 대한 자기평가의 시간을 갖게 하였는가? • 수업목표와 관련된 활동을 진행하고 있는가? • 수업이 계획대로 진행되지 않을 경우, 수업 설계 수정을 고려하였는가? • 학습자들의 생각을 유도하고 그들의 성찰을 깊게 하는 데 도움이 되는 질문을 하였는가?	• 수업목표를 달성하였는가? • 그 지표는 무엇으로 알 수 있는가? • 학생들의 사소한 의견이라도 존중하고 연극에 적용시켰는가? • 전체 학생들이 수업에 활발히 참여하였는가? • 연극의 진행과정이 적절했는가? • 교수자로서 잘했거나 잘못했다고 생각되는 점은 무엇인가?

표 4-10 역할극활동 양식지

작성자	
역할극 참여 모둠 및 참여자	(모둠명) / (이름)
역할극을 통해 알게 된 것은 무엇인가요?	
내가 000였다면 000상황에서 어떤 행동을 취했을까요?	
역할극의 결말을 다시 쓴다면?	

4. 교직수업 적용활동

활 동

1. 학교폭력예방 교육프로그램 모형(체험, 토의(토론), 역할극)을 선택해서 교과 연계 활동에 실행할 지도안 개발하기

활동(명)	
학습내용 (교과연계)	
활동목표	
평가방법	
활동 제목	
활동내용	

활 동

2. 학교폭력 예방교육 어울림 프로그램 활용하기

- 학교폭력 예방교육 어울림 프로그램은 초·중등학교 학생들의 학교폭력을 근본적으로 예방하기 위한 국가수준의 학교폭력 예방교육 프로그램으로 학생들의 학교폭력 예방 역량을 체계적으로 강화할 수 있도록 대상별 역량 또는 문제유형 프로그램으로 구성되어 있어 학교에 적합한 예방교육 실시를 지원함
- 어울림 프로그램은 기본, 심층, 교과연계 프로그램으로 구성되어 있고 어울림 프로그램과 사이버어울림 프로그램으로 구분하여 학교폭력 예방을 위한 역량을 향상시키도록 고안됨
- 학생용 어울림프로그램, 자유학기(학년) 어울림프로그램, 학부모용 어울림 프로그램을 위한 다양한 자료를 제공하고, 매년 우수사례 공모전을 통해 현장 자료를 업데이트 하고 있음

[중학교]

역량	프로그램명	차시	차시제목
공감	공감으로 다 같이 행복한 학교 만들기	1	공감의 시작? 나의 감정과 생각을 아는 것!
		2	공감의 비결? 잘 듣고 감정을 알아주는 것!
		3	행복한 학교? 다 같이 공감을 실천해요!
의사소통	나를 말하고 그대를 듣는 소통	1	생각을 말하다
		2	그대를 듣는다
		3	마음결을 같이하다

[고등학교]

역량	프로그램명	차시	차시제목
공감	세상을 보는 보다 깊은 이해 '공감'	1	틀린 것이 아니라 다른 것!
		2	개인의 자유일까? 공감을 막는 폭력일까?
		3	공감을 위한 이해와 존중
의사소통	소통의 암호를 찾아라!	1	찾아라! 나의 의사소통 유형!
		2	기린과 자칼이 사는 나라에서 우리는?
		3	다시 쓰는 우리들의 공감적 의사소통 이야기

활 동

[중학교]

역량	프로그램명	차시	차시제목
감정 조절	내 마음의 신호 감정 돌보기	1	감정과 친해지기
		2	감정조절 지식iN
		3	감정해소 안전구역
자기 존중감	함께하는 움직임, 찾아 가는 나의 가치	1	너와 나를 이어주는 달달한 Mission 활동
		2	친구와 함께 만들어가는 나의 소·행·북
		3	인정과 지지로 성장하는 아름다운 나·비들
갈등 해결	갈등, 같이 걷기, 함께 나누기	1	갈등, 어떻게? 이렇게!
		2	우리가 갈등을 해결하는 방법
		3	타협과 중재의 가치
학교 폭력 인식 및 대처	어울림으로 건강한 학급 만들기!	1	학교폭력, 누가 제대로 알고 있니?
		2	학교폭력, 너라면 어떻게 할래?
		3	평화로운 학급, 우리가 만든다!

[고등학교]

역량	프로그램명	차시	차시제목
감정 조절	파닥파닥! 살아있는 감정 돌보기	1	시원하다! 시원해!
		2	파닥파닥! 또 올라온다고?
		3	이제 내 감정 말할 수 있다!
자기 존중감	나를 높이는 내 안의 힘	1	내가 가진 everything
		2	나에게 이것은 nothing
		3	나는 어디에서나 something
갈등 해결	갈등을 통해 성장하는 우리	1	갈등, 잘 해결해보았니?
		2	갈등, 이렇게 해결해보자!
		3	갈등, 그 안에서 자라나는 보석
학교 폭력 인식 및 대처	평화로운 공동체를 향해 한걸음 더!	1	그 후로도 오랫동안
		2	학교폭력, 대처방법은?
		3	평화로운 공동체를 위해 한걸음 더!

[참고 : 서울특별시교육청(2021). 학교폭력예방교육 어울림 수업사례집 중등용

[보기 자료]

- 학교폭력예방자치센터 어울림프로그램 (https://www.stopbullying.re.kr/) 영상자료
- 도란도란 학교폭력예방교육(https://doran.edunet.net/main/mainForm.do)
- 각 시도교육청 학교폭력예방교육 자료실

chapter
05

학교폭력 법규 및 사안처리

학습목표

1. 학교폭력에 대한 법률과 규정을 설명할 수 있다.
2. 학교폭력 사안처리 절차를 설명할 수 있다.
3. 학교폭력 사안처리 시 유의사항을 설명할 수 있다.

본 장에서는 학교폭력에 대한 법률과 규정, 학교폭력 사안 조사 절차와 유의사항, 위원회의 역할과 기능을 살펴본다. 학교폭력 사안이 발생하였을 때는 법률과 규정에 의하여 처리해야 하며 가해자, 피해자별로 학교 담당자와 담당 기구가 수행해야 할 구체적인 사항을 숙지해야 한다. 초기감지 및 인지를 통해 학교폭력 사안을 모른 체하지 않고 적극 대처하는 노력이 무엇보다 중요하며, 이러한 노력에도 불구하고 학교폭력이 발생했을 경우에는 사안처리 절차에 맞추어 신속하고 정확하게 처리해야 한다. 학교폭력관련 법규와 사안처리 절차는 반드시 기억해야 하며 학습활동을 통해 학교폭력유형별 사안처리 절차를 경험해 봄으로써 실제적인 지식을 습득할 수 있다.

동영상 보기
대한민국 정책브리핑: 학교폭력 관련 정책 발표

1. 학교폭력에 대한 법적 조치

1) 학교폭력예방 및 대책에 관한 법률

부록
「학교폭력예방 및 대책에 관한 법률」 참조

「학교폭력예방 및 대책에 대한 법률」은 학교폭력의 예방과 대책에 필요한 사항을 규정함으로써 피해학생의 보호, 가해학생의 선도·교육 및 피해학생과 가해학생 간의 분쟁조정을 통하여 학생의 인권을 보호하고 학생을 건전한 사회구성원으로 육성함을 목적으로 한다. 현 「학교폭력예방 및 대책에 관한 법률」은 2020년 12월 일부 개정, 2021년 6월부터 시행중이다. 2021년도 개정에서는 학교의 장의 자체해결(제 13조의 2)이 신설되었는데, 피해학생 및 그 보호자가 심의위원회의 개최를 원하지 아니하는 다음 각 호(1. 2주 이상의 신체적·정신적 치료가 필요한 진단서를 발급받지 않은 경우 / 2. 재산상 피해가 없거나 즉각 복구된 경우 / 3. 학교폭력이 지속적이지 않은 경우 / 4. 학교폭력에 대한 신고, 진술, 자료제공 등에 대한 보복행위가 아닌 경우)에 모두 해당하는 경미한 학교폭력의 경우 학교의 장은 학교폭력사건을 자체적으로 해결할 수 있도록 되어 있다. 「학교폭력예방 및 대책에 관한 법률」 제2조*에는 이 법에서 사용하는 용어를 다음과 같이 정의하고 있다.

표 5-1 학교폭력 용어 정의

용어	정 의
학교폭력	학교 내외에서 학생을 대상으로 발생한 상해, 폭행, 감금, 협박, 약취·유인, 명예훼손·모욕, 공갈, 강요·강제적인 심부름 및 성폭력, 따돌림, 사이버 따돌림, 정보통신망을 이용한 음란·폭력 정보 등에 의하여 신체·정신 또는 재산상의 피해를 수반하는 행위를 말한다. 1의2. "따돌림"이란 학교 내외에서 2명 이상의 학생들이 특정인이나 특정집단의 학생들을 대상으로 지속적이거나 반복적으로 신체적 또는 심리적 공격을 가하여 상대방이 고통을 느끼도록 하는 일체의 행위를 말한다. 1의3. "사이버 따돌림"이란 인터넷, 휴대전화 등 정보통신기기를 이용하여 학생들이 특정 학생들을 대상으로 지속적, 반복적으로 심리적 공격을 가하거나, 특정 학생과 관련된 개인정보 또는 허위사실을 유포하여 상대방이 고통을 느끼도록 하는 일체의 행위를 말한다.
학교	「초·중등교육법」 제2조에 따른 초등학교·중학교·고등학교·특수학교 및 각종학교와 같은 법 제61조에 따라 운영하는 학교를 말한다.
가해학생	가해자 중에서 학교폭력을 행사하거나 그 행위에 가담한 학생을 말한다.
피해학생	학교폭력으로 인하여 피해를 입은 학생을 말한다.
장애학생	신체적·정신적·지적 장애 등으로 「장애인 등에 대한 특수교육법」 제15조에서 규정하는 특수교육을 필요로 하는 학생을 말한다.

가해 및 피핵학생에 대한 조치사항은 16, 17조에 명시하고 있다. 우선 피해학생의 보호를 위하여 필요하다고 인정하는 때에는 피해학생에 대하여 다음 각 호의 어느 하나에 해당하는 조치(수 개의 조치를 동시에 부과하는 경우를 포함한다)를 할 것을 교육장에게 요청할 수 있다. 다만, 학교의 장은 학교폭력사건을 인지한 경우 피해학생의 반대의사 등 대통령령으로 정하는 특별한 사정이 없으면 지체 없이 가해자(교사를 포함한다)와 피해학생을 분리하여야 하며, 피해학생이 긴급보호를 요청하는 경우에는 제1호(학내외 전문가에 의한 심리상담 및 조언), 제2호(일시보호) 및 제6호(그 밖에 피해학생의 모호를 위하여 필요한 조치)의 조치를 할 수 있다.

피해자의 보호사항으로는 학내외 심리상담 및 조언, 일시보호, 치료 및 치료를 위한 요양, 학급 교체의 요청이 있을 경우 학교폭력대책심의위원회(이하 심의위원회)

에 즉시 보고하여야 한다. 조치를 요청하기 전에 피해학생 및 그 보호자에게 의견 진술의 기회를 부여하는 등 적정한 절차를 거쳐야 한다. 또한 학교의 장은 피해학생의 보호자의 동의를 받아 7일 이내에 해당 조치를 하여야 하고 조치 등 보호가 필요한 학생에 대하여 학교의 장이 인정하는 경우 그 조치에 필요한 결석을 출석일수에 포함하여 계산할 수 있다.

이 외에 학교의 장은 성적 등을 평가함에 있어서 피해학생에게 불이익을 주지 아니하도록 노력하여야 하고, 피해학생이 전문단체나 전문가로부터 제1항 제1호부터 제3호까지(심리상담 보호, 일시보호, 치료 및 치료를 위한 요양)의 규정에 따른 상담 등을 받는 데에 사용되는 비용은 가해학생의 보호자가 부담하여야 한다. 다만, 피해학생의 신속한 치료를 위하여 학교의 장 또는 피해학생의 보호자가 원하는 경우에는 「학교안전사고 예방 및 보상에 관한 법률」 제15조에 따른 학교안전공제회 또는 시·도교육청이 부담하고 이에 대한 상환청구권을 행사할 수 있다.

장애학생의 보호를 위해서 누구든지 장애 등을 이유로 장애학생에게 학교폭력을 행사하여서는 아니 된다. 심의위원회는 피해학생 또는 가해학생이 장애학생인 경우 심의과정에 「장애인 등에 대한 특수교육법」 제2조 제4호에 따른 특수교육교원 등 특수교육 전문가 또는 장애인 전문가를 출석하게 하거나 서면 등의 방법으로 의견을 청취할 수 있다.

가해학생에 대한 조치는 심의위원회가 피해학생의 보호와 가해학생의 선도·교육을 위하여 가해학생에 대하여 조치(수 개의 조치를 병과하는 경우를 포함한다)를 할 것을 학교의 장에게 요청하여야 하며, 각 조치별 적용기준은 대통령령으로 정한다. 다만, 퇴학 처분은 의무교육과정(초등학교, 중학교)에 있는 가해학생에 대하여는 적용하지 아니한다고 명시하고 있다. 조치사항으로는 피해학생에 대한 서면사과, 피해학생 및 신고·고발학생에 대한 접촉, 협박 및 보복행위의 금지, 학교에서의 봉사, 사회봉사, 학내·외 전문가에 의한 특별교육이수 또는 심리치료, 출석정지, 학급 교체, 전학, 퇴학처분으로 규정하고 있고, 학교의 장은 14일 이내에 조치해야 한다.

가해학생 조치사항에 따라 심의위원회가 교육장에게 가해학생에 대한 조치를 요청할 때 그 이유가 피해학생이나 신고·고발학생에 대한 협박 또는 보복행위일 경우에는 같은 항 각 호의 조치를 병과하거나 조치내용을 가중할 수 있다. 처분을 받은 가해학생은 교육감이 정한 기관에서 특별교육을 이수하거나 심리치료를 받아야 하며, 그 기간은 심의위원회에서 정한다. 학교의 장은 가해학생에 대한 선도가 긴급하다고 인정할 경우 우선 서면사과, 피해학생 및 신고·고발학생에 대한 접촉, 협박 및 보복행위의 금지, 학교에서의 봉사, 학내·외 전문가에 의한 특별교육이수 또는 심리치료, 출석정지를 조치할 수 있다. 학내·외 전문가에 의한 특별교육이수 또는 심리치료, 출석정지는 동시에 부과할 수 있으나 이 경우 심의위원회에 즉시 보고하여 추인을 받아야 하고, 학교장은 가해학생과 그 보호자에게 이를 통지하여야 하며, 가해학생이 이를 거부하거나 회피하는 때에는 「초·중등교육법」 제18조에 따라 징계하여야 한다.

반면 학교에서의 봉사, 사회봉사, 학내·외 전문가에 의한 특별교육이수 또는 심리치료에 따른 조치를 받은 경우 이와 관련된 결석은 학교의 장이 인정하는 때에는 이를 출석일수에 포함하여 계산할 수 있다. 심의위원회는 가해학생이 특별교육을 이수할 경우 해당 학생의 보호자도 함께 교육을 받게 하여야 하며 가해학생이 다른 학교로 전학을 간 이후에는 전학 전의 피해학생 소속 학교로 다시 전학올 수 없도록 하여야 한다. 가해학생에 대한 조치 요청이 있을 경우 교육장은 14일 이내에 해당 조치를 하여야 한다.

부록
「아동학대범죄의 처벌 등에 관한 특례법」 참조

2) 아동(청소년)학대 처벌 규정

최근 아동(청소년)학대로 인한 범죄가 급증함에 따라 학교폭력예방 차원에서 이에 대한 이해가 요구되고 있다. 아동(청소년)학대는 자기표현력이 미흡한 미취학 및 초등학생 연령에서 많이 일어나는 것으로 생각되나, 연령별 아동(청소년)학대 발생 빈도를 살펴보면 13~17세의 청소년기에도 발생하는 것으로 나타났다. 아동(청소년)학대는 신체학대, 정서학대, 성학대, 방임 및 유기로 처벌 규정이 다르게 적용되는 것이 가능하다.

관련 규정으로 「아동복지법」은 아동이 건강하게 출생하여 행복하고 안전하게 자랄 수 있도록 아동의 복지를 보장하는 것을 목적으로 한다. 「아동학대범죄의 처벌 등에 대한 특례법」은 아동학대범죄의 처벌 및 그 절차에 관한 특례와 피해아동에 대한 보호절차 및 아동학대행위자에 대한 보호처분을 규정함으로써 아동을 보호하여 아동이 건강한 사회 구성원으로 성장하도록 함을 목적으로 한다.

소년법
죄를 저지른 소년에 대하여 적용하는 법. 보호처분을 원칙으로 하고, 형사 처분을 하여야 할 경우에도 여러 가지 특별한 규칙을 적용하여 건전하게 자랄 수 있도록 함

표 5-2 아동복지법에 의거한 용어 정의

용어	정 의
아동	18세 미만인 사람
보호자	친권자, 후견인, 아동을 보호·양육·교육하거나 그러한 의무가 있는 자 또는 업무·고용 등의 관계로 사실상 아동을 보호·감독하는 자
아동학대	보호자를 포함한 성인이 아동의 건강 또는 복지를 해치거나 정상적 발달을 저해할 수 있는 신체적·정신적·성적 폭력이나 가혹행위를 하는 것과 아동의 보호자가 아동을 유기하거나 방임하는 것
피해아동	아동학대로 인하여 피해를 입은 아동

3) 다른 법률과의 관계

「학교폭력예방 및 대책에 관한 법률」 제5조에서는 다른 법률과의 관계를 명시하고 있는데 학교폭력의 규제, 피해학생의 보호 및 가해학생에 대한 조치에 있어서 다른 법률에 특별한 규정이 있는 경우를 제외하고는 이 법을 적용하는 것과 제2조 제1호 중 성폭력은 다른 법률에 규정이 있는 경우에는 이 법을 적용하지 아니하는 것이다. 또한 학교폭력은 형벌의 대상으로 학교폭력 가해학생에게는 「형법」 및 「폭력행위 등 처벌에 관한 법률」을 비롯한 형사법을 적용할 수 있다. 가해학생의 연령, 행위의 동기와 죄질 등을 고려해서 「소년법」*을 적용할 수도 있고, 손해배상과 관련해서는 「민법」을 적용할 수 있다(법제처, 2012; 송재홍 외, 2015).

2. 학교폭력 사안처리 절차와 방법

학교폭력의 사안이 발생할 경우 법령에 근거한 절차에 따라 신속하게, 적극적으로 대응할 필요성에 의해 교육부는 학교폭력 사안처리 절차를 개발하였다(교육부, 2022). 학교폭력 사안처리 절차는 정해진 매뉴얼에 의거하여 정확하게 이루어질 필요가 있음에 따라 교육부가 공표한 학교폭력 사안처리 절차를 정리하여 제시하고자 한다.

1) 학교폭력 사안처리 흐름도

학교폭력 사안처리 흐름도는 학교폭력예방에서부터 사후지도에 이르기까지의 과정을 말한다. 예방교육 및 활동, 학교폭력 징후 파악, 학생상담을 통한 사전예방활동을 지속적으로 시행하는 것이 가장 중요하지만 학교폭력 사안이 발생할 경우에는 다음과 같은 일반적인 절차를 따른다. 사안처리 절차를 통해 해결되지 않을 경우에는 행정심판 및 소송 등으로 연계되어 관련 법률에 의거하여 처리된다.

표 5-3 학교폭력 사안처리 흐름도

초기대응	사안조사	전담기구 심의		심의위원회 조치 결정		조치 이행
• 인지·감지 노력 -징후 파악 -실태조사, 상담, 순찰 등	• 긴급조치(필요시) -피해학생 보호 -가해학생 선도	• 학교장 자체해결 요건충족 여부 심의 • 피해학생 및 보호자의 심의위원회 개최 요구 의사 서면 확인	▶ 요건 미충족 또는 부동의	• 심의위원회 심의·의결 -심의위원회 개최 -조치 심의·의결 -분쟁조정	• 교육장 조치결정 -학교장 통보 -피해·가해 학생 서면 통보	• 조치이행 -피해학생 보호조치 -가해학생 선도조치 • 가해학생 조치사항 학교생활기록부 기재 • 가해학생 보호자 특별 교육
• 신고접수 -신고접수 대장기록 -학교장 보고 -가해자와 피해학생의 분리 -보호자, 해당학교 통보	• 사안조사 -사안조사 -보호자 면담 -사안보고	요건 충족/동의 ▼				조치 불복
• 초기개입 -관련학생 안전조치 -보호자 연락 -폭력 유형별 초기대응		학교장 자체해결				행정심판 / 행정소송

2) 학교폭력 사안처리 절차에 대한 이해

(1) 초기 감지 및 인지

초기 감지 및 인지는 드러나지 않는 학교폭력에 대한 징후 발견 등 감지 노력과 더불어 드러난 학교폭력 사안을 모른 체하지 않고 적극 대처하는 노력이 모두 필요한 단계이다. 학교폭력 감지 및 인지를 위한 학교 구성원이 실천해야 하는 방법은 다음과 같다.

표 5-4 학교폭력 처리 절차

방법	내용
학교폭력 실태조사 실시	• 학교폭력 실태조사(연 2회 전국 공동 실시) • 학교·학급 단위에서 자체적으로 설문조사 등 수시 실시 • 실태조사, 자체적으로 실시한 설문조사 등의 결과를 파악하여, 지도 방안 마련
교내 학교폭력 신고	• 학교폭력 신고함, 학교 홈페이지 비밀게시판, 담임교사의 문자, 메일 등 다양한 신고체계 마련 • 피해·목격 학생들이 적극적으로 신고하도록 지도 • 학생, 학부모, 교사 대상 학교폭력 신고방법 안내(예방교육 시)
교사의 관찰 및 상담 실시	• 담임교사 등이 학교폭력 징후를 보이는 학생이 없는지 세심하게 관찰 • 담임교사, 전문상담(교사) 등의 상담
교내·외 순회지도	• 점심시간, 쉬는 시간 등 취약시간 순회지도 • 학부모, 자원봉사자, 학생보호인력, 학교전담경찰관 등과 유기적 협력

(2) 학교폭력 신고 및 접수

「학교폭력예방 및 대책에 관한 법률」 제20조 제1항 '학교폭력 신고의무'에 따라 학교폭력 현장을 보거나 그 사실을 알게 된 사람은 누구라도 학교 등 관계기관에 이를 즉시 신고해야 한다. 담당자는 신고 접수 대장에 기재하여 보관해야 하며 접수 사실을 신고자에게 통보한다. 학교장은 피해학생 또는 그 보호자가 신고하지 않더라도 학교폭력 사실을 알게 된 경우 전담기구 또는 소속교원을 통해 학교폭력 사안조사를 해야 한다. 교원이 알게 되었을 경우에는 학교의 장에게 보고하고 해당 학부모에게 알려야 하고 학교폭력 신고자 및 고발자와 관련된 자료(개인정보)를 누설하여서는 안 된다.

표 5-5 신고자에 대한 대처 방안

대상	대처 방안
피해학생	비밀보장 및 신변보호, 상담자·해결자로서의 역할
주변학생	신고행동 칭찬·협력관계 구축, 다른 목격학생 유무 확인
보호자	안심시키고 믿음을 주기 및 협력관계 구축
교직원	정확한 사안 파악 및 협력관계 구축

(3) 사안조사

① 긴급조치

사안조사는 긴급조치, 사안조사 순으로 이루어진다. 학교폭력 사안조사는 「학교폭력예방법」 제16조, 17조, 21조에 의거하여 피해학생 보호와 가해학생 선도를 위한 긴급조치가 이루어져야 한다. 사안 조사시에 긴급조치 여부를 결정하고, 관련학생들을 개별적으로 면담, 학부모 면담을 실시한 후 사안 보고를 한다.

긴급조치 결정권자는 학교장이고 피해학생이 긴급보호의 요청을 하는 경우에 학교장 자체해결 혹은 심의위원회 개최 요청 전에 심리상담 및 조언, 일시보호, 그 외의 조치를 취할 수 있다. 가해학생 선도를 위한 긴급조치 역시 학교장 자체해결 혹은 심의위원회 개최 요청 전에 피해학생에 대한 서면사과, 피해학생 및 신고·고발 학생에 대한 접촉, 협박 및 보복행위의 금지, 학교에서의 봉사, 특별교육 이수 및 심리치료, 출석정지의 조치를 취할 수 있다. 학교장이 우선 출석정지를 할 수 있는 사안은 2명 이상이 고의적·지속적으로 폭력을 행사한 경우, 전치 2주 이상의 상해를 입힌 경우, 신고, 진술, 자료제공 등에 대한 보복을 목적으로 폭력을 행사한 경우, 학교장이 피해학생을 가해학생으로부터 긴급하게 보호할 필요가 있다고 판단하는 경우이다(시행령 제21조).

피해학생에 대한 긴급조치는 심의위원회에 즉시 보고하고, 가해학생에 대한 긴급 조치는 심의위원회에 즉시보고하고 추인을 받아야 한다. 가해학생 긴급조치로 출석정지를 한 후에 학교장이 사안을 자체 해결한 경우, 학교장은 긴급조치를 직권으로 취소하고 긴급조치로 인한 결석 기간을 기타 부득이한 사유로 학교장의 허가를 받아 결석하는 경우로 보아 결석 기간을 출석 기간으로 인정할 수 있다. 학교장이 긴급조치를 한(내부 결재 시행) 때에는 가해학생과 그 보호자에게 이를 통지하여야 하며, 가해학생이 이를 거부하거나 회피하는 때에는 「초·중등교육법」 제18조에 따라 징계하여야 한다.

② 사안조사

사안조사는 전담기구 또는 소속교원이 실시한다. 구체적인 사안조사는 사실 확인(면담조사, 정보수집, 정황파악), 요구사항 확인, 면담일지 및 보고서 작성, 사안보고의 순으로 이루어진다. 사안조사 절차를 진행한 후에는 사안보고서를 작성하고 학교장에게 보고한다.

표 5-6 사안조사 절차와 설명

절차	설명
사실확인	• (확인서) 피해 및 가해학생 확인서, 목격학생 확인서(육하원칙에 따라 기술) • (설문조사) 피해 및 가해학생과 관련된 학생과 학급을 대상으로 실시 • (증거 자료 수집) 이메일, 채팅, 게시판, SNS, 피해사실 화면 온라인 상 캡처, 문자 메시지, 관련 사진, 동영상 자료, 음성증거자료 등 • (진단서 및 소견서) 폭력 피해를 증명할 수 있는 신체·정신적 진단서, 의사 소견서 등
↓	
면담조사	• 면담 과정에서 피해학생 및 보호자, 가해학생 및 보호자, 목격자 등에게 신뢰감과 안정감을 부여 • 전문상담교사 등 상담전문가에게 학생의 심리·정서적 상태를 파악하도록 함 • 학생들이 서면조사에 무엇을 써야 할지 알지 못해 충분한 내용을 기재하지 못하는 경우, 기재 과정을 세심하게 지원 • 장애학생의 경우, 장애로 인한 피해를 방지하기 위하여 면담조사 시 특수교

절차	설명
	육 전문가를 참여시켜 장애학생의 의견진술 기회 확보 및 진술을 조력 • 중도입국·외국인학생과 제3국 출생 탈북학생의 경우, 가급적 대면 면담을 활용하고, 서면조사 활용 시 한국어로 충분한 내용을 기재하지 못할 수 있으므로 번역된 조사지의 활용 및 모국어 작성을 허용할 수 있다. 모국어로 작성된 서면조사지는 번역하여 활용 • 면담조사 시 면담내용의 녹취는 음성권 침해의 문제가 발생할 수 있으므로 사전에 학생 및 보호자 동의를 받음
↓	
정보수집	• (피해학생) 학년, 성별, 인적 사항, 피해학생 수, 교우관계, 장애 유무, 평소 학교생활, 특이사항 등 • (가해학생) 학년, 성별, 인적 사항, 가해학생 수, 가해 동기, 장애유무, 다른 피해자 및 유사 사안의 관련 유무 등 • (폭력 유형 및 형태) 폭력유형(신체폭행, 금품갈취, 따돌림 등), 폭력형태(집단폭력, 일대일 폭력 등), 발생 및 지속기간(1회적·지속적 사안), 발생장소, 발생원인, 치료비, 피해 정도, 진단서 발급 유무 등
↓	
정황파악	• 피해학생의 심리적·신체적 상태 파악 : 대처능력, 적응능력 등 파악 • 피해학생(보호자 포함)의 현재까지의 대처상황 확인 • 가해학생(보호자 포함)의 대응방법 및 태도 파악 • (힘의 불균형 파악) 관련 학생들 사이에 힘의 불균형이 있는 지 파악 힘의 불균형은 물리적인 체격·체력은 물론, 언어·표정·심리적 표현 및 인간관계에 의해 유발될 수 있음을 간과하지 말 것. 괴롭힘의 대상이 된 아이가 교실에 힘의 불균형이 있다고 느낀다면, 특히 그 주장에 귀 기울여야 함(집단폭행 사안의 경우에는 특히)
↓	
요구사항확인	• 학생과 보호자의 사안 해결에 대한 요구 파악 • 피해·가해 상황에 대한 수용 정도 및 사과, 처벌, 치료비 등에 대한 합의, 재발 방지 요구(설문조사) 등 확인
↓	
면담일지 및 보고서 작성	• (면담일지 작성) 관련학생, 보호자, 담임교사와의 면담 내용을 면담일지에 기록(교무수첩 등 활용 가능) • (보고서 작성) 사안을 종합적으로 판단할 수 있도록 사안조사 결과를 보고서로 작성

절차	설명
	• (진위 여부의 판단 및 확정) 가해자가 가해사실을 인정하지 않거나 목격자가 증언을 거부하여도, 다른 여타 상황에서 사실로 파악이 가능하면 확인된 사실로서 사안조사보고서에 기록 • (양측 주장 모두 기록) 사안조사 내용 중 피해 및 가해학생의 첨예한 의견 대립 중 사실 확인이 어려운 부분에 대해서는 양측의 주장을 모두 기록

표 5-7 학교폭력 사안조사 보고서

<양식 2-4>

학교폭력 사안조사 보고서

* 사안번호: (　　　　)학교　2022-(　)호

접수 일자	년　월　일		담당자 성명 & 연락처			
사안 유형	유형: 신체폭력/ 언어폭력/ 금품갈취/ 강요/ 따돌림/ 성폭력/ 사이버폭력/ 기타(중요도 순서로 기재)					
	•					
관련 학생	학교	학년 / 반	성　명	성　별	(공동사안인 경우) 관련학교의 사안 번호	비고 (가해(관련)/ 피해(관련))
		/				
		/				
사안 개요 (참석안내서 사안 개요)	※ 신고내용과 관련하여 전담기구에서 확인한 내용을 육하원칙에 의거 구체적으로 기재 (피해(관련)학생의 신고내용이 누락되지 않도록 주의) •					

사안 경위	※ 사안의 전후, 사안 접수, 전담기구 조사, 양측의 주장을 포함한 전체 사건 내용, 전담기구 심의 등을 시간의 흐름에 맞춰 구체적으로 기재 •		
자체해결 요건 충족 여부	객관적 요건(4가지) 충족 여부(O/X)	피해학생 및 그 보호자 자체해결 동의 여부 (O/X)	
	※ 4가지 요건 : ▲ 진단서 미제출함 ▲ 재산상 피해가 없거나 즉각 복구함 ▲ 지속적이지 않음 ▲ 보복행위가 아님		

사안조사 시 학교폭력 행위와 유형별로 중점파악요소는 다음과 같다. 학교폭력 행위의 경중을 판단할 때에는 법률과 시행령에 의거하여 피해학생이 장애학생인지의 여부, 피해학생이나 신고 고발 학생에 대한 협박 또는 보복행위인지 여부, 가해학생이 행사한 학교폭력의 심각성·지속성·고의성, 가해학생의 반성의 정도, 해당 조치로 인한 가해학생의 선도 가능성, 가해학생 및 보호자와 피해학생 및 보호자 간의 화해의 정도에 따란 판단한다.

표 5-8 폭력유형별 중점파악요소

폭력유형	중점파악요소
신체적 폭력	발생 경위, 상해의 심각성, 감금·신체적 구속 여부, 성폭력 여부
경제적 폭력	반환 여부, 손괴 여부, 협박/강요의 정도
정서적 폭력	괴롭힘 지속성 여부, 협박/강요의 정도, 성희롱 여부
언어적 폭력	욕설/비속어, 허위성, 성희롱 여부
사이버 매체 폭력	명의도용, 폭력성/음란성, 유포의 정도, 사이버 성폭력 여부

학교폭력 전담기구는 학교의 장이 구성권자이고, 전담기구 구성원은 교감, 전문상담교사, 보건교사 및 책임교사(학교폭력 문제를 담당하는 교사), 학부모 등으로 학교폭력 문제를 전담하는 기구를 구성한다(학교폭력예방 및 대책에 관한 법률 제14조 3항). 전담기구를 구성하는 학부모는 학교운영위원회에서 추천한 사람 중에서 학교장이 위촉하고 전담기구 심의방법, 전담기구 업무분장, 학부모 구성원 임기 등 전담기구 운영에 필요한 사항은 학교의 장이 정한다.

표 5-9 전담기구의 역할

역할	설명
사안접수 및 보호자 통보	• 전담기구는 학교폭력신고 접수대장을 비치하고 117 신고센터, 학교장, 교사, 학생, 보호자 등 학교폭력 현장을 보거나 그 사실을 알게 된 자 및 기관으로부터 신고 받은 사안에 대해 기록·관리한다. • 학교폭력신고 접수대장은 학교장, 교원의 학교폭력 은폐 여부를 판단하는 중요한 기초자료로 활용되므로, 사소한 폭력이라도 신고한 것은 접수하여야 한다. • 접수한 사안에 대해서는 즉시 관련학생 보호자에게 통보하고, 통보일자, 통보방법 등을 기록한다.
교육(지원)청 보고	• 인지 후 48시간 이내에 교육청(교육지원청)으로 사안 보고하는 것을 원칙으로 한다. – 긴급하거나 중대 사안(성폭력 사안 등)일 경우 유선으로 별도 보고 • 성폭력 사안은 반드시 수사기관*에 신고한다. ※ 경찰청(112), 학교폭력 상담 및 신고센터(117), 학교전담경찰관

역할	설명
학교폭력 사안조사	• 학교폭력을 인지한 경우 피해 및 가해사실 여부에 대해 조사하여야 한다. 전담기구의 협조 요청 시 해당 교사는 적극 협조해야 한다. ※ 인지 및 조사 : 학교폭력을 인지한 경우, 학교의 장은 지체 없이 전담기구 또는 소속 교원으로 하여금 가해 및 피해사실 여부를 확인하도록 해야 한다.
사안조사 결과보고	• 신고된 학교폭력 사안에 대해 조사를 실시하고 조사 결과를 보고서로 작성하여 학교장에게 보고한다. • 심의위원회 개최를 요청하는 경우, 위 보고서를 보완·수정하여 학교장과 심의위원회에 보고한다.
학교장 자체해결 부의 여부 심의	• 학교장 자체해결의 객관적 요건 충족 여부 및 피해학생과 그 보호자의 학교폭력대책심의위원회 개최 요구 의사를 확인한다.
졸업 전 가해학생 조치사항 삭제 심의	• 법률 제17조 제1항에 따른 가해학생 조치사항 제4호, 제5호, 제6호, 제8호의 삭제 심의 • 심의대상자 조건을 만족할 경우 심의를 통해 졸업과 동시에 삭제한다.
집중보호 또는 관찰대상 학생에 대한 생활지도	• 관련 학생 담임교사와 함께 지속적인 상담 및 기록을 진행한다. • 학교폭력 가해학생 조치 기재유보 사항 기록 및 관리(학교생활기록부 기재요령 참조).
학교폭력 실태조사	• 법률 제14조 제5항에 따라 학교폭력에 대한 실태조사를 실시한다. ※ 학교장은 법률 제14조 제7항에 따라 실태조사와 관련하여 행정적 재정적 지원을 할 수 있다.

3. 학교장 자체해결제 및 분쟁조정

(1) 학교장 자체해결제

학교장 자체해결은 학교폭력 사안처리 과정에서 피해학생 및 그 보호자가 심의위원회 개최를 원하지 않고, 2주 이상의 신체적·정신적 치료를 요하는 진단서를 발급받지 않은 경우, 재산상 피해가 없거나 즉각 복구된 경우, 학교폭력이 지속적이지 않은 경우, 학교폭력에 대한 신고, 진술, 자료제공 등에 대한 보복행위가 아닌 경우에 해당한다. 반면, 해당 학교폭력사건으로 피해학생 및 그 보호자가 받은 재산상 손해를 가해학생 및 그 보호자가 복구하기로 약속하였으나 이행하지 않은 경우, 해당 학교폭력사건의 조사과정에서 확인되지 않았던 사실이 추가적으로 확인된 경우에는 학교장에게 서면으로 심의위원회 개최를 요청할 수 있다.

표 5-10 학교장 자체해결 사안

사안	설명
2주 이상의 신체적 · 정신적 치료를 요하는 진단서를 발급받지 않은 경우	전담기구 심의일 이전에 진단서를 제출하지 않은 경우에는 자체해결 요건을 충족하는 것으로 판단 ※ 전담기구에서는 피해학생 측이 학교에 진단서를 제출한 이후에 의사를 번복하여 진단서를 회수하여도 자체해결 요건은 충족하지 않은 것으로 판단하므로 학교는 해당 내용을 사전에 안내하는 것이 바람직함
재산상 피해가 없거나 즉각 복구된 경우	전담기구 심의일 이전에 재산상 피해가 복구되거나 가해 관련학생 보호자가 피해 관련학생 보호자에게 재산상 피해를 복구해 줄 것을 확인해 주고 피해 관련학생 보호자가 인정한 경우 ※ 재산상 피해는 신체적 · 정신적 피해의 치료비용을 포함함.
학교폭력이 지속적이지 않은 경우	피해 관련학생의 진술이 없을지라도 전담기구에서 보편적 기준을 통해 판단
학교폭력에 대한 신고, 진술, 자료제공 등에 대한 보복행위가 아닌 경우	단, 가해 관련 학생이 조치 받은 사안 또는 조사 과정 중에 있는 사안과 관련하여 신고, 진술, 증언, 자료 제공 등을 한 학생에게 학교폭력을 행사하였다면 보복행위로 판단

학교장 자체해결은 학교폭력 사안 조사, 피해학생 및 그 보호자의 서면 확인, 학교장 자체해결 결재 및 교육(지원)청 보고, 관련학생 보호자 통보(서면, 유선, 문자 등 가능) 순으로 이루어진다. 피해학생 및 그 보호자의 서면 확인 과정에서 학교장이 자체 해결한 학교폭력 사안에 대해서는 재산상의 피해 복구를 이행하지 않거나 해당 학교폭력 사안의 조사과정에서 확인되지 않았던 사실이 추가적으로 확인된 경우를 제외하고는 피해학생 및 그 보호자가 심의위원회 개최를 요청할 수 없다는 사실을 반드시 사전에 충분히 설명해야 한다. 학교장은 필요시에 가해학생을 대상으로 담당 교사(상담교사 · 교감)의 상담, 캠페인 활동 등 다양한 별도 교육 프로그

램을 운영할 수 있고, 관련 학생 간 관계개선 의지와 동의 여부에 따라 관계회복 프로그램을 운영할 수 있다.

표 5-11 학교장 자체해결 사안

절차	설명
학교폭력 사안 조사 ⇓	• 전담기구의 사안 조사 과정에서 피해 관련학생 및 그 보호자를 상담할 때 학교장 자체해결을 강요하지 않도록 유의
피해학생 및 그 보호자의 서면 확인 ⇓	• 전담기구의 심의 결과 자체해결 요건에 해당하는 사안의 경우, 전담기구에서 객관적으로 판단한 기준에 대해 피해학생 및 그 보호자에게 설명하고, 피해학생과 그 보호자가 심의위원회 개최 요구 의사 확인서를 통해 자체해결에 동의하면 가능
학교장 자체해결 결재 및 교육(지원)청 보고 ⇓	• 전담기구의 학교폭력 사안조사 보고서, 전담기구 심의결과 보고서 피해학생 및 그 보호자의 학교폭력대책심의위원회 개최 요구 의사 확인서(학교장 자체해결 동의서)를 첨부, 보고 • 가해학생 우선 출석정지 후 자체해결하는 경우 학교장이 긴급조치를 직권으로 취소하고 기타 부득이한 사유로 학교장의 허가를 받아 결석하는 경우로 보아 출석으로 인정 가능
관련학생 보호자 통보 (서면, 유선, 문자 등 가능)	

학교폭력 사안조사에서 전담기구 심의 시에는 학교장의 자체해결 요건 해당 여부를 전담기구 심의에서 협의를 통해 결정한다. 예를 들어, 피해학생이 1명이고 가해학생이 여러 명인 경우, 학교장 자체해결 요건에 충족하더라도 피해학생이 가해학생 모두에 대해 자체해결에 동의하는 경우에 한하여 학교장 자체해결이 가능하다. 단, 피해학생이 여러 명인 경우에는 피해학생별로 학교장 자체해결 부의 여부를 판단한다. 학교는 신고·접수 등 사건 인지 후 14일 이내에 사안조사, 전담기구 심의, 학교장 자체해결 여부 결정 및 시행하고 학교장 자체해결 사안이 아닌 경우, 심의위원회 개최 요청까지 완료하여야 한다. 다만, 필요한 경우 학교장은 해당 절차의 완료를 7일 이내에서 연기할 수 있다.

(2) 분쟁조정

「학교폭력예방법」 제18조(분쟁조정), 시행령 25조(분쟁조정의 신청), 27조(분쟁조정의 개시), 28조(분쟁조정의 거부 · 중지 및 종료)에 따라 이루어진다. 학교폭력 사안처리 과정에서 분쟁조정이란 피해 및 가해학생 간 또는 그 보호자 간의 손해배상에 관련된 합의 조정 및 그 밖에 심의위원회가 필요하다고 인정하는 사항에 대한 심의위원회 또는 교육감의 조정을 의미한다. 분쟁조정의 주체는 심의위원회 또는 교육감이고, 심의위원회는 분쟁조정을 위하여 필요하다고 인정하는 때에는 관계 기관의 협조를 얻어 학교폭력과 관련한 사항을 조사할 수 있다.

분쟁조정의 대상은 피해 및 가해학생 간 또는 그 보호자 간의 손해배상에 관련된 것으로 피해학생 측에서 치료비, 위자료 등 금전적 손해에 대한 배상을 요구하는 경우, 가해학생 측에서 치료비, 위자료 등 금전적 손해배상을 통해 합의하고자 하는 경우와 그 밖에 심의위원회가 필요하다고 인정하는 사항(심의위원회의 조치만으로는 해결이 불가능한 갈등이 있는 경우, 제3의 전문기관을 통한 객관적, 전문적, 공정한 개입이 필요한 경우)이다.

분쟁조정의 기한은 심의위원회 또는 교육감은 분쟁조정의 신청을 받으면 5일 이내 분쟁조정을 시작해야 하고, 조정기간은 1개월을 넘지 못하는 것으로 법률에서 규정하고 있다. 분쟁조정의 관할권은 피해 및 가해학생이 같은 교육지원청 소속일 경우 심의위원회에서 조정하고, 다른 교육지원청 소속이지만 동일한 시도교육청 관할 구역이면 해당 시도교육감이 관할구역이 다르면 각 지역의 교육감 간에 협의를 거쳐 분쟁을 조정한다. 심의위원회 또는 교육감은 분쟁조정이 성립된 때에는 분쟁당사자의 주소와 성명, 조정대상의 분쟁내용(분쟁의 경위, 조정의 쟁점), 조정 결과를 적은 합의서를 작성하여 분쟁당사자와 피해학생 및 가해학생이 소속된 학교의 장에게 각각 통보해야 한다.

분쟁당사자 간에 합의가 이루어지거나 심의위원회 또는 교육감이 제시한 조정안을 분쟁당사자가 수락하는 등 분쟁조정이 성립한 경우 또는 분쟁조정 개시일로부터 1개월을 경과하도록 분쟁조정이 성립하지 아니한 경우 분쟁조정을 종료해야 한다. 심의위원회 또는 교육감은 시행령 제28조 제1항에 따라 분쟁조정을 거부 또는 중지하거나 시행령 제28조 제2항 제2호에 따라 분쟁조정을 종료한 경우에는 그 사유를 분쟁당사자에게 각각 통보하여야 하고, 심의위원회의 위원장은 분쟁조정의 결과를 교육감에게 보고해야 한다.

4. 조치결정 및 이행

(1) 심의위원회의 조치결정

① 심의위원회 구성 및 운영

학교폭력대책심의위원회(이하 "심의위원회"라 함)는 학교폭력의 예방 및 대책에 관련된 사항을 심의하는 교육지원청 내의 법정위원회이다. 심의위원회는 「학교폭력예방법」 제12조, 13조, 21조, 22조, 시행령 제13조, 14조, 26조, 33조에 의거하여 이루어진다. 심의위원회는 위원장 1인을 포함하여 10명 이상 50명 이내의 위원으로 구성하되, 법률에 따라 전체위원의 3분의 1 이상을 해당 교육지원청 관할 구역 내 학교(고등학교 포함)에 소속된 학부모로 위촉하여야 하고, 학교폭력 피해 및 가해학생이 각각 다른 교육지원청 관할 구역 내 학교에 재학 중인 경우에는 교육감의 보고를 거쳐 둘 이상의 교육지원청이 공동으로 심의위원회를 구성할 수 있다. 심의위원회는 학교의 요청이 있는 경우, 21일 이내에 개최하는 것을 원칙으로 하되 상황에 따라 7일 이내에서 연장 가능하다. 심의위원회의 역할을 정리하면 표와 같다.

표 5-12 심의위원회의 역할

구분	설명
심의사항	• 학교폭력의 예방 및 대책 • 피해학생의 보호 • 가해학생에 대한 교육, 선도 및 징계 • 피해학생과 가해학생 간의 분쟁조정 • 그 밖에 대통령령으로 정하는 사항

구분	설명
권한	• 해당 지역에서 발생한 학교폭력에 대한 조사 • 자료 제출 및 의견 진술 요청권 – 학교장에게 심의에 필요한 자료 또는 정보의 제출 요구 – 심의를 위해 필요한 경우 해당 학교의 관련 교원에게 의견 진술 요청 – 심의를 위해 필요한 경우 전문가 등 참고인의 의견 진술 요청 – 관할 경찰서장에게 관련 자료 요청
운영	• (회의의 개의와 의결) 심의위원회의 회의는 재적위원 과반수의 출석으로 개의하고, 출석위원 과반수의 찬성으로 의결 • (회의록 작성 및 공개 범위) 심의위원회는 회의의 일시, 장소, 출석위원, 토의내용 및 의결사항 등이 기록된 회의록을 작성 • (회의록 작성 및 공개 범위) 심의위원회의 회의는 비공개 다만, 피해 및 가해학생 또는 보호자가 회의록의 열람·복사 등 회의록 공개를 신청한 때에는 학생과 그 가족의 성명, 주민등록번호 및 주소, 위원의 성명 등 개인정보에 관한 사항을 제외하고 공개 • (자료 요청) 심의위원회는 해당 지역에서 발생한 학교폭력에 대하여 학교장 및 관할 경찰서장에게 관련 자료 요청 • (전문가 의견 청취) 심의위원회는 필요하다고 인정할 때에는 학교폭력이 발생한 해당 학교 소속 교원이나 학교폭력 예방 및 대책과 관련된 분야의 전문가 등을 출석하게 하거나 서면 등의 방법으로 의견 청취 가능

② 심의위원회 절차 및 조치 결정

심의위원회의 절차는 소집 ⇒ 심의위원회 준비 ⇒ 심의위원회 개최로 이루어지고 각 절차별 학교의 역할을 정리하면 아래와 같다. 심의위원회의 조치결정이 이루어진 후에 「학교폭력예방법」 제13조 3, 16조, 17조, 19조, 21조에 의거하여 피해 및 가해 측에 대한 조치결정과 학교장에 대한 조치결정을 통보한다. 교육장은 심의위원회 조치결정 후, 피해 및 가해 측에 서면으로 조치결정을 통보하고 조치가 내려진 근거와 이유를 제시해야 한다. 가해학생이 다수인 경우에는 가해학생별로 따로 조치결정을 기재하여 통보한다. 사안이 복잡하거나 여러 학교가 관련되어 있어 심의가 어려운 경우, 감염병 전염 및 확산 등으로 관련학생의 진술이 불가능할 경우 등에는 심의위원회는 조치결정을 유보하고 추가 조사 등을 한 후 심의위원회를 다시 개최하여 의결할 수 있다.

학교장에 대한 조치결정은 교육장이 학교에 공문으로 조치결정을 통보한다. 학교장은 가해측이 조치결정을 통보받은 후 조치이행이 이루어질 수 있도록 하고, 가해학생이 조치를 통보 받고 상당한 기간 내에 미이행 할 경우, 학교장은 미이행 학생 명단을 교육장(심의위원회)에게 보고한다(보고 방법 및 시기는 교육(지원)청 자체 계획에 따름).

표 5-13 심의위원회 절차에 따른 학교의 역할

절차	학교의 역할	설명
소집	관할 교육지원청으로 공문 발송	• 학교장 자체해결 사안이 아닌 학교폭력은 심의위원회에 회부하여 처리 • 학교폭력 사안조사 보고서와 관련 서류를 구비하여 교육지원청에 공문으로 발송
준비	심의위원회의 요청에 따른 관련자료 제출 등의 협조	• 심의위원회는 해당 지역에서 발생한 학교폭력에 대하여 학교장 및 관할 경찰서장에게 관련 자료를 요청(법률 제12조 제3항). • 심의위원회는 필요하다고 인정할 때에는 교폭력이 발생한 해당 학교 소속 교원이나 학교폭력 예방 및 대책과 관련된 분야의 전문가 등을 출석하게 하거나 서면 등의 방법으로 의견 청취 가능(시행령 제14조 제8항)
개최	심의위원회의 요청에 따른 관련교원의 출석	• 심의위원회는 심의를 위해 필요한 경우, 해당 학교의 관련 교원에게 의견을 들을 수 있으므로 최대한 협조 • 학교의 여건 및 사안의 특성에 따라 출석진술 이외에도 심의위원회의 요청에 따라 서면 제출, (영상)통화, 사전면담 등 다양한 방법으로 협조

(2) 피해 및 가해학생 조치

① 피해학생에 대한 보호 조치

피해학생에 대한 보호 조치는 「학교폭력예방법」 제16조, 16조 2, 시행령 제18조에 의거하여 이루어진다. 피해학생의 보호조치의 요청이 있을 때에 교육장은 피해학생의 보호자의 동의를 받아 7일 이내에 해당 조치를 해야 한다. 피해학생에 대한 보호조치는 학내외 전문가에 의한 심리상담 및 조언, 일시보호, 치료 및 치료를 위한 요양, 학급교체, 그 밖에 피해학생의 보호를 위하여 필요한 조치로 법률에 근거한다. 한편, 기존 전학권고 조치는 「학교폭력예방법」에서는 삭제되었고 「초·중등교육법 시행령」 제21조 제6항, 시행령 제73조 제6항, 시행령 제89조 제5항 해당 시도교육청 및 교육지원청별 전·편입학 업무 시행지침에 따른다.

「학교폭력예방법」에서는 장애학생에 대하여 "신체적·정신적·지적 장애 등으로 「장애인 등에 대한 특수교육법」 제15조에서 규정하는 특수교육을 필요로 하는 학생"으로 정하고 있다. 그러나 특수교육을 받지 않는 학생이라 하더라도 이러한 장애가 다소 있는 학생의 경우는 입법 취지를 고려하여 보다 세심한 주의를 기울여야 할 대상이라는 점을 유의한다. 장애학생이 피·가해학생인 경우, 장애로 인한 피해를 방지하기 위하여 전담기구의 사안조사 및 심의위원회 심의 시 특수교육 전문가(위원 및 참고인)를 참여시켜 장애학생의 의견진술 기회 확보 및 진술을 조력할 수 있다. 피해학생이 장애학생이고 가해학생이 일반학생인 경우에는 해당 가해학생에 대하여 보다 엄격하게 심의하여 조치하여야 하며, 해당 가해학생에게 특별교육 이수 조치를 할 때는 장애에 대한 이해 및 인식개선이 가능한 특별교육 프로그램을 이수하도록 하는 것이 바람직하다. 다문화학생(중도입국·외국인학생 등)과 탈북학생의 경우에도 기본적인 사안처리는 일반학생과 동일하다. 그러나 다문화학생(중도입국·외국인학생 등)과 탈북학생은 문화적·언어적 차이로 인해 사안처리 과정에서 세심한 주의가 필요한 대상이라는 점을 유의한다. 피해학생이 다문화학생(중도입국·외국인학생 등) 또는 탈북학생이고, 가해학생이 일반학생인 경우 특별교육 이수 조치를 할 때에는 다문화 또는 탈북학생에 대한 이해 및 인식개선이 가능한 내용을 포함한 특별교육 프로그램을 이수하도록 하는 것이 바람직하다.

특수교육을 필요로 하는 학생의 범위

- 시각장애
- 청각장애
- 지적장애
- 지체장애
- 정서 행동장애
- 자폐성장애(이와 관련된 장애를 포함)
- 의사소통장애
- 학습장애
- 건강장애
- 발달지체
- 그 밖에 대통령령으로 정하는 장애

표 5-14 피해학생에 대한 보호 조치

사안	설명
학내외 전문가에 의한 심리상담 및 조언	• 학교폭력으로 받은 정신적·심리적 충격으로부터 회복할 수 있도록 학교 내 외의 심리상담 전문가로부터 심리상담 및 조언을 받도록 하는 조치 • 학교 내 상담교사가 없을 시 지역 내 피해학생 전담지원기관, 위(Wee) 센터, 정신건강복지센터, 청소년상담복지센터, 전문 상담기관 등 외부 기관을 통하여 진행
일시보호	• 가해학생으로부터 지속적인 폭력이나 보복을 당할 우려가 있는 경우, 일시적으로 보호시설이나 집 또는 학교상담실 등에서 보호를 받을 수 있도록 하는 조치
치료 및 치료를 위한 요양	• 학교폭력으로 인하여 생긴 신체적·정신적 상처의 치유를 위하여 의료 기관 등에서 치료를 받도록 하는 조치 • 피해학생이 보호조치로 집이나 요양기관에서 신체적·심리적 치료를 받을 때는 치료기간이 명시된 진단서 또는 관련 증빙자료를 첨부하여 학교에 제출하도록 보호자에게 안내
학급교체	• 지속적인 학교폭력 상황 및 정신적 상처에서 벗어나도록 하기 위해서 피해학생을 동일 학교 내의 다른 학급으로 소속을 옮겨주는 조치 • 피해학생 입장에서는 새로운 학급에 적응해야 하는 부담이 있으므로, 조치 결정에 있어 피해학생 및 보호자의 의견을 적극 반영하는 것이 바람직

② 가해학생 조치

가해학생 교육 및 선도 조치는 「학교폭력예방법」 제17조, 시행령 20조에 의거하여 이루어진다. 피해학생의 보호조치의 요청이 있을 때에 교육장은 피해학생의 보호자의 동의를 받아 7일 이내에 해당 조치를 해야 한다. 가해학생 조치 이행시 특별한 경우(방학기간 중, 자율학습, 졸업예정 등)를 제외하고는 학기 중에 이행할 수 있도록 하는 것이 바람직하다. 가해학생은 학교폭력 사안이 접수된 때부터 학교폭력대책심의위원회의 조치 이행이 완료될 때까지 원칙적으로 학적변동을 제한한다. 단, 학교의 장이 성폭력 등 피·가해학생 분리조치가 불가피하다고 인정하는 경우 내부결재를 거쳐 학적변동을 수반하는 전학 등의 조치를 우선적으로 시행할 수 있다. 가해학생의 조치는 피해학생에 대한 서면사과, 피해학생 및 신고·고발 학생에 대한 접촉, 협박 및 보복행위의 금지, 학교에서의 봉사, 사회봉사, 학내외 전문가에 의한 특별교육이수 또는 심리치료, 출석정지, 학급교체, 전학, 퇴학처분이 있다.

교육장은 심의위원회 조치 후 14일 이내에 가해학생 및 그 보호자에게 해당 조치를 서면으로 통보하고 조치를 미이행할 경우 교육장(심의위원회)은 학교장의 보고를 받은 21일 이내에 해당 가해학생 및 그 보호자에게 조치(법 제17조제1항제1호 조치 제외)를 1개월 이내에 이행할 것과 미이행 시 거부·기피에 따른 추가 조치가 있을 수 있음을 서면으로 안내한다. 가해학생 특별교육 이수 및 심리치료는 심의위원회에서 정하고, 재발여부를 고려하여 그 기간을 늘릴 수 있다. 더불어 가해학생 보호자 특별교육은 서면으로 통보할 수 있고, 보호자가 통보를 받은 날로부터 3개월이 되는 날까지 특별교육에 불응할 경우, 학교장은 3개월의 다음날 동 보호자 명단을 시·도교육감에게 통보한다.

표 5-15 가해학생에 대한 조치

사안	설명
피해학생에 대한 서면사과	• 가해학생이 피해학생에게 서면으로 그동안의 폭력행위에 대하여 사과하는 조치
피해학생 및 신고·고발 학생에 대한 접촉, 협박 및 보복행위의 금지	• 피해학생이나 신고·고발학생에 대한 가해학생의 접근을 막아 더 이상의 폭력이나 보복을 막기 위한 조치 • 시간적 범위(조치 기간), 피해학생에게 접촉 금지하는 범위(인터넷, 휴대전화 포함)를 구체적으로 제시
학교에서의 봉사	• 교내에서 봉사활동을 통해 자신의 행동을 반성하는 기회를 주기 위한 조치 • 단순한 훈육적 차원이 아니라, 봉사의 진정한 의미를 알고 학생 스스로 잘못을 깨달을 수 있는 봉사 방법을 선정하여 선도적·교육적 차원에서의 봉사활동을 실시
사회봉사	• 학교 밖 행정 및 공공기관 등 관련기관에서 사회구성원으로서의 책임감을 느끼고, 봉사를 통해 반성하는 시간을 마련하기 위한 조치 • 사회봉사는 지역 행정기관에서의 봉사(환경미화, 교통안내, 거리질서 유지 등), 공공기관에서의 봉사(우편물 분류, 도서관 업무보조 등), 사회복지기관(노인정, 사회복지관 등) 봉사 등의 형태로 진행될 수 있음

사안	설명
학내외 전문가에 의한 특별교육이수 또는 심리치료	• 가해학생이 봉사활동 등을 통하여 스스로의 행동을 반성하는 것이 어려워 보이는 경우에 전문가의 도움을 받아 폭력에 대한 인식을 개선하고 스스로의 행동을 반성하게 하는 조치
출석정지	• 가해학생을 수업에 출석하지 못하게 함으로써 일시적으로 피해학생과 격리시켜 피해학생을 보호하고, 가해학생에게는 반성의 기회를 주기 위한 조치 • 가해학생에 대한 출석정지 기간은 출석일수에 산입하지 않고, 출석정지 기간동안 적절한 지도와 교육방법이 마련되어야 함 • 법률 제17조제1항제6호에 따른 출석정지는 미인정결석으로 처리(학교생활기록부 기재요령)
학급교체	• 가해학생을 피해학생으로부터 격리하기 위하여 같은 학교 내의 다른 학급으로 옮기는 조치
전학	• 가해학생을 피해학생으로부터 격리시키고 피해학생에 대해 더 이상의 폭력행위를 하지 못하도록 하기 위하여 다른 학교로 소속을 옮기도록 하는 조치 • 가해학생이 다른 학교로 전학을 간 이후에는 전학 전의 피해학생 소속 학교로 다시 전학 올 수 없도록 조치
퇴학처분	• 피해학생을 보호하고 가해학생을 선도·교육할 수 없다고 인정될 때 취하는 조치 • 의무교육과정에 있는 가해학생에 대하여는 적용하지 않음

③ 가해학생에 대한 조치사항 학교생활기록부 기재방법

가해학생에 대한 조치 사항은 학생기록부에 기재해야 한다. 이는 「초·중등교육법 시행규칙」 제21조, 「학교생활기록 작성 및 관리지침」 제7조, 8조, 16조에 의거하여 이루어진다. 학교폭력 가해학생에 대한 조치사항의 경우 학교에서 조치결정 통보 공문을 접수한 즉시 학교생활기록부에 기재하며, 구체적인 작성·관리에 관한 사항은 「학교생활기록 작성 및 관리지침」을 따른다. 학교폭력 조치사항 기록 시 몇 가지 유의해야 하는데 첫째, 학교폭력 관련 피해학생 조치사항은 입력하지 않는다. 둘째, 학적변동(전출, 자퇴 등)의 경우 학교폭력 조치사항을 입력한 후 학적 처리한다. 셋째, 심의위원회가 가해학생 조치를 동시에 부과한 경우 동시에 부과된 조치사항 모두 학교생활기록부의 해당 영역에 입력한다. 넷째, 가해학생이 교육감이 정한 기관에서 특별교육을 이수하거나 심리치료를 받은 사실은 기재하지 않는다. 다섯째, 조치결정 일자는 심의위원회의 조치 요청에 대해 교육장이 조치를 결정한 날(교육지원청 내부결재일)을 의미한다. 여섯째, 학적이 정지된 자가 조치를 받은 경우에는 당해학년도의 경우 학적반영 취소 후 학교폭력 조치사항을 입력하고, 이전학년의 경우 정정대장을 통해 기록한다. 일곱째, 학교폭력 전담기구에서는 학교폭력 가해학생 조치사항 관리대장을 관리한다.

반면, 학교생활기록부 학교폭력 조치사항은 「초·중등교육법 시행규칙」 제22조, 「학교생활기록 작성 및 관리지침」 제18조에 의거하여 삭제해야 한다. 졸업식 이후부터 2월 말(교육정보시스템 졸업생 학적반영 이전) 사이에 삭제하되, 학교폭력과 관련되어 기재된 '긍정적인 행동변화와 관련된 기재사항'도 같이 삭제(제1호·제2호·제3호·제7호)하고, 심의 대상자 조건을 만족할 경우 해당 학생의 반성 정도와 긍정적 행동변화 정도를 고려하여 졸업 직전 전담기구 심의를 거쳐 졸업과 동시에 삭제 가능하다(제4호·제5호·제6호·제8호).

표 5-16 학교생활기록부 삭제

<table>
<tr><th>가해학생 조치사항</th><th>학교생활기록부 영역</th><th>삭제시기</th></tr>
<tr><td>제1호(피해학생에 대한 서면사과)</td><td rowspan="4">행동특성 및 종합의견</td><td rowspan="4">• 졸업과 동시(졸업식 이후부터 2월 말 사이 졸업생 학적반영 이전)
• 학업중단자는 해당학생이 학적을 유지했을 경우를 가정하여 졸업할 시점</td></tr>
<tr><td>제2호(피해학생 및 신고·고발 학생에 대한 접촉, 협박 및 보복행위의 금지)</td></tr>
<tr><td>제3호(학교에서의 봉사)</td></tr>
<tr><td>제7호(학급교체)</td></tr>
<tr><td>제4호(사회봉사)</td><td rowspan="3">출결상황 특기사항</td><td rowspan="4">• 졸업일로부터 2년 후
• 졸업 직전 전담기구 심의를 거쳐 졸업과 동시 삭제 가능
• 학업중단자는 해당학생이 학적을 유지하였을 경우를 가정하여 졸업하였을 시점으로부터 2년 후</td></tr>
<tr><td>제5호(학내외 전문가에 의한 특별교육 이수 또는 심리치료)</td></tr>
<tr><td>제6호(출석정지)</td></tr>
<tr><td>제8호(전학)</td><td rowspan="2">인적·학적사항 특기사항</td></tr>
<tr><td>제9호(퇴학)</td><td>삭제 대상 아님</td></tr>
</table>

(3) 조치에 대한 불복절차

학교폭력 사안처리과정에서 조치에 대하여 의의가 있는 피해학생 또는 그 보호자는 「행정심판법」에 따른 행정심판을 청구할 수 있다. 「학교폭력예방법」 제17조의 2, 「행정심판법」 제23조, 27조, 28조, 30조에 의거하여 이루어진다. 행정심판이란 행정청의 위법·부당한 처분이나 부작위로 권리 또는 이익을 침해받은 국민이 이를 회복하기 위하여 행정기관에 제기하는 권리구제제도이다. 학교폭력 사안처리에서 피해학생 또는 그 보호자는 교육장의 조치(법률 제16조 제1항 각호 및 제17조 제1항 각호)에 대하여 행정심판을 청구할 수 있다. 가해학생 또는 그 보호자는 교육장의 조치(법률 제17조 제1항 각호)에 대하여 행정심판을 청구할 수 있다. 행정청인 교육장의 처분에 대한 불복절차이므로 학교의 설립형태(국·공립 및 사립)에 관계없이 행정심판을 청구할 수 있다.

행정소송은 「행정소송법」 제20조에 의거하여 이루어지며 행정심판 청구기간은 교육장의 조치에 대하여는 처분이 있음을 알게 된 날부터 90일 이내, 처분이 있었던 날부터 180일 이내에 행정심판을 청구할 수 있다. 이 두 기간 중 어느 하나라도 도과하면 행정심판청구를 할 수 없다. 행정심판은 해당 교육청 행정심판위원회에 청구한다. 행정심판의 청구는 처분의 효력이나 그 집행 또는 절차의 속행에 영향을 주지 아니하므로, 처분의 효력, 처분의 집행 또는 절차의 속행을 정지하려면 행정심판위원회의 집행정지 결정이 있어야 한다. 학교폭력으로 인하여 치료비 등 손해가 발생한 경우에, 그에 대한 민사상의 손해배상청구가 가능하다. 모든 학교폭력 사안에 대하여 민사처리가 가능하며, 민사소송에 의한 손해배상청구는 치료비와 정신적 손해에 대한 배상청구로 이루어진다.

5. 학교폭력 사안처리 시 유의사항

① 학교폭력 사안이 발생한 경우, 공정하고 객관적인 자세를 끝까지 견지하고, 적극적인 자세로 학교폭력 사안처리를 위해 노력한다.

② 학생과 학부모의 상황과 심정에 대한 이해와 공감을 통해 신뢰를 형성하고, 불필요한 분쟁이 추가적으로 발생하지 않도록 한다.

③ 학교폭력 사안조사 시에는 관련 학생들을 분리하여 조사하고, 축소·은폐하거나 성급하게 화해를 종용하지 않도록 한다.

④ 학교폭력 사안조사는 가능한 수업시간 이외의 시간을 활용하고, 부득이하게 수업시간에 할 경우에는 별도의 학습기회를 제공하도록 한다.

⑤ 학교폭력대책심의위원회 결정 전까지는 피해학생, 가해학생을 단정 짓지 말고 관련학생이라는 용어를 사용한다.

⑥ 전담기구의 조사 및 심의위원회 조치 결정시 관련학생 및 보호자에게 반드시 의견진술의 기회를 제공하여야 한다.

⑦ 성범죄 관련 사안을 인지한 경우, 예외 없이 수사기관에 즉시 신고한다.

⑧ 동일한 사안에 대하여 재심 성격의 심의위원회는 개최하지 않는다.

6. 교직수업 적용활동

활 동

1. 학교폭력법률과 사안처리에 관련된 내용에 대한 골든벨 실시하기

학생별로 1~2문제를 즉석에서 만들게 하고 이를 수합하여 정리한 후 학생 전체가 참여하여 골든벨 문제를 푸는 활동

문제	답

2. 학교폭력 사안 사례를 보고 교사가 되어 학교폭력 유형별로 사안처리 절차에 따른 역할을 예측한 후, 동료와 이야기하기

[보기 자료]

[EBS] 학교폭력 똑똑하게 대처하기
[경상북도 교육청, 경남교육 아이 좋아] 폭력 이렇게 예방해요. 사안처리

활 동

3. 학교폭력 사안처리 절차 참고 사례

학교폭력 사안조사 결과, 학교폭력에 아닌 사안의 예로는 제3자가 신고한 사안에 대한 조사결과, 오인신고였던 경우, 학교폭력 의심사안(담임교사 관찰로 인한 학교폭력 징후 발견 등)에 대한 조사 결과, 학교폭력이 아니었던 경우, 피해학생(보호자)이 신고한 사안에서 피해학생(보호자)이 오인신고였음을 스스로 인정하는 경우 등이 보고되었다. 이러한 사안에 대한 처리는 학교장이 전담기구 회의를 통해 학교폭력이 아님을 확인한 경우, 교육(지원)청으로 보고한다. 만약 피해학생 및 보호자가 심의위원회 개최를 요청할 경우 반드시 심의위원회를 개최하여 처리해야 하고, 단, 심의위원회에서 '학교폭력 아님'으로 결정할 경우 '조치없음'으로 처리할 수 있다.

추가적으로 가해자가 학생이 아닌 사안의 경우, 학교장 자체해결 대상 사안이 아니기 때문에 학교장은 피해학생의 보호를 위해 심의위원회 개최를 요청해야 한다. 다만, 피해학생과 그 보호자가 피해학생 보호조치를 원하지 않을 경우, 학교장은 심의위원회를 요청하지 않을 수 있다. 피해학생과 그 보호자의 미개최 동의를 받아 교육지원청에 보고해야 한다. 학교폭력이 아닌 사안조사 과정에서도 학생, 교사, 학부모 간의 관계 회복이 필요한 경우 관계회복 프로그램을 운영할 수 있다.

chapter 06

학교폭력 관계회복 및 사후지도 방안

학습목표

1. 학교폭력 사안처리 후 관계회복의 필요성을 말할 수 있다.
2. 관계회복을 위한 프로그램 운영 주체별 역할을 설명할 수 있다.
3. 학교폭력 사안처리 후 교사 차원, 학교 차원의 사후지도 방안에 대해 설명할 수 있다.
4. 대상별(피해학생, 가해학생, 방관학생)로 적합한 지도프로그램을 선정하고, 적용·운영할 수 있다.

학교폭력 사안의 처리가 완료되고 난 후, 학교는 피해학생, 가해학생, 보호자 간의 관계회복과 정신건강의 치유를 위한 프로그램을 운영함으로써 학교폭력 재발 방지를 위해 노력해야 한다. 그러나 학교폭력에 대한 적극적인 재발방지를 위해서는 학교폭력의 직접적인 대상자들만이 아니라 방관학생 및 주변 사람들에 대한 회복과 지도 또한 반드시 필요하다. 따라서 본 장에서는 학교폭력 사안처리 후 관계회복과 대상별 교사와 학교 차원의 사후지도 방안에 대해 살펴보고자 한다.

1. 학교폭력과 관계회복

1) 관계회복의 개념과 목적

관계회복이란 두 명 이상의 관련 대상자들이 발생 상황에 대하여 이해, 소통, 대화 등을 통해 원래 상태 또는 일상생활로 돌아갈 수 있도록 함께 노력하는 것을 말한다. 이러한 관계회복은 첫째, 관련 당사자 사이에 발생한 사안을 중심으로 개입하여 양측 관계를 회복시키는 것을 목적으로 한다. 둘째, 상호 이해 및 소통, 대화를 하는 과정을 통해 피해학생 측 입장을 충분히 고려한 진심어린 사과(화해)와 가해학생 측의 반성에 대한 올바른 인식정립을 하고 나아가 관계 개선을 통한 회복을 도모한다. 셋째, 심리·정서적 안정 및 학교와 일상생활, 또래(교우) 관계 등의 안정적 적응과 신속한 복귀, 회복을 조력한다. 그러나 무엇보다도 학교폭력 관계회복은 진행 단계별로 피해학생 측의 의사를 우선적으로 고려하여 확인하고 동의 여부를 확인하며 진행해야 한다(교육부, 이화여자대학교 학교폭력 예방연구소, 2022).

2) 관계회복 프로그램 운영과 유의사항

(1) 관계회복 프로그램 운영의 주체

관계회복 프로그램을 운영하기 위해 먼저 학교는 학교폭력의 사안에 따라 누가 어떠한 역할을 적합하게 수행할 수 있을지에 대해 논의해야 한다. 일반적으로 교장은 관계회복 프로그램 운영의 총괄을 담당하고, 교감은 관계회복 프로그램의 운영 관리와 외부 연계가 필요한 경우 연계진행을 담당한다. 담임교사의 경우 학생 및 학부모에게 안내하여 동의를 확인한 후 관계회복 프로그램 진행을 실시하고, 실시 이후의 사후관리에 대한 부분도 협의하여 담당한다. 학교폭력을 담당하는 책임교사의 경우 사안에 대한 파악 및 공유를 통해 관계회복 프로그램을 진행한다. 상담교사는 심리·정서적 개입과 진행을 담당하고, 기타 정서적 위기상황에서의 자문에 기초한 관계회복 프로그램을 담당한다. 학교폭력 사안이 발생했을 때, 해당 사안에 대한 내용과 학생들의 상황을 가장 잘 인지하고 있는 교사가 개입하는 것이 효과적이다. 따라서 학교는 사정에 맞게 담임교사나 책임교사, 상담교사 등 해당 교사에게 가장 적합한 역할을 배정하여 관계회복의 효과성과 효율성을 도모해야 한다.

(2) 관계회복 프로그램 진행시 유의사항

관계회복 프로그램을 운영할 때는 다음과 같은 사항에 유의해야 한다. 첫째, 관계회복 프로그램은 양측 학생이 동의할 경우에만 진행할 수 있다. 둘째, 관계회복 프로그램은 한명이 중단하고 싶으면 중단될 수 있다. 셋째, 관계회복 프로그램을 했다고 갑자기 사이가 좋아지거나 개선이 되지 않을 수도 있다. 넷째, 학교 및 교사는 사전에 가급적 보호자와 면담을 진행하여 프로그램 취지를 잘 이해할 수 있도록 한다. 다섯째, 서로 소통함으로써 안전한 학교생활을 할 수 있도록 하는 것임을 안내한다. 여섯째, 관계회복 프로그램은 양측 학생이 학교 및 일상생활과 또래와의 관계에 잘 적응할 수 있도록 돕는 것임을 안내한다. 일곱째, 피해학생에 대해 모든 단계 시작시 현재 마음과 생각, 재발이나 보복과 같은 2차 피해, 참여 의사 등을 확인함으로써 관계회복 프로그램 진행이 강제적인 것이 아닌 피해학생 의사를 우선으로 고려하여 진행됨을 확인시켜주는 것이 중요하다.

3) 관계회복 참여 대상별 상담방법

(1) 피해학생과의 상담

교사는 관계회복 프로그램에 참여한 학생이 학교폭력 피해로 인해 갖게 되는 심리적 어려움에 대해 공감하는 것이 중요하다. 또한, 피해학생에게 어떤 도움이 필요한지에 대한 탐색을 통해 피해학생이 원하는 것이 무엇인지를 파악하여 피해학생 각각의 사안과 상태에 따라 맞춤형 접근을 하는 것이 효율적이다. 무엇보다도 면담 시 신체적·정서적 안정감을 주는 것이 우선시되어야 하며, 피해 학생 스스로 폭력의 원인이 자신에게 있다고 생각하는 등 자신을 비난하지 않도록 도와야 한다. 교사는 심리적인 피해가 심각한 상황일 경우 필요에 따라 전문 상담을 연계하는 등 추가적인 조치를 취하도록 한다. 또한 보호자나 형제 등 가족의 상태나 상황, 도움을 줄 수 있는지의 여부를 확인하여 이에 대한 개입도 함께 고려할 수 있다.

(2) 가해학생과의 상담

가해행동을 한 학생에게는 학교폭력 가해 행동에 대해 그러한 사실이 있었는지에 대한 확인을 하고 반드시 발생한 상황에 대해 확인하는 절차를 가진다. 그러면서 폭력을 왜 가하게 되었는지, 이들이 폭력이라는 방법을 선택하게 된 다양한 요인들을 면밀히 탐색하는 것이 이후 사안의 해결이나 2차적인 가해행동을 예방하는데 효과적일 수 있다. 그러나 가해학생의 행위에 대한 일방적인 평가나 훈계는 가해 학생에게 저항심, 반발심, 무기력 등 역효과를 가져올 수 있으므로 비난하거나 심문조의 질문은 하지 않는 것이 좋다.

2. 교사 차원에서의 사후지도 방안

교사는 학교폭력 사안과 관련한 분쟁조정이 마무리되고 학교장의 조치가 끝나면 학교폭력에서 안전한 환경 조성 및 재발방지를 위해 피해학생, 가해학생, 주변 학생들 및 방관학생을 대상으로 한 전체 학급지도를 대상으로 한 사후교육을 실시해야 한다. 교사가 각 대상별로 취할 수 있는 사후지도 방안은 자기인식 능력 함양, 대처기술 지도, 적용훈련의 3단계별로 나누어 살펴볼 수 있으며, 교사는 이를 학교 내의 전문상담교사 또는 전문상담사의 교육적 지원이나 자문을 얻어 창의적 체험활동시간 등을 활용하여 학급단위의 프로그램으로 실시할 수 있다 (유형근 외, 2014).

1) 피해학생 사후지도 방안

교사는 피해학생에 대한 사후지도를 위해 자기인식, 대처기술, 적응훈련의 각 단계별 목표를 선정하고 이에 적합한 프로그램을 선정하여 지도한다.

(1) 자기인식

피해학생에 대한 지도방안의 자기인식 단계에서는 피해학생이 학교폭력 경험의 충격으로 인해 자각하지 못하고 통제할 수 있는 자신의 감정을 표현하되 능동적인 행동으로 표현하도록 지도해야 한다. 피해학생으로 하여금 심리적 불안감이나 가해학생에 대한 분노감정 등 상대방의 여러 가지 표현에 대해 느끼는 자신의 여러 가지 감정을 알고 그 감정을 긍정적이고 능동적으로 표현할 수 있도록 해야 하는데, 자존감 회복 및 자기주장 훈련을 주제로 한 프로그램을 실시하는 것이 좋다. 즉, 피해학생이 자신의 현 상황에 영향을 미치고 있는 상대에게 적절한 행동을 보이고 자신을 돌볼 수 있도록 하기 위한 활동을 실시하는 것이 좋으며 교사는 피해학생을 포함한 학급 학생들을 대상으로 '나-전달법'을 활용하는 것이 도움이 된다.

(2) 대처기술

대처기술 단계에서는 자신의 상황을 주변에 알리고 도움을 청하며 자존감을 유지할 수 있도록 지도해야 한다. 학교폭력에 대한 대처방법에 따라 다양한 결과가 나타날 수 있음을 인식하도록 돕고 올바른 대처방안을 스스로 탐색하도록 하며 피해학생이 스스로 해낼 수 없다고 생각했던 것을 다시 한 번 숙고해 봄으로써 '할 수 있다'로 변화되는 과정을 통해 자신감을 높이도록 도와주는 것이 좋다. 이를 위해 활용할 수 있는 활동을 구체적으로 살펴보면, 먼저 학급의 학생들을 여러 개의 모둠으로 구성하고 학교폭력 유형별 사례카드를 1개씩 선택하도록 한 후, 사례에 대한 대처방법을 토의하여 여러 가지 해결책을 찾도록 격려하며 지도한다. 그리고 각 모둠별로 선택한 사례에 대해 해결책을 발표하는 시간을 가지면서 다른 모둠에서 발표한 사례에 대해서는 추가적으로 학급 전체가 브레인스토밍 형태로 해결책을 탐색하도록 도와준다. 발표한 해결책 중에서 좋은 대처방안을 제시한 모둠에게는 칭찬 스티커를 부여하고 학용품이나 간식 등을 제공하여 참여의욕을 높여 주는 것도 좋은 방법이다.

나 - 전달법이란

상대의 잘못을 강조하는 대신 내가 상대의 행동에 대해 어떤 생각이나 느낌을 갖는지를 상대방에게 효과적으로 표현하는 의사소통 방법이다. 나-전달법이란 주어가 일인칭인 '나'로 시작하는 문장으로 이야기하는 방법이다.

나 - 전달법 적용방법

① 운영방식과 준비

나-전달법은 조용하나 단호한 목소리로 표현할 때 가장 효과적이다. 그러나 화가 난 상태에서 상대에게 나-전달법을 사용하면 오히려 상대의 반감만 불러일으킬 뿐이고, 자신도 감정이 더 격화될 수 있다. 따라서 화가 났을 때 잠깐 숨을 크게 쉬거나, 몇 초라도 그 장소를 피해 다른 곳에 가서 마음을 가라앉힌 후 실시한다.

② 나-전달법의 4가지 요소

단계	내용
1단계 (관찰)	• 〈있는 그대로 보고 듣기〉 • "내가 ______________ 을 보거나, 들었을 때,"
2단계 (느낌)	• 〈상대의 행동과 상황에 대해 자신이 느끼는 바를 말한다〉 • "나는 ______________ 느낀다."
3단계 (필요/욕구)	• 〈느낌의 원인과 이유를 설명한다.〉 • "왜냐하면 나는 ________ 이 필요/중요/원하기 때문에."
4단계 (부탁/요청)	• 〈자신이 상대에게 원하는 바를 구체적으로 말한다.(요청)〉 • " ______________ 을 해줄 수 있겠니?" • " 이말을 들었을 때 어떻게 느끼니(생각하니)?"

③ 유의점

상대에게 불쾌한 느낌을 표현하기 전에 다음을 고려해 본다. 자신을 기분 나쁘게 하는 것이 상대의 행동이 아니라 나로부터 생겨나는 행동의 결과라는 점이다. 즉 행동의 결과가 나의 욕구나 권리를 어떻게 방해하느냐에 달린 것이다. 예를 들어 교사가 수업을 준비하고 학생이 한쪽에서 친구들과 놀면서 웃는 경우 그 소리로 인해 교사는 방해를 받지 않는다. 그러나 전화통화를 하고 있을 때 학생의 행동과 웃음소리는 교사에게 방해가 된다. 교사는 시끄러워 통화를 할 수 없기 때문에 짜증을 내게 된다. 그러므로 상대의 행동에 대해 느낌을 이야기할 때는 행동 자체보다 행동의 결과와 연관된 자신의 느낌을 알려주는 것이 바람직하다.

(3) 적용훈련

적용훈련 단계에서는 문제해결 능력을 향상시키고 결과적으로 자신감을 바탕으로 심리적·정서적인 성장 가능성을 회복할 수 있도록 도와주어야 한다. 이를 통해 또래관계에서 발생할 수 있는 갈등 상황에 대한 서로의 입장을 충분히 이야기하도록 함으로써 문제해결 능력 및 갈등 해결을 도모하고 학교폭력 피해학생으로 하여금 스스로 새로운 가치를 창출하고 성장 가능성을 회복하도록 할 수 있다. 교사가 학급 학생들을 대상으로 실시할 수 있는 활동에 'TLC 기법'을 활용할 수 있다. 구체적인 TLC 기법 절차는 [그림 6-1]과 같다.

T(talk) : 문제에 관한 각자 입장을 말하게 하고, 쌍방 모두가 느끼는 감정에 초점을 맞춘다.

⬇

L(listening) : 각자 상대방의 문제에 관해 말하는 바를 경청하고, 상대방이 하는 말을 되풀이하여 상대방이 말하는 바가 무엇인지 확인시킨다.

⬇

C(choice) : 모두 승자처럼 느끼게 만드는 해결방안을 선택한다.

그림 6-1 TLC 기법 적용 절차

출처 : 박성희 외(2010)

또한 원만한 갈등해결을 위해서는 몇 가지 원칙을 지키는 것이 중요한데 갈등이 존재하는 것은 자연스러운 현상임을 이해하고 갈등을 어떻게 해결하느냐에 초점을 맞추며 갈등 상황을 있는 그대로 인정하고 수용하는 것 등이 갈등해결의 원칙이다. 구체적인 갈등해결의 원칙은 다음과 같다(박성희 외, 2010).

표 6-1 갈등해결의 원칙

1. 나와 상대방 사이에 갈등이 존재하는 것은 자연스런 현상임을 이해한다.
2. 갈등 자체에 문제가 있는 것이 아니라 갈등을 어떻게 해결하느냐가 더 중요하다.
3. 자신이 겪고 있는 갈등을 감추거나 피하지 말고, 있는 그대로 인정하고 수용해야 한다.
4. 갈등의 해결은 자신의 입장을 이해하고 상대방의 입장을 수용하려는 노력에서 출발한다.
5. 갈등을 즉각적으로 해결하는 것만이 능사가 아니다.
6. 갈등해결을 위해 이야기할 수 있는 적절한 시간과 장소를 선정한다.
7. 갈등을 다루기 위해서는 우선 서로에 대해 느끼고 있는 긍정적인 마음을 보여 주며 섭섭한 마음을 솔직하게 표현한다.
8. 적절한 자기표현은 갈등 상황을 원만하게 해결하는 데 도움이 된다.
9. 갈등 상황에 대한 각각의 입장을 충분히 이야기한다(TLC 기법 활용).
10. 이야기를 나눌 때는 나와 상대방이 서로가 처한 입장에 따라 문제를 보는 시각이 다를 수 있음을 이해하고 각각 갈등 상황에 대해 어떻게 파악하고 있는지 확인한다.
11. 서로가 인정하고 수용할 수 있는 해결책을 찾는다.

2) 가해학생 사후지도 방안

가해학생의 지도는 단순한 징계가 아닌 치유의 관점으로 실시하여야 한다. 먼저 학생이 폭력을 행사하는 주변 상황과 근본 원인을 정확히 파악한 후에 학생의 폭행 원인이 단순히 일회적 성격을 지닌 것인가 아니면 가정 내 부모-형제 간의 문제, 교우관계, 사제관계, 성격장애 등 그동안 간과해 온 문제 등 오랜 구조적인 원인들이 누적된 것에 의한 것인가를 살펴본다. 폭력의 원인이 파악되면 사안별로 지도방법을 결정하며 이를 고려한 교사의 사후지도 방안은 다음과 같다.

(1) 자기인식

자기인식 단계에서는 가해학생 자신이 저지른 폭력행동에 대한 죄의식을 인식하고 피해학생에게 미안함을 표현할 수 있도록 지도하는 것이 좋다. 구체적인 방법으로 교사는 가해학생을 포함한 학급 학생들을 대상으로 학교폭력 가해학생과 피해학생에 대해 자신의 생각은 어떠한지 학생들에게 물어보며 주의를 환기시킨다. 그리고 '만약 내가 친구들로부터 왕따를 당한다면?' 또는 '만약 내가 친구들로부터 심한 욕을 듣거나 신체적 폭력을 당한다면?' 등과 같은 상황을 제시하여 학교폭력 피해학생의 입장이 되어 봄으로써 폭력행위가 다른 사람들에게 미치는 영향력을 이해하도록 도와준다. 이를 통해 가해학생은 자신이 경험한 폭력사건과 관련하여 자신의 경험을 객관적으로 살펴볼 수 있는 기회를 부여받음으로써 자신에 대한 이해와 더불어 자신이 저지른 행동을 인식하고 나아가 피해학생에게 미안함을 표현할 수 있다. 그리고 자기가 경험하거나 목격한 학교폭력 사건과 관련하여 자신의 경험을 객관적으로 살펴볼 수 있는 기회를 제공해 주어 자신에 대한 이해를 넓히고 책임의식을 확실히 인식하도록 할 수 있다. 교사는 학생들이 각자 자신의 경험한 폭력사건이나 갈등 상황에서 각자 어떻게 행동했는지 생각해 보고 자신의 행동에 대한 문제의식을 느끼고 하지 말았어야 했던 행동과 했어야 하는 행동이 무엇인지 생각하도록 지도한다. 그리고 만약 앞으로 비슷한 일이 다시 일어날 경우 어떻게 대처할 것인지, 이전의 판단과 어떤 점에서 다른 결과를 가져올 것인지 등을 생각해 볼 수 있도록 하여 가해학생이 자신의 잘못을 부정하거나 회피하지 않고 용기 있게 시인하도록 도와줄 수 있다.

(2) 대처기술

대처기술 단계에서는 자신의 분노 감정을 조절하는 방법을 익히고 자신의 잘못을 당당하게 수용하는 태도로 사과할 수 있는 마음을 갖도록 지도하는 것이 좋다. 자신이 화가 났을 때의 행동을 돌아보고 분노 감정을 조절할 수 있도록 하여 궁극적으로는 분노 문제에 적절히 대처할 수 있음을 인식시키도록 한다. 또한, 주장적 행동을 이해하고 자신의 행동으로 인해 상처받은 상대방에게 자신의 생각이나 마음을 효과적으로 전달할 수 있도록 하는 것도 도움이 될 수 있다. 분노조절 방법은 다음과 같다(박성희 외, 2010).

표 6-2 분노조절 방법

- **Self-time out(잠깐!)**
  폭력을 행사하기 전 마음속으로 '잠깐!'이라고 외치고 잠시 감정을 다스릴 시간을 갖도록 하는 방법이다.

- **자기독백**
  '나는 지금 무엇 때문에 화났다.', '나는 화가 난 것을 침착하게 말로 할 수 있다.'라고 마음속으로 먼저 생각하는 방법이다.

- **화나게 한 사람에게 화난 마음을 이야기하기**
  "네가 지나가다 나를 쳐서 난 지금 기분이 나빠"처럼 상대방이 나에게 한 행동과 그로 인해 생긴 내 감정을 이야기하는 것이다.

- **다른 사람에게 이야기하기**
  자신이 화가 난 이유, 화를 낼 때의 기분, 화가 난 후의 느낌 등을 자신이 편하게 이야기할 수 있는 사람에게 털어놓는 방법이다.

- **혼자 풀기 연습**
  화가 날 때 그것을 해소할 수 있는 나만의 방법을 찾아 실행하는 것으로 음악 듣기, 운동하기, 큰 소리로 노래 부르기, 베개 치기 등을 활용할 수 있다.

(3) 적용훈련

적용훈련 단계에서는 자신의 행동에 대한 처벌을 수용하고 다르게 행동하기 위해 노력하며 자신의 성장 가능성을 탐색할 수 있도록 도와주어야 한다. 이를 위해서는 여러 가지 덕목과 삶의 기술 중에서도 학생들이 평소에 타인을 배려하고 공감할 수 있는 기본적 품성 함양이 중요하다. 배려는 자신의 손해를 감수하면서 더 힘든 상대방에게 양보하고 위하는 행동이며, 공감은 상대방의 입장에서 상대방이 생각하고 느끼는 것과 동일하게 경험하는 것을 의미한다. 가해학생의 경우 가해행동의 이유가 단순한 장난이나 별다른 이유가 없는 경우가 많이 있기 때문에 타인에 대한 배려와 공감은 학교폭력의 예방뿐만 아니라 재발 방지를 위해서 학생들에게 가르쳐야 할 필요가 있다.

교사는 학생들에게 남을 배려하는 행동이 일시적으로는 지는 것 같으나 장기적으로는 이기는 행동일 뿐 아니라 바람직한 또래관계의 밑거름이 될 수 있음을 알려주고 학교나 가정에서 스스로 어떠한 배려를 할 수 있는지 생각해 보도록 격려한다. 또한 친구가 마음이 힘들거나 괴로워서 화가 났을 때 그 친구의 마음을 헤아리며 따뜻한 말 한 마디를 해 주었을 때, 또는 반대의 경우로 친구가 자신을 지지하며 공감해 주었을 때를 생각하며 공감의 의미를 되새겨 볼 수 있도록 도와준다. 이를 통해 가해학생은 남을 배려하고 공감하는 마음과 자세를 가지게 됨으로써 또래관계에서의 갈등 상황을 효과적으로 해결할 수 있고 나아가 긍정적으로 변화하는 자신에 대해 자긍심을 가질 수 있다.

3) 주변학생 및 방관학생 대상으로 한 전체 학급 사후지도 방안

피해학생과 방관학생들 간의 관계적인 측면과 학급의 분위기는 학교폭력에 많은 영향을 주게 된다. 주변학생 및 방관학생을 고려한 교사의 사후지도 방안은 다음과 같다.

(1) 자기인식

자기인식 단계에서는 학교폭력에 해당되는 구체적 행동들에 어떠한 것들이 있는지 알아봄으로써 학교폭력을 바르게 이해한다. 그리고 학교폭력으로 인해 피해학생이 느꼈을 감정과 생각을 자신의 입장에서 생각해 봄으로써 학교폭력 피해의 영향력을 인식할 수 있도록 지도하는 것이 좋다. 방관학생들의 경우 친구가 어려움에 처해 있거나 학교폭력 상황에 처해 있을 때 도와주고 싶은 마음이 들거나 적어도 안타까워하는 마음을 가진다. 그럼에도 불구하고 친구를 돕지 못하는 것은 '어떻게 도와야 할지' 모르거나 '괜히 나서는 게 아닐까?'라는 마음으로 인해 선뜻 행동으로 옮기지 못하는 경우가 많다. 따라서 교사는 학교폭력의 개념과 유형을 학생들에게 명확하게 교육하여 폭력에 대한 경각심을 일깨워 주고, 학생들로

하여금 자신이 학교폭력 피해자가 아니더라도 폭력 상황을 목격함으로 인해 겪을 수 있는 스트레스, 불안감 등과 같은 심리적 충격을 자신도 받을 수 있다는 사실을 강조하며 타인을 도울 수 있는 상황에서는 적극적으로 돕는 행동이 옳은 것임을 인식시켜 줄 필요가 있다.

(2) 대처기술

대처기술 단계에서는 피해학생을 다양한 방법으로 도와줌으로써 폭력상황으로부터 피해학생을 방어하는 역할의 중요성을 인식하도록 하는 것이 중요하다. 즉, 학교폭력 상황을 방관하지 않고 적극적으로 개입할 수 있도록 하여 괴롭힘이나 폭력을 감소시킬 수 있다. 오인수(2010)는 학교폭력을 목격한 학생에게 있어 상대방의 입장에서 생각하는 역지사지(易地思之)* 능력인 인지적 공감과 상대방이 느끼는 감정을 동일하게 정서적으로 느끼는 정의적 공감능력이 중요함을 강조하였다. 따라서 역할극을 통해 가해자·피해자·관찰자의 입장을 경험해 보도록 하여 학교폭력 상황에 대한 개입의 중요성을 인식시키는 지도가 도움이 될 수 있다.

역지사지란
처지를 바꾸어 다른 사람의 입장에서 생각해 보는 것을 말한다.

(3) 적용훈련

적용훈련 단계에서는 방관학생들 또한 언제든지 학교폭력의 피해자에 될 수 있고 학교폭력 사실을 목격하고도 무관심하거나 방관한다면 자신에게도 나쁜 결과가 돌아올 수 있다는 사실을 인식시키며 학교폭력 목격 상황에서 구체적인 개입방법을 찾아 익힐 수 있도록 지도하는 것이 좋다. 예를 들어, 집단별로 가상의 학교폭력 상황에서 자신들이 할 수 있는 일을 적고, 다른 집단의 동의 여부에 따라 적절한 행동으로 인정한 후에 가장 많이 인정받은 집단에게 포상을 한다. 그리고 학교폭력 상황에 대해 찾은 적절한 대표적 개입방법으로 역할극을 진행하는 것도 도움이 된다.

3. 학교 차원에서의 사후지도 방안

학교폭력은 사안의 처리도 중요하지만 사안 종료 후 학교폭력 관련 학생들 및 학부모의 정신적 회복과 학교생활의 적응을 돕기 위한 사후관리가 무엇보다 중요하다. 이를 위한 학교 차원의 위기극복을 위한 전략을 정서상태 평가, 상담서비스 지원, 교육적 지원 측면에서 살펴보면 다음과 같다(Heath & Sheen, 2005).

1) 정서 상태 평가

외상 후 스트레스장애란
사람이 충격적인 사건을 경험한 후 발생할 수 있는 정신, 신체적 증상들로 이루어진 증후군을 지칭함

급성 스트레스장애란
극심한 외상에 노출된 후 심각한 스트레스로 인해 사회생활에서 일정한 제약이 나타나는 증상으로 대부분 4주 이내 사라짐

학교폭력 사안이 종료되고 난 후에 학교는 관련학생들이 정상적인 학교생활을 할 수 있도록 지원해야 한다. 특히 학교폭력 사안과 관련된 학생과 교사, 학부모의 정서상태를 평가하고 그에 따라 상담서비스를 제공하는 것은 이후 회복과정에서 가장 필수적인 요소다. 이를 위해서 학교는 전담기구 소속 전문상담교사나 외부 전문가의 도움을 얻어 학교폭력 관련 당사자의 정서상태를 평가하여 별도의 상담이 필요한지 파악할 필요가 있다. 특히 학교폭력을 직접 경험한 피해학생과 그 학부모에게 수시로 연락하여 학생의 상태를 지속적으로 확인하고 필요한 경우 외부기관과 연계하여 추가적으로 심리상담 및 의료지원을 제공해야 한다. 학교폭력 피해학생의 경우는 외상으로 경험될 만큼 심한 감정적 스트레스를 경험했을 때 나타나는 외상 후 스트레스장애(PTSD)*나 급성 스트레스장애*를 겪을 수도 있기 때문에 각별한 주의와 관심이 필요하다. 가해학생의 경우도 폭력에 대한 죄책감이 없고 도덕적으로 둔감한 반사회적 성격 성향 등을 보이는 일차성 비행장애와 우울, 주의력결핍 과잉행동장애, 부모나 환경과의 갈등에 의한 반응으로 난폭한 행동을 보이는 이차성 비행장애 증상을 보일 수 있기 때문에(문용린 외, 2006), 전문상담교사를 중심으로 지역교육지원청의 Wee센터와 연계하여 심리검사를 통해 성격, 정서, 지능, 행동 등을 종합적으로 평가하고 결과에 따라 심리치료 및 약물치료 등을 제공하여야 한다. 김영길(2013)의 연구결과에 의하면 피해·가해학생뿐

만 아니라 학교폭력을 간접적으로 경험한 방관학생들의 경우에도 스트레스, 불안, 주의집중 곤란 등의 정신건강 수준이 피해학생 못지않게 심각한 위험에 처해 있는 것으로 밝혀졌다. 따라서 방관학생들에 대해서도 심리·정서적 안정을 위한 심리치료와 더불어 상담서비스를 제공할 필요가 있다. 학교는 이러한 학교폭력 후유증으로 인해 겪는 관련 당사자들의 심리·정서적 고통을 완화시키기 위해 학교 Wee클래스의 전문상담교사나 Wee센터와 외부 전문기관 전문가의 도움을 얻어 교사나 학생이 사건 발생 당시 느꼈던 스트레스, 불안, 우울, 좌절감, 무기력감 등을 치유할 수 있는 시간과 기회를 갖도록 하기 위해 정서상태에 대한 평가를 실시해야 한다.

2) 상담서비스 지원

학교폭력 사건을 경험한 학생들에게는 주변 사람들의 배려와 지지, 그리고 따뜻한 환경을 제공하는 것이 중요하다. 피해학생의 사후지도를 위해 심리상담 및 조언이 지속적으로 제공되어야 하고 가해학생의 사후지도를 위해서는 전문가에 의한 특별교육과 심리치료가 필요하다(박상미, 2007). 가해학생이나 피해학생이 심의위원회 심의 결과에 따른 조치를 이행하였다 하더라도 심리·정서적으로 온전하게 치유되고 회복이 이루어졌다고 판단하기에는 무리가 있다. 따라서 학교는 학생들에 대한 추수지도 차원에서 먼저 학교폭력 관련 학생들이 특정 시간에 편안하게 상담을 받을 수 있도록 해야 할 필요가 있다. 이를 통하여 학생들이 학교폭력을 경험하면서 느낀 미해결된 심리적 스트레스, 불안, 분노, 적대감 등의 감정이나 기억에 대하여 마음 놓고 이야기할 수 있도록 도와주어 조속히 학교에 적응할 수 있도록 지도하는 것이 좋다. 이 과정에서 전문상담교사나 학교상담업무 담당자는 학생의 상태를 주의 깊게 관찰하고 필요한 경우 Wee센터나 외부 전문기관에 도움을 요청하여 학생 추수지도에 필요한 자문을 구하고, 전문적인 지원이 필요한 부분에 대해서는 의뢰를 요청하여 도움을 받도록 한다.

또한 학생들은 연령 및 발달 수준에 따라 외상적인 사건이나 기억을 처리함에 있어 다양한 대처기술을 사용하는데, 나이가 어린 초등학생 같은 경우 자신의 감정을 언어적으로 표현하기보다는 그림 그리기, 색칠하기, 이야기 만들기 등과 같은 창의적인 활동으로 표현하도록 지도하는 것이 좋으며, 중·고등학생의 경우는 자신의 경험에 대해 글이나 토론 등을 통해 자신의 감정을 이야기하도록 하는 것이 효과적이기 때문에 학교에서는 전문상담교사 및 Wee센터의 협조를 통해 외부 전문가를 초빙하여 학생의 발달 수준이나 개인차를 고려한 지도가 이루어지도록 해야 한다.

한편 전문상담교사는 학교폭력 관련학생 및 학부모에 대해 사후지도 차원에서 담임교사와 협조하여 추수상담을 진행해야 한다. 즉, 상담을 통해 피해학생의 학교폭력으로 인한 상처를 치유하고 회복할 수 있도록 돕고 가해학생에게는 폭력의 비정당성을 인식시키고 자신의 행위에 대한 책임을 느낄 수 있도록 하여 재발을 방지할 수 있도록 해야 한다. 더불어 학부모들이 자녀들을 도울 수 있는 여러 가지 방안과 지침에 대해 협의하여 자녀의 현 상황을 보다 잘 극복할 수 있도록 돕고 학교 이외에서 필요한 여러 정보나 도움을 받을 수 있는 관련 기관을 소개하여 가정에서도 지속적인 사후관리가 이루어질 수 있도록 지원해야 한다.

3) 교육적 지원

학교폭력에 대한 사후지도는 학교폭력의 재발을 방지하는 데 궁극적인 목적이 있다고 할 수 있다. 따라서 학교는 전담기구를 중심으로 학교폭력 관련 학생들과 학부모들을 대상으로 학교폭력 재발방지를 위한 교육을 실시할 필요가 있다. 학교 내 전문상담교사 또는 외부 전문가를 초빙하여 학교폭력이 발생한 학급을 대상으로 재발방지교육을 실시하도록 하고, 그 외의 학급은 전담기구에서 학교의 상황을 고려하여 예방교육 계획을 수립하고 전문상담교사 및 외부 전문가의 자문을 통해 담임교사가 직접 교육을 실시할 수 있도록 한다.

학부모의 경우 자녀의 학교생활 적응문제로 걱정하고, 학교폭력 관련 학생의 학부모가 아니더라도 학교폭력 발생 사실로 인해 자신의 자녀가 또 다른 학교폭력 피해학생이나 가해학생이 되지는 않을까 하는 심리적 불안함을 느낄 수 있다. 따라서 학교에서는 학교폭력 관련 학생의 담임교사로 하여금 수업시간, 쉬는 시간 등 학교생활 전반에 걸쳐 학생에게 심리적·신체적 행동변화가 나타나지는 않는지 주의 깊게 관찰하게 하고, 학부모와 지속적으로 연락을 취할 수 있도록 조치해야 한다. 또한 전담기구에서는 가정에서 자녀교육에 도움이 될 수 있도록 자녀와의 접촉 유지 및 소통방법, 학교폭력을 경험하거나 목격했을 때의 대처방법 등에 관하여 학부모 교육을 실시하거나 가정통신문을 활용한 안내를 통해 학부모에 대한 교육적인 지원을 할 필요가 있다.

4. 교직수업 적용활동

1) 피해학생 사후지도 적용활동

활 동

1. 자기인식

다음의 상황을 보고 나-전달법을 활용해 철민이에게 표현해 보세요.

철수는 3일 후 중요한 시험을 봐야 합니다. 집에서 가장 공부가 잘 되서 자신의 책상 앞에 앉아 집중을 하려 하는데, 동생 철민이가 철수 침대에 누워 핸드폰으로 뮤직비디오를 크게 틀어 놓고 시청을 하고 있어 짜증이 나려 합니다.

1) 상대에게 관찰한 행동이나 상황을 그대로 서술한다.

2) 상대의 행동과 상황에 대해 자신이 느끼는 바를 말한다.

3) 이유를 설명하면서 결과를 말한다.

4) 자신이 상대에게 원하는 바를 구체적으로 말한다.

활 동

2. 대처기술

모둠을 구성하여 모둠별로 다음의 학교폭력 유형별 사례들 중 1개를 선택한 후, 사례에 대해 생각해 보고 대처방법을 토의하면서 여러 가지 해결책을 찾아보도록 해 봅시다.

1) (집단따돌림) 반 친구들이 나만 따돌리고 말도 걸지 않아, 밥도 혼자 먹고 혼자 이동수업시간에 이동해요. 어떻게 하면 좋아요?
   - 그럴 때 어떤 기분일까요? ------------------------------------
   - 어떻게 해결하면 좋을까요? ------------------------------------

2) (협박/ 갈취) 선배들이 돈을 빌려 달래서 빌려줬는데 돈을 갚지 않고 자꾸만 또 빌려달라고 해요. 지난번 빌려간 거 갚아달라고 말하니 선배한테 함부로 군다고 학교생활 힘들게 하고 싶냐고 해요. 어떻게 해야 할까요?
   - 그럴 때 어떤 기분일까요? ------------------------------------
   - 어떻게 해결하면 좋을까요? ------------------------------------

3) (사이버폭력) 카카오톡 단체 대화방에 초대되어 들어갔는데, 친구들이 저에게 단체로 욕설을 퍼부어요. 어떻게 해야 하나요?
   - 그럴 때 어떤 기분일까요? ------------------------------------
   - 어떻게 해결하면 좋을까요? ------------------------------------

4) (성희롱) 남자 선생님께서 저를 보더니 안경을 쓰고 벗는 모습이 섹시하다고 그러셨어요. 기분이 별로였는데, 저를 볼 때마다 자주 그런 말을 하시는데 기분이 좋지 않아요. 어떻게 해야 하나요?
   - 그럴 때 어떤 기분일까요? ------------------------------------
   - 어떻게 해결하면 좋을까요? ------------------------------------

5) (장애아동 관련) 제 친구들이 태어날 때부터 다리를 저는 제 모습을 보고 흉내를 내며 킥킥거려요. 어떻게 해야 하나요?
   - 그럴 때 어떤 기분일까요? ------------------------------------
   - 어떻게 해결하면 좋을까요? ------------------------------------

활 동

3. 적용훈련

민아와 수진이의 갈등상황에 TLC 기법을 적용하여 해결해 보도록 하세요.

민아와 수진이는 체육관에 체육을 하러 갔다. 체육시간이 끝난 뒤 민아는 뒷정리를 하다가 같은 반 친구인 경아에게 할 말이 생각나 경아를 부르며 체육관을 뛰어 나가는데, 수진이가 뒤에서 부르는 소리를 듣지 못했다. 민아는 수진이에게 다음 수업시간인 영어숙제가 무엇인지 물어 보는데 수진이는 들은 척도 안하고 뒷자리에 앉은 다른 친구와 이야기를 한다. 가장 친한 친구가 갑자기 왜 그러는지 이유를 몰라 "왜 그래? 화났어?" 라고 물어도 "아니 화 안났는데?" 하면서도 눈을 마주치지 않는다. 민아도 수진이의 그런 태도에 화가 났다.

1) T(Talking)

2) L(Listening)

3) C(Choice)

2) 가해학생 사후지도 적용활동

활 동

1. 자기인식

자신이 경험한 학교폭력의 상황(집단따돌림/폭행/금품갈취/놀림/성희롱 등)을 생각해 보면서 아래의 사항들을 기록해 보도록 하세요.

1) 내가 경험한 사건을 순서대로 기록해 본다.

- ▸ 언제
- ▸ 어디서
- ▸ 누구와
- ▸ 어떤 일로
- ▸ 어떤 결과가 발생했나

2) 나는 어떤 이유로 이렇게 행동했을까?

3) 내가 하지 말아야 했던 행동은? 그리고 그 결과는?

4) 내가 했어야 하는 행동은? 그리고 그 결과는?

5) 앞으로 이런 상황을 다시 경험한다면 나는?

출처: 한국교육개발원, 2008 참고

활 동

2. 대처기술(분노조절)

1) 언제 화가 나는지, 그리고 그때 자신에게 나타나는 심리적, 신체적 반응은 어떤지 말해 보도록 한다.

▸ 심리적 반응 ----------

▸ 신체적 반응 ----------

2) 자신이 화가 난 이유, 기분 등을 털어놓을 수 있는 친구나 지인의 이름을 적어 본다.

3) 화가 날 때 해소할 수 있는 나만의 방법을 생각해 적어 본다.

활 동

3. 적용훈련(공감적 경청)

공감적 경청은 이해를 하고 문제의 핵심에 도달하기 위해 듣는 것으로 대인관계의 핵심 요소이다. 공감적 경청 시 상대방의 의견을 판단이나 편견 없이 이해하려고 노력하는 것이 중요하다. 상대방의 시각으로 세상을 볼 수 있게 충분히 우리의 시각을 잠시 중지하는 것이다. 공감적 경청은 어떤 것에 동의하거나 반대하는 것, 문제를 해결하거나 고치는 것, 사람을 파악하는 것을 위한 것이 아니다. 순수하게 다른 사람의 시각이나 감정을 이해하는 것이다. 즉, 공감적 경청을 하는 방법은 상대방의 느끼는 감정과 말을 자신의 말로 바꿔 표현하는 것이다.

1) 상대방과 서로 역할을 나누어 다음의 대화를 진행해 보세요.

A(자녀, 고등학생) : 엄마 정말 학교 못 다니겠어요. 도대체 뭐 배우는 게 있어야 말이죠. 완전 시간낭비에요.

B(어머니) : 학교가 시간을 너무 많이 잡아먹고 쓸데없는 것 같아 속상하구나.

A : 맞아요. 왜 학교를 다녀야 하는지 모르겠어요. 제 친구는 학교를 그만두고 좋은 일자리를 구했어요.

B : 그 친구가 잘 선택했다고 생각하는구나.

A : 맞아요. 벌써 차도 사고, 돈도 벌고 배우는 것도 많고요. 얼마나 좋을까요?

B : 너도 학교를 그만두고 싶니?

A : 안되나요? 걔가 배우는 걸 보세요. 전 배우는 게 없다구요. 엄마, 아빠만 허락해 주면 저도 제 친구처럼 될 수 있을 거예요.

B : 그게 해결책이라고 믿는구나.

A : 뭔가 하면서 배우고 돈도 벌 수 있겠죠. 차도사고 쓸데없는 숙제도 안 해도 되구요. 그런데 문제는 그 친구가 너무 자랑을 하는 거예요. 그게 진짜 좀 이상하고 궁금해요.

B : 친구가 학교를 그만둔 걸 잘 선택했다고 생각되는지 아니면 후회하는지 궁금하구나.

A : 잘 모르겠어요. 그 녀석이 왜 그렇게 말이 많은지 만날 때마다 떠들어요 '날 봐, 너도 그래야 돼'라고 하는데 그게 진심인지 모르겠어요.

B : 네가 바라는 게 그건지 확신이 없구나. 한편으론 그러고 싶고, 또 한편으로는 잘 모르겠고.

A : 그래요 모르겠어요. 창피하지만 수업 몇 과목을 못 따라가고 있어요.

B : 그것 때문에 걱정이 많구나.

A : 네. 아빠한테 혼날 거예요 얘기 안하실 거죠?
B : 아빠가 몰랐으면 하는구나?
A : 아빠가 얼마나 교육에 열성이신데 이걸 아시면... 저번 시험에서 반도 못 맞았어요. 힘든 수업들은 읽기가 많은 과목이란 걸 알게 됐어요.
B : 그래서 충격을 받았구나.
A : 엄청나게요. 아직도 당황스러워요 벌써 일주일이나 됐는데 엄마한테 이야기하는 것도 많은 용기가 필요했어요.
B : 속이 많이 상했겠구나.
A : 얼마나 속상한지 모르겠어요. 아빠한테 어떻게 말씀드려야 할지 모르겠어요. 왜냐하면 학교를 그만두고 싶지 않거든요.
B : 학교도 안 그만두고 싶고, 아빠도 실망 안 시켜 드리고 싶고.
A : 네 맞아요. 좋은 생각 없으세요?
B : 우리 같이 생각해 보자.

2) 공감적 경청을 위한 시간이 얼마나 든다고 생각하나요?

3) 엄마는 아들에게 공감하기 위해 어떠한 태도를 보이고 있었나요?

3) 주변학생 및 방관학생 대상의 전체 학급 사후지도 적용활동

활 동

1. 자기인식과 대처기술

<상황 1>

- 가해자 · 피해자 · 관찰자 역할 정하기
  (모든 역할자는 자리를 뜨거나 상대에 대한 신체적 접촉을 할 수 없음)
- 가해자 : 피해자에게 '최근 자신에게 일어난 일 중 하나'를 공격적인 말투로 말하기
  (예시 : 친구가 빌려간 돈을 갚지 않는다, 지각해서 선생님께 꾸중을 들었다, 친구와 말다툼을 하고 서로 말을 하지 않고 지낸다, 옆 반 친구가 자신을 모른 체한다 등)
- 피해자 : 아무런 대꾸 없이 듣기
- 관찰자 : 가해자-피해자의 대화에 관심 보이지 않기
- 역할 바꿔 반복하기

<상황 2>

- 가해자 · 피해자 · 관찰자 역할 정하기
  (모든 역할자는 자리를 뜨거나 상대에 대한 신체적 접촉을 할 수 없음)
- 가해자 : 피해자에게 '최근 자신에게 일어난 일 중 하나'를 공격적인 말투로 말하기
  (예시 : 친구가 빌려간 돈을 갚지 않는다, 지각해서 선생님께 꾸중을 들었다, 친구와 말다툼을 하고 서로 말을 하지 않고 지낸다, 옆 반 친구가 자신을 모른 체한다 등)
- 피해자 : 아무런 대꾸 없이 듣기
- 관찰자 : 가해자-피해자의 대화에 끼어들어 피해자를 옹호하고 가해자에게 반박하기
- 역할 바꿔 반복하기

<상황 3>

- 가해자 · 피해자 · 관찰자 역할 정하기
  (모든 역할자는 자리를 뜨거나 상대에 대한 신체적 접촉을 할 수 없음)
- 가해자 피해자에게 '최근 자신에게 일어난 일 중 하나'를 공격적인 말투로 말하기
  (예시 : 친구가 빌려간 돈을 갚지 않는다, 지각해서 선생님께 꾸중을 들었다, 친구와 말다툼을 하고 서로 말을 하지 않고 지낸다, 옆 반 친구가 자신을 모른 체한다 등)
- 피해자 : 관찰자의 개입이 시작되면 관찰자와 함께 가해자의 말에 반박하기
- 관찰자 : 가해자-피해자의 대화에 끼어들어 피해자를 옹호하고 가해자에게 반박하기
- 역할 바꿔 반복하기

출처: 김혜원(2013)

1) 피해자, 방관자 역할을 했을 때의 기분을 각각 표현해 본다면?
2) 그때 내가 하지 말았어야 하는 행동은?
3) 그때 내가 했어야 하는 행동은?
4) 그렇다면 앞으로 이런 상황을 다시 경험하게 된다면 나는 어떻게 해야 할까?

활 동

2. 적용훈련

다음의 각 상황에서 자신들이 할 수 있는 개입방법을 적어보고, 그러한 개입이 예상되는 결과의 긍정적인 측면과 부정적인 측면을 생각해 보도록 합니다. 그후 발표를 통해 개입이 적절한지 다른 집단의 동의 여부를 확인하고, 가장 많은 인정을 받은 개입방법 하나를 선택하여 역할극을 해 보도록 합니다.

〈상황 1〉
여러분은 반 친구들끼리 하는 카카오톡 그룹채팅에서 '가함이' 일행이 '날씬이'를 향해 '다시 한 번 공격', '마포걸래', '맞아야 정신차릴 X' 등과 같은 모욕적 글을 올린 것을 보게 된다.

〈상황 2〉
쉬는 시간이다. '가함이'는 '당함이'에게 스마트폰을 2년만 빌려달라고 했고, 이를 '당함이'가 싫다고 하자 '가함이' 일행은 '당함이'를 교실 뒤로 데려가 무릎을 꿇어 앉히면서 얼굴과 머리 위에 물을 뿌리고 이 장면을 동영상 촬영 하면서 깔깔거리고 있다.

〈상황 3〉
'가함이' 일행과 '순함이'는 밥도 같이 먹고, 이동수업도 같이 다니는 친구들이다. 그런데 여러분은 종종 '가함이' 일행이 '순함이'가 말을 하려고 하면 대화의 주제를 다른 것으로 바꾸며 자신들끼리 대화를 계속 이어가는 모습을 옆에서 보게 된다. 또 최근에 하굣길에 '가함이'가 '순함이'에게 친구 사이에 우정 선물로 스마트폰을 사달라고 하며, 우정 선물을 주지 않으면 다음주부터 절교할 것이며 다른 애들한테도 '순함이'랑 놀지 말라고 말한다고 하는 걸 듣게 된다.

<table>
<tr><th colspan="6"><개입 방법> 상황별로 작성, 발표</th></tr>
<tr><th colspan="2" rowspan="2">방법</th><th rowspan="2">구체적 개입 내용</th><th colspan="2">예상되는 결과 / 효과</th><th rowspan="2">인정 여부</th></tr>
<tr><th>긍정적 측면</th><th>부정적 측면</th></tr>
<tr><td rowspan="6">나</td><td rowspan="3">언어</td><td></td><td></td><td></td><td></td></tr>
<tr><td></td><td></td><td></td><td></td></tr>
<tr><td></td><td></td><td></td><td></td></tr>
<tr><td rowspan="3">행동</td><td></td><td></td><td></td><td></td></tr>
<tr><td></td><td></td><td></td><td></td></tr>
<tr><td></td><td></td><td></td><td></td></tr>
<tr><td colspan="2" rowspan="3">주변
도움 요청</td><td></td><td></td><td></td><td></td></tr>
<tr><td></td><td></td><td></td><td></td></tr>
<tr><td></td><td></td><td></td><td></td></tr>
</table>

표 출처: 김혜원(2013)

chapter 07

청소년기 발달

학습목표

1. 청소년기의 발달적 특징을 이해한다.
2. 청소년기의 대인관계 특성 및 발달과정을 이해한다.
3. 청소년기 우울증 및 공격성의 특징을 이해한다.

소년기는 '성숙한 사람으로 성장해 간다'의 뜻을 담고 있는 라틴어 'adolescere'에서 유래한 것으로 생물학적으로 신체 변화가 일어나는 동시에 심리적인 측면에서의 인지·정서·행동에서의 변화가 다양하게 일어나는 시기이다. 특히, 질풍노도의 시기로써 심리적 측면에서는 정체성을 찾기 위해 혼란이 지속되며, 부모-자녀 관계에서도 심리적·경제적으로 독립하려고 노력하는 반면에 또래관계에 집중하는 시기이다. 교사는 청소년 학생을 지도할 때, 이들의 발달적 특징을 잘 이해하는 것이 중요하며, 학교폭력 상황에서도 청소년의 정서 및 행동발달 측면을 이해하여 문제를 개입하는 것이 효과적일 수 있다.

이 장에서는 발달이론을 토대로 하여 청소년의 정서·행동발달을 포함한 발달심리학적 측면에서의 청소년기의 특징을 이해하고, 이 시기의 대인관계에서 중요한 역할을 하는 또래 및 부모관계의 주요 특징을 살펴보고자 한다. 이와 함께 학교폭력의 원인으로 작용할 수 있는 청소년기 공격성 및 우울증에 대한 특징을 이해하고, 이러한 증상이 학교폭력 행동과 어떠한 관련성이 있는지 알아보고자 한다.

1. 청소년기의 발달적 특징

1) 청소년기 신체 및 성적 발달

청소년기는 성장급등을 겪는 시기로 키와 몸무게가 급격하게 변화되고, 2차 성징이 일어나는 시기이다. 일반적으로 남자는 14세, 여자는 12세에 급격하게 성장의 변화를 경험한다(Santrock, 2010). 성적 성숙에서의 2차 성징은 사춘기가 시작되면서 성 호르몬 분비에 의한 신체상의 성적 특징을 의미하는데, 남녀의 생식 능력에 직접적으로 영향을 주는 기관이 성숙되는 1차 성징과는 달리 2차 성징은 호르몬의 변화로 나타나는 변화이다. 특히, 2차 성징의 대표적인 특징은 남자는 턱수염이 자라고, 여자는 가슴이 커지는 등의 변화가 일어나며, 이는 1차 성징에 비해 가시적으로 확인이 가능하다. 2차 성징은 개인의 발달 속도의 차이는 있지만 변화 순서는 동일하게 나타난다. 청소년기로 접어들면, 남성의 경우 테스토스테론(testosterone), 여성은 에스트로겐(estrogen)의 호르몬 분비가 활발해진다. 테스토스테론의 호르몬 분비로 인해 변성과 체모, 변성 등이 나타나게 되며, 정자의 생산이 가능하도록 신체적 변화가 일어난다. 반면, 에스트로겐의 분비는 여성의 신체에서 유방과 자궁, 질의 발달에 영향을 미치고 곡선이 많은 신체모양으로 변화시킨다.

청소년기의 신체 변화는 개인마다 그 속도가 다를 수 있는데, 신체 변화 속도는 청소년의 정서·행동에 큰 영향을 미칠 수 있다. 이와 관련해서는 조숙(early-maturing)과 만숙(late-maturing)이라는 개념으로 설명할 수 있다. 구체적으로 조숙한 남자 청소년의 경우, 사춘기 동안에는 만숙한 또래 남성에 비해 자신의 용모에 더 만족하는 경향이 있으며, 또래 여성과 신체의 변화 속도가 비슷하므로 쉽게 친해질 수 있다. 또한, 또래관계에서 인기가 많고, 앞에 나서서 적극적으로 활동하며 자신감이나 자존감이 높은 편이다. 반면, 만숙한 남학생은 조숙한 또래 남학생과 비교했을 때, 신체적인 변화가 느려 불안해하고 집단 속에서 존재감을 찾으려고 하지만 인기가 없는 경우가 많다. 하지만 이러한 특징이 사춘기가 지난 다음에는 바뀔 수 있는데, 조숙한 남학생의 경우, 정신적으로 성숙할 수 있는 시간이 만숙한 또래에 비해 짧기 때문에 자신에 대한 정체감 및 자기탐색의 시간이 부족하여 심리적으로 불안정한 경우도 있다.

청소년기의 신체변화 특징

- 조숙(early-maturing)
- 만숙(late-maturing)

여자 청소년의 경우, 조숙한 여학생은 사춘기 동안에는 친구와 잘 어울리지 못하고, 불안 및 우울한 감정을 가지는 경향이 있다. 반면, 만숙한 여학생은 활발하고, 자기 주장이 강하며 또래 집단에서 인기가 있는 편이다. 하지만 사춘기가 끝난 후부터는 각각 긍정적·부정적 성격을 형성하게 되는데, 긍정적인 변화는 만숙한 여학생에 비해 조숙한 여학생은 자발적이고, 침착하며 심리적으로 안정감을 가지고 있지만 부정적 성격을 형성하게 되면 성적 경험이나 이성관계를 맺는 시기가 빠를 수 있으며, 음주나 흡연에 빨리 노출될 수 있다. 사춘기 동안과 사춘기가 끝난 후의 조숙과 만숙에 따른 남자, 여자 청소년의 심리·사회적 특성을 이해하는 것은 매우 중요하며, 이에 대한 구체적인 내용은 〈표 7-1〉과 같다(Snowman, McCown, & Biehler, 2011).

표 7-1 조숙과 만숙에 따른 남녀 청소년의 심리·사회적 특성

성별	성장 속도	사춘기 동안	사춘기 이후	
남	조숙	• 자신의 용모를 만족스러워함 • 또래 여행생과 쉽게 친해짐 • 적극적, 긍정적, 독립적인 성향을 가짐 • 자신감, 자기신뢰, 자아존중감이 높음 • 집단에서 인기가 많고, 리더 역할을 함	긍정	• 책임감이 강하고 협동적임 • 사회성이 좋고, 또래집단에서 리더 역할을 하는 경우가 많음
			부정	• 유머가 없고, 완고함 • 음주, 흡연 등에서 자기통제력이 약함
	만숙	• 심리적으로 안정감이 없고 불안해함 • 학습에 대한 열의가 부족함 • 주변의 관심을 끌려고 노력하지만 집단 내에서 인기가 낮음 • 부정적인 자기개념, 지배당하는 느낌을 자주 경험함 • 신체적 발달이 늦어 어린아이 취급을 받기 때문에 아이 같은 행동을 보이기도 함	긍정	• 창의력, 통찰력, 지각능력이 우수함 • 명랑하고 유머 있음 • 새로운 환경에 적응이 빠름
			부정	• 공격적, 충동적이며 자기주장이 강함
여	조숙	• 정서적으로 우울, 불안하며 낮은 자아존중감을 가짐 • 부모의 간섭으로 인한 부모-자녀관계에 문제가 많음 • 또래집단에서 인기가 낮고 잘 어울리지 못함 • 심리적으로 안정감 결여	긍정	• 침착하고 자제력이 강하며 자발적임 • 만숙아에 비해 심리적으로 건강함
			부정	• 이성관계 및 성경험이 빠름 • 음주, 흡연에 빨리 노출됨 • 교육적·직업적 성취가 낮음
	만숙	• 활발하고 자신감이 있으며 자기주장이 강함 • 집단 내 인기가 많음 • 또래집단에서 리더 역할을 함	긍정	• 유머가 있고 명랑함
			부정	• 스트레스 대처에 대한 적응이 낮고, 조숙아에 비해 심리적으로 불안정함

더 나아가 청소년기는 급격하게 변한 자신의 신체와 용모에 대해 관심을 가지게 되는데, 구체적으로 자신이 느끼는 신체에 대한 만족의 정도뿐만 아니라 타인의 피드백에도 민감하게 반응한다. 신체상은 자기 자신의 신체에 대한 이미지를 의미하며, 대체적으로 자신의 신체상에 대한 만족도가 높은 청소년은 그렇지 않은 청소년에 비해 학업성취가 높고 심리적 행복감을 더 느끼게 된다.

2) 청소년기의 인지발달

청소년기의 인지적 발달은 Piaget의 인지발달 단계에서 형식적 조작기(formal operational period)에 해당하는 시기이며(Piaget, 1952), 이 시기에 나타나는 가장 중요한 변화는 전두엽 발달로 인한 추상적 논리·사고능력이 발달하면서 추상적 개념을 체계적으로 사고할 수 있다는 것이다. 또한 청소년기에는 뇌의 신경세포 수가 증가하고 세포 간의 연결이 복잡해지기 때문에 사고의 수준이 높아지고 언어가 발달하게 된다. 특히, 전전두엽 피질의 성장으로 인해 정보처리 기능이 변화되는데, 작업기억과 학습에서의 기억에 대한 선택을 하는 정보처리기능이 발달하게 된다. 또한 전전두엽은 감각과 감정을 조절하는 역할도 맡게 되는데, 성인에 비해 청소년의 전전두엽 발달은 더디기 때문에 더 충동적이거나 이성적 판단을 하기가 어려울 수 있다.

청소년기에 관찰되는 또 한 가지의 인지적 특징은 '자기중심성'* 으로, 이는 상상적 청중(imaginary audience)과 개인적 우화(personal fable)로 설명할 수 있는데, 타인이 자신을 어떻게 보는지에 대한 과도한 지각으로 자신에 대한 왜곡된 신념을 포함한다(Elkind, 1967, 1978). 구체적으로 상상적 청중은 마치 자신이 무대 위의 배우라고 생각하고 타인들은 자신을 바라보는 청중이라고 느끼는 현상으로, 이는 타인에게 내가 어떻게 비춰지는지에 과도한 관심을 가지게 하며, 모든 사람이 자신을 관찰한다고 지각하여 자신의 외모나 행동에 매우 신경 쓰는 모습을 보이게 된다(Elkind, 1978). 예를 들면, 청소년들은 유행하는 옷을 다 같이 입는 경향이 있는데,

자기중심성
- 상상적 청중
- 개인적 우화

자신이 유행하는 옷을 입지 않으면 뒤처진다고 생각하거나, 작은 실수에도 쑥스러워하거나 민망해하는 등의 반응을 보인다. 한편, 개인적 우화는 자신이 남들과는 다른 비상한 능력과 독특한 경험이 있다고 믿는 것으로 이러한 왜곡된 지각은 무모하고 무책임한 행동을 하거나 학교 및 사회적 규칙을 어기는 행동을 보일 수도 있다(Elkind, 1967). 예를 들어, 무모하게 오토바이를 타도 자신만은 괜찮을 것이라고 생각한다거나 음주나 흡연을 할 때에도 다른 사람은 몰라도 자신만은 건강할 것이라는 착각을 하는 경우를 들 수 있다. 이렇듯 청소년기의 자기중심성은 아동이나 성인에 비해 위험행동을 할 확률이 높고, 자신에 대한 왜곡된 지각은 자기를 이해하거나 또래관계를 맺을 때에도 큰 영향을 미칠 수 있다.

3) 청소년기의 사회 및 정서 · 행동발달

(1) 자아정체감의 발달

청소년은 질풍노도의 시기를 겪으며 급속한 신체 변화와 인지적 발달을 맞이하게 된다. 동시에 또래관계, 부모-자녀 관계에서의 사회성과 정서가 발달하는 과정을 경험하면서 다양한 스트레스를 직면하게 되고, 이로 인한 혼란스러운 감정 및 행동반응을 보이게 된다. Erikson(1950)은 개인은 사회에 적응하는 과정에서 심리적으로 성숙할 수 있다고 보았으며, 이를 토대로 하여 심리사회적 발달이론을 개발하였다. 심리사회발달 단계 중, 청소년기는 '정체감 대 역할 혼미(identity vs role confusion)'의 발달단계를 밟게 되는데, 청소년은 이 시기에 자신이 누구인지, 자신의 역할은 무엇인지에 대해 끊임없이 생각하고, 이에 대해 혼란스러운 감정을 느낄 수 있다. 특히, Erikson은 자신의 정체감을 형성하고 수용하는 과정은 매우 힘들고, 불안한 감정을 느끼는 과업이라고 보았으며, 자신의 정체감이나 역할을 형성하기 위해서는 다양한 역할을 경험하고 느낄 수 있는 충분한 시간이 필요하다고 보았다. 이 시기에 자신의 정체감을 제대로 확립하지 못할 경우에는 대인관계에서 친밀감을 형성하기가 어렵고, 사회에서는 일탈행동을 보일 수 있기 때문에 이 시기의 정체감 형성은 매우 중요한 과업이라고 할 수 있다.

표 7-2 Erikson의 심리사회적 발달 단계

단계	연령대	발달과업 성공	발달과업 위기
1. 신뢰 대 불신	신생아기 ~1.5세	환경(부모)의 지지로부터의 신뢰감 형성	타인에 대한 두려움 및 걱정
2. 자율성 대 수치 및 의심	1.5~3세	주변 환경 탐색을 통한 자기 충족감	독립심 결여, 자신에 대한 의혹
3. 주도성 대 죄책감	유아기	자신의 활동을 주도함	죄책감과 부족감 경험
4. 근면성 대 열등감	아동기	자기효능감 및 유능감의 발달	실패 시 열등감 경험
5. 정체성 대 역할 혼미	청소년기	자기정체성 확립	자신의 역할에 대한 혼돈
6. 친밀감 대 고립감	성인 초기	친구관계 및 애정관계 발달	대인관계에 대한 두려움
7. 생산성 대 침체	성인 중기	자녀양육 및 사회봉사를 통한 자기성장	자신에게만 몰입하거나 생산성을 발휘하지 못함
8. 자아통합 대 절망	성인 후기	자신을 수용하고 생에 대한 의미부여	생에 대한 무가치감 부여 및 낙담

청소년기의 심리사회 발달단계
- 정체감 대 역할 혼미

청소년기 자아정체감의 중요성에 대한 연구는 Erikson에 이어 Marcia(1980)의 '정체성 지위(status of identity)'에 관한 연구로 확대되었다. 정체성 지위는 정체감 형성과정과 함께 정체성 형성 수준에서의 개인차를 다룬다는 점에서 Erikson의 심리사회적 발달단계와는 차이가 있다. 정체성 지위는 '정체성 위기 경험 여부(정체감을 형성하기 위한 노력)'와 '과업에 대한 전념(무엇인가에 전념하는 정도)'의 두 가지 축에 의해 '정체감 혼미', '정체감 상실', '정체감 유예', '정체감 성취'의 4가지 범주로 구분된다.

정체감 혼미(identity diffusion) 상태는 자신의 정체성에 대한 방향성이 결여되어 있고, 내가 이 역할을 왜 하는지와 타인이 어떤 일을 하는지에 대해 관심이 없는 상태라고 볼 수 있다. 즉, 청소년은 정체성 위기를 경험하지 않았으며, 이 문제에 대한 관심도 없다고 볼 수 있다. 정체감 혼미 상태의 청소년은 대부분 부모-자녀 관계에서의 애착경험이 없거나 자아존중감이 낮으며, 정서적으로는 공허감과 혼란스러움을 겪게 된다. 이 단계를 잘 극복하지 못하면 자신의 정체감을 부정적으로 형성할 위험이 있기 때문에 부모나 학교에서는 청소년 초기에 다양한 역할을 경험하고 이해할 수 있는 기회를 제공할 필요가 있다.

정체감 상실(identity foreclosure) 상태는 자신의 생각이나 관점보다는 타인의 가치를 그대로 받아들이는 상태를 말한다. 정체감 상실을 경험하는 학생들 중에 자신의 적성과 가치관보다는 부모님이 정해준 진로를 따라가는 모습을 종종 볼 수 있다. 이렇듯 정체감 상실 상태의 청소년들은 주로 부모의 영향을 받아 자신의 가치관을 형성하는 경우가 많다. 즉, 정체감을 형성하기 위한 노력을 하지 않고, 타인에 의해 쉽게 의사결정을 하는 행동반응을 나타내며, 이러한 양상은 정체감 혼미와 마찬가지로 청소년의 정체감 발달에 부정적인 영향을 미치게 된다.

정체감 유예(identity moratorium)는 정체감 확립을 위해 노력하는 상태로 현재 정체감 위기나 변화를 경험하고 있음을 의미한다. 이 단계에 속하는 청소년은 가장 적극적으로 자신의 정체성을 확립하기 위해 자신의 삶의 방향성이나 가치관에 대해 고민하고 여러 방면으로 탐색을 하지만 여전히 불안하고 구체적인 자신의 과업이나 역할에 집중하지 못하는 경험을 하게 된다. 하지만 청소년은 자신의 정체감 형성을 위하여 과도기적 단계로써 유예 상태를 경험하게 되며, 이 시기를 잘 극복하면 정체감을 확립하는 경우가 많다.

정체감 성취(identity achievement)는 자아정체감을 확립한 상태로써 삶의 가치나 목표, 직업, 대인관계 등에서 위기를 경험하고 자신만의 대안을 탐색하는 과정 이후에 형성된다. 청소년의 경우, 정체감을 성취하게 되면 또래관계 및 대인관계에서 안정감을 느끼며, 스트레스 대처능력 및 자아존중감이 높다. 청소년기에 정체감을 성취하기 위해서는 무엇보다 효능감을 느끼는 경험을 많이 하는 것이 중요할 수 있다. 따라서 교사나 부모는 청소년의 발달 수준에 맞는 역할을 성취하는 경험을 많이 제공할 필요가 있고, 역할 모델이 되어 올바른 정체감을 확립할 수 있도록 조력할 필요가 있다. 또한, 청소년기의 바람직한 정체성 지위 상태는 '정체감 유예'와 '정체감 성취'로 볼 수 있다.

표 7-3 Marcia의 정체성 지위

정체성 지위	위기(crisis)	전념(commitment)
정체감 혼미	X	X
정체감 상실	X	O
정체감 유예	O	X
정체감 성취	O	O

(2) 도덕성의 발달

① Kohlberg의 도덕성 발달단계

Kohlberg(1976)는 Piaget의 도덕발달이론을 확대하여 도덕성 발달단계를 개발하였고, 청소년들이 도덕적 갈등 상황에서 어떻게 도덕 판단을 결정하는지 알아보려고 하였다. '하인츠와 약사'의 이야기는 개인이 도덕적 갈등상황에서 어떤 판단을 하는지를 알아보기 위해 Kohlberg가 개발한 이야기이며, 그 내용은 다음과 같다(Kohlberg, 1979).

> 한 부인이 암으로 죽어가고 있었고, 남편은 그 사실을 알고 부인을 구하려고 애쓰고 있었다. 그러던 중, 한 의사가 부인을 살릴 수 있는 약이 있는데, 같은 마을에 사는 약사가 개발한 약이라고 하였다. 그 약은 재료비도 비쌌지만 약사가 원가의 10배나 비싸게 약을 팔았는데, 그 가격이 무려 2,000달러였다. 남편인 하인츠는 그 약을 사려고 주변 사람들에게 돈을 빌렸지만 약값의 절반인 1,000달러밖에 구하지 못했다. 그래서 하인츠는 약사에게 아내가 죽어가고 있으니 그 약을 싸게 팔든지 아니면 일단 1,000달러를 내고 나중에 나머지 금액을 지불하겠다고 부탁하였다. 하지만 약사는 그 약으로 돈을 벌 생각이기 때문에 2,000달러를 받아야 한다고 하였다. 절망한 하인츠는 죽어가는 아내를 살리기 위해 약을 훔치기로 한다.

위의 이야기를 통해 "하인츠는 약을 훔쳐야만 했는가?", "약을 훔치는 행동은 옳은 일인가, 나쁜 일인가?", "좋은 남편이라면 이 경우에 약을 훔쳐야 하는가?", "약사는 가격 상한선이 없다고 해서 약값을 그렇게 많이 받을 권리가 있는 것인가?, 있다면 왜 그런가?" 등의 질문을 하게 되며, 이러한 질문들을 통해 개인의 도덕성 판단 수준을 나누게 된다.

표 7-4 Kohlberg의 도덕성 발달 단계

도덕적 발달단계			도덕적 판단		도덕적 행동에 대한 인지적 수준
			남편 행동이 옳다	남편 행동이 그르다	
전 인습적 수준	1단계	벌, 복종의 도덕적 판단	아내를 죽지 않게 하게 위해서는 약을 훔쳐야 한다.	약을 훔치다 발각되면 감옥에 갈 수 있으므로 훔치지 말아야 한다.	벌과 고통을 피하기 위한 단계
	2단계	목적과 상호 교환 지향의 도덕적 판단	아내의 생명을 구하기 위한 것이라면 약을 훔쳐도 괜찮다.	연구자는 돈을 벌기 위해 약을 만들었기 때문에 약을 훔쳐서는 안 된다.	욕구충족을 위해 도덕성을 발달시키는 단계
인습적 수준	3단계	착한 아이로서의 도덕적 판단	아내를 사랑하므로 약을 훔쳐야 한다.	절도는 자신이나 가족에게 불명예스러운 일이므로 훔치지 말아야 한다.	대인관계, 안정적인 상호관계를 중점으로 도덕성을 발달시키는 단계
	4단계	법과 질서 중심의 도덕적 판단	나중에 연구자에게 차액을 지불한다면 약을 훔쳐도 괜찮다.	아내의 목숨을 구하려는 건 당연하지만, 그럼에도 불구하고 훔치는 것은 나쁜 행동이다.	법과 질서를 절대 의무로 받아들여 도덕성을 발달시키는 단계
후 인습적 수준	5단계	사회계약으로써의 도덕적 판단	법률에 따라 이 사건을 해결할 수 없다. 약을 훔친 경위에 대해 들어보아야 한다.	아내가 아무리 아프다고 해도 약을 훔치는 행위를 정당화 할 수는 없다.	사회적 유용성을 초점으로 도덕성을 발달시키는 단계
	6단계	보편적 정의, 원리 지향의 도덕적 판단	생명은 고귀하고 존중받아야 하므로 약을 훔쳐야 한다.	절도행위는 비난을 받을 수 있지만 약을 훔치지 않았다면 아내를 살리지 못해 자책하게 될 것이다.	법과 질서뿐만 아니라 자신의 양심의 결정에 따라 도덕성을 발달시키는 단계

구체적으로 도덕성 발달단계를 살펴보면 1단계, 2단계는 전인습수준단계로써 아동기의 인지발달 측면에서 '약을 훔치는 것은 나쁘며, 벌을 받을 것이다'의 수준에서 도덕적 판단을 하게 된다. 즉, 처벌은 피하고 외부의 규칙을 따름으로써 보상을 받으려고 한다. 반면 3, 4단계에 해당하는 인습적 수준 단계에서는 전 인습수준에서의 이분법적 사고가 아닌 자신이 사회구성원으로서 사회적 규범을 지키려고 노력하는 시민정신의 관점에서 도덕성을 판단하게 되며, 청소년기가 이 단계에 속한다. 마지막으로 5, 6단계에 해당하는 후인습적 수준에서는 보편적인 원리나 정의에 의해 자신의 도덕성을 판단하게 되는데, 인간의 존엄성을 위협하는 법은 부당하다고 생각하는 등의 사회적 계약으로써 법을 인식하게 된다(Kohlberg, 1976). 한편, Kohlberg는 개인의 도덕발달 수준은 '전인습-인습-후인습'의 순서에 따라 발달된다고 하였고, 모든 사람이 마지막 단계인 후인습 수준에 도달하는 것은 아니라고 보았다.

② Gilligan의 소녀와 여성의 도덕성 발달이론

Gilligan(1982)은 Kohlberg의 도덕성 발달단계 이론이 지나치게 남성의 측면에서 도덕성의 단계를 설계했다고 보았으며, 도덕성의 발달과정을 파악하기 위해서는 남녀의 차이를 반영할 필요가 있다고 강조하였다. 특히, 남녀의 사회화 과정에서 '도덕적 행동'에 대한 판단과정에는 발달수준의 차이가 있는데, 예를 들면, 성장과정에서 남성들은 정의나 공정성과 관련된 도덕성이 발달될 수 있는 반면에 여성의 경우는 대인관계나 타인과의 대화에서 도덕성을 판단하는 기준이 마련될 수 있다는 것이다. 결과적으로 도덕성 발달단계로 보았을 때, 남성이 여성에 비해 더 높은 단계의 도덕성을 발달시킨 것으로 비춰질 수 있다는 점이다. 하지만 여성들이 중요시 여기는 대화나 대인관계 안에서의 도덕성 발달 또한 중요한 것이며, 남성과 다른 측면에서의 기준이 있다는 것이다. 이를 통해 남녀의 차이를 기준으로 도덕성의 발달을 이해하는 것이 필요하고, 더 나아가 남자 청소년과 여자 청소년의 도덕적 가치에서 중요하게 생각하는 기준이 다를 수 있으며, 딜레마나 갈등과정에서 문제를 해결하는 데 사용하는 판단기준이 다를 수 있다는 점을 이해할 필요가 있다.

2. 청소년기의 대인관계

1) 대인관계 욕구의 발달

개인은 일생동안 타인과의 관계에서 친밀감을 형성하며, 관계에 대한 욕구를 가지게 된다. 특히, 청소년기는 또래에 대한 친밀감의 욕구가 가장 강하게 드러나는 시기로써, 청소년기에 접어들면서 가정이나 가족관계에서 발달시킨 사회화는 점점 또래관계로 이동하게 된다. 즉, 청소년기의 대인관계 양상은 가족에서 또래로 관계의 전환을 통해 자신을 이해하는 프레임으로 변화하게 된다. Sulivan(1953)은 개인의 대인관계 욕구 단계를 개발하였는데, 인간은 연령에 맞는 대인관계 욕구 발달단계가 있다고 보았으며, 각 단계를 통해 대인관계를 발달시킬 수 있다고 보았다. 구체적인 단계별 내용을 살펴보면 다음과 같다.

- 1단계(유아기) : 주 양육자와의 접촉을 통해 사랑받고자 하는 욕구가 가장 크며, 부모를 통해 심리적 안정감을 느꼈을 때 욕구가 충족된다.
- 2단계(아동기) : 언어를 습득하는 단계로써 보호자를 포함한 성인들이 자신의 놀이에 참여해 주기를 원한다. 또한, 어른들로부터 인정받는 행위를 주로 하면서 관계 욕구를 채워 나간다.
- 3단계(소년·소녀기) : 이 시기에는 많은 친구를 필요로 하며, 다양한 인간관계 속에서 경쟁심과 협동심을 배우게 된다.
- 4단계(전청소년기) : 이 시기에는 소년·소녀기의 친구관계 패턴과는 달리 '단짝' 친구를 필요로 하게 되며, 단짝 친구를 통해 더 깊은 관계를 맺게 된다.

- 5단계(청소년 초기) : 생리적 변화와 함께 성적 접촉의 욕구가 생기면서 이성친구와의 관계 욕구가 커지게 된다. 하지만 학생이라는 현실적인 제약으로 인해 성적 욕구를 느끼는 동시에 의식적으로 억압하려는 욕구가 함께 있기 때문에 심리적 갈등과 혼란스러움을 겪게 된다.
- 6단계(청소년 후기) : 안정된 사회적 관계를 형성하려는 욕구가 높아지고, 인지적 발달이 완성되어 감에 따라 관심의 분야가 정치, 사회, 문화 분야로 확장된다.

표 7-5 연령별 대인관계 욕구 발달단계

단계	연령	대인관계 욕구
유아기	0~2세, 3세	양육자로부터의 접촉 및 사랑받고 싶은 욕구
아동기	~6세, 7세	놀이에 어른이 참여해 주기를 원함
소년·소녀기	~8세, 10세	또래 친구를 얻고자 하는 욕구 형성
전청소년기	~12세, 14세	동성 단짝 친구를 통해 친밀감을 형성하려는 욕구
청소년 초기	~17세, 18세	성적 접촉 욕구 발달, 이성친구와의 친밀감 욕구 형성
청소년 후기	~성인기	안정적인 사회적 관계를 형성하려는 욕구

특히, 청소년기의 대인관계 양상을 보면, 청소년기 초반에는 동성 친구와의 관계에 초점을 두는 반면, 청소년기 후반에는 이성 친구에게 관심을 가지게 된다 (Grotevant & Cooper, 1986).

2) 사회성의 발달

Rice(1998)는 연령별 사회성 발달단계를 통해 아동기에서 청소년기를 거치는 과정에서 사회성(sociality)이 발달한다고 보았으며, 이를 크게 3단계로 구분하였다. 즉, 사회적 관심은 인생 초기에는 자신에게만 집중되는데 이는 점점 타인으로 확대되면서 동성의 타인으로부터 이성의 타인으로까지 이동하게 된다. 구체적으로 1단계에서는 자기교제(autosociality)를 통해 아동들은 즐거움과 만족을 자신에게서 찾는다. 2단계에서는 동성교제(homosociality)를 통해 동성의 친구들과의 우정을 경험하면서 즐거움을 느끼며 자신의 정체감을 형성하는 바탕을 마련하게 된다. 3단계는 이성교제(heterosociality)를 통해 동성과 이성 모두에게 관심을 가지며 친밀관계를 형성하게 된다. 이와 관련하여 각 단계별 주요내용을 정리하면 〈표 7-6〉과 같다.

표 7-6 연령별 사회성 발달단계

단계	연령	발달적 특징
1단계	영아기	자신에게 주된 관심이 있다.
	2~7세	동성, 이성의 여부와 관계없이 친구들을 사귀기 시작한다.
2단계	8~12세	동성 친구들과 놀이를 즐기며, 만족감을 느낀다.
	13~14세	소년, 소녀가 각각 상대에게 관심을 가지게 된다.
3단계	15~16세	소년, 소녀 중의 일부분은 이성관계를 맺게 된다.
	17~18세	대부분의 청소년들이 이성관계 경험을 하게 된다.

3) 우정관계의 발달

Selman(1981)은 아동기와 청소년기의 성장단계에서 또래와의 우정이 어떻게 발달하는지에 대해 제시하였다. 특히, 청소년기의 우정은 외적인 기준이나 주관적 판단에 따르기보다는 내면적인 특성과 상호작용에 의한 판단을 통해 안정적이고 지속적인 우정관계를 형성한다고 보았다. 구체적인 연령별 우정 발달단계의 내용은 〈표 7-7〉과 같다.

표 7-7 연령별 우정 발달단계

단계	연령	우정의 특징
1단계	6세 이하	• 자아중심적이며 타인의 조망을 이해하지 못한다. • 신체적 요인을 바탕으로 우정을 형성한다.
2단계	7~9세	• 서로에 대한 평가를 바탕으로 우정을 형성한다. • 타인의 감정을 이해하며, 이를 바탕으로 우정을 형성한다.
3단계	9~12세	• 신뢰성의 개념이 형성된다. • 상호 평가를 통해 서로의 행동을 이해하고, 친구는 도와주어야 하는 사람으로 생각한다.
4단계	11세, 12세 이상	• 우정관계를 3자적 조망으로 관찰 할 수 있다. • 신뢰감을 바탕으로 안정적이고 지속적인 우정을 형성한다.

한편, 우정의 발달에 있어 소년과 소녀는 다소 차이를 보이는데, 소년들에 비해 소녀들은 더 일찍 또래와의 친밀감을 나타내는 경향이 있으며, 이는 친구와 함께 같은 활동을 하고 서로가 자신의 생각들을 공유함으로써 또래관계를 더 발전시켜 나가게 된다(Grunebaum & Solomon, 1980). 청소년기의 경우, 초기에는 동성관계에 관심을 갖게 되고, 후기에는 이성관계에 관심을 갖게 되지만 이 부분에서도 여성과 남성에는 차이가 있다. 구체적으로 여성은 자신의 감정을 친구에게 이야기하고 공감 받음으로써 친밀감을 형성하게 되고, 이러한 신뢰 및 친밀감을 중심으로 우정을 형성하게 된다(Bukowski & Kramer, 1986). 한편, 남자 청소년은 운동 등의 신체활동을 함께 하면서 친밀감을 형성하며, 여자 청소년에 비해 감정을 서로 나누면서 친밀감을 형성하는 경험은 덜한 편이다(Camerena, Sarigiani, & Petersen, 1990). 즉, 여자 청소년과는 달리 이 시기의 남자 청소년의 우정은 함께 할 수 있는 활동을 자주 할 수 있는지 여부가 주요 변수로 작용한다고 볼 수 있다.

3. 청소년기의 또래관계 및 부모-자녀 관계

1) 청소년기 또래관계의 특징

(1) 또래 동조성의 발달

청소년기는 또래관계가 가까워지면서 또래에 대한 동조성도 발달하게 된다. 동조성(conformity)은 개인이 집단 내부의 압력에 일치하려는 경향을 의미하며, 이와 관련된 동조행동은 청소년기에 가장 많이 나타난다(정옥분, 2005). 구체적으로 동조성이 높은 청소년은 집단의 내부 압력을 자신과 일치시키고, 집단과 자신의 관계에서 집단의 인정을 얻으려고 행동하게 된다.

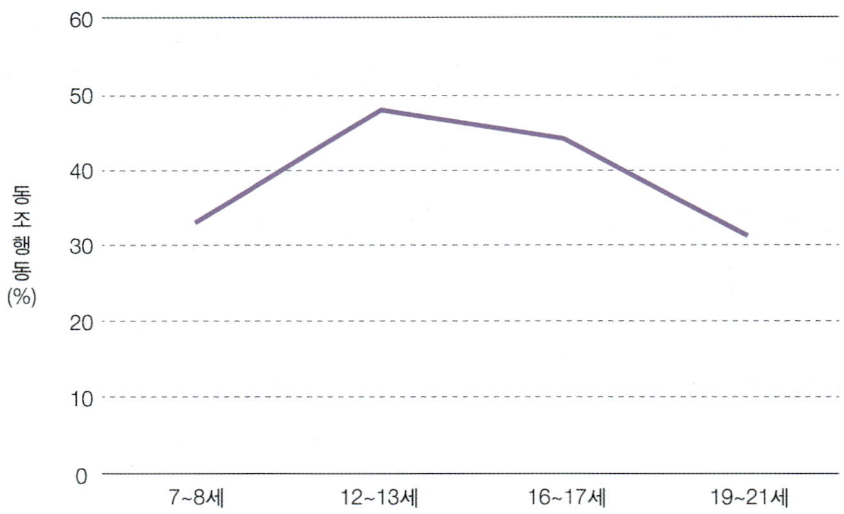

그림 7-1 연령에 따른 동조행동의 변화

출처 : 정옥분(2005)

(2) 또래집단에서의 호감

청소년기 또래관계에서 친구에 대한 호감은 중요한 요소로 작용될 수 있는데,

또래에게 호감을 갖는 요인들을 정리하면 다음과 같다.

첫째, 신체적 외모나 체격 등의 개인적 특성에 따라 호감이 생길 수 있다. 하지만 신체적 매력에 대한 개인적 취향은 다를 수 있으며, 처음에는 신체적 매력에 호감을 가질 수 있지만 시간이 지나면서 능력이나 성격 등과 같은 특성에 호감이 형성될 수 있다(Aronson, Willerman, & Floyd, 1966).

둘째, 비슷한 속성을 가진 사람들이 친구가 되는 유사성의 조건이다. 유사성은 자신이 가진 가치관이나 태도를 친구도 함께 가지고 있다고 생각할 때, 자신의 생각을 더 많이 공감 받고 수용 받음으로써 보상을 받는 기능을 할 수 있다. 즉, 친구들과 함께 비슷한 생각과 행동을 함으로써 서로 강화되며 모델이 될 수 있는데, 이런 과정을 통해 사회화를 발달시킬 수 있다.

셋째, 근접성의 원리로, 가까이 있는 친구들끼리 더 친해지는 경우다. 근접성이 호감을 높이는 이유는 친구가 가까이 있고, 자주 만남으로써 자신의 행동도 수용받고, 친구의 행동도 예측할 수 있기 때문이다(윤가현 외, 2005). 하지만 첫 만남에서 부정적인 느낌을 받게 되면 근접성이 있다 하더라도 호감이 발생하지 않을 수도 있다.

넷째, 상호성의 개념으로 친구들끼리 서로 도와주거나 서로의 행동을 이해해 줄 때 호감을 느끼게 되며, 이러한 상호성의 조건은 또래관계 형성에 중요한 역할을 할 수 있다.

이를 바탕으로 볼 때, 청소년기 또래관계에서 호감을 주는 청소년은 그렇지 못한 청소년에 비해 집단에서 인기를 얻을 가능성이 높다. 또래에게 호감을 받고 인기 있는 청소년과 또래에게 인기가 없고 배척당하는 청소년의 특징을 정리하면 〈표 7-8〉과 같다(장희숙, 2006).

특히, 학교폭력은 자신에 대한 낮은 평가와 관련성이 높은데, 청소년기에 또래관계에서 자기표현이나 자기주장을 잘 못하거나, 공감능력이 부족할 때 상대적으로 자신에 대해 낮게 지각하게 된다. 이러한 부정적인 자기평가는 결국 또래관계에서 학교폭력의 피해학생이 되거나 가해학생이 되는 데 중요한 요소로 작용할 수 있다(이경아, 2008). 즉, 청소년기에는 자신에 대한 자기개념이 긍정적으로 형성될 수 있도록 하는 것이 중요하며, 이를 유지하기 위한 환경이 조성될 필요가 있다.

표 7-8 인기 있는 청소년과 인기 없는 청소년의 특징

구분	특징
인기 있는 청소년	• 자신을 긍정적으로 지각하고 있다. • 사교적이며 활동적이다. • 친구를 수용하고 보호하는 모습을 가지고 있다. • 평균 이상의 지능을 가지며 학업수행이 뛰어나다. • 친절하며 유머감각을 지니고 있다. • 착하고 정직하며 도덕성이 강하다. • 의사소통기술이 뛰어나다.
인기 없는 청소년	• 위축되며 자기중심적인 모습을 가지고 있다. • 정서적으로 불안하고, 우울하며, 겁이 많고, 내성적이다. • 충동적이며 적대적이고 공격적인 방식으로 행동한다. • 또래관계나 사회적 상황에 대한 민감성이 낮다. • 낮은 지능을 가지고 있다. • 학습장애, 비만, 특이한 외모, 특별한 이름을 지니고 있거나 장애아들의 경우가 많다.

(3) 또래관계의 영향

청소년기에 중요한 발달과업 중 하나는 또래관계에서의 친밀감 형성이며, 친밀감 형성이 제대로 이루어지지 않을 때에는 고립감과 좌절감 등의 부정적 정서 및 심리적 스트레스가 클 수 있다. 이렇듯, 청소년기의 또래관계는 자기성장 및 사회성을 발달시키는 데 중요한 역할을 하게 되는데, 그만큼 청소년의 발달에 긍정적 또는 부정적 영향을 미치게 된다. 구체적으로 청소년기 또래관계의 긍정적 기능을 정리하면 다음과 같다(김현정 외, 2004).

- 동료의식: 함께 시간을 보내고 활동을 함으로써 동료를 형성하게 한다.
- 물리적 지원: 또래관계는 시간, 자원, 도움을 서로 주고받는 관계이다.
- 자극: 친구에게 흥미 있는 정보 및 즐거움을 제공한다.

- 자아지지 : 또래관계는 서로 지지와 격려, 피드백을 제공함으로써 스스로 가치 있는 사람이라고 느낄 수 있도록 돕는다.
- 사회적 비교 : 자신이 어떤 위치에 있는지에 대해 친구들과 서로 비교하여 파악한다.
- 친밀감과 애정 : 또래관계는 자신을 친구에게 노출하고 친구와 가깝고, 신뢰할 수 있는 관계를 형성하도록 한다.

앞서 살펴본 바와 같이, 또래관계에서의 긍정적 기능을 유지하는 것은 청소년의 발달에서 무엇보다 중요하다. 하지만 학교 현장에서 또래관계의 부정적 영향으로 인해 힘들어하는 학생들도 많이 발견할 수 있다. 특히, 학교폭력 장면에서 피해학생들은 또래집단에 소속되지 못하고 따돌림이나 폭력을 당하게 되는데, 이로 인해 부정적 정서 및 대인관계에서의 박탈감을 경험하여 사회성을 발달시키는데 어려움을 겪게 된다. 또한, 또래관계는 피해학생뿐만 아니라 가해학생의 행동에도 부정적인 영향을 미칠 수 있는데, 이는 집단 내 동조압력으로 인해 가해학생은 친구 따라 문제행동이나 공격적 행동에 개입될 가능성을 높이기 때문이다. 예를 들면, 또래친구를 따라 흡연 및 음주를 하는 학생들을 흔히 볼 수 있는데, 이렇듯 청소년의 비행문제에 비행친구와의 친밀도 및 접촉이 큰 영향을 미칠 수 있다(이수연, 김문섭, 2005; 이익섭, 김근식, 1998). 이러한 점을 미루어 볼 때, 학교폭력 현장에서 가해학생의 가해행동 또한 또래관계의 영향이 클 수 있음을 예상할 수 있다. 구체적으로 가해학생은 자신이 원해서 피해학생을 따돌리고 괴롭히는 경우보다 심리적으로 또래들에게 수용되고 싶은 욕구로 인해 친구의 행동을 따라하면서 가해행동을 하는 경우가 많다(김혜원, 이해경, 2000).

2) 청소년의 부모-자녀 관계

청소년 시기의 청소년들은 또래관계에 관심을 가지는 반면, 부모와는 심리적

거리두기를 시도하는데, 이러한 과정에서 부모와의 갈등을 겪게 되고, 이로 인한 스트레스를 경험하게 된다. 일반적으로 청소년기의 부모와의 갈등은 사춘기가 시작되면서 증가하게 되고, 이후, 청소년 후기에는 갈등이 감소하는 것으로 나타났다(Allison, 2000). 또한 부모-자녀 관계에서 의사소통의 질은 청소년 자녀의 정서적·심리적 성장에 중요한 영향을 미칠 수 있는데, 이는 학교폭력과도 밀접한 관련이 있다. 구체적으로, 가해학생의 경우, 부모와의 관계가 적대적이며(박영신, 김의철, 2001), 그들의 공격성은 부모의 거부적이고 방임적인 양육태도와 관련이 높다(서울특별시 자녀안심운동 서울협의회, 2000). 이러한 양육환경은 자녀들로 하여금 초자아 형성을 어렵게 하여 양심이나 죄책감을 잘 형성하지 못하게 하며, 이로 인해 학교규칙이나 사회규범을 지키는 데 어려움을 겪게 한다. 즉, 부모-자녀 관계에서 의사소통이 부족하거나 역기능적인 의사소통은 자녀의 인성과 정서적 성장에 걸림돌이 될 수 있으며, 사회화 발달에도 어려움을 겪게 하여 자녀의 대인관계 및 사회집단에 부적응하게 만드는 원인이 될 수도 있다.

반면에 부모와의 긍정적인 의사소통은 분노조절 능력을 향상시키는 역할을 하여 청소년 자녀의 학교폭력 가해행동을 간접적으로 억제시킬 수 있으며(김명자, 2002), 민주적인 가족분위기일수록 자녀들의 언어폭력, 신체폭력 등의 가해행동을 덜 하게 된다(김재영, 2005). 이러한 결과를 통해 자녀와 부모의 원활한 의사소통은 부모의 입장에서는 자녀의 요구나 상태를 정확히 이해할 수 있으며, 자녀는 자신의 상태를 솔직하게 표현함으로써 자기이해를 잘 할 수 있게 되고, 더 나아가 자아성장을 도모할 수 있게 되므로 부모와 자녀 모두가 성장할 수 있다. 앞서 살펴본 연구결과들을 종합해 볼 때, 부모와 청소년기 자녀들이 스스로의 문제나 갈등에 대해 대화할 수 있는 시간을 자주 가지고, 서로의 이야기를 경청하고 공감해 준다면 부모-자녀 간의 긍정적인 의사소통은 증가되며, 관계 또한 향상될 수 있을 것이다. 구체적으로 학교폭력 가해 및 피해행동에 영향을 미치는 부모-자녀 관계의 발달과정을 정리하면 다음과 같다(Macklem, 2003).

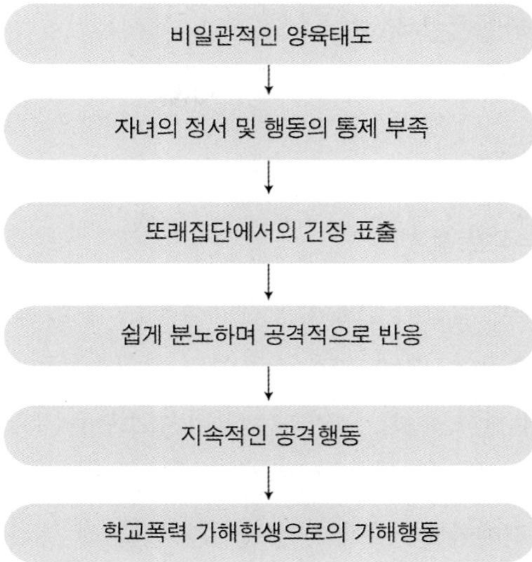

그림 7-2 부모-자녀 관계 측면에서의 학교폭력 가해행동의 진행과정

출처 : Macklem(2003)

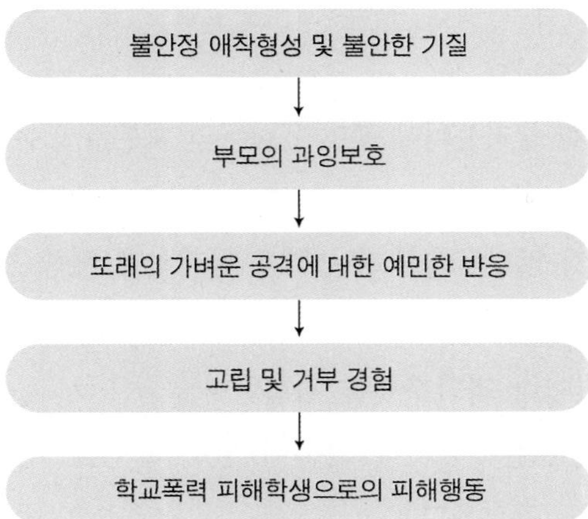

그림 7-3 부모-자녀 관계 측면에서의 학교폭력 피해행동의 진행과정

출처: Macklem(2003)

4. 청소년기의 우울증과 공격성

1) 청소년기 우울증

(1) 청소년기 우울증의 특징

청소년기의 우울감은 발달과정에서의 자아정체감 형성 및 심리적 스트레스로 인해 흔히 경험하는 증상이지만 다양한 요소들이 복합적으로 상호작용하기 때문에 주의 깊게 살펴보아야 한다. 특히, 성인과는 달리 청소년들은 우울증상과 함께 문제 행동을 함께 보이기 때문에 가정 및 학교 차원에서는 증상을 조기에 발견하여 문제를 예방하는 데 노력해야 할 것이다. 정신질환 진단 및 통계편람(DSM-5: Diagnostic and Statistical Manual of Mental Disorders)에 따르면 우울장애는 공허감, 슬픔 등의 기분과 함께 나타나는 신체적·인지적 증상으로 개인의 일상생활에서의 기능을 현저하게 저하시키는 상태를 의미한다. 주요 우울장애의 핵심 증상은 다음과 같다.

- 하루의 대부분, 거의 매일 지속되는 우울한 기분이 주관적 보고나 객관적 관찰을 통해 나타난다.
- 일상 활동에 대한 즐거움이나 흥미가 하루의 대부분 또는 거의 매일 뚜렷하게 저하되어 있다.
- 체중조절을 하지 않았음에도 불구하고 현저하게 체중 감소 및 식욕 감소가 나타나거나 체중 증가 및 식욕 증가가 나타난다.
- 거의 매일 불면이나 과다수면을 경험한다.
- 거의 매일 안절부절못하거나 기운이 없는 느낌을 주관적으로 경험하며, 타인에 의해서도 관찰된다.
- 거의 매일 피로감을 느끼고 활력이 없다.
- 거의 매일 무가치감이나 과도하면서 부적절한 죄책감을 느낀다.
- 거의 매일 우유부단함과 집중력의 감소를 경험하고, 타인에 의해서도 관찰된다.

• 반복적으로 자살사고, 자살기도 및 구체적인 자살계획을 세우거나 죽음에 대한 반복적인 생각을 한다.

이와 같이, 일반적으로 우울상태에 빠지게 되면 부정적이고 비관적인 사고 및 정서를 경험하게 되며, 이로 인해 고립감, 죄책감, 절망감과 같은 감정을 지속적으로 느끼게 되어 학업이나 일상생활에 어려움을 겪게 된다. 우울장애의 유병률을 살펴보면 12세 미만의 아동은 2% 이하로 매우 낮지만, 청소년기부터는 급격하게 증가하며(Lewinsohn et al., 1993), 남자보다 여자가 2배 정도 높은 유병률을 가지는 것으로 나타났다. 또한, 평생 유병률의 경우, 청소년 중 20%가 우울장애를 경험하였는데, 각각 여자 청소년은 27%, 남자 청소년은 13%의 유병률을 보였다.

청소년의 우울증
• 가면성 우울증 (masked depression)

청소년의 우울증의 특징은 성인과는 달리 우울한 감정을 회피하기 위해 끊임없이 행동을 하고 더 활발하게 활동한다는 것이다. 청소년기에 증가된 에너지를 통해 끊임없이 움직이지만 쉽게 지루함을 느끼기도 하는데, 이러한 반응은 조용히 자신을 성찰하거나 자기이해를 하는 데 어려움을 겪게 한다. 특히, 가면성 우울증*(masked depression)은 청소년기에 겪을 수 있는 우울증상으로 성인에 비해 짜증이 심하고, 희망이 없다는 생각('될 대로 되라.')을 주로 하는 특징이 있다. 즉, 우울한 감정을 감추어 충동적이고 파괴적인 행동으로 자신의 감정을 표출하는데, 이는 결석, 가출, 흡연, 음주 등과 같은 비행행동으로 나타나기도 하며, 불면증, 식욕 저하, 두통, 과다수면 등의 신체적 증상을 보이기도 한다(강경미, 신경희, 1996).

이렇듯, 청소년기의 우울증은 가장 빈도가 높은 장애 중 하나인데, 청소년기에 우울장애가 급증한다는 결과는 그만큼 청소년기에 자신과 타인관계에서 심리적 스트레스를 많이 겪을 수 있음을 유추해 볼 수 있다. 따라서 가정이나 학교 차원에서는 청소년의 우울증을 유심히 관찰하고, 조기에 발견하여 개입하는 과정이 중요할 수 있는데, 구체적으로 청소년기 우울증을 유발하는 원인을 살펴보면 다음과 같다.

첫째, 성격특성과 관련된 심리적 원인으로써 성향이 내향적이며, 걱정이 많은 성격이거나 스트레스 대처에 취약한 성격 또는 상대방의 부탁을 잘 거절하지 못하는 성격 등을 들 수 있다. 이러한 성격은 스트레스 대처에 취약할 수 있기 때문에 일반 학생들에 비해 우울증을 경험할 가능성이 높다(김영호, 2003).

둘째, 또래관계 요인으로써 청소년기의 학교생활과 친구관계에서 인정을 받지 못하고, 고립되거나 거부될 때 학교생활 부적응을 겪게 되고, 그로 인해 상실감과 우울감을 느끼게 된다(Robins & Block, 2001). 특히, 한국 학교의 경우, 학업경쟁률이 심하고, 그로 인한 학생들 간의 스트레스가 높은 수준인데, 이러한 학교환경은 청소년의 우울증을 유발시킬 수 있는 중요한 요인이 될 수도 있다.

셋째, 가정적 요인으로써 가족 간의 갈등과 대화 부족, 부모-자녀관계에서의 불안정한 애착 등이 우울증을 유발하며, 이러한 경험들에 의한 부정적 감정을 제대로 표현하지 못하고 자신에게 내면화시킴으로써 우울증을 겪게 된다(김재엽, 정윤경, 2007).

(2) 학교폭력과 청소년 우울증

학교폭력과 우울증을 관련지어 살펴보면, 학교폭력 피해학생은 일반학생들에 비해 우울 정서를 많이 느낀다. 즉, 또래관계에서 부정적 경험이 많고, 또래의 지지를 받지 못할 때 피해학생의 우울수준은 높게 나타나는데, 많은 연구결과에서도 학교폭력 피해학생들은 가해학생이나 주변학생들보다 우울수준이 높게 나타났으며, 우울증상에 영향을 미치는 주요 변수는 피해경험인 것으로 밝혀졌다(김준범, 최서연, 2020; 김혜원, 2011; 이한주, 2017). 또한, 학교폭력의 유형에 따라 우울관련 감정이 다르게 나타나는데, 또래관계에서 소외나 무시를 당하는 관계적 폭력을 경험할 때 우울을 느끼는 정도가 가장 높으며, 이러한 결과는 직접적인 폭력보다 간접적이며 관계적인 폭력을 경험할 때 외로움 및 우울의 정서를 더 많이 느낄 수 있음을 알 수 있다(최미경, 2006; Wal, Wit, & Hirasing, 2003).

한편, 학교폭력 피해로 인한 우울감은 자살사고로까지 이어질 수 있다. 즉, 학교폭력 피해경험은 자살사고를 예측하는 변수로 작용하는데, 학교폭력 피해 정도가 클수록 자살사고를 많이 하는 것으로 드러났다(이정숙, 권영란, 김수진, 2007). 학교폭력 피해

한편, 학교폭력 피해로 인한 우울감은 자살사고로까지 이어질 수 있다. 즉, 학교폭력 피해경험은 자살사고를 예측하는 변수로 작용하는데, 학교폭력 피해 정도가 클수록 자살사고를 많이 하는 것으로 드러났다(이정숙, 권영란, 김수진, 2007). 학교폭력 피해학생은 우울감뿐만 아니라 자신을 스스로 평가하는 자아존중감 또한 낮게 형성하게 되는데, 이는 또래관계 속에서 자신을 유능하지 않다고 지각하며, 스스로를 비난하고 무가치하다고 믿기 때문에 학교생활 적응에 악영향을 미칠 수 있다(Macklem, 2003). 결과적으로 피해학생은 학교폭력 피해경험으로 인해 학교생활 적응에도 어려움을 겪게 되는데, 학교폭력 피해경험은 학업성취도 및 학업만족도를 낮게 하며, 또래관계에서도 친구와의 관계를 잘 맺지 못하게 하여 청소년의 사회성 발달에 부정적인 영향을 미친다(송혜리, 2010).

앞서 살펴본 바와 같이, 학교폭력 피해학생은 학교폭력 경험으로 인해 우울감 및 불안과 같은 부정적 정서를 느끼게 되고, 또래관계에서 고립감을 겪으면서 학업성취 저하 및 학교생활에 부적응하는 경우가 많다. 따라서 교사나 부모는 학교폭력으로 인한 피해학생의 우울증이 더 심각해지지 않도록 사전예방에 힘써야 하며, 피해학생의 심리적 상태를 세심하게 관찰해야 할 것이다.

2) 청소년기 공격성

(1) 청소년기 공격성의 특징 : 품행장애

공격성이 높은 청소년은 자신의 정서와 행동을 스스로 통제하지 못하고, 학교규칙 및 사회적 규범을 어기거나 타인의 권리를 침해하는 행동을 자주 보인다. 공격성이 주로 발현되어 나타나는 장애들을 DSM-5에서는 '파괴적, 충동통제 및 품행장애'로 구분하였고, 하위장애로 적대적 반항장애, 간헐적 폭발성 장애, 품행장애,

방화증, 도벽증, 반사회성 성격장애가 포함된다. 이 중에서 청소년기의 공격성과 밀접한 관련이 있는 품행장애에 대해서 살펴보겠다. 품행장애(Conduct Disorder)*는 아동·청소년기에 흔히 관찰되는 장애로 폭력, 거짓말, 도둑질, 가출 등과 같은 폭력적이고 무책임한 행동을 통해 지속적으로 타인을 괴롭히고, 사회적 규범을 어기는 행동을 포함하며, 그 결과 학습적·사회적 또는 직업적인 영역에서 심각한 부적응을 초래한다(APA, 2000). 청소년의 비행행동이 품행장애에 해당되며, 구체적으로 품행장애는 '사람과 동물에 대한 공격, 재산파괴, 사기나 절도, 중대한 규칙 위반'의 4가지 범주로 나뉜다. 품행장애는 아래 〈표 7-9〉의 15개 기준 중 3개 이상이 지난 12개월 동안 나타나며, 그중 1개 이상은 지난 6개월 이내에 나타날 경우에 품행장애로 진단받게 된다.

청소년기 공격성
- 품행장애 (conduct disorder)

표 7-9 품행장애의 진단기준

영역	특징
사람과 동물에 대한 공격	• 타인을 자주 못살게 굴거나, 협박하거나 겁을 준다. • 자주 싸움을 건다. • 타인에게 심한 신체손상을 줄 수 있는 무기를 사용한다. • 타인에게 신체적으로 잔인하게 대한다. • 동물을 잔인하게 대한다. • 피해자가 보는 앞에서 도둑질을 한다(예, 지갑 날치기, 강도, 노상강탈). • 타인에게 강제로 성행위를 하게 한다.
재산 파괴	• 심각한 파괴를 일으킬 목적으로 고의로 불을 지른다. • 타인의 재산을 고의로 파괴한다(방화에 의한 것은 제외).
사기 또는 절도	• 타인의 집, 건물 또는 자동차를 부수고 침입한다. • 물품이나 호의를 갖거나 의무를 피하려고 자주 거짓말을 한다. • 피해자와 마주치지 않고 물건을 훔친다(예, 문서 위조, 파괴하지 않고 물건을 사는 척하고 훔치기).
중대한 규칙 위반	• 부모의 반대에도 불구하고 자주 외박을 한다(13세 이전부터 시작됨). • 부모나 대리부모와 집에서 같이 지내면서 최소한 두 번 이상의 가출 및 외박을 하거나 한 번 가출했으나 장기간 귀가하지 않는다. • 무단결석을 자주 한다(13세 이전부터 시작됨).

청소년기에 나타나는 품행장애의 가장 큰 원인은 가정환경과 부모양육태도를 들 수 있는데, 부모의 불화, 아동학대, 가정폭력, 부모의 알코올 사용 장애와 같은 가정환경은 청소년기 품행장애와 관련성이 높으며, 부모의 방임적인 태도 및 폭력적인 양육태도 또한 품행장애를 발생시키는 요인이 될 수 있다. 이러한 가정환경은 자녀들로 하여금 충동적이고 공격적인 성향을 형성시킬 수 있으며, 양심이나 윤리의식의 발달을 방해하여 또래관계에서 타인을 공감하는 데 어려움을 겪게 할 수 있다. 따라서 교사나 부모는 공격성이 높은 청소년들에게 비난이나 처벌을 가하기보다는 문제나 갈등에 대해 자신의 분노를 적절하게 표현하고, 효과적으로 자신의 욕구를 충족시킬 수 있는 방법을 알려줄 필요가 있다. 이를 통해, 좌절에 대한 인내력을 키우며, 자신에 대한 긍정적인 자아개념을 형성하도록 조력해야 할 것이다.

(2) 학교폭력과 공격성

학교폭력 가해학생은 일반학생에 비해 공격적 행동을 더 많이 하게 되는데, 이는 또래친구들의 감정을 무시하고, 폭력을 이용해 피해학생을 지배하려는 욕구를 가지기 때문이다(박지도 외, 2001). 특히, 가해학생들은 학교폭력 상황에서 피해학생에 대한 공감능력이 결여되어 있는데, 이러한 결과를 통해 가해학생의 공격성과 폭력행동은 타인의 감정에 대한 낮은 이해 및 공감수준과 관련이 있다고 예상할 수 있다(Olweus, 2005).

학교폭력 가해학생의 가해행동을 살펴보면, 분노와 공격성의 심리적 특성이 가장 많이 관찰되는데(청예단, 1996), 공격성은 자신이 타인에게 힘이나 영향력을 보이고, 스스로에게도 자기과시적인 욕구를 충족시키는 기능을 하기 때문이다. 이러한 기능은 타인을 공격함으로써 자신의 약점을 감추고 보완하게 함으로써 자신을 방어하는 역할을 하게 된다. Olweus(1993)는 학교폭력 가해학생의 공격적 행동은 가정 내에서 발달된다고 보았으며, 아래와 같이 주요 요인을 제시하였다.

- 기질적으로 공격적이다.

- 어렸을 때 부모로부터 부정적인 정서표현을 자주 경험한다.

- 자녀가 부모의 의지를 따르지 않거나 규칙을 어길 때, 부모가 때리거나 고함을 지르는 등의 공격적 방식으로 자녀를 대한다.

- 자녀가 타인이나 부모에게 공격성을 보일 때, 부모가 적절히 개입하지 않는다.

앞서 살펴본 바와 같이, 가해학생의 공격성은 가정환경 및 부모양육방식과 관련이 높고, 무엇보다 부모-자녀관계에서의 안정감을 경험하는 것이 중요할 수 있다. 따라서 학교 차원에서는 '부모-자녀 관계에서의 의사소통기술, 공감 및 경청과 관련된 대화기술' 등의 부모교육 프로그램 등을 활성화하여 부모가 자녀양육에 필요한 태도를 형성할 수 있도록 적극적으로 조력해야 할 것이다.

5. 교직수업 적용활동

활 동

아래 글을 읽고, 여러분이 민수의 담임교사라면 청소년의 정서·행동발달 측면에서 민수를 이해하고, 민수의 행동 개선을 위해 어떤 개입을 할지 토론해 봅시다.

> 중학교 2학년인 민수는 초등학교 때보다 더 심하게 친구에게 과격한 행동을 하고, 심지어 친구를 심하게 때려 부모가 학교에 여러 번 오게 되었다. 중학교 입학 이후부터 성적이 급격히 떨어지고, 중학교 1학년 학생의 돈을 빼앗는 등의 난폭한 행동을 저질러 부모의 걱정은 날이 갈수록 커져만 간다. 수업시간에는 매우 산만하고, 지각과 결석을 자주 하여 교사는 수업 진행에 어려움을 겪고 있다. 부모는 민수의 비행행동을 고치기 위해 매질을 여러 차례 했고, 친구를 괴롭히지 않겠다는 다짐을 받아 냈지만 민수의 행동은 개선되지 않았다. 여전히 친구나 후배의 돈을 갈취하고, 폭력행동을 하며 학교에 자주 결석을 한다.

chapter 08

심리검사와 학생이해

학습목표

1. 심리평가와 심리검사를 구분하여 말할 수 있다.
2. 심리검사의 유형과 특징을 설명할 수 있다.
3. 학생의 심리 상태를 이해하기 위해 표준화된 심리검사를 활용하는 방법을 안다.
4. 학생의 정신건강 상태를 확인하기 위해 교사가 직접 시행할 수 있는 심리검사의 종류와 특징을 설명할 수 있다.
5. 간단 심리검사를 실시하고, 각 검사 결과에 대한 해석을 할 수 있다.

최근 학교에서 나타나는 아동, 청소년의 문제가 다양하고 복잡해지면서 교사는 교과지도만큼이나 생활지도와 상담의 필요성을 많이 느끼고 있다. 학교상담에 있어 학생문제와 관련한 일차적인 상담자는 담임교사이기 때문에 그 역할은 매우 중요하다. 담임교사는 학급을 운영하는 과정에서 학생의 특성을 잘 알 수 있고, 또 일대일 인간관계를 통해 잠정적인 학급 학생들의 문제를 파악할 수 있어 예방적 상담에서 가장 중요한 위치에 있기 때문이다.

담임교사가 상담할 경우의 장점은 첫째, 학생 개개인의 가정환경, 가족관계, 출결상황, 교우관계, 교칙 준수 여부 등의 파악과 학급활동을 통한 자연스런 관찰, 누적된 학생에 대한 기록 검토가 가능하며, 학급 학생이나 동료교사, 학부모 등 주변인들로부터 수집한 생생한 정보를 기초로 도움이 필요한 학생이 누구이며 어떤 도움이 적절한지 판단할 수 있다. 둘째, 학생들에 대한 축적된 경험이 많아 학생이나 학부모의 입장에서 도움이 필요할 때 먼저 찾아가 상의할 수 있다. 셋째, 학생에게 중요한 환경이 되는 학부모, 친구, 또는 다른 교사들의 협조를 구해 학생을 다각적인 입장에서 도울 수 있다. 또한 학급이라는 실제 교실 장면을 활용하기 용이하다. 필요시에는 학교나 지역교육청의 전문상담교사와 학부모의 협조를 얻어 문제해결에 적극적인 입장을 취할 수 있다는 장점이 있다.

아동, 청소년 문제는 문제 발생 후 해결하려고 할 때는 매우 어렵고 까다롭기에 문제 발생 이전에 예방적, 성장발달적 노력을 하는 것이 학교상담에서 매우 중요하다. 이러한 담임교사의 상담이 보다 전문적이 될 수 있게 하는 방법이 바로 심리검사를 활용하는 것이다. 이를 위해, 구체적으로 심리평가와 심리검사, 심리검사의 유형 및 특징 등에 대해 살펴보고 이러한 검사와 검사결과를 일반교사가 학생상담 및 생활지도에 활용할 수 있도록 하는 측면에서 심리검사도구에 대한 이해를 해 보고자 한다.

1. 심리평가 및 심리검사

1) 심리평가의 정의

심리평가(psychological assessment)란 개인의 심리적 특성을 이해하기 위한 일련의 전문적인 과정으로 심리검사, 면담, 행동관찰 등 여러 다른 방법에 의해 이루어진다(Goldstein et al., 1990). 따라서 심리평가는 다양한 평가결과를 종합하여 최종적으로 해석을 내리는 보다 복잡하고 전문적인 과정이라고 볼 수 있다. 즉 심리검사도구에 의해 단순하게 검사 해석을 하는 것이 아니라 검사자의 행동관찰, 면담자료 등을 활용하여 심리검사의 결과를 해석하는 것이 바람직하다.

아직까지 학교에서 발생하는 다양한 문제상황을 예방하고 대처하기 위해 일반학생, 피해학생, 가해학생으로 구분하여 개발된 대상별 전문 진단검사는 없다. 단지 학교현장에서는 기존에 사용하던 표준화된 심리검사들을 이용하여 대상 학생의 심리정서적 상태를 파악하고, 이러한 검사결과의 공통된 자료를 분석하여 '심리진단 결과 어떠한 경향이 있을 경우 향후 피해자 혹은 가해자가 될 가능성이 있다'라고 하거나 '현재 어떠한 문제가 발생하고 있다'라고 추정할 수 있다. 이러한 심리검사 결과로 한 학생을 반드시 그러한 성향이라고 확정지어 말하는 것은 위험하다. 따라서 교사는 한 학생을 어떤 심리검사로 분석하고 평가하여 어떤 진단명을 가지고 판단하는 것보다 심리검사 및 평가를 통해 한 사람을 더 깊이 이해하고 그 이해를 바탕으로 필요한 도움을 주는 것이 심리평가의 목적임을 기억해야 한다.

그림 8-1 심리평가 관련 요소

2) 심리검사의 정의

심리검사(psychological test)란 심리적 현상에서의 개인차를 비교하고 개인의 전체적, 인격적, 행동적 측면을 이해하기 위한 심리학적 측정과정이라고 할 수 있다(박영숙, 1998). 이러한 심리학적 측정은 직접적 측정이 가능하지 않은 간접적 측정이다. 왜냐하면 심리적 특성은 추상적인 구성개념이기 때문이다. 예를 들어, 사회적응, 스트레스, 충동성 등과 같은 심리적 특성은 인간의 행동을 설명하기 위해 이론으로부터 도출된 가설적이고 추상적인 개념이다. 이러한 개념을 측정 가능한 방식으로 측정하기 때문에 심리적 특성을 측정하는 과정은 간접적이라고 볼 수 있다. 따라서 심리적 특성에 대한 정확하고 객관적인 측정결과를 얻기 위해서는 일련의 과정이 객관적 측정을 보장해 줄 수 있도록 신뢰롭고 타당한 측정도구가 필요하다.

(1) 신뢰도

신뢰도(reliability)란* 측정도구에 존재하는 측정오차(measurement error)의 상대적 부재라고 할 수 있다. 즉 어떤 측정치가 오차 없이 측정하고자 하는 대상을 측정하고 있다면 신뢰로운 측정치라고 한다. 어떤 측정도구를 통해 반복적으로 측정한 결과가 일관된다면, 그 결과는 안정적인 결과이며, 예측 가능하고 정확하다. 따라서 그러한 도구는 신뢰도가 높다. 예를 들어, 어떤 길이를 'A'라는 자로 5회 측정한 결과가 5.1cm, 2.5cm, 4.5cm, 8.1cm, 9.3cm로 각각 나왔고, 'B'라는 자로 5회를 측정한 결과는 모두 5.2cm로 나왔다면 'A'에 의한 측정은 'B'보다 훨씬 오차를 많이 포함하고 있으므로 신뢰도가 낮은 측정이 된다.

> **신뢰도란**
> 동일한 검사 또는 동형의 검사를 반복 시행했을 때 개인의 점수가 일관성 있게 나타나는 정도

측정오차에는 대상자의 특성과 검사도구 자체의 특성이 영향을 미친다. 아무리 검사도구가 정확한 측정이 가능한 훌륭한 도구라 할지라도 검사 대상자가 불성실하게 검사에 임한다면 측정오차는 커질 수밖에 없다. 또한 검사대상자가 아무리 성실하게 임하고자 하더라도 검사도구가 정확한 측정이 불가능한 형편없는 것이

라면 신뢰할 수 있는 측정이 불가능하게 된다. 따라서 측정오차를 줄여 검사의 신뢰도를 높이기 위해서는 정확한 측정이 가능한 검사도구를 사용하고 검사자의 성실한 검사태도를 갖도록 하는 것이 바람직하다.

(2) 타당도

타당도(validity)*란 측정하고자 하는 것을 얼마나 정확하게 측정하고 있는가의 문제이다. 즉, 하나의 검사가 측정하고자 하는 대상을 정확하게 측정하는 정도가 바로 타당도이다. 타당도에는 내용타당도, 구성타당도, 준거타당도가 있으며 준거타당도에는 공인타당도와 예측타당도가 있다.

> **타당도란**
> 측정하고자 하는 변인을 검사가 제대로 정확하게 측정하였는지 또는 적합하게 측정하였는지에 관한 정도

① 내용타당도

내용타당도(content validity)는 측정하고자 하는 분야의 전문가가 자신의 지식이나 논리에 의해 타당성을 결정하는 방법이다. 예를 들어 IQ를 측정하는 검사를 개발한다고 할 때 IQ 검사 전문가에 의해 그 검사가 IQ를 측정하기 위해 필요한 검사문항을 포함하고 있는지, 적절한 문항수를 포함하고 있는지의 여부를 판정한다. 내용타당도는 객관적인 자료에 의해 타당도가 결정되지 않고, 전문가의 주관적 판단에 의해 이루어지기 때문에 전문가의 주관이 많이 개입한다는 단점이 있다.

② 구성타당도

구성타당도(construct validity)는 측정하고자 하는 추상적 개념이 실제로 측정도구에 의해 제대로 측정되었는지의 정도를 의미한다. 사회과학에서 다루는 대부분의 변인은 직접 측정이 불가능한 추상적 개념들이다. 예를 들어, 태도, 성격, 동기 등은 추상적인 구성개념이라고 할 수 있는데, 이러한 추상적 구성개념이 측정도구에 의해 제대로 측정되었는지의 정도를 나타내는 것이 바로 구성타당도이다. 예를 들어, 이론적 관점에서 자아개념은 학문적 자아개념과 비학문적 자아개념의

두 가지 하위요인으로 구성되었다고 가정하고, 그러한 요인을 대표할 수 있는 여러 개의 문항을 개발한다. 그러한 문항을 기초로 자료를 수집하고, 수집된 자료의 결과가 자신이 주장하는 요인을 정말 지지하고 있는지를 통계적 과정을 통해 살펴봄으로써 타당성을 검증한다. 구성타당도를 검증하는 방법으로 상관을 이용하는 방법으로 수렴타당도와 변별타당도를 활용하거나 요인분석을 이용하는 방법이 있다.

- 수렴타당도: 수렴타당도는 서로 다른 측정방법을 사용하더라도 동일한 개념을 측정한다면 그 측정값은 하나의 차원으로 수렴해야 한다는 것이다. 예를 들어, 학업성취도를 측정하기 위해 주관식 시험과 객관식 시험을 치렀을 경우 학업성취도, 주관식 시험, 객관식 시험의 상관관계가 모두 높게 나타난다면 수렴타당도가 높다고 볼 수 있다.
- 변별타당도: 변별타당도는 서로 상이한 개념을 측정하는 경우에는 서로 다른 측정방법을 사용하더라도 그 측정값 간에는 차별성이 나타나야 한다는 것이다. 예를 들어, 어휘력과 수리력을 측정하는 검사도구의 경우 어휘력과 수리력의 상관관계가 낮게 나타난다면 변별타당도가 높다고 볼 수 있다.
- 요인분석: 요인분석은 구성타당도를 검증하는 방법으로 가장 많이 사용되는 통계적 방법이다. 요인분석의 기본 원리는 항목들 간의 상관관계가 높은 것끼리 하나의 요인으로 묶이며, 요인들 간에는 상호 독립성을 유지하도록 하는 것이다. 하나의 요인으로 묶인 측정항목들은 하나의 개념을 측정하는 것으로 간주되고, 요인 간에는 서로 상관관계가 없으므로 각 요인들은 서로 상이한 개념으로 간주된다. 요인 내 항목들은 수렴적 타당성에 해당하며, 요인 간에는 변별적 타당성이 적용된 것으로 해석할 수 있다.

③ 준거타당도

준거타당도(criterion validity)는 하나의 측정지표를 사용해 측정한 결과를 다른 기준지표를 사용하여 측정한 결과와 비교하여 나타난 관련성의 정도를 뜻한다. 연구자가 새로운 검사를 개발한다고 할 때, 규준이 될 수 있는 기존의 검사를 찾고, 기존의 검사와 새롭게 만든 검사를 비교하여 의도한 바의 결과를 얻는다면 새로운 검사가 타당하다고 말할 수 있다. 준거타당도는 예측타당도와 공인타당도로 나뉜다.

- 예측타당도 : 예측타당도(predictive validity)는 새로 개발한 검사 점수와 새로 개발하는 검사와 관련된 행동 간의 상관 정도에 의해 결정된다. 예를 들어, 대학수학능력시험 점수와 대학 입학 후의 학점 간의 상관계수가 정적으로 높을 때, 대학수학능력시험은 예측타당도가 높은 검사라고 할 수 있다.
- 공인타당도 : 공인타당도(concurrent validity)는 이미 널리 타당성을 인정받고 있는 기존의 검사와 새로 만든 검사 간의 상관관계에 의해 결정된다. 즉, 새로 개발되는 검사를 그 분야에서 이미 인정받고 있는 검사와 비교하는 것이다. 새로 개발되는 검사와 기존 검사와 상관관계가 높으면 새로 개발되는 검사가 높은 타당도를 갖는다고 말할 수 있다.

표준화검사란
누가 사용하더라도 검사의 실시, 채점 및 결과의 해석이 동일하도록 절차와 방법을 일정하게 만들어 놓은 검사

(3) 신뢰도와 타당도의 비교

신뢰도가 측정의 일관성 혹은 안정성을 말한다면, 타당도는 측정하고자 하는 개념의 본질에 관한 문제이다. 측정도구가 신뢰롭다고 반드시 타당한 것은 아니다. 예를 들어, 체중계로 키를 측정하는 경우 몇 번을 측정해도 같은 값이 나와 신뢰롭지만, 타당성이 없는 검사가 된다. 가장 좋은 측정이란 신뢰도와 타당도가 함께 높은 경우이다. 그러나 이 두 가지 조건을 모두 만족하는 측정을 얻기란 좀처럼 쉽지 않다.

2. 심리검사의 유형 및 학생 심리진단

1) 전문가에 의한 표준화된 심리검사 및 활용

(1) Wechsler 지능검사와 활용

Wechsler 지능검사

심리학자인 Wechsler에 의해 만들어진 검사를 아동용으로 만들어진 스탠포드-비네 지능검사를 성인에게 적용하기에 적합하지 않다는 것을 알게 되어 만들게 된 성인용 지능검사(WAIS)로 이후 웩슬러 아동용 지능검사(WISC)도 제작하였다. 한국에서 이를 표준화하여 사용하는 검사가 K-WAIS, K-WISC 등의 검사이다.

① K-WAIS

K-WAIS 검사는 16~64세 성인을 대상으로 실시할 수 있는 지능검사도구이다. 본 검사는 6개의 언어성 검사, 5개의 동작성 검사로 총 11개의 소검사로 구성되며, 검사 시행의 결과 전체 지능, 언어성 지능, 동작성 지능이 산출된다. K-WAIS 지능검사의 세부 구성내용은 다음과 같다.

표 8-1 K-WAIS 지능검사의 구성

언어성 검사(Verbal Scale) : Academic Intelligence(Acquired Knowledge) 지능의 부분 중 언어적 이해력, 어휘력, 사회적 이해, 주의집중력 등 언어적 기능의 발달과 연관된 검사다. 학교에서의 습득된 학습능력과 많이 연관된다.	
① 상식문제 (Information)	피검사의 일반적인 지식 수준을 측정한다. 개인의 발달과정에서 자신의 경험이나 어떤 사실 등이 자신의 욕구, 흥미 혹은 감정에 따라 개인의 특유한 참조의 틀 속에 통합된 사건들이다. 잠재지능의 수준을 추정할 때도 쓰인다.
② 이해문제 (Comprehension)	실용적 판단능력과 일반상식수준을 측정한다. 사회적 상황판단능력, 지식의 일상생활 활용능력 등을 측정한다. 또한 사회적 규범이나 관습에 대한 이해, 내면화 정도 등을 나타낸다.
③ 산수문제 (Arithmetic)	단순한 산수능력이 아니라 주의집중능력을 측정한다.
④ 공통성문제 (Similarity)	두 가지 사건들 간의 공통 특성을 검사하는 것으로, 추상적 사고능력이나 개념형성능력을 측정한다.
⑤ 숫자문제 (Digit Span)	주의력이나 즉각적인 단기기억 능력을 측정한다. 불안과 우울에 의해 수행이 많은 영향을 받는다.
⑥ 어휘문제 (Vocabulary)	사고내용의 특징과 어휘 수준 등을 측정한다. 일반지능의 지표나 잠재지능을 추정할 때 활용된다.

동작성 검사(Performance Scale) : Practical Ability 지능의 부분 중 기본적인 지각능력, 운동속도의 민첩성과 정확성, 공간지각능력을 재는 비언어적 운동기능과 관련된 검사다. 학교에서 학습되기 어려운 지능이다.	
① 기호쓰기 (Digit Symbol)	상징과 숫자를 결합하는 능력을 측정한다. 운동속도를 측정하며 우울과 불안에 의해 많은 영향을 받는다.
② 빠진 곳 찾기 (Picture Completion)	시각적 변별기능, 주의집중력, 현실검증 능력 등을 측정한다.
③ 토막짜기 (Block Design)	운동조절능력, 비언어적 추상적 능력과 개념형성력 등을 측정한다. 사고의 유연성과 응용력도 측정할 수 있다.
④ 차례맞추기 (Picture Arrangement)	사회상황에 대한 예측 및 예기능력을 측정한다. 시각능력응용력, 계획능력, 사회적 사태 지각능력 등을 측정한다.
⑤ 모양맞추기 (Object Assembly)	운동조절능력, 부분-전체의 관계 파악능력을 측정한다. 갑작스런 상황에 대한 대처능력, 모호한 상황에서의 인내성 등도 함께 측정할 수 있다.

출처: 김동민 외(2013). p.165.

② K-WISC-Ⅲ, K-WISC-Ⅳ

K-WISC-Ⅲ은 우리나라에서 가장 널리 사용되는 아동용 지능검사로 6~16세 아동 및 청소년을 대상으로 개발된 도구이다. 언어성 지능, 동작성 지능, 전체지능을 산출할 수 있을 뿐만 아니라 언어적 이해(상식, 공통성, 어휘, 이해), 지각적 조직화(빠진 곳 찾기, 차례맞추기, 토막짜기, 모양맞추기), 주의집중(산수, 숫자), 처리속도(기호쓰기, 동형찾기)라는 4가지 지표를 산출해 검사결과의 해석에 활용했다. 언어성 6개 소검사는 상식, 공통성, 산수, 어휘, 이해, 숫자이며, 동작성 7개 소검사는 빠진 곳 찾기, 기호쓰기, 차례맞추기, 토막짜기, 모양맞추기, 동형찾기, 미로이다. 소검사 중 숫자와 동형찾기, 미로는 보충검사이다.

K-WISC-Ⅳ 역시 6~16세의 아동 및 청소년을 대상으로 인지능력을 측정하고자 개발된 검사도구이다. 검사는 15개의 소검사로 구성되며, K-WISC-Ⅲ과 동일한 10개의 소검사 이외에 5개의 새로운 소검사(단어추리, 공통그림 찾기, 행렬추리, 순차연결, 선택)가 추가되었다. 4가지 지표점수인 언어이해(상식, 공통성, 어휘, 이해, 단어추리), 지각추론

(빠진 곳 찾기, 토막짜기, 공통그림 찾기, 행렬추리), 작업기억(산수, 숫자, 순차연결), 처리속도(기호쓰기, 동형 찾기, 선택)로 지표의 이름이 바뀌고, 소검사가 추가되어 검사결과 해석에 활용했다.

③ K-WPPSY

K-WPPSY는 취학 전 아동과 저학년인 만 3~7세 된 아동의 지능을 측정하는 검사로 언어성 지능, 동작성 지능, 전체 지능을 산출할 수 있다. 언어성 6개 소검사(상식, 이해, 산수, 어휘, 공통성, 문장)와 동작성 6개 소검사(모양맞추기, 도형, 토막짜기, 미로, 빠진 곳 찾기, 동물 짝짓기)로 구성된다. 문장과 동물 짝짓기는 보충검사이다.

이와 같이 학교상담 현장에서 유치원·초등·중등학생 지능검사로 사용되는 Wechsler 지능검사는 학생들의 인지적 수준을 파악하는 것 외에 성격적 특성이나 장애 정도를 파악할 수 있게 해준다. 교사가 지도하는 학생들을 이해함에 있어서도 개개인의 지능 정도를 파악하는 것 이외에 언어성 검사와 동작성 검사와의 차이, 소검사간의 점수 차이를 통해 많은 정보를 얻어 유용하게 활용할 수 있는 검사이다. 교사는 Wechsler 지능검사의 결과들을 가지고 다음과 같이 학생이해 및 지도에 참고하는 것이 좋다(임재연 외, 2007). 즉, 동작성 지능보다 언어성 지능이 유의하게 높은 학생의 경우 교육적 배경이 좋고 후천적 노력에 의해 습득한 지식수준은 높은 반면 즉각적인 상황 대처능력은 낮을 가능성이 있다. 반대로 언어성 지능보다 동작성 지능이 유의미하게 높은 학생은 교육수준은 낮지만 일상생활에서의 대처능력은 높을 가능성이 많다. 또한 성격적 특성에서 불안이 높고 주의가 산만한 학생은 소검사의 숫자 외우기와 산수 및 바꿔 쓰기 점수가 저하되는 경향이 있다. 그리고 다른 소검사 점수에 비해 차례 맞추기와 이해점수가 떨어지는 경우 상황대처능력이 부족함으로 인해 학교생활에서 문제행동을 일으킬 가능성이 높다. 이뿐만 아니라 빠진 곳 찾기 점수가 특별히 낮을 때에는 집중력의 문제와 일상생활에서의 본질과 비본질적인 부분을 구별하는 능력이 부족하여 대인관계에 어려움을 가질 가능성 등이 있음을 유추해 볼 수 있다.

(2) KISE 기초학력검사와 활용

KISE 기초학력검사(Korea Institute for Special Education-Basic Academic Achievement Test: KISE-BAAT)는 국립특수교육원에서 2005년에 개발된 학력검사로 학교학습 특히 국어와 수학에서 부진을 나타내는 아동과 곤란을 경험하는 아동을 선별 또는 진단하기 위한 검사이다. KISE-BAAT의 검사대상은 유치원에서 중학교 3학년까지의 아동으로 읽기, 쓰기, 수학 기초학력을 평가하는 검사도구이다.

KISE-BAAT 검사의 결과는 학년 규준을 제시하기 때문에 또래 아동들과 비교하여 얼마나 부진 혹은 곤란을 보이는지 평가가 가능하다. 뿐만 아니라 학력지수를 제공하기 때문에 지능과의 비교를 통해 학습장애 여부를 결정할 수 있다. 학습장애를 판별 시 적용되는 불일치 기준에 따르면, 지능과 학업성취 간의 차이가 큰 경우 학습장애로 판별된다. 다음은 KISE-BAAT의 소검사 평가영역 및 내용이다.

표 8-2 KISE-BAAT의 소검사 평가영역 및 내용

<table>
<tr><th>소검사</th><th colspan="2">검사영역</th><th>평가내용</th><th>문항수</th></tr>
<tr><td rowspan="8">읽기
(360문항)</td><td colspan="2">선수기능</td><td>도형변별 / 낱자변별 / 낱말변별</td><td>45</td></tr>
<tr><td colspan="2">음독능력</td><td>낱자읽기 / 낱말읽기 / 문장읽기</td><td>75</td></tr>
<tr><td rowspan="6">독해
능력</td><td>낱말이해</td><td>반대말, 비슷한 말, 유추, 존대어 / 낱말의 상하관계 유추, 수량단위, 존대어</td><td>60</td></tr>
<tr><td>문장완성</td><td>그림 보고 문장 완성하기 / 문장 완성하기</td><td>30</td></tr>
<tr><td>어휘선택</td><td>시제일치, 호응관계 / 접속사, 의미 파악하고 적절한 어휘 선택하기</td><td>30</td></tr>
<tr><td>어휘배열</td><td>문장을 구성하여 배열하기</td><td>30</td></tr>
<tr><td>짧은 글
이해</td><td>문장 읽고 사실에 답하기 / 사실이나 느낌, 의견 구분하기 / 비유나 상징적 표현 이해하기 / 글의 주제 찾기 / 속담 이해하기 / 글 읽고 결과 유추하기 / 글 읽고 비판하기</td><td>90</td></tr>
<tr></tr>
<tr><td rowspan="2">쓰기
(300문항)</td><td colspan="2">선수기능</td><td>사물, 숫자, 기호, 문자 변별하기 / 줄긋기, 도형 그리기 / 글자 보고 쓰기 / 자신의 이름 쓰기</td><td>60</td></tr>
<tr><td colspan="2">표기능력</td><td>낱자쓰기 / 낱말쓰기 / 맞춤법에 맞추어 쓰기 / 받아쓰기 / 띄어쓰기 / 문장부호 사용하기</td><td>60</td></tr>
</table>

소검사	검사영역		평가내용	문항수
	어휘구사력		주어진 낱말 사용하여 짧은 글짓기 / 주어진 두 낱말의 뜻을 구분하여 짧은 글짓기 / 주어진 낱말을 보고 연상되는 낱말쓰기 / 주어진 문장 속에 알맞은 낱말쓰기 / 주어진 낱말들을 순서대로 배열하기	60
	문장구사력		주어진 낱말을 순서대로 배열하기 / 그림을 보고 다른 형태의 문장들 만들기 / 문장 구성이 잘못된 것 고치기 / 의문문, 청유문, 명령문, 감탄문 쓰기	60
	글구성		그림을 순서대로 나열하여 이야기 만들기 / 들려주는 글의 내용을 한 문장으로 요약하여 쓰기 / 그림을 보거나 들려주는 글을 듣고 인과관계, 닮은 점, 추론한 것 등을 쓰기	60
수학 (780문항)	수	범자연수	10이하, 100이하, 1000이하, 1000이상	72
		분수와 소수	분수, 소수	36
		비와 백분율	비와 백분율	21
	도형	도형	공간감각, 평면도형, 입체도형	72
	연산	덧셈	개념, 구체물 활용, 자연수 덧셈, 분수와 소수 덧셈	54
		뺄셈	개념, 구체물 활용, 자연수 뺄셈, 분수와 소수 뺄셈	54
		곱셈	개념, 구체물 활용, 자연수 곱셈, 분수와 소수 곱셈	60
		나눗셈	개념, 구체물 활용, 자연수 나눗셈, 분수와 소수 나눗셈	60
		암산	듣고 암산하기, 자연수, 분수와 소수	54
	측정	측정	길이와 각도, 넓이, 무게, 부피와 들이	72
		시간과 화폐	기초개념, 시각과 달력, 금액·물건값	54
		어림	수, 측정, 계산(화폐포함)	54
	확률과 통계	확률과 통계	표와 차트, 그래프, 경우의 수·확률	54
	문제해결	문제해결	간단한 문제해결, 복잡한 문제해결이 이해 및 전략	63

교사는 KISE-BAAT 검사결과를 활용해 학교학습 특히 국어와 수학에서 부진을 나타내는 아동을 선별 또는 진단할 수 있고, 이들이 부진을 나타내는 영역과 수준을 파악하여 이들에게 적합한 교육계획의 수립과 적용에 필요한 정보를 획득하는 것이 가능하다.

(3) 성격검사와 활용

① MMPI, MMPI-2, MMPI-A

다면적 인성검사* 로 알려진 MMPI 검사는 효율성 있고 신뢰성 있는 진단도구로 실시와 채점이 쉽고, 규준에 의한 간편한 해석방식으로 인해 전 세계적으로 가장 널리 사용되고 있는 구조화된 자기보고식 검사다(Piotrowski, 1997). MMPI는 개인의 성격패턴과 심리적 장애를 정확히 평가할 목적으로 만들어졌으나 현재는 성격의 경향성을 파악하는 도구로 사용되고 있다. 즉, 정신적으로 잘 적응하여 건강한 생활을 영위하고 있는가를 판단하는 검사로, 각종 심리적 부적응 및 이상상태를 알아낼 수 있으며, 그에 따른 부정적 결과들을 예방, 교정, 치료하는 데 도움을 준다. 이는 개인의 인성 특징의 비정상성 혹은 징후를 평가하여 상담 및 정신치료에 기여하기 위함은 물론, 비정상적이고 불건전한 방향으로 진전될 가능성을 미리 찾아내어 예방 및 지도책을 도모하기 위한 검사이다. 1942년 개발된 MMPI는 지속적으로 규준의 문제에 대한 논란으로 1989년 MMPI-2로 개정되어 사용되고 있다.

MMPI-2는 총 567문항으로 구성되어 있다. MMPI는 총 14개 척도(타당도 척도 4개, 임상척도 10개)로 구성되었지만, 개정된 MMPI-2는 타당도 척도 10개, 임상척도 10개 총 20개의 척도로 구성되었다. 구체적인 MMPI-2의 임상척도 명칭, 기호, 문항 수는 〈표 8-3〉과 같다.

미네소타 다면적 인성검사(MMPI)
개인의 성격, 정서, 적응 수준 등을 다차원적으로 평가하기 위해 개발된 자기보고형 성향검사

표 8-3 MMPI-2의 임상척도 명칭, 기호, 문항수

	척도명	약자	문항수
1	Hypochondriasis(건강염려증)	Hs	32문항
2	Depression(우울증)	D	57문항
3	Hysteria(히스테리)	Hy	60문항
4	Psychopathic Deviate(반사회성)	Pd	50문항
5	Masculinity - Feminity(남성특성-여성특성)	Mf	56문항
6	Paranoia(편집증)	Pa	40문항
7	Psychasthenia(강박증)	Pt	48문항
8	Schizophrenia(정신분열증)	Sc	78문항
9	Hypomania(경조증)	Ma	46문항
10	Social introversion(사회적 내향성)	Si	69문항

MMPI-A는 13~18세의 중·고등학생들을 대상으로 실시할 수 있으며, 총 478문항으로 8개의 타당도 척도와 10개의 임상척도로 구성되어 있다. 임상척도 해석 시, MMPI-2는 65점 이상, MMPI-A는 60점 이상일 때 유의하게 해석할 수 있다. MMPI-A는 청소년을 위해 4개의 내용척도와 3개의 보충척도를 새롭게 개발하였는데, 구체적으로 내용척도는 "소외(A-aln, Adolescent-Alienation), 품행문제(A-con, Adolescent-Conduct Problems), 낮은 포부(A-las, Adolescent-Low Aspirations), 학교문제(A-sch, Adolescent-School Problems)"로 구성되며, 보충척도는 "알코올/약물문제 인정(ACK, Alcohol/Drug Problem Acknowledgement), 알코올 약물문제 가능성(PRO, Alcohol/Drug Problem Proneness), 미성숙(IMM, Immaturity)"의 척도를 포함한다. 구체적인 MMPI-2와 MMPI-A의 차이점은 〈표 8-4〉와 같다.

표 8-4 MMPI-2와 MMPI-A의 비교

항목	MMPI-2	MMPI-A
문항수	567문항	478문항
문항내용	중요 내용 영역의 문항 추가	청소년에게 적합한 문항 내용으로 변경
규준 연령	17~78세	13~18세
타당도 척도	10개	8개
임상척도	10개	• MMPI-2와 동일한 10개 • Mf, Si척도에서 문항수 감소
K 교정 점수	K 교정 점수 적용	K 교정 점수 적용하지 않음
재구성 임상척도	9개의 재구성 임상척도 개발 (2003)	없음
내용 척도	15개	• MMPI-2와 동일한 15개 • 11개의 내용척도는 MMPI-2와 동일 • 4개의 내용척도는 청소년용으로 개발
보충 척도	15개	• 총 6개 • 3개의 보충척도는 MMPI-2와 동일 • 3개의 내용척도는 청소년용으로 개발

교사의 학생이해에 도움이 되도록 MMPI 임상적 척도 결과에 대한 해석에서 참조할 만한 사항은 다음과 같다(임재연 외, 2007).

첫째, 공격성이 높은 유형의 학생이다. 이는 주로 4번 반사회적 척도가 상승하는 경우가 많다. 이는 사회적 적응 전반을 평가하기 위한 것인데 이 척도가 유난히 높은 경우 사회적으로 자신이 고립되어 있다고 느낄 가능성이 높고 스트레스 상황에서 충동적이고 행동화하는 경향이 높다. 또한 이들은 사회적 규율에 대해 무관심하고, 학교나 권위적 인물에 대한 적대감이 높을 가능성이 많다. 이런 유형의 아이들은 첫인상이 좋고 매력적이어서 처음 사귄 친구들은 이들의 반사회적인 행동을 예상하기 어렵지만 스트레스가 있거나 원치 않은 행동을 요구받는 상황에 직면 시 반사회적으로 행동화하고 그 결과에 대해 크게 죄책감을 느끼지 않는 경향이 있다. 이런 유형의 학생은 특별히 가족관계에서 소외감을 느끼는 경우가 많으므로 가족관계 및 부모의 양육태도를 탐색할 필요가 있고, 사회로부터의 소외감 및 의미있는 권위적 인물과의 갈등이 있는 경우 내적·외적 갈등을 효과적으로 다룰 수 있도록 도와주는 것이 필요하다.

둘째, 자기중심적이고 미성숙하며 요구가 많은 유형의 학생이다. 이러한 성향의 학생은 척도 1(건강염려증)과 척도 3(히스테리)이 상승하는 경향이 있다. 이들은 적개심과 불만을 간접적인 방법으로 표현하고 비판적인데, 이는 남을 조절하고 통제하기 위해서라고 해석되므로 참고할 필요가 있다. 이들의 성격적 특성은 대체로 완고하고 비판적이면서 자기애에 빠져 자기중심적 사고를 할 가능성이 높다. 주의할 것은 척도 1(건강염려증)만 높은 경우 학생은 불안을 겉으로 드러내지 않는 경향이 있고, 척도 2(우울증)는 낮으면서 척도 3(히스테리)이 함께 높은 경우에는 심리적 불안과 갈등을 신체적으로 전환하여 나타내고 있음을 의미한다. 또한 척도 1(건강염려증)과 함께 척도 2(우울증), 척도 3(히스테리), 척도 7(강박증)이 함께 상승하는 경우에는 우울증, 거부, 불안 상태가 높을 가능성이 있으므로 다른 자료와 함께 주의해서 해석할 필요가 있다.

셋째, 자신의 우월감을 힘으로 과시하는 유형이다. 특히 남학생의 경우 척도 5(남성 특성-여성 특성)의 점수는 낮으면서 척도 4(반사회성)의 점수가 높을 경우 자신의 힘과 신체적 용맹성을 강조하면서 남성성을 분명히 나타내고 지나치게 과장하는 경향이 있다. 여학생의 경우 척도 4번와 5번이 모두 높다면 이 여학생은 전통적인 여성성에 강한 반감을 느끼는 반면 특별히 척도 4번이 높아질수록 이러한 반감은 비정상적으로 높아 자신의 감정을 행동으로 표현하는 경향이 많다.

넷째, 충동성 조절의 문제를 가진 유형이다. 이런 학생의 경우 척도 8(정신분열증)과 척도 4(반사회성)가 상승하는 경향이 있다. 척도 8의 상승은 불행한 가족관계, 사회적 소외감을 시사하고 정서적 냉담함, 특이한 사고과정을 반영할 뿐 아니라 효율성 저하와 주의집중의 어려움, 대처능력의 부족, 충동성을 통제하는 능력에 문제가 있음을 나타내므로 참고해야 할 사항이다. 또한 척도 9의 조증이 유의미하게 상승하는 경우 유의할 필요가 있는데 이러한 학생은 급박한 우울증을 피하려는 행동이 과다행동의 형태로 주기를 가지고 나타나는 경향이 많다.

교사가 MMPI 검사결과를 해석할 때 조심해야 할 점은 학생의 특정한 임상적 척도 점수만 가지고 그 학생을 규정하고 추측하는 것은 피해야 한다는 것이다. 그러므로 지금까지의 임상적 경험상 문제를 지닌 청소년이 나타내는 성격적 특성과 검사결과를 미루어 유형을 분류하는 것으로 자료를 해석하고, 이를 학생들을 상담하고 이해하는 데 도움이 되는 참고자료 중 하나로 활용하는 것이 좋다.

② MBTI

MBTI란
일상생활에 활용할 수 있도록 고안된 자기보고식 성격유형 검사

MBT*I는 Briggs와 Myers에 의해 Jung의 심리유형이론을 실생활에서 유용하게 쓰일 수 있도록 개발된 성격검사이다. 검사척도와 관련된 가장 핵심적인 내용은 우리는 누구나 감각(Sensing: S), 직관(iNtuition: N), 사고(Thinking: T), 감정(Feeling: F)이라 불리는 네 가지의 기본적인 정신적 기능을 사용한다는 것이다. Jung은 인간행동의 다양성은 우리가 매일 사용하는 정보수집방식과 정보에 근거한 행동방식의 차이 때문에 생긴다고 보았다. 즉, 우리는 이 네 가지 기본적 기능을 매일 사용하는데 우리가 외부 세상의 정보를 수집하는 방식이 다르고(감각적 vs 직관적), 수집한 정보에 근거해 행동을 결정하는 데 있어 각 개인이 선호하는 방법이 다름(사고 vs 감정)으로 인해 근본적인 개인차를 가져온다고 본다. 또한 이러한 기능을 사용할 때 어떤 태도를 취하느냐에 따라 외향(extraversion: E) 또는 내향(Introversion: I), 판단(Judging: J) 또는 인식(Perceiving: P)으로 구분한다. MBTI는 네 가지 분리된 선호경향으로 구성되어 있으며, 각 개인은 자신의 기질과 성향에 따라 네 개의 이분된 선호범주 중 하나의 범주에 속하게 된다.

표 8-5 MBTI의 선호경향

EI : 주의 초점(주의집중과 에너지의 방향에 대한 선호)

외향형(E : Extraversion)		내향형(I : Introversion)
폭넓게 사람들과 사귀며, 사교적이고 적극적이며 활동적인 유형, 자신 내부보다는 외부로 관심을 쏟는 편임	↔	깊이 있는 대인관계를 유지하며, 조용하고 신중하게 집중력 있는 작업을 좋아하는 유형. 에너지의 초점이 외부세계보다 자기 내부로 향함

SN : 인식기능(정보를 인식하는 방식에서의 경향성)

감각형(S : Sensing)		직관형(I : Intuition)
오감에 의존하고 실제의 경험을 중시하며 지금, 현재에 초점을 맞추어 살아가고자 함. 실제적이며 정확한 것을 좋아하고, 관찰능력이 뛰어나서 상세한 것까지 기억을 잘하는 편임	↔	육감이나 영감에 의존하고 미래지향적이며 현실보다는 가능성과 의미를 추구함. 다양한 아이디어를 가지고 있으며 신속, 비약적으로 일을 처리하는 경향이 있음

TF : 판단기능(인식된 정보를 가지고 판단을 내릴 때 쓰는 기능의 선호)

사고형(T : Thinking)		감정형(F : Feeling)
객관적 사실에 관심을 기울이며 사사로운 감정이나 인정에 얽매이기 보다는 원리나 원칙에 입각하여 논리적이고 분석적으로 판단하려고 함	↔	사람들과의 관계에 관심이 있으며, 옳고 그름이나 원칙보다는 주관적인 가치와 상대방의 입장을 배려, 조화를 고려하여 판단하려 함

JP :생활양식(외부세계에 대한 태도나 적응에 있어 선호하는 과정)

판단형(J : Judging)		인식형(P : Perceiving)
분명한 목적과 방향을 가지고 행동하고자 하며, 계획을 잘 짜며 신속하게 의사결정을 하고 체계적인 생활을 하는 편임	↔	목적과 방향에 대해 변화의 가능성을 열어놓고, 상황에 따라 융통성 있게 행동하며 개방성과 포용성을 가지고 여유롭게 생활하는 편임

MBTI의 다면척도는 선호경향 및 유형에 대한 세부적인 이해를 도모하기 위해 개발된 척도로, 다면척도는 자신의 유형이 분명하지 않을 때, 혹은 같은 유형 안에서도 존재하는 차이점들을 설명하고자 할 때 유용한 도움을 줄 수 있다. 다음은

다면척도와 그 측정내용이다.

표 8-6 MBTI의 다면척도 및 측정내용

선호지표	다면척도	다면척도의 측정내용
외향-내향	능동성-수동성	대인관계에서 의사소통과 관계 맺는 방식
	표현적-보유적	자신의 정서, 감정, 관심사 등을 타인에게 표현하는 방식
	다양한 관계-밀접한 관계	타인과 관계 맺을 때 대인관계의 폭과 깊이를 조절하는 정도
	활동적-반추적	학습이나 여가활동 때 새로운 정보 습득을 위해 선호하는 방식
	열성적인-정적인	의사소통할 때 어떤 의사소통 양식을 선호하며 의사표현의 양과 질의 정도를 측정
감각-직관	구체적-추상적	주변 정보를 어떻게 지각하며, 어떤 종류의 정보에 더 많이 주의를 기울이는가를 측정
	현실적-창의적	일, 학습, 일상생활에서 지각된 대상이나 정보를 활용하는 방식
	실용적-개념적	지각한 정보들 중 어떤 특성에 더 관심을 보이고 중요시하는지를 측정
	경험적-이론적	습득한 정보에서 유용한 지식과 의미를 어떻게 도출하는가를 측정
	전통적-독창적	사회적 관례나 기존 방식 등이 개인의 지각과 의미도출 과정에 미치는 영향
사고-감정	논리적-정서적	의사결정이나 결론을 도출할 때 사용하는 기준
	이성적-감성적	의사결정 과정에서 타인과의 인간관계 유지를 위해 선호하는 기준
	질문지향-협응지향	의사결정 과정에서 인식 대상에 대해 초기 단계에 접근해 가는 방식
	비평적-허용적	일차적으로 내려진 결정을 어떠한 태도로 받아들이는가를 측정
	강인한-온건한	의사결정할 때 그 결정에 대한 일관성 정도와 어떤 태도를 가지는가를 측정
판단-인식	체계성-유연성	학습, 일 등 다양한 생활 영역에서 물리적 환경을 조직하는 방식
	목표지향성-개방적	주로 여가활동 때 활동을 조직하고 계획을 세우는 방식
	조기착수-임박착수	마감시한과 관련한 시간관리
	계획성-자발성	주위 환경 및 활동을 어느 정도 체계적으로 조직화하는가를 측정
	방법적-과정적	큰 프로젝트 수행을 위해 관련된 세부 과제들을 어떻게 배열하고 조직하는가를 측정

교사가 학교현장에서 MBTI 결과를 활용할 수 있는 방법은 다음과 같다.

첫째, 교육 장면에서 학생들의 성격유형을 이해함으로써 교사와 부모 간의 원활한 의사소통 및 협조를 가능하게 한다. 또한 개인의 성격 유형에 적절한 교수방법을 개발할 수 있다.

둘째, 교사가 학생상담을 할 때 각 개인의 선호경향에 따른 장점을 이해함으로써 보다 효율적인 학교생활을 도울 수 있다. 학생들 간에 서로의 유형을 이해함으로써 생활에서 발생하는 갈등과 오해를 줄이고 보다 성숙한 관계를 발달시키도록 할 수 있다.

셋째, 진로지도 및 직업선택 측면에서 자신의 성격유형을 이해함을 통해 적합한 전공, 직업, 작업환경을 찾는 데 도움을 줄 수 있다. 직장에서는 부서 내 또는 팀 내에서 구성원의 인식 및 판단 유형을 활용하여 배치하도록 할 수 있으며, 구성원 간의 유형 이해를 통해 건강한 대인관계 및 커뮤니케이션 기술을 발달시키는 데 도움을 줄 수 있다.

넷째, 팀워크 측면에서 집단구성원들의 성격유형을 서로 이해함으로써 갈등이나 장애를 유발할 수 있는 서로의 성격상 차이점을 이해하고 효율적인 관계를 형성하도록 도울 수 있다.

HTP검사란

피검사자들이 그린 집-나무-사람 그림을 통해 성격발달과 연합된 정서적, 무의식적 측면을 파악할 수 있는 검사다.

③ 집/나무/사람검사(HTP)

HTP(House/ Tree/ Person) 그림검사*는 임상현장에서 가장 일반적으로 많이 사용되는 투사적 검사로서 학생의 무의식적 심리·정서상태를 파악하는 데 효과적이다. 검사는 평가자의 지시에 따라 '집', '나무', '사람'을 그리는 것으로 실시하며, 그 그림에 대해 솔직하고 자유롭게 설명하게 된다. '집', '나무', '사람'은 누구에게나 친숙하면서 한편으로 상징성이 강한 대상이다. '집' 그림은 전반적으로 가정생활과 가족 간의 관계에 대한 인상을 반영한다. 예를 들어, 굴뚝에서 짙은 연기가 뿜어져 나오는 집을 그린 검사대상자는 집안의 거친 정서적 분위기 같은 갈등상황을 표현한 것으로 생각할 수 있다. '나무'나 '사람' 그림은 주로 성격의 핵심적인 갈등 및 방어에 대한 정보를 제공해 준다. '사람' 그림이 더 의식적인 측면을 반영하는 반면, '나무' 그림은 보다 더 깊고 무의식적인 감정을 반영해 준다. '나무' 그림은 자기노출을 하는 데 불편감이 덜하여 방어의 필요성을 약화시키기 때문에 보다 심층적인 면에서 드러내 표현하는 것이 금지된 감정을 투사하기 쉽게 된다. 예를 들어, 나무의 가지가 없는 경우 대인관계에서 즐거움을 얻지 못하거나 타인과 어울리는 데 만족을 얻지 못하고 있음을 시사한다. '사람' 그림은 '집'이나 '나무'보다 더 직접적인 자기상을 나타낸다. '사람' 그림은 자화상이 될 수도 있고 이상적인 자아, 중요한 타인 혹은 인간 일반을 어떻게 인지하고 있는지를 나타내기도 한다. 예를 들어, 불균형하게 큰 머리는 지적인 능력에 대한 관심, 성취욕을 주로 시사하나 공상에 몰두하는 경향이나 과잉사고, 편집증 등을 시사할 수도 있다. 반면, 작은 머리는 지적·사회적 부적절감, 무능감, 열등감 등을 시사할 수 있으며 피하고 싶은 생각의 억압과 부인을 나타내는 경우도 있다.

교사의 학생이해에 도움이 되도록 HTP 검사 결과에 대한 해석에서 참조할 만한 사항은 다음과 같다(임재연 외, 2007).

첫째, 공격성이 높은 학생 유형이다. 그림의 크기가 현저하게 클 경우 공격성과 과잉행동 및 조증을 의심할 수 있으며 때로는 보상적 방어의 감정을 표현한 것일 수 있으므로 주의하여 해석해야 한다. 그리고 그림이 전체적으로 강한 선으로 그려진 경우 그림을 그린 학생이 극도로 긴장 상태에 있는 것과 독단적이고 힘이 있으며 양가적 감정을 가지고 있는 것으로 보는 것이 좋고 공격적 경향이 높음을 의심할 필요가 있다. 또한 나무그림에 비늘모양이나 거친 톱니모양의 선을 사용한 수피를 묘사했거나 가지의 끝이 예리하게 창끝처럼 그려지거나 줄기에 붙은 가시처럼 그린 학생은 성격이 거칠고 고집스러우며 불만이 많고 외부에 화를 잘 내는 것을 의미하는 경우가 많다.

둘째, 충동성 조절의 문제를 가진 유형이다. 주로 그림을 혼란스러운 순서로 그리는 경향이 있다. 도화지를 벗어난 그림을 그리는 경우에도 계획능력이 부족하고 조증, 과잉행동의 경향을 의심해 볼 수 있고, 용지의 아랫부분에서 절단된 그림을 그렸을 경우 마음속에 충동성이 강하게 존재하나 강하게 억제하여 성격의 통합을 유지하고자 하는 경향으로 해석하는 것이 좋다. 만약 짧으면서 톱니 같은 선으로 묘사하는 학생의 경우 충동성이 문제와 동시에 심리적으로 억압된 적의감이 높을 가능성이 있으므로 참고하는 것이 좋다. 또한 지나치게 주의가 산만하고 통제력이 부족한 학생은 그림을 묘사할 때 대칭성을 무시하는 경향이 있다. 통찰력과 판단능력이 부족한 경우 인물화에서 얼굴을 옆으로 하고 몸체는 정면을 향하면서 다리는 옆으로 향하게 그리기도 한다. 나무그림에서 끝으로 갈수록 굵어지는 가지를 그리는 경우도 충동성을 의심할 필요가 있다.

HTP 검사는 객관적 검사가 아니므로 해석 시 주의를 기울여야 하며, 이 검사 자체만 가지고 해석하는 것보다 검사과정상에서 보여지는 내담자의 행동특성과 반응을 충분히 반영하고 다른 검사와의 연관성을 고려해 해석해야 한다. 특히 학생의 성격적 특성과 현재 정서적 상태 및 현실적응능력을 파악함으로써 학생이 지닌 문제의 원인을 파악하고 이에 적절한 대처방안을 모색하는 데 도움이 되는 검사결과로 활용해야 한다.

문장완성검사(SCT) 검사란

미완성된 문장을 자극으로 제시하여 피검사자로 하여금 문장을 완성하도록 하는 투시검사의 일종

④ 문장완성검사(SCT)

문장완성검사(Aentence Completion Test: SCT)*는 다수의 미완성 문장을 피험자가 자기 생각대로 완성하도록 하는 검사로, 단어연상 검사를 변형하여 발전시킨 것이다. Sacks의 문장완성검사(SSCT)는 대표적으로 가족, 성적, 대인관계, 자기개념의 4가지 영역으로 나누어 볼 수 있다(김동민 외, 2013).

첫째, 가족영역이다. 아버지, 어머니 및 가족에 대한 태도를 측정하며 이와 관련된 문장들로 구성되어 있다. "어머니와 나는 ________" "내가 바라기에 아버지는 ________" "우리 가족이 나에 대해서 ________" 등이 있다.

둘째, 성적(性的) 영역이다. 이는 이성관계에 대한 태도를 포함하고 있다. 이 영역의 문항들은 사회적인 개인으로서의 여성과 남성, 결혼, 성적 관계에 대한 태도를 나타내도록 한다. "내 생각에 여자들은 ________" "내가 성교

를 했다면 ________” 등이 이 영역의 대표적인 문항들이다.

셋째, 대인관계 영역이다. 이는 친구와 지인, 권위자에 대한 태도를 포함한다. 이 영역의 문항들은 가족 외의 사람들에 대한 감정이나 자신에 대해 타인이 어떻게 느끼는지에 관한 생각들을 표현하게 한다. “내가 없을 때 친구들은 ________” “윗사람이 오는 것을 보면 나는 ______” 등의 문항이 포함된다.

넷째, 자기개념 영역이다. 이는 자신의 능력과 과거, 미래, 두려움, 죄책감, 목표 등에 대한 태도가 포함된다. 이 영역들의 문항들로는 “무슨 일을 해서라도 잊고 싶은 것은 ________” “내가 저지른 가장 큰 잘못은” “내가 믿고 있는 내 능력은 ________” “내가 어렸을 때는 ________” “언젠가 나는 ________” “나의 평생 가장 하고 싶은 일은 ________” 등이 있다.

문장완성검사는 학생의 의식 수준과 무의식 수준을 동시에 반영하므로 MMPI 검사와 HTP검사를 함께 해석하는 것이 도움이 된다. 특별히 과거, 현재, 미래의 시간적 차이에 따라 느끼는 자아상, 가족관계, 학교적응 문제를 파악할 수 있으므로 영역별로 의미있게 구분하여 해석하는 것이 학생을 이해하는 데 도움이 된다.

로샤검사란

형태가 뚜렷하지 않은 카드의 그림을 보여주면서 무엇처럼 보이는지, 무슨 생각이 나는지 자유롭게 말하도록 하여 피검사의 성격을 테스트하는 검사방법

⑤ 로샤검사

로샤검사(Rorschach test)※는 개인성격의 인지, 정서, 자기상, 대인관계 등에 대한 종합적, 다각적인 정보를 준다는 장점을 가지고 있다. 로샤검사 도구는 총 10장의 카드로 구성되어 있다. 이 중 Ⅰ, Ⅳ, Ⅴ, Ⅵ, Ⅶ번 카드는 흑백으로만 구성되어 있고, Ⅱ, Ⅲ번 카드는 흑백에 붉은 색이 혼합되어 있다. 나머지 Ⅷ, Ⅸ, Ⅹ번 카드들은 여러 가지 색깔로 혼합 구성되어 있다. 어떠한 카드도 특정한 대상이나 사물로 명명할 수 있을 만큼 명확한 형태를 가지고 있지 않다는 것이 특징이다. 이 때문에 보는 사람에 따라서 다양한 내용의 보고를 하게 되는데, 이 과정에서 피검자의 다양한 성격 특징들이 영향을 미치게 된다고 보고 있는 검사이다.

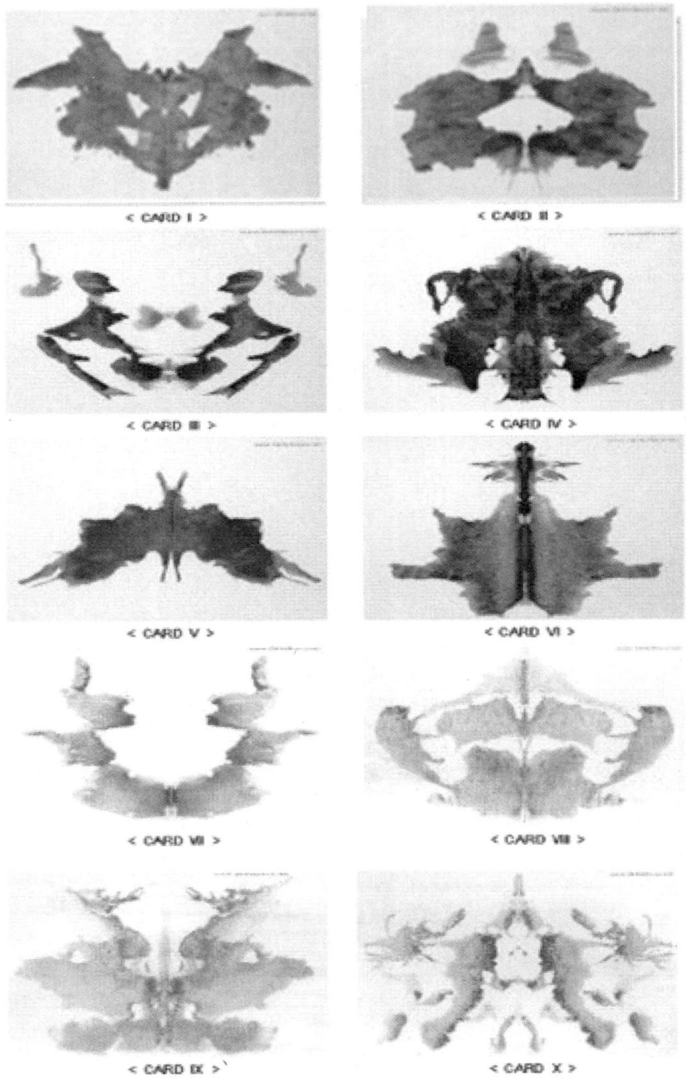

그림 8-2 Rorschach 검사 카드

주제통각검사란

그림을 보고 만드는 공상적인 이야기를 통해 의식적, 무의식적 경향을 파악하려는 목적으로 실시되는 검사방법

⑥ 주제통각검사(TAT)

주제통각검사(Thematic Apperception Test: TAT)*는 로샤검사와 함께 널리 사용되는 대표적인 투사검사로 모호한 대상을 지각하는 과정에는 개인 특유의 심리적 과정

이 포함되어 독특한 해석을 도출하게 된다는 이론적 입장에서 출발한다. 그러나 로샤검사가 원초적 욕구와 환상을 주로 도출시킨다고 전제되어 있는 반면 TAT는 다양한 대인관계상의 역동적 측면을 파악하는 데 보다 유용한 특징을 가지고 있다. TAT에서는 인물들(사람)이 등장하는 모호한 내용의 그림 자극을 제시하고 그에 대한 이야기를 구성해 보도록 하는 방법을 사용한다. 이 과정에서 개인의 과거 경험, 상상, 욕구, 갈등 등이 투사되면서 성격의 특징적인 측면, 발달적 배경, 환경과의 상호관계 방식 등에 대한 정보를 제공해 주게 된다.

TAT는 백지를 포함하여 총 31장으로 구성되어 있으며, 각 카드의 뒷면에는 성인 남자(M), 성인 여자(F), 소년(B), 소녀(G) 등의 구별이 표기되어 있다. 피검자의 연령과 성별에 따라 카드를 선정하도록 하는데 이 중 10장은 모든 피검자에게 실시되며 나머지 카드들은 성별과 연령에 따라 각각 10장씩 실시한다. 따라서 각 개인은 20장의 그림을 보게 된다.

⑦ BGT

BGT(Bender Gestalt Test)*는 원래 내담자의 시지각 운동능력의 장애 여부를 파악하는 데 사용되지만, 때로는 그림검사와 함께 해석 시 무의식적인 반응을 해석하는 데 도움이 되기도 한다. 예를 들면, 공간의 배치능력, 첫 도형의 크기와 위치, 필압과 선의 묘사 등을 주의하여 관찰하면 그림검사에서 얻은 정보와 함께 유용하게 사용될 수 있으며, 기질적·정서적 장애 여부도 파악할 수 있으므로 도움이 되는 경우가 많다. 우울성향이 많고 자신감이 없는 학생의 경우는 도형의 크기가 매우 작거나 도형의 위치가 도화지의 하단에 몰려서 배치하는 경향이 있고, 대인관계에서 문제가 있거나 기질적인 장애가 있는 경우 도형을 중첩하여 그리거나 형태를 전혀 알아볼 수 없도록 와해된 도형으로 묘사하는 경우가 있으므로 주의하여 관찰하는 것이 좋다. 특히 충동성 조절에 문제가 있는 학생의 경우 도형을 묘사하는 속도가 빠르고 대충 그리는 경우가 많다. 또한 공간을 계획성 없이 배치하여 질서가 없고 도형이 한쪽에 집중되어 있거나 여기저기 흩어져 혼란된 느낌

BGT는

간단한 기하학적 모형이 그려져 있는 자극카드들을 피검자에게 보여주며, 그것을 종이 위에 따라 그리도록 하고 여러 가지 변형된 추가 단계를 실시한 후, 여기서 나온 정보를 통해 인지, 정서, 성격 등을 분석하는 검사

표 8-7 TAT 검사 도판 예시

	도판	도판 내용 및 기본반응
도판 1		설명 : 한 소년이 바이올린 앞에서 무엇인가 골똘히 생각하고 있다. 해석 : 어린 소년이 부모에 의해 바이올린을 공부하거나 연주하도록 강요받고 있다는 이야기가 흔히 나타난다. 여기서 부모의 태도와 이에 대한 주인공의 반응을 볼 수 있다. 이를 통해 권위에 대한 복종과 자립에 대한 갈등, 자립에 대한 죄책감 등을 파악할 수 있다.
도판 3 BM	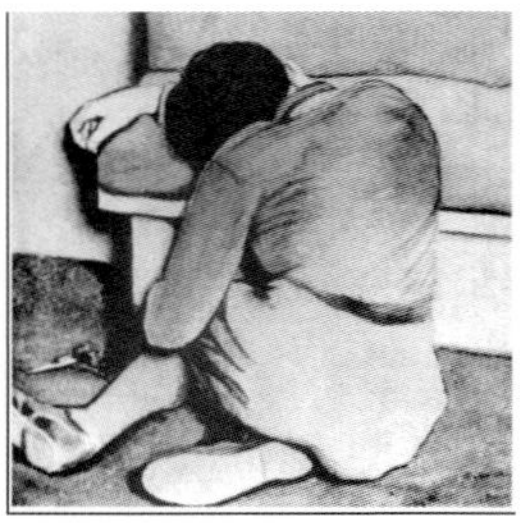	설명 : 한 소년이 의자에 기대어 머리를 파묻고 마룻바닥에 주저앉아 있으며 그 옆에는 권총 비슷한 물건이 놓여 있다. 해석 : 이 그림에서는 우울, 낙담, 자살과 관련된 이야기가 많이 나오며 보통 소년이 피해를 입었거나 무슨 잘못을 저지른 사람으로 그려진다. 이야기 전개과정에서 주인공이 어떻게 곤경을 해결에 나가는지에 대한 문제해결과정이나 대처방식이 나타난다. 여기서 피검자가 경험하는 욕구좌절의 양상과 이에 대한 반응을 볼 수 있다. 때로는 주인공을 소년이 아닌 소녀로 보거나 권총을 왜곡하여 지각하는 경우가 있다. 권총은 공격의 표상으로 공격의 방향이 외부로 향해 있는가, 내부로 향해 있는가 또는 공격성이 억압되어 회피되는가를 알아볼 수 있다.
도판 7 GF		설명 : 한 여인이 책을 들고 앉아서 소녀에게 말을 걸거나 책을 읽어 주고 있으며 인형을 안고 있는 소녀는 딴 곳을 쳐다보고 있다. 해석 : 흔히 어머니와 딸로 지각되며 어머니가 딸에게 이야기를 하거나 무언가를 읽어주고 있는 것으로 보여진다. 또한 딸이 다른 곳을 쳐다보고 있으므로 어머니에 대한 항의나 거부적인 태도들도 쉽게 보여진다. 따라서 이러한 이야기에서 모녀관계에 대한 중요한 정보, 어머니에 대한 태도, 자기 자신에 대한 태도가 반영된다.

이 들도록 그리는 경향이 있다. 또한 자기중심적인 성향이 강하고 공격적인 성향의 학생은 첫 번째 도형을 한가운데 크게 그리거나 대부분의 도형을 크게 그리는 경향이 있다. 또한 대인관계에 문제가 있는 학생의 경우 도형을 중첩되게 그리거나 회전하여 그리는 경우가 많으므로 해석 시 참고하는 것이 좋다. 그러나 BGT 검사결과 역시 다른 검사결과들과 종합적으로 해석하는 것이 학생에 대한 전반적인 해석에 도움이 된다는 점을 기억해야 한다.

⑧ 운동성 가족화(KFD)

운동성 가족화(KFD: Kinetic Family Drawing)*란 Burns와 Kaufman(1970)에 의해 개발된 기법으로 가족화에 움직임을 첨가한 투사화이다. 동적 가족화의 목적은 크게 두 가지이다. 첫째로, 가족 내에서의 자기 자신과 다른 가족구성원에 대한 지각을 파악한다. 둘째로, 가족 간의 상호작용과 역동성을 파악한다. 즉, 학생이 가족과의 관계를 무의식적으로 어떻게 느끼고 인지하고 있는지를 평가하기에 유용한 검사가 가족그림검사이다. 가족관계를 탐색함에 있어 학생이 가족구성원을 묘사하는 순서와 위치, 크기, 공간배치와 필압 등을 주의하여 해석하는 것이 중요하다. 특히 학생 스스로의 해석이 중요한데 학생의 비언어적 반응에 관심을 기울여 주의 깊게 관찰하는 것이 좋다.

운동성 가족화란
주관적이고 심리적으로 느끼는 가족구성원들에 대한 내적인 이미지가 시각적으로 표현되도록 하기 위해 가족들이 무언가를 하고 있는 그림을 그리게 하는 투사기법

(4) 표준인성검사와 활용

① 표준인성검사 제작 배경 및 목적

한국행동과학연구소에서 2000년에 개발한 표준인성검사는 실제 아동을 지도하는 현장의 요구에 의해 개발된 검사이다. 초등학교 3~6학년을 대상으로 일상 및 학교생활과 관련된 성격 파악을 통해 교사와 학부모가 생활지도 및 상담을 할 때 도움을 주기 위한 목적으로 개발되었다.

② 검사의 척도

표준인성검사의 척도는 성격특성을 측정하는 10개 척도와 응답의 신뢰성을 확인하는 1개의 타당도 척도로 구성된다. 문항은 총 126문항으로 '예', '아니오' 중 택일하는 방식으로 구성되어 있다.

표 8-8 표준인성검사의 척도 및 측정내용

척도	각 척도가 재고 있는 구체적 내용
사교성	사교적이고 활달하며 낯선 상황에서도 사람들과 잘 어울리고 자기를 표현하는 데 주저하지 않는 정도
지배성	대인관계에서 주도권을 잡고 리더십을 발휘하기 좋아하고 다른 사람과의 경쟁을 두려워하지 않는 정도
활동성	사교성과 밀접한 관계가 있으며 사회적 상호작용에서의 활력, 표현력과 외부 활동의 선호 정도
성실성	규칙과 질서에 대해 철저하며, 양심적이고 주인의식이 강한 정도
자기존중감	사회적인 활동성 정도와는 관계없이 안정되어 있고, 개인적 가치감을 가지고 있으며 자신에 대해 확신감을 갖는 정도
정서적 안정성	자기감정에 대해 스스로 판단, 인식하고 조절할 줄 알아, 감정에 치우치지 않고 자신의 생활태도를 유지해 나가는 정도
충동통제력	자기통제의 적절성 정도, 충동성과 자기중심에서 벗어날 수 있는 정도, 규칙과 규율에 동조하는 정도
스트레스 인내력	정서적 안정성과 관련되어 있으며 스트레스 상황에서 견뎌낼 수 있는 정도
흥미성향	흥미의 남성지향성, 여성지향성의 정도로, 점수가 높을수록 전통적으로 남성적이라고 평가되는 흥미나 특성이 강함
개방성	어떤 사실에 대해 성급히 판단하기를 삼가고 다양한 관점과 가치를 개방적으로 수용하는 사회적 태도와 신념의 정도
타당도	검사에 신뢰롭게 임하였는가를 측정

표준인성검사의 척도는 기본적 성격특성에 대한 척도 이외에 2004년도에는 학교생활적응 정도와 학습습관척도가 추가 개발되어 사용되고 있다. 학교생활관련 특성은 다음과 같다.

표 8-9 학교생활 관련 특성

학교생활 관련 특성	하위요인
학교생활적응 정도	소극적이고 위축된 태도
	활달하나 독단적인 교우관계
	공동생활 참여의식 부족
	책임의식, 성실성 부족
학습습관	인내심, 끈기 부족
	자신감, 의욕 부족
	정서적 불안, 스트레스

표준인성검사는 학업문제 및 교우관계와 관련한 성격특성 관련 정보를 제공하고자 하는 목적으로 개발되었기 때문에 교사는 본 검사의 결과를 다음과 같이 활용할 수 있다.

첫째, 성격적으로 부적응 상태에 빠져 있거나 일상생활에서 학업문제와 교우문제 등의 여러 어려움을 겪고 있는지 파악해 볼 수 있다.

둘째, 성격적으로 건강하다고 판단되는 학생들의 경우도 각자의 성격 특성을 충분히 살려 자신의 능력을 발휘할 수 있도록 도움을 주기 위한 개인이해용으로 활용될 수 있다.

2) 교사에 의한 심리검사 및 활동

다음의 척도들은 교사가 담당하여 지도하는 학생들의 현재 정신건강 상태를 빠르게 알아보기에 유용한 심리검사도구들이다. 교사는 이러한 검사도구를 활용하되 여기에 제시된 검사도구의 결과들을 토대로 필요하다면 추가적인 전문 심리검사를 실시하거나 혹은 학생이해를 위한 참고자료로 활용하는 것이 바람직하다.

(1) 학교따돌림 척도

교사는 학기초 혹은 따돌림 현상에 대한 파악이 필요하다고 여겨질 때 본 척도를 사용할 수 있고, 본 검사결과는 학교따돌림 예방 및 대책에 대한 계획을 수립하는 자료로 활용이 가능하다.

표 8-10 학교따돌림 진단척도 실시 및 해석방법

척도내용	① 학교따돌림(정서적 폭력)을 개략적으로 평가해 보기 위한 도구로써 총 12문항으로 구성되어 있음.
실시방법	① 부모 혹은 자기보고식 ② 각 문항에 대해 4가지 정도를 평정
채점방법	① 표시된 각 정도의 합계를 기록 ② '조금 심함', '아주 심함'에 표시된 수의 총합계를 구함
해석지침	① '조금 심함' 이상에 표시된 총합계를 기준으로 다음과 같이 평가함 • 2개 이하 : 일시적 따돌림일 가능성 많음 • 3~7개 : 학교에서 따돌림 받을 가능성 있음 • 8개 이상 : 따돌림 받을 가능성 매우 높음(전문가 상담 필요)
출처	한국임상심리학회의 아동 및 청소년 건강진단검사에서 제시된 척도임

본 척도는 학교에서 따돌림을 당하는지 평가하기 위한 것입니다. 다음의 각 문항을 읽으시고, 자신(혹은 여러분의 자녀)에게 해당되는 것에 ○ 표시 하십시오.

번호	문항	전혀 없음	약간 있음	조금 심함	아주 심함
1	나는 학교에서 다른 아이들로부터 위협이나 협박을 당한 적이 있다.	1	2	3	4
2	나는 다른 아이들로부터 이유 없이 신체적으로 구타를 당한 적이 있다.	1	2	3	4
3	나는 학교에서 친한 친구가 없다.	1	2	3	4
4	나는 학교에서 다른 아이들과 잘 어울리지 못한다.	1	2	3	4
5	나는 학교에서 다른 아이들로부터 강제로 돈을 빼앗긴 적이 있다.	1	2	3	4
6	나는 학교에 가기가 두렵다.	1	2	3	4
7	나를 도와주는 친구가 없다.	1	2	3	4
8	나를 이유없이 괴롭히는 친구가 있다.	1	2	3	4
9	친구들이 나를 일부러 따돌리고 소외시키며, 완전히 무시한 적이 있다.	1	2	3	4
10	나에 대해 나쁜 말을 하고 다녀서 다른 친구들이 나를 싫어하게 만든 친구가 있다.	1	2	3	4
11	친구들이 내가 싫어하는 별명으로 나를 부르며 비웃은 적이 있다.	1	2	3	4
12	내가 하기 싫어하는 일을 강제로 시키는 친구가 있다.	1	2	3	4
합계					
※ 평가자 기록란 : '조금 심함' 이상 문항수의 합계					

(2) Beck의 불안척도(Beck Anxiety Inventory: BAI)

불안은 그 자체로 심리적 부적응을 의미하는 것은 아니다. 불안은 우리로 하여금 위험한 상황을 피하게 해준다든가 어떤 일에 대해 미리 준비하려는 동기를 일으키는 등 도움을 줄 수도 있는데, 이 경우에는 적응적이며 적절한 반응이라 할 수 있다. 그러나 구체적인 스트레스 유발 자극이 사라졌는데도 불안이 장기적으로 지속되거나 불안의 정도가 지나쳐서 일상생활에 지장을 초래할 만큼 심각한 상태일 때는 '불안장애'가 있다고 볼 수 있다. 적당하게 낮은 불안은 동기유지, 집중, 학업성취 향상에 도움이 되나 높은 불안은 오히려 집중을 떨어뜨리고 성취를 낮추게 한다. 따라서 현재 학생의 불안 상태 정도를 아는 것은 학생지도에 도움이 될 수 있다.

표 8-11 Beck의 불안진단척도 실시 및 해석방법

척도내용	① 정신과 집단에서 호소하는 불안의 정도를 측정하기 위한 도구 ② 불안의 인지적, 정서적, 신체적 영역을 포함하는 21문항으로 구성 ③ 특히 우울로부터 불안을 구별해 내기 위한 목적으로 개발됨
실시방법	① 자기보고식 - 지난 한 주 동안 불안을 경험한 정도를 4점 척도상에 표시
채점방법	① 각 문항의 점수를 합산하여 총점을 구함 • 전혀 느끼지 않았다 = 0점 • 조금 느꼈다 = 1점 • 상당히 느꼈다 = 2점 • 심하게 느꼈다 = 3점
해석지침	① 총점의 범위 : 0 ~ 63점 • 22 ~ 26점 : 불안 상태(관찰과 개입을 요함) • 27 ~ 31점 : 심한 불안 상태 • 32점 이상 : 극심한 불안 상태
출처	서울특별시 학교보건진흥원(www.bogun.seoul.kr)

■ 아래의 항목들은 불안의 일반적 증상들을 열거한 것입니다. 먼저 각 항목을 주의 깊게 읽으십시오. 오늘을 포함해서 지난 한 주 동안 귀하가 경험한 증상의 정도를 아래와 같이 그 정도에 따라 적당한 숫자에 ◯ 표시 하십시오.

0 : 전혀 느끼지 않는다.
1 : 조금 느꼈다. 그러나 별 문제가 되지 않는다.
2 : 상당히 느꼈다. 힘들었으나 견딜 수 있었다.
3 : 심하게 느꼈다. 견디기가 힘들었다.

문 항	전혀 안 느낌	조금 느낌	상당히 느낌	심하게 느낌
1. 나는 가끔씩 몸이 저리고 쑤시며 감각이 마비된 느낌을 받는다.				
2. 나는 흥분된 느낌을 받는다.				
3. 나는 가끔씩 다리가 떨리곤 한다.				
4. 나는 편안하게 쉴 수가 없다.				
5. 매우 나쁜 일이 일어날 것 같은 두려움을 느낀다.				
6. 나는 어지러움(현기증)을 느낀다.				
7. 나는 가끔씩 심장이 두근거리고 빨리 뛴다.				
8. 나는 침착하지 못하다.				
9. 나는 자주 겁을 먹고 무서움을 느낀다.				
10. 나는 신경이 과민해 있다.				
11. 나는 가끔씩 숨이 막히고 질식할 것 같다.				
12. 나는 자주 손이 떨린다.				
13. 나는 안절부절못해한다.				
14. 나는 미칠 것 같은 두려움을 느낀다.				
15. 나는 가끔씩 숨쉬기가 곤란할 때가 있다.				
16. 나는 죽을 것 같은 두려움을 느낀다.				
17. 나는 불안한 상태에 있다.				
18. 나는 자주 소화가 잘 안 되고 뱃속이 불편하다.				
19. 나는 가끔씩 기절할 것 같다.				
20. 나는 자주 얼굴이 붉어지곤 한다.				
21. 나는 땀을 많이 흘린다(더위로 인한 경우는 제외).				

(3) Beck의 우울척도(Beck Depression Inventory: BDI)

우울증은 우울한 기분에 빠져 의욕을 상실한 채 무능감·고립감·허무감·죄책감·자살충동 등과 관련된 심리적 증상이다. 이러한 우울증이 소아청소년기에 나타날 경우 성인의 우울증과 달리 산만함, 난폭함, 짜증, 반항 등 행동상의 변화로 나타나는 경우가 많다. 따라서 교사는 학생생활지도를 위한 기초자료로 학생의 우울 정도를 확인해 보는 것도 의미가 있다.

표 8-12 Beck의 우울진단척도 실시 및 해석방법

척도내용	① 우울 증상의 정도 측정 ② 우울증의 인지적, 정서적, 동기적, 신체적 증상 영역을 포함하는 21문항으로 구성 ③ 1961년 개발된 이래 전 세계적으로 널리 사용되고 있다. ④ 증상의 정도를 Likert 척도가 아니라 증상의 정도를 표현하는 구체적인 진술문에 응답케 함으로써 응답자들이 자신의 심리상태를 수량화하는 데서 겪는 혼란을 줄일 수 있다.
실시방법	자기보고식 - 자신의 상태를 4개 문장 중 하나에 표시하도록 한다.
채점방법	각 문항을 0~3점으로 평정한다. 각 문항 점수를 합산하여 총점을 구한다.
해석지침	① 점수의 범위 : 0~63점 0 ~ 9점 : 우울하지 않은 상태 10 ~ 15점 : 가벼운 우울 상태 16 ~ 23점 : 중한 우울 상태 24 ~ 63점 : 심한 우울 상태 ② 한국판 연구 - 우울집단 선별을 위한 절단점으로 16점 제시(중학생 이상 사용 가능)
출처	서울특별시 학교보건진흥원(www.bogun.seoul.kr)

<table>
<tr><td colspan="3">다음은 여러분이 일상생활에서 경험할 수 있는 내용들로, 각 문항은 모두 4개의 문장으로 구성되어 있습니다. 이 문장들을 자세히 읽어 보고 오늘을 포함하여 지난 일주일 동안의 자신을 가장 잘 나타낸다고 생각되는 한 문항을 선택하여 번호를 적어 주십시오.</td></tr>
<tr><td rowspan="4">1</td><td>나는 슬프지 않다.</td><td>0</td></tr>
<tr><td>나는 슬프다.</td><td>1</td></tr>
<tr><td>나는 항상 슬프고 기운을 낼 수 없다.</td><td>2</td></tr>
<tr><td>나는 너무나 슬프고 불행해서 도저히 견딜 수 없다.</td><td>3</td></tr>
<tr><td rowspan="4">2</td><td>나는 앞날에 대해서 특별히 낙담하지 않는다.</td><td>0</td></tr>
<tr><td>나는 앞날에 대해 용기가 나지 않는다.</td><td>1</td></tr>
<tr><td>나는 앞날에 대해 기대할 것이 아무것도 없다고 느낀다.</td><td>2</td></tr>
<tr><td>나의 앞날은 아주 절망적이고 나아질 가망이 없다고 느낀다.</td><td>3</td></tr>
<tr><td rowspan="4">3</td><td>나는 실패자라고 느끼지 않는다.</td><td>0</td></tr>
<tr><td>나는 보통 사람보다 더 많이 실패한 것 같다.</td><td>1</td></tr>
<tr><td>내가 살아온 과거를 돌이켜 보면 실패투성이인 것 같다.</td><td>2</td></tr>
<tr><td>나는 인간으로서 완전히 실패자인 것 같다.</td><td>3</td></tr>
<tr><td rowspan="4">4</td><td>나는 전과 같이 일상생활에서 만족하고 있다.</td><td>0</td></tr>
<tr><td>나의 일상생활은 전처럼 즐겁지가 않다.</td><td>1</td></tr>
<tr><td>나는 요즘에 어떤 것에서도 별로 만족을 얻지 못한다.</td><td>2</td></tr>
<tr><td>나는 모든 것이 다 불만스럽고 싫증난다.</td><td>3</td></tr>
<tr><td rowspan="4">5</td><td>나는 특별히 죄책감을 느끼지 않는다.</td><td>0</td></tr>
<tr><td>나는 죄책감을 느낄 때가 많다.</td><td>1</td></tr>
<tr><td>나는 죄책감을 느낄 때가 아주 많다.</td><td>2</td></tr>
<tr><td>나는 항상 죄책감에 시달리고 있다.</td><td>3</td></tr>
<tr><td rowspan="4">6</td><td>나는 벌을 받고 있다고 느끼지 않는다.</td><td>0</td></tr>
<tr><td>나는 어쩌면 벌을 받을지도 모른다는 느낌이 든다.</td><td>1</td></tr>
<tr><td>나는 벌을 받을 것 같다.</td><td>2</td></tr>
<tr><td>나는 지금 벌을 받고 있다고 느낀다.</td><td>3</td></tr>
<tr><td rowspan="4">7</td><td>나는 나 자신에게 실망하지 않는다.</td><td>0</td></tr>
<tr><td>나는 나 자신에게 실망하고 있다.</td><td>1</td></tr>
<tr><td>나는 나 자신에게 화가 난다.</td><td>2</td></tr>
<tr><td>나는 나 자신을 증오한다.</td><td>3</td></tr>
<tr><td rowspan="4">8</td><td>내가 다른 사람보다 못한 것 같지 않다.</td><td>0</td></tr>
<tr><td>나는 나의 약점이나 실수에 대해서 나 자신을 탓하는 편이다.</td><td>1</td></tr>
<tr><td>내가 한 일이 잘못되었을 때는 언제나 나를 탓한다.</td><td>2</td></tr>
<tr><td>일어나는 모든 나쁜 일들은 모두 내 탓이다.</td><td>3</td></tr>
</table>

9	나는 자살 같은 것은 생각하지 않는다.	0
	나는 자살할 생각은 가끔 하지만 실제로 하지는 않을 것이다.	1
	자살하고 싶은 생각이 자주 든다.	2
	나는 기회만 있으면 자살하겠다.	3
10	나는 전보다 더 울지 않는다.	0
	나는 전보다 더 많이 운다.	1
	나는 요즘에 항상 운다.	2
	나는 전에는 울고 싶을 때 울 수 있었지만 요즈음은 울래야 울 기력조차 없다.	3
11	나는 요즈음 평소보다 더 짜증을 내는 편이 아니다.	0
	나는 전보다 더 쉽게 짜증이 나고 귀찮아진다.	1
	나는 요즈음 항상 짜증을 내고 있다.	2
	전에는 짜증스럽던 일이 요즈음은 너무 지쳐서 짜증조차 나지 않는다.	3
12	나는 다른 사람들에 대한 관심을 잃지 않고 있다.	0
	나는 전보다 사람들에 대한 관심이 줄었다.	1
	나는 사람들에 대한 관심이 거의 없어졌다.	2
	나는 사람들에 대한 관심이 완전히 없어졌다.	3
13	나는 평소처럼 결정을 잘 내린다.	0
	나는 결정을 미루는 때가 전보다 더 많다.	1
	나는 전에 비해 결정내리는 데 더 큰 어려움을 느낀다.	2
	나는 더 이상 아무 결정도 내릴 수 없다.	3
14	나는 전보다 내 모습이 나빠졌다고 느끼지 않는다.	0
	나는 매력 없어 보일까 봐 걱정한다.	1
	나는 내 모습이 매력 없이 변해버린 것 같은 느낌이 든다.	2
	나는 내가 추하게 보인다고 믿는다.	3
15	나는 전처럼 일을 할 수 있다.	0
	어떤 일을 시작하는데 전보다 더 많은 노력이 든다.	1
	무슨 일이든 하려면 나 자신을 매우 심하게 채찍질해야 한다.	2
	나는 전혀 아무 일도 할 수가 없다.	3
16	나는 평소처럼 잠을 잘 수 있다.	0
	나는 평소처럼 잠을 자지 못한다.	1
	나는 전보다 일찍 깨고 다시 잠들기 어렵다.	2
	평소보다 몇 시간이나 일찍 깨고 한 번 깨면 다시 잠들 수 없다.	3

17	나는 평소보다 더 피곤하지 않다.	0
	나는 전보다 더 쉽게 피곤해진다.	1
	나는 무엇을 해도 피곤해진다.	2
	나는 너무나 피곤해서 아무 일도 할 수 없다.	3
18	내 식욕은 평소와 다름없다.	0
	나는 요즈음 전보다 식욕이 좋지 않다.	1
	나는 요즈음 식욕이 많이 떨어졌다.	2
	요즈음에는 전혀 식욕이 없다.	3
19	요즈음 체중이 별로 줄지 않았다.	0
	전보다 몸무게가 2kg가량 줄었다.	1
	전보다 몸무게가 5kg가량 줄었다.	2
	전보다 몸무게가 7kg가량 줄었다.	3
나는 현재 음식 조절로 체중을 줄이고 있는 중이다. 예( ) 아니오( )		
20	나는 건강에 대해 전보다 더 염려하고 있지는 않다.	0
	나는 여러 가지 통증, 소화불량, 변비 등과 같은 신체적 문제로 걱정하고 있다.	1
	나는 건강이 너무 염려되어 다른 일을 생각하기 힘들다.	2
	나는 건강이 너무 염려되어 다른 일은 아무것도 생각할 수 없다.	3
21	나는 요즈음 성(sex)에 대한 관심에 별다른 변화가 없다.	0
	나는 전보다 성(sex)에 대한 관심이 줄었다.	1
	나는 전보다 성(sex)에 대한 관심이 상당히 줄었다.	2
	나는 성(sex)에 대한 관심을 완전히 잃었다.	3

(4) SIQ, 레이놀즈 자살생각척도

우리나라 많은 청소년은 성적, 가정불화, 경제적 어려움, 학교폭력 등 다양한 원인으로 자살을 생각하고 있고 이를 실행에 옮기기도 한다. 따라서 교사는 자살생각척도(Reynolds Suicidal Ideation Questionnaire: SIQ)를 통해 나타난 결과를 참고로 하여, 적극적 상담을 실시하여 학생이 자살을 생각하게 된 이유에 대해 알아보고 학생의 정신건강을 위한 대처계획을 세워 자살을 미연에 방지하고 학생의 학교생활 적응에 도움을 주는 역할을 수행할 수 있을 것이다.

■■ 표 8-13 자살생각척도 실시 및 해석방법

척도내용	① SIQ는 많은 청소년들이 우울하지는 않지만 자살생각을 보인다는 관찰로부터 제작된 척도로, 자살생각을 측정하는 30문항으로 이루어진 자기보고형 척도임
실시방법	① 자기보고식 ② 각 문항에 대해 7점 척도로 평정
채점방법	① 각 문항을 0~6점으로 평정 ② 각 문항 점수를 합산하여 총점을 구함
해석지침	① 점수의 범위는 0 ~ 180점 62~76점 : 또래집단에 비해 자살생각을 많이 하는 편임 (평균 1달에 1번 이상) 77~90점 : 또래집단에 비해 자살생각을 많이 상당히 많이 하는 편임 (평균 1달에 2~3번) 91점 이상 : 또래집단에 비해 자살생각을 매우 많이 함 (평균 1달에 3번 이상)
출처	Reynolds(1987) Suicidal Ideation Questionnaire: Professional Manual

아래에는 사람들이 때때로 할 수 있는 생각들이 제시되어 있습니다. 다음의 문장들을 자세히 읽어 보시고, 지단 달 동안에 당신이 얼마나 자주 그런 생각을 했는지를 "거의 매일 그런 생각을 했다"에서 "전혀 그런 생각을 한 적이 없다"까지 해당되는 번호에 ∨표 해주십시오.

0. 전혀 생각한 적 없다　　1. 전에 그런 생각을 한 적이 있지만 지난달에는 한 적이 없다.
2. 한 달에 1번　　3. 한 달에 2~3번
4. 일주일에 1번　　5. 일주일에 2~3번
6. 거의 매일 그런 생각을 했다

문 항	전혀 그런 생각을 한 적이 없다			↔			거의 매일 그런 생각을 했다.
1. 내가 살아 있지 않는 편이 차라리 나을 것이라고 생각했다.	0	1	2	3	4	5	6
2. 자살을 할까 생각했다.	0	1	2	3	4	5	6
3. 어떻게 자살할 것인가에 대해 생각해 봤다.	0	1	2	3	4	5	6
4. 언제 자살할 것인가에 대해 생각해 봤다.	0	1	2	3	4	5	6
5. 사람이 죽어가는 것에 대해 생각해 봤다.	0	1	2	3	4	5	6
6. 죽음에 대해서 생각했다.	0	1	2	3	4	5	6

7. 자살할 때 유서에 무엇이라고 쓸 것인가에 대해서 생각했다.	0	1	2	3	4	5	6
8. 내가 원하는 것을 유언장으로 만들어 둘 생각을 했다.	0	1	2	3	4	5	6
9. 사람들한테 내가 자살하려 한다는 것을 말할까 생각했다.	0	1	2	3	4	5	6
10. 내가 없으면 주위 사람들이 더 행복할 것이라고 생각했다.	0	1	2	3	4	5	6
11. 만일 내가 자살한다면 사람들이 어떻게 느낄까 생각했다.	0	1	2	3	4	5	6
12. 살아 있지 않기를 바랐다.	0	1	2	3	4	5	6
13. 모든 것을 끝장내 버리는 게 얼마나 쉬울까 생각했다.	0	1	2	3	4	5	6
14. 내가 죽어버리면 모든 문제가 해결될 것이라고 생각했다.	0	1	2	3	4	5	6
15. 내가 죽는다면 다른 사람들이 더 편해질 것이라고 생각했다.	0	1	2	3	4	5	6
16. 자살할 수 있는 용기가 있었으면 좋겠다.	0	1	2	3	4	5	6
17. 나는 애초에 태어나지 않았으면 좋겠다.	0	1	2	3	4	5	6
18. 기회가 있다면 자살할 것이라고 생각했다.	0	1	2	3	4	5	6
19. 사람들이 자살하는 방법에 대해 생각했다.	0	1	2	3	4	5	6
20. 자살생각을 했지만, 실제 행동으로 옮기지는 않을 것이다.	0	1	2	3	4	5	6
21. 큰 사고를 당하는 것에 대해 생각했다.	0	1	2	3	4	5	6
22. 인생은 살 가치가 없다고 생각했다.	0	1	2	3	4	5	6
23. 내 인생은 너무 형편없이 엉망이어서 더 이상 살아갈 이유가 없다고 생각했다.	0	1	2	3	4	5	6
24. 내 존재를 알리는 유일한 방법이 자살하는 것이라고 생각했다.	0	1	2	3	4	5	6
25. 내가 자살하고 나면 사람들은 내게 무관심했던 것을 후회하게 될 것이라고 생각했다.	0	1	2	3	4	5	6
26. 내가 죽거나 살거나 아무도 관심을 가지지 않을 것이라고 생각했다.	0	1	2	3	4	5	6
27. 정말로 자살할 의도는 아니지만 자해하는 것을 생각했다.	0	1	2	3	4	5	6
28. 내가 자살할 수 있는 용기가 있을까를 생각했다.	0	1	2	3	4	5	6
29. 상황이 더 좋아지지 않으면 자살하겠다고 생각했다.	0	1	2	3	4	5	6
30. 자살할 권리가 있었으면 좋겠다.	0	1	2	3	4	5	6

(5) 한국형 인터넷중독 자가진단검사(K-척도)

교사가 한국형 인터넷중독 자가진단검사의 목적은 일반 학생들을 위해 기초적인 진단(Screening)을 할 수 있는 도구로 활용하는 데 있다. 즉, 채점기준에 따라 총점과 요인 점수를 계산하여, 학생이 어느 중독경향성집단에 속하는지 살펴보게 된다. 기초적인 진단이란 우선 일반 인터넷 사용자들이 자신의 인터넷 사용 행동패턴을 점검해 보고, 자신의 사용이 정상적인 사용패턴과 비교해서 어느 정도 벗어나 있는지 파악하여, 만일 정상 범위에서 조금 벗어나면 기존의 생활태도를 변화시킬 필요가 있음을 알리는 기능을 하며, 정상 범위에서 많이 벗어나게 되면 전문가의 도움이 필요한 상태임을 경고하는 기능을 가지게 된다. 따라서 교사는 본 검사를 통해 대상별로 적합한 지도방안에 대한 교육적 대처방안을 계획하는 데 도움이 되는 정보를 얻을 수 있다.

번호		항목	전혀 그렇지 않다	때때로 그렇다	자주 그렇다	항상 그렇다
일상 생활 장애	1	인터넷 사용으로 인해서 생활이 불규칙해졌다.	①	②	③	④
	2	인터넷 사용으로 건강이 이전보다 나빠진 것 같다.	①	②	③	④
	3	인터넷 사용으로 학교 성적이 떨어졌다.	①	②	③	④
	4	인터넷을 너무 사용해서 머리가 아프다.	①	②	③	④
	5	인터넷을 하다가 계획한 일들을 제대로 못한 적이 있다.	①	②	③	④
	6	인터넷을 하느라고 피곤해서 수업시간에 잠을 자기도 한다.	①	②	③	④
	7	인터넷을 너무 사용해서 시력 등에 문제가 생겼다.	①	②	③	④
	8	다른 할 일이 많을 때에도 인터넷을 사용하게 된다.	①	②	③	④
	9	인터넷 사용으로 인해 가족들과 마찰이 있다.	①	②	③	④

번 호		항 목	전혀 그렇지 않다	때때로 그렇다	자주 그렇다	항상 그렇다
현실 구분 장애	10	인터넷을 하지 않을 때에도 하고 있는 듯한 환상을 느낀 적이 있다.	①	②	③	④
	11	인터넷을 하고 있지 않을 때에도, 인터넷에서 나오는 소리가 들리고 인터넷을 하는 꿈을 꾼다.	①	②	③	④
	12	인터넷 사용 때문에 비도덕적인 행위를 저지르게 된다.	①	②	③	④
긍정적 기대	13	인터넷을 하는 동안 나는 가장 자유롭다.	①	②	③	④
	14	인터넷을 하고 있으면, 기분이 좋아지고 흥미진진해진다.	①	②	③	④
	15	인터넷을 하는 동안 나는 더욱 자신감이 생긴다.	①	②	③	④
	16	인터넷을 하고 있을 때 마음이 제일 편하다.	①	②	③	④
	17	인터넷을 하면 스트레스가 모두 해소되는 것 같다.	①	②	③	④
	18	인터넷이 없다면 내 인생에 재미있는 일이란 없다.	①	②	③	④
금단	19	인터넷을 하지 못하면 생활이 지루하고 재미가 없다.	①	②	③	④
	20	만약 인터넷을 다시 할 수 없게 된다면 견디기 힘들 것이다.	①	②	③	④
	21	인터넷을 하지 못하면 안절부절못하고 초조해진다.	①	②	③	④
	22	인터넷을 하고 있지 않을 때에도 인터넷에 대한 생각이 자꾸 떠오른다.	①	②	③	④
	23	인터넷 사용 때문에 실생활에서 문제가 생기더라도 인터넷 사용을 그만두지 못한다.	①	②	③	④
	24	인터넷을 할 때 누군가 방해를 하면 짜증스럽고 화가 난다.	①	②	③	④

번호		항 목	전혀 그렇지 않다	때때로 그렇다	자주 그렇다	항상 그렇다
가상적 대인 관계 지향성	25	인터넷에서 알게 된 사람들이 현실에서 아는 사람들보다 나에게 더 잘해준다.	①	②	③	④
	26	온라인에서 친구를 만들어 본 적이 있다.	①	②	③	④
	27	오프라인에서보다 온라인에서 나를 인정해 주는 사람이 더 많다.	①	②	③	④
	28	실제에서보다 인터넷에서 만난 사람들을 더 잘 이해하게 된다.	①	②	③	④
	29	실제 생활에서도 인터넷에서 하는 것처럼 해보고 싶다.	①	②	③	④
일탈 행동	30	인터넷 사용시간을 속이려고 한 적이 있다.	①	②	③	④
	31	인터넷을 하느라고 수업에 빠진 적이 있다.	①	②	③	④
	32	부모님 몰래 인터넷을 한다.	①	②	③	④
	33	인터넷 때문에 돈을 더 많이 쓰게 된다.	①	②	③	④
	34	인터넷에서 무엇을 했는지 숨기려고 한 적이 있다.	①	②	③	④
	35	인터넷에 빠져 있다가 다른 사람과의 약속을 어긴 적이 있다.	①	②	③	④
내성	36	인터넷을 한 번 시작하면 생각했던 것보다 오랜 시간 인터넷에서 보내게 된다.	①	②	③	④
	37	인터넷을 하다가 그만두면 또 하고 싶다.	①	②	③	④
	38	인터넷 사용시간을 줄이려고 해보았지만 실패한다.	①	②	③	④
	39	인터넷 사용을 줄여야 한다는 생각이 끊임없이 들곤 한다.	①	②	③	④
	40	주위 사람들이 내가 인터넷을 너무 많이 한다고 지적한다.	①	②	③	④

표 8-14 K-척도 실시 및 해석방법

<table>
<tr><td>척도내용</td><td colspan="3">① K-척도는 일반 사용자들을 위해 기초적인 진단(Screening)을 할 수 있는 도구로 사용될 수 있다.
② 전문상담기관에서 인터넷중독척도의 사용과 해석은 더욱 포괄적이고 전문적인 사용을 목적으로 한다.
③ 일상생활장애(Disturbance of Adaptive Functions), 현실구분장애(Disturbance of Reality Testing), 긍정적 기대(Addictive Automatic Thought), 금단(Withdrawal), 가상적 대인관계지향성(Virtual Interpersonal Relationship), 일탈행동(Deviate Behavior), 내성(Tolerance)의 7개의 하위요인으로 구성된다.</td></tr>
<tr><td>실시방법</td><td colspan="3">① 자기보고식 - 각 문항을 읽은 후 자신의 상태를 4점 척도상에 표시하도록 한다.</td></tr>
<tr><td>채점방법</td><td colspan="3">① 1점(전혀 그렇지 않다) / 2점(때때로 그렇다) / 3점(자주 그렇다) / 4점(항상 그렇다)으로 각 문항을 평정한다.
② 계산하기
총점 ➡ 1~40번 합계
요인별 합계 ➡ 1요인(1~9번) 합계
4요인(19~24번) 합계
7요인(36~40번) 합계</td></tr>
<tr><td rowspan="4">해석지침</td><td rowspan="4">고위험 사용 자군</td><td>중·고등 학생</td><td>전체 총점 108점 이상 / 1번 요인 총점 26점 이상, 4번 요인 총점 18점 이상, 7번 요인 총점 17점 이상</td></tr>
<tr><td>초 등 학 생</td><td>전체 총점 94점 이상 / 1번 요인 총점 21점 이상, 4번 요인 총점 16점 이상, 7번 요인 총점 15점 이상</td></tr>
<tr><td colspan="2">위 점수기준에 모두 해당하는 경우</td></tr>
<tr><td colspan="2">인터넷 사용으로 인하여 일상생활에서 심각한 장애를 보이면서 내성 및 금단 현상이 나타난다. 사이버 공간에서의 대인관계가 대부분이며, 해킹과 같은 비도덕적 행위와 막연한 긍정적 기대가 있고, 현실생활에서 인터넷에 접속하고 있는 듯한 착각을 하기도 한다. 이들의 접속시간은 중고생의 경우 1일 약 4시간 이상, 초등생 약 3시간 이상이며, 중고생은 수면시간도 5시간 내외로 줄어든다. 대개 자신이 인터넷중독이라고 느끼며, 학업에 곤란을 겪는다. 또한, 심리적으로 불안정감 및 대인관계 곤란감, 우울한 기분 등이 흔하며, 성격적으로 자기조절에 심각한 어려움을 보이며 무계획적인 충동성도 높은 편이다. 현실세계에서 사회적 관계에 문제가 있으며, 외로움을 느끼는 경우도 많다.
⇒ 인터넷 중독 경향성이 매우 높으므로 관련 기관의 전문적 지원과 도움이 요청된다.</td></tr>
</table>

	잠재적 위험 사용자군	중·고등 학생	전체 총점 95~107점 사이 / 1번 요인 총점 23점 이상/ 4번 요인 총점 16점 이상 / 7번 요인 총점 15점 이상
		초 등 학 생	전체 총점 82~93점 사이 / 1번 요인 총점 18점 이상/ 4번 요인 총점 14점 이상 / 7번 요인 총점 13점 이상
		위 점수기준에 모두 해당하는 경우	
		고위험사용자에 비해 보다 경미한 수준이지만 일상생활에서 장애를 보이며, 인터넷 사용시간이 늘어나고 집착을 하게 된다. 학업에 어려움이 나타날 수 있으며, 심리적 불안정감을 보이지만 절반 정도의 학생은 자신이 아무 문제가 없다고 느낀다. 대체로 중고생은 1일 약 3시간 정도, 초등생은 2시간 정도의 접속시간을 보이며, 다분히 계획적이지 못하고 자기조절에 어려움을 보이며 자신감도 낮게 된다. ⇒ 인터넷 과다 사용의 위험을 깨닫고 스스로 조절하고 계획적인 사용을 하도록 노력한다. 인터넷중독에 대한 주의가 요망되며, 학교 및 관련 기관에서 제공하는 건전한 인터넷 활용 지침을 따른다.	
	일반 사용자군	중·고등 학생	전체 총점 94점 이하, 1번 요인 총점 22점 이하, 4번 요인 총점 15점 이하, 7번 요인 총점 14점 이하
		초 등 학 생	전체 총점 81점 이하, 1번 요인 총점 17점 이하, 4번 요인 총점 13점 이하, 7번 요인 총점 12점 이하
		위 점수기준에 모두 해당하는 경우	
		중·고생의 경우 1일 약 2시간, 초등생 약 1시간 정도의 접속시간을 보이며, 대부분이 인터넷중독 문제가 없다고 느낀다. 심리적 정서 문제나 성격적 특성에서도 특이한 문제를 보이지 않으며, 자기 행동을 관리한다고 생각한다. 주변 사람들과의 대인관계에서도 자신이 충분한 지원을 얻을 수 있다고 느끼며, 심각한 외로움이나 곤란감을 느끼지 않는다. ⇒ 때때로 인터넷의 건전한 활용에 대하여 자기점검을 지속적으로 수행한다.	
출처	한국정보문화진흥원 인터넷중독예방상담센터에서 발행한 「인터넷중독자가진단검사(K-척도)와 예방교육프로그램」		

3. 교직수업 적용활동

활 동

〈학생 심리검사 및 결과 해석 연습활동〉

한국형 인터넷중독 자가진단검사(K-척도)를 절차에 따라 실시해 보고, 2인이 한 조가 되어 서로의 검사 결과를 해석해 주세요. 그리고 검사결과를 고려하여 교사로서 어떻게 인터넷중독 예방활동 혹은 대처활동을 할 것인지에 대한 지도 계획을 세우시오.

검사결과 해석 기록지

이름:	생년월일:	성별:
학교명:	학년반:	평가종류:
검사실시일:	평가장소:	검사자:

구분	내용
검사 결과	1요인 합계 점 4요인 합계 점 7요인 합계 점 전체 총점 점 ▶ 고위험 사용자군 ( ) ▶ 잠재적 위험 사용자군 ( ) ▶ 일반사용자군 ( )
결과에 대한 지도계획	

chapter 09

학교폭력 상담과 자기이해

학습목표

1. 학교폭력 유형별 상담과정 및 개입전략을 파악한다.
2. 학교폭력 관련 대상자별 상담 특징을 이해한다.
3. 학생상담의 기법을 이해한다.

본 장에서는 학교폭력의 진단 및 예방을 위한 상담의 개입방향과 과정에 대해 알아보고자 한다. 구체적으로 학교폭력 유형별 상담 접근방법은 무엇이고, 학교폭력 관련 학생상담에서 진행되어야 할 교사 차원의 상담전략 및 중재기술은 무엇인지에 대해 중점적으로 살펴보고자 한다. 이를 통해, 교사는 학교폭력 상황에서 가해·피해학생 및 주변학생에게 효과적인 상담을 제공하며, 다양한 프로그램을 연계함으로써 학교폭력을 예방하고 사후대처 역량을 증진시킬 수 있을 것이다.

1. 학교폭력 상담의 기초

1) 학교폭력 상담의 목적과 필요성

학교폭력의 피해학생은 폭력 이후에 학교생활을 비롯한 전반적인 생활적응에 있어서 심리적·사회적·신체적·정서적·학업적 측면에서의 손상을 입는다. 놀랍게도 가해학생 역시 자신의 가해행동으로 인해 처벌을 받게 되면서 자존감이 낮아지고, 위축되는 느낌을 받게 된다. 폭력상황에서 폭력장면을 목격한 주변인 역시 자신이 폭력을 막지 못했다는 죄책감을 느끼게 되는데, 이러한 점으로 미루어 볼 때, 피해학생, 가해학생, 주변인 모두 폭력에 노출되어 있으며, 모두가 부정적인 정서를 겪고 있다고 가정할 수 있다. 또한, 교사들은 학교폭력 사건을 처리할 때, 여러 단계의 행정절차를 밟아야 하며, 피해학생 학부모 및 가해학생 학부모를 비롯하여 여러 관계자에게 존중받지 못한 경험으로 인해 소진을 겪고 있는 실정이다.

학교폭력이 발생했을 때 효과적인 대처방법 중 하나로 상담을 꼽을 수 있는데, 대상자별로 심리적인 지지 및 심리치료적 개입이 가능하기 때문이다. 또한, 상담은 학교폭력이 더 심각해지지 않도록 예방하는 데 효과적이며, 상담을 통해 학생들의 보호 요인을 발견하여 전반적인 생활의 적응을 도울 수 있다. 따라서 학교나 학급 차원에서는 상담을 활용하여 학교폭력 발생 전에는 학교폭력 문제의 징후를 발견하여 예방할 수 있도록 해야 하며, 학교폭력 사후에는 피·가해자 및 주변인의 학교생활적응을 도모할 필요가 있다.

2) 학교폭력예방 및 상담의 이해

(1) 학교폭력 상담의 개입

학교폭력 상담은 크게 3가지로 나눠는데, 개입목적에 따라 예방상담, 위기상담, 추수상담으로 구분된다(이규미, 2006). 즉, 학교폭력 발생 이전의 문제를 감지하여 진행되는 예방상담, 학교폭력 사건이 발생한 직후에 해결을 위한 위기상담, 학교폭력 발생 이후에 적응력 향상 및 후유증 감소를 위한 추수상담으로 개념화 시킬 수 있다.

① 예방상담

예방상담은 학교폭력 문제의 징후를 발견하거나 학교환경을 개선하는 데 도움을 줄 수 있는 개입으로써 학교, 가정, 사회관계 기관에서 유기적이고 다차원적으로 이루어질 수 있는 통합적 접근이 요구된다. 따라서 학교폭력 상황에서 밀접한 관계를 맺고 있는 학교관계 기관·학교·담임교사·학부모 등의 역할이 매우 중요하다. 구체적으로 각각의 역할을 살펴보면, 교육부 차원에서는 전 학교를 대상으로 학교폭력 실태조사를 실시함으로써 학교폭력의 심각성을 파악하고 학교폭력 예방 및 치유를 위한 조치를 취할 수 있다. 학교 차원에서는 전교생을 대상으로 정서행동 특성 검사를 실시하여 정서행동의 부정적 지표가 높은 학생(폭력 징후, 자살 징후 및 우울 징후)을 선별하여 상담을 실시할 수 있다. 또한, 학교폭력 설문조사를 실시함으로써 학교폭력 현황을 조사하고, 학교폭력에 대한 이해 및 예방을 증진시킬 수 있다. 학교폭력 상담은 사건 발생 후의 개입도 중요하지만 중재뿐만 아니라 예방을 함께 진행하는 것이 더 효과적일 수 있다(오인수, 2010).

② 위기상담

위기상담은 학교폭력 사건이 발생한 직후에 피해학생과 가해학생에게 직접 개입하는 상담을 의미한다. 일반적인 상담과는 달리 학교폭력 사건에 대한 개입이 필요하며, 피해·가해학생에 대한 각각의 개입이 진행되어야 한다. 위기상담에서 주로 다루어야 할 상담과제를 정리하면 다음과 같다(이규미, 2012).

- 피해학생은 폭력에서 벗어나도록 조력해야 하며, 가해학생은 폭력행동을 중단하도록 개입해야 한다.
- 폭력의 원인을 이해 및 대처방식에 대해 조력해야 한다.
- 피해학생의 신체적·정신적 문제가 발생할 경우 의료기관에 의뢰해야 하며, 피해학생의 자존감과 탄력회복력 증진 및 학교생활적응을 위해 조력해야 한다.
- 피·가해학생 및 학부모 등의 상담을 효율적으로 진행하기 위한 적절한 상담기술을 습득해야 한다.

이밖에도 전 학교 접근(whole-school approach) 방법을 활용할 수 있는데, 이는 피·가해학생뿐만 아니라 주변인까지 포함한 모든 학생을 대상으로 상담을 실시하는 개입전략이다. 이러한 방법은 학교폭력예방 차원뿐만 아니라 학교폭력 사건이 발생한 후에 재발하지 않게 하는 목표로 상담을 활용할 수 있다(오인수, 2010).

③ 추수상담

추수상담은 학교폭력 사건이 해결되고, 조치결과가 통보된 이후에 피·가해학생의 학교생활적응을 향상시키고, 자존감 및 회복탄력성을 증진시키는 데 초점을 두는 개입방법이다. 상담자는 학교폭력 사건 이후에 피·가학생의 미해결된 심리적 스트레스, 불안, 분노, 적대감 등의 부정적 감정이나 기억에 대해 내담자가 마음 놓고 이야기할 수 있도록 도와야 한다. 또한, 자존감 회복 및 학교생활적응을 위하여 각각의 보호 요인(장점)과 위험 요인(단점)을 발견하여 보호 요인은 개발하고, 위험 요인은 감소시킬 수 있도록 조력해야 한다. 또한 추수상담을 받을 때에는 주변자원인 가족, 담임교사, 친구, 청소년 기관 등의 지지를 받는 것 또한 도움이 될 수 있다.

(2) 학교폭력 상담과정

학교폭력 상담의 대부분은 폭력이 발생하여 진행되는 과정에서 개입하는 경우가 많고, 일반상담과는 달리 예고 없이 사건이 발생하여 위기상담으로 개입해야 하는 경우도 많기 때문에 상담자는 상담방법이나 과정을 미리 숙지하고 대비할 필요가 있다. 지금부터 학교폭력 학생상담의 각 단계별로 상담자가 주로 다루어야 할 내용들을 살펴보겠다.

① 상담의 시작 단계

상담의 시작 단계에서는 무엇보다 내담자가 학교폭력의 위기상황으로부터 벗어날 수 있도록 신변보호에 힘써야 하며, 내담자와의 신뢰감을 형성하는 데 초점을 두어야 한다. 내담자와의 신뢰감을 형성하기 위해서는 상담자가 수용적이고 일관된 태도를 보임으로써 내담자에게 심리적 안정감을 제공하는 것이 필요하다. 즉, 상담자의 공감적 이해, 내담자에 대한 적극적 경청 및 수용적 존중, 일관된 자세 등을 통해 라포를 형성하여 상담의 촉진적 관계를 형성해야 한다.

② 정보수집 단계

이 단계는 학교폭력 사건의 정확하고 객관적인 사실을 파악하기 위한 단계로써, 피해학생의 피해상황을 파악하고, 가해학생의 가해유형, 가해학생 수 등을 파악하여 학교폭력 상황의 구체적인 정보와 증거자료를 수집하는 데 초점을 두어야 한다. 또한, 상담자는 상담면접을 진행할 때 피·가해학생을 각각 별도로 진행하고, 학생이 학교폭력 사건을 인식하는 정서 및 사고, 행동특징 등을 관찰해서 더 구체적으로 진상을 파악해야 한다. 더 나아가 학교폭력 상황을 목격한 목격자 및 주변학생, 부모, 교사를 대상으로 추가 면접도 실시해야 한다.

③ 해결방안 및 대안 모색 단계

이 단계에서는 상담자가 수집한 정보와 면접자료를 바탕으로 내담자의 현재 상황에 맞는 적절한 해결방안 및 대안을 탐색하여 내담자와 함께 선택하는 과정이다. 즉, 내담자와 함께 대안을 선택하는 과정이므로 내담자가 원하는 방안에 대한 의견을 중시해야 한다. 이를 위해서는 피해 및 가해학생이 현재 학교폭력 사건에 대해 어떻게 이해하고 있는지, 이에 대한 대응능력은 어느 정도인지에 대한 확인이 필요하며, 학교의 교칙이나 법적인 절차로 학교폭력 사건이 처리되는 경우에는 내담자가 이에 대해 수용 가능한지에 대해서도 검토해야 한다. 또한, 앞으로의 학교폭력 사건을 예방하기 위해 내담자의 대처 및 행동방안을 모색할 필요가 있다.

④ 해결방안 실행 단계

이 단계는 내담자가 학교폭력 사건을 해결하기 위한 해결방안을 제시하고, 문제에 대해 선택한 대안을 실행하기 위한 과정이 포함되는 동시에 내담자의 자기이해 및 자신감을 향상시켜 선택한 대안을 실천할 수 있는 힘을 기르도록 조력하는 단계이다. 예를 들면, 피해학생의 경우에는 자기주장 훈련이나 자신에 대한 당당한 마음 갖기 작업을 통하여 장기적인 차원에서 자기성장을 할 수 있도록 개입할 수 있다. 이를 통해, 학교폭력 사건을 합리적으로 해결하는 동시에 내담자는 자기를 이해할 수 있는 시간을 가지게 되면서 타인과의 관계에서도 신뢰감을 형성하여 학교생활적응을 향상시킬 수 있다.

⑤ 종결 단계

종결 단계는 보통 내담자와 상담자의 협의 하에 진행되며, 주로 상담의 성과를 종합적으로 검토하는 시간을 가지게 된다. 구체적으로 내담자의 문제가 효과적으로 해결되었는지, 학교폭력에 대한 부정적 정서 및 대인관계에서의 어려움 등이 회복되었는지에 대한 긍정적 변화를 탐색하여 내담자가 앞으로의 생활에서도 자신감을 가지고 충분히 학교생활적응을 잘 할 수 있도록 조력해야 한다. 이를 위해, 집단상담 등의 프로그램을 연계할 수 있고, 추후상담에 대해 안내함으로써 사후관리를 위한 가능성을 열어놓아야 한다.

2. 학교폭력 유형별 상담 전략

학교폭력이 발생하였을 때, 학교폭력이 어떤 유형인지에 따라 사안조사 및 상담에서 중점적으로 다루어야 할 내용이 다를 수 있다. 따라서 학교폭력 유형에 따른 상담개입이 필요하며 유형별 주로 다루어야 할 내용은 다음과 같다(교육부, 2022).

표 9-1 학교폭력 행위의 유형별 중점 파악 요소

학교폭력 유형	중점 파악 요소
신체 폭력	상해의 심각성, 감금/신체적 구속 여부, 성폭력 여부
경제적 폭력	피해의 심각성(액수, 빈도, 지속성), 반환 여부, 손괴 여부, 협박/강요의 정도
정서적 폭력	지속성 여부, 협박/강요의 정도, 성희롱 여부
언어 폭력	욕설/비속어, 허위성, 성희롱 여부
사이버 폭력	명의도용, 폭력성/음란성, 유포의 정도, 사이버 성폭력 여부

1) 집단따돌림 및 괴롭힘의 상담 개입 전략

① 집단따돌림 및 괴롭힘

「학교폭력예방 및 대책에 관한 법률」에서 집단따돌림과 괴롭힘은 '학교 내외에서 2명 이상의 학생들이 특정인이나 특정 집단의 학생들을 대상으로 지속적이거나 반복적으로 신체적 또는 심리적 공격을 가하여 상대방이 고통을 느끼도록 하는 일체의 행위'라고 정의하고 있다. 즉, 집단따돌림과 괴롭힘은 피해학생을 지속적으로 괴롭혀 심리적 또는 신체적으로 타격을 주려는 행동을 의미한다. 가해학생들은 단순히 피해학생을 괴롭히는 행위뿐만 아니라 집단으로 피해학생을 의도적이고, 반복적으로 피하는 행위와 단체로 놀리거나 다른 학생들과 못 어울리도록 막는 행위 등도 포함된다. 또한, 초등학교 아동들은 장난과 폭력을 구별하지 못하여 재미삼아 친구를 괴롭히는 행동들도 빈번하게 발생한다.

② 초기 대응 전략

집단따돌림과 괴롭힘 사안의 초기 대응에서 중요한 점은 피해학생과 상담을 깊이 있게 하여 피해학생의 요구를 최대한 존중해 주어야 한다. 예를 들면, 피해사실이 확인된 후 이를 바로 공개하게 되면 피해학생이 난처해질 수 있다. 가해학생의 경우, 학교폭력 사실이 확인된 후, 바로 불러서 야단치는 행위는 가급적 피해야 하는데, 그 이유는 피해학생이 교사에게 바로 일렀다고 생각하여 더 괴롭힐 수 있기 때문이다. 또한, 반 전체 학생들 앞에서 피해·가해학생의 이름을 지목하며 훈계하는 행위는 피해·가해학생 모두에게 낙인을 찍을 수 있기 때문에 효율적인 문제해결책이 될 수 없다. 한편, 피해 신고를 꺼리는 피해학생의 경우에는 피해를 당했을 때 조치를 취하지 않으면 폭력이 점점 심해질 수 있음을 알리고, 가해학생의 행동이 폭력임을 알려주어야 가해행동을 멈출 수 있다는 점을 피해학생에게 설득시켜야 한다.

③ 상담 전략

집단따돌림이나 괴롭힘이 발생했을 때 교사는 당황할 수 있고, 이로 인해 상황을 제대로 파악하기도 전에 섣부른 판단으로 가해학생을 꾸중하는 등의 부적절한 개입을 할 수 있다. 이러한 개입은 피해학생과 가해학생이 더 심각한 갈등을 겪을 수 있고, 교사에 대한 불신을 키울 수 있다. 따라서 교사는 학교폭력 사건에 개입할 때, 우선적으로 피해·가해학생이 진술하는 이야기를 경청하며 수용하는 자세로 임해야 하며, 성급하게 사건을 판단하는 것은 지양해야 한다.

피해학생과 상담할 경우, 피해학생의 마음을 공감하고 위로하는 것이 우선시되어야 하며, 따돌림 당하는 원인과 현재의 어려움을 해결할 수 있는 방안에 대해 함께 탐색하는 작업이 필요하다. 또한, 현재의 부정적 감정과 자존감을 회복시키기 위한 자기주장 훈련 프로그램 및 대인관계 향상 집단상담 프로그램을 연계하여 피해학생이 학교폭력 상황에서 자기주장을 할 수 있는 힘을 기르고, 학교생활에서의 또래관계를 향상시킬 수 있도록 조력해야 한다. 한편, 가해학생과의 상담에서는 무조건 가해행동을 탓하기보다는 가해행동을 한 이유에 대해 충분히 경청해야 하며, 따돌림이 명백한 폭력이라는 사실을 인지시켜야 한다. 그 다음으로는 가해행동을 개선시키기 위한 공감훈련 프로그램 등을 통하여 자신의 감정·욕구뿐만 아니라 타인의 감정도 이해할 수 있는 능력을 기를 수 있도록 조력해야 한다.

2) 협박과 강요 및 갈취의 상담 개입 전략

① 협박과 강요 및 갈취

협박과 강요 및 갈취는 주로 다른 사람에게 강제적 심부름을 시키거나 물건 및 금품을 억지로 빼앗는 행동을 보이며, 협박과 폭행을 동반하는 경우가 많다. 피해학생은 주로 친구를 대신하여 심부름을 하거나, 책가방을 들어주는 행동 등을 보인다. 또한, 과제를 대신 하거나 자신의 옷 등을 빌려주기도 한다. 이러한 행동이 감지되었을 때, 주변학생이 즉시 신고하도록 예방교육을 실시하는 것이 무엇보다 중요하다.

② 초기 대응 전략

협박과 강요 및 갈취는 피해학생이 반복적으로 피해를 입는 경우가 많고, 주변 학생이 보는 앞에서 강요를 당하거나 심부름을 하는 경우도 많다. 교사의 초기 대응 전략을 살펴보면, 피해학생의 경우 상담을 통하여 어느 정도 피해를 입었는지, 다른 폭력 피해는 없는지 확인하는 과정이 중요하며, 당분간 부모가 등·하굣길에 동행하도록 하는 것도 하나의 개입방법이다. 가해학생에 대한 조치로는 단순가담 학생들은 상담을 통해 지도할 수 있으며, 보호자에게 알리고 가해행동이 재발하지 않도록 관리 및 감독이 필요하다. 또한 적은 금액을 빼앗겼을 때 피해학생의 경우, 교사에게 알리는 것을 주저할 수 있으므로 교사는 금액보다는 금품갈취를 당했다는 사실에 주목하고 이에 대해 학생의 심정을 공감하고 해결을 위해 노력해야 한다.

③ 상담 전략

협박과 강요 및 금품갈취를 당한 피해학생과 상담할 때에는 자신의 입장과 감정을 명확하게 전달할 수 있는 '나-전달법(I-message)' 대화법을 통하여 피해 상황이 발생했을 때 나의 행동과 감정을 구체적으로 전달할 수 있도록 해야 한다. 구체적인 '나-전달법'의 과정을 살펴보면, 먼저 문제가 되는 상대방의 행동을 구체적으로 언급하되, 그 행동에 대한 평가나 비판을 배제한 객관적인 사실만을 말해야 한다. 그 다음으로 상대방의 행동이 자신에게 미치는 영향을 설명한 후, 그 행동으로 인한 자신의 감정을 표현해야 한다(박성희 외, 2012). 한편, 가해학생과 상담할 때에는 최대한 존중해 주는 자세로 임해야 하며, 가해학생이 현재 가지고 있는 부정적 신념을 인지치료기법을 통해 구체적으로 탐색하여 부정적 사고를 수정할 수 있도록 조력해야 한다.

3) 사이버폭력의 상담 개입 전략

① 사이버폭력

사이버폭력은 인터넷 게시판, 문자, 채팅 등에 특정인에 대한 모욕적인 말이나 욕설을 올리는 행위나 성적 수치심을 주는 글, 그림, 동영상이나 위협, 조롱 등에 관한 내용을 정보통신망을 통하여 유포 및 공포심이나 불안감을 유발하는 문자, 영상 등을 휴대전화 등을 통해 반복적으로 전송하는 등의 행위를 포함한다. 「학교폭력예방 및 대책에 관한 법률」의 정의를 살펴보면, 사이버폭력이란 인터넷, 휴대전화 등 정보통신기기를 이용하여 학생들이 특정 학생들을 대상으로 지속적, 반복적으로 심리적 공격을 가하거나, 특정 학생과 관련된 개인정보 또는 허위사실을 유포하여 상대방이 고통을 느끼도록 하는 일체의 행위를 말한다. 교육부는 사이버폭력이 학생들에게는 물리적 폭력을 넘어서는 큰 고통을 겪고 있음을 강조하면서 사이버폭력에 대한 인식을 개선하기 위하여 학부모 및 학생 대상으로 예방교육을 확대 실시하고, 학교폭력 의심문자 알림서비스를 실시하는 등의 적극적인 대응을 구축하고 있다. 비대면 교육 및 온라인 문화의 확대로 인해 최근 카카오톡, 안티카페 등의 SNS를 이용하여 다수의 가해학생들이 특정 피해학생에게 시공간을 넘어서서 집중적으로 욕을 하거나 따돌리는 장면을 볼 때, 피해학생의 피해 정도는 상당할 것으로 예상된다.

② 초기 대응 전략

사이버폭력은 다수의 학생이 특정 피해학생에게 집중적으로 공격한다는 특성을 고려할 때, 학교 차원에서의 인터넷 사용 예절, 정보통신 윤리교육 등을 정기적으로 실시하는 것이 중요하다. 특히, 전체 학생들에게 피해 및 가해 사실이 모두 기록으로 남을 수 있다는 점을 알려야 하며, 가정에서도 컴퓨터를 비롯한 정보통신 사용 교육을 실시할 필요가 있다.

③ 상담 전략

담임교사는 사이버폭력 상담을 다룰 때, 가해학생이 사이버폭력을 통해 어떤 욕구를 충족시키고자 하는지를 확인해야 한다. 또한, 공감적 이해를 바탕으로 하여 가해학생과의 라포가 형성된 후에는 물리적 공간이 아닌 사이버상에서의 욕설, 사이버 감금, 비방, 데이터 갈취 등도 학교폭력이라는 것을 명확히 이해시키고, 피해학생의 피해수준이 상당할 수 있음을 인지시켜야 한다. 더 나아가 교육적 차원에서는 대인관계 향상 및 긍정적인 대화법을 훈련시켜 가해학생이 올바른 또래관계를 형성하도록 조력해야 한다.

4) 성폭력의 상담 개입 전략

① **성폭력**(성희롱, 성추행, 성폭행 등)

성폭력은 상대방의 '성적인 영역'에 관한 일종의 폭력으로써 성을 매개로 하여 폭행과 협박을 동반한 물리적·언어적 폭력행위를 말한다. 성폭행은 폭행과 협박을 하면서 성행위를 강제로 하는 것이며, 성추행은 폭행과 협박을 하면서 피해자에게 신체적 접촉을 하는 것을 의미한다. 성희롱은 주로 성적인 언행으로 상대방에게 성적 수치심 및 굴욕감을 느끼도록 하는 것을 말한다. 성폭력과 관련된 사안은 '성폭력 범죄'로 처벌 받을 수 있고, 성희롱과 관련된 행위는 '모욕죄' 등으로 처벌 받을 수 있다. 또한 강제추행 이상의 중대 사안의 경우에는 「아동·청소년의 성보호에 관한 법률」에 의해 처리되므로 반드시 수사기관에 신고해야 한다.

② 초기 대응 전략

성폭력의 경우, 다른 유형의 학교폭력에 비해 발생 시 대처요령이 무엇보다 중요하며, 교사는 이에 대해 잘 숙지하고 사안을 처리해야 한다. 성폭력 발생 시 대처요령은 다음과 같다.

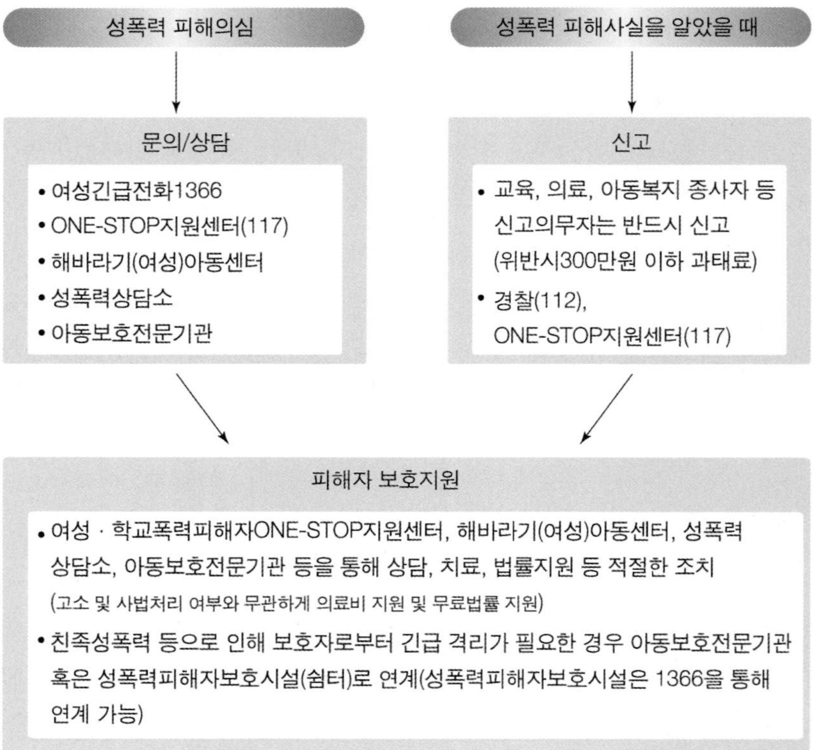

〈피해학생 조치〉

- 응급처치: 의료기관으로 이송하여 가능한 빨리 응급처치를 해야 한다. 단, 증거가 소멸되지 않게 씻어내지 않도록 조치하여 의료기관에 이송해야 한다.
- 성폭력 전문 상담기관과 연계하여 성폭력 사건과 관련된 증거물 수집 및 보관 등에 대해 전문상담 및 조치를 취해야 한다.

※ 전문 상담기관: (1899-3075) 원스탑 지원센터, 해바라기여성아동센터(1366) 여성 긴급 전화

※ 심리상담, 일시보호 등의 성폭력 관계기관 연계 시에는 피해학생의 동의가 필요함.

- 피해학생의 심리적 안정 도모에 초점을 두어야 한다.
- 피해학생 상담 시에는 비밀보장 및 2차 피해가 발생하지 않도록 주의해야 한다.

※ 피해 사실을 유포하는 경우, 법적 처벌을 받을 수 있음.

- 성폭력 발생으로 인한 피해자의 자살 위험성을 파악해야 한다.
- 성폭력 발생 시, 보호자에게 즉시 연락해야 한다.
- 피해학생이 학교생활에 적응할 수 있도록 피해학생 보호자와 협의하여 보호조치를 강구해야 한다.

〈가해학생 조치〉

- 학교장의 긴급조치를 통해 피해학생과 분리한다.

표 9-2 성폭력 전문상담기관

구분	내용
학교폭력 신고센터 (117)	• 대상 : 성폭력, 학교폭력, 성매매 피해 청소년 • 내용 : 법률정보 및 상담안내 • 현황 : 광역자치단체 시·도 단위로 16개 시·도에 설치
여성긴급전화 (1366)	• 대상 : 성폭력, 가정폭력, 성매매 피해 청소년 • 내용 : 긴급 구조 및 보호를 위한 전화상담 안내(24시간) • 현황 : 광역자치단체 시·도 단위로 16개 시·도에 설치

구분	내용
성폭력상담소 (장애인 성폭력 상담소)	• 대상 : 성폭력 피해 청소년 • 내용 : 의료지원 연계(응급처치, 산부인과 진료, 정신과 진료, 외상치료), 상담법률지원(사례접수 및 관리, 24시간 응급상담, 법적자문), 수사지원 연계(진술녹화동행지원, 고소 지원) • 현황 : 서울 20곳 등 전국 100여 곳에 설치
ONE-STOP 지원센터	• 대상 : 성폭력, 가정폭력, 성매매 피해 청소년 • 의료지원(응급처치, 산부인과 진료, 정신과 진료, 외상치료), 상담법률지원(사례접수 및 관리, 24시간 응급상담, 법적자문), 수사지원 연계(피해자 조서작성, 진술녹화 지원, 증거채취, 고소 지원) • 현황 : 서울 2곳 등 전국 18곳에 설치
해바라기 아동센터	• 대상 : 19세 미만 성폭력 피해 아동/청소년/장애인 • 내용 : 의료지원(성폭력 외상치료, 심리상담, 심리치료, 놀이치료), 법률지원(법적절치 지원, 피해자 조사 지원), 상담지원(사례접수, 면담조사, 연계지원서비스, 가족상담) • 현황 : 서울, 대구/경북, 인천, 광주/전남, 경기, 충북, 전북, 전남
해바라기 여성/아동센터 (1899-3075)	• 대상 : 성폭력, 가정폭력, 성매매 피해 청소년 • 내용 : 의료지원(응급처치, 산부인과 진료, 정신과 진료, 기타 외상치료), 상담법률지원(사례접수 및 관리, 24시간 응급상담, 법적자문), 수사지원 연계(피해자 조서작성, 진술녹화 지원, 증거채취, 고소 지원), 심리지원(심리학적 평가, 심리치료, 부모 및 가족치료) • 현황 : 서울, 부산, 울산, 강원(2곳), 전남, 경북

③ 상담 전략

교사는 성폭력 사안을 접했을 때, 당황하지 않고 침착한 자세로 문제를 해결해야 하며, 특히 피해학생 앞에서 당황한 모습을 비췄을 때에 피해학생이 더 큰 상처를 받을 수 있다. 또한, 교사 역시 성희롱 및 성폭력에 대한 성인지를 개발해야 하며, 요즘 청소년의 성문화에 대해 구체적으로 이해할 필요가 있다.

피해학생에 대한 상담 개입을 살펴보면, 먼저 피해학생의 현재 불안하고 두려운 심리상태를 공감하고 이해하는 태도를 취함으로써 신뢰관계를 형성해야 한다. 또한, 피해학생에게 가장 시급한 조치가 무엇인지 우선적으로 판단을 해야 하며, 피해학생 부모 역시 위로하고 공감할 수 있도록 교육시켜야 한다. 동시에 사건관계자가 비밀을 누설하지 않도록 하여 2차 피해가 발생하지 않도록 조치해야 한다. 상담과정에서 피해학생은 좌절감, 우울감, 죄책감, 무가치감 등의 부정적인 감정들을 경험하게 되는데, 이때 상담자는 피해학생이 상처를 극복하는 데 노력하고 있음을 반영해 주고, 지지해 줌으로써 피해학생이 스스로 자신의 노력을 인정할 수 있는 힘을 기르도록 조력해야 한다. 더 나아가 상담자는 피해학생 후유증을 최소화하도록 노력해야 하는데, 성폭력 피해는 '가해자의 잘못'이라는 점을 인지시켜 자책감으로 인한 후유증이 생기지 않도록 조력해야 하며, 언어적 성희롱 발언을 들었을 때, 불쾌감을 표현하도록 상담장면에서 교육할 필요가 있다. 또한, 치료를 거절할 때에는, 차후 필요하다고 느껴질 때 언제든지 상담을 진행할 수 있다는 것을 알리는 것도 중요하다.

가해학생과 상담 시에는 가해학생이 느낄 수 있는 불안, 초조, 분노에 대해 관심을 가지고, 행동을 부인하기보다는 솔직하게 인정하는 것이 용기 있는 태도임을 교육시켜야 한다. 또한, 비밀보장을 철저히 하여 2차 가해를 하지 않도록 조치를 취해야 하며, 재발 방지를 위하여 '강간통념'에 대한 인지교정과 '피해자 공감' 교육을 실시하는 것 또한 필요하다. 더 나아가 인권교육, 성적 의사소통 교육 등의 성폭력 예방교육을 정기적으로 실시함으로써 가해 및 피해 예방에 초점을 두어야 한다. 이와 관련하여, 교육과학기술부(2012)에서 제시하는 성폭력 예방 단계는 〈표 9-3〉과 같다.

표 9-3 성폭력 예방 단계

구분	1단계	2단계		3단계
대상	전 국민	위기 청소년, 교사, 보호자	피해청소년 보호자 미성년 가해자	피해청소년 피해청소년 가족 가해자 가해자 가족
목적	안전한 환경 조성	위험 요인 감소 보호 요인 증대	조기 발견 조기 차단	재발 방지
교육 내용	• 성인대상 성폭력 예방교육 • 성인대상 위험 사인에 대한 교육 • 상대방에 대한 존중 및 배려에 대한 교육 실시	• 성폭력 유발 요인이 될 수 있는 가정폭력, 방임, 빈곤 등의 문제 제거	• 조기 발견 체제 구축 • 건강 모델 제시와 교육 • 피해 청소년을 위한 환경의 지속성 유지 • 보호자의 보호 기능 강화	• 엄격한 벌의 집행 • 청소년에게 건강한 애착과 신뢰의 대상자 제공 • 정신적 외상의 최소화 • 피해자 치유 프로그램 실시 • 가해자 교정/치료 프로그램 실시

3. 학교폭력 관련 대상자별 상담

1) 학교폭력 가해학생 특성 및 상담

① 학교폭력 가해학생의 특성

학교폭력 가해학생의 개인·심리적 특성을 살펴보면, 개인적 특성으로는 충동성, 피해자에 대한 낮은 공감능력, 분노 등을 꼽을 수 있다(이승연, 신현숙, 2011). 가해행동을 하는 이유는 또래관계에서 자신의 우월성을 표출하기 위함이며, 이러한 행동이 지지받았다고 생각할 때 더 높은 수위의 지배력과 힘을 과시하게 된다(곽금주, 2006). 교사는 가해학생의 징후를 잘 관찰하고, 학교폭력 발생 시 초기에 적절한 개입을 해야 하는데, 이와 관련하여 학교폭력 가해학생의 징후를 살펴보면 아래와 같다.

- 다른 학생보다 신체적으로 우월하다.
- 다른 학생에게 자신의 우월성을 보이려고 하고, 힘으로 자신이 원하는 것을 얻으려고 한다.
- 분노감이 내재되어 있고, 학교 규칙을 잘 지키려고 하지 않는다.
- 공감능력이 떨어지고, 피해학생에 대한 죄책감이 없다.
- 지나치게 긍정적인 자아상을 갖고 있다.
- 학교에 대한 불평불만이 많다.
- 음주나 흡연, 약물복용 등과 같은 문제행동과 연루되는 경우가 많다.
- 반사회적, 정신병리적 문제가 있는 경우가 있다.

이러한 가해행동은 심리적으로 채워지지 않는 욕구, 자신감 저하, 불안감, 가족관계에서의 갈등이 공격적 성향으로 표출되어 나타나기도 한다. 따라서 가해학생을 이해할 때에는 표면적인 가해행동만 다룰 것이 아니라 그 이면의 결핍된 관계 욕구나 스트레스 상황을 탐색해 보는 것이 중요할 수 있다. 또한 가족적 요인도 살펴볼 필요가 있는데, 부모와의 애착관계에서 안정된 애착을 형성하지 못한 경우, 대인관계에서도 공감능력이나 친밀함을 맺기가 어려워진다. 즉, 부모와의 안정된 애착을 형성하지 못한 청소년은 대인관계에서 적대적인 형태로 관계를 맺는 경우가 많다(Zimmerman, 2004). 즉, 가해학생의 경우 가정 내에서 부모와의 관계가 친밀한지, 애착이 잘 형성되었는지를 살펴볼 필요가 있고, 가정 내에서 부모의 폭력 사용을 목격하여 학습한 것은 아닌지에 대한 탐색도 필요하다.

② 학교폭력 가해학생 상담

앞서 언급한 바와 같이, 가해학생은 내면의 불안감, 두려움, 분노의 감정을 가지고 있으며, 가족관계에서도 안정된 애착을 형성하지 못해 부모와의 관계가 원만하지 못할 가능성이 있다. 따라서 교사는 가해학생과 상담을 할 때, 먼저 잘잘못을 따지기 이전에 가해학생의 생각과 감정을 적극적으로 경청하고 공감할 수 있어야 한다. 그 후에 폭력행동의 원인과 과정을 탐색하고, 폭력에 대한 책임을 받아들일 수 있도록 조력해야 한다. 더 나아가 상담관계를 통해 신뢰감이 형성되면 가해행동이 재발되지 않고, 학교생활에서 적응적인 모습으로 변화할 수 있도록 효과적인 자기표현 능력을 증진시키고, 대인관계를 향상시킬 수 있도록 상담을 진행해야 한다. 구체적인 상담과정을 살펴보면 아래와 같다.

가. 상담의 초기

상담의 시작단계에는 무엇보다 가해학생과의 라포 형성을 위한 정서적 지지와 수용적인 자세가 필요하다. 가해학생은 자신의 폭력행동에 대해 가볍게 여기거나 자신의 잘못을 뉘우치고 있는 등의 다양한 생각과 감정을 할 수 있기 때문에 상담자가 성급하게 잘잘못을 따지기보다는 가해학생의 입장에서 폭력행동을 한 이유에 대해 적극적으로 경청하고 이해하려고 노력해야 한다. 상담관계에서 신뢰감이 형성된 이후에 학교폭력의 구체적인 정황을 파악해야 하며, '폭력은 절대 용납되지 않는다'는 무관용의 법칙을 설명하면서 폭력행동에 대해 자신의 잘못을 인정하고 반성하게 하도록 조력해야 한다.

나. 상담의 중기

상담의 중기 단계에는 학교폭력 사건의 해결방안을 찾고, 가해학생의 또래관계 및 학교생활적응을 향상시키는 데 초점을 두어 상담을 진행해야 한다. 학교폭력은 어떠한 경우에도 용인될 수 없음을 가해학생 스스로 받아들이고, 자신의 행동을 반성한 후에는 다양한 심리교육 프로그램을 연계하여 상담을 진행할 수 있다. 구체적으로 '분노 다스리기', '문제해결 대처기술 습득하기', '역지사지의 마음으로 피해학생의 마음 이해하기' 등의 프로그램을 진행함으로써 학생이 스스로 자신의 문제를 이해하고, 개선할 수 있는 힘을 기르도록 조력할 수 있다. 이러한 프로그램은 집단상담 형태로 진행할 수 있으며, 1:1 개인상담과 함께 집단상담을 진행함으로써 가해학생들이 함께 프로그램에 참여함으로써 분노조절 훈련이나 또래관계 향상을 경험할 수 있다. 이와 관련하여 가해학생에게 적합한 집단상담 프로그램의 구성을 아래와 같이 소개하고자 한다(김붕년, 구훈정, 최상철, 2015).

다. 상담의 종결

상담의 종결단계에서는 지금까지 진행한 상담내용을 정리하고, 가해학생이 상담과정 중에 노력한 태도에 대해 긍정적인 피드백을 제공하는 데 초점을 두어야 한다. 또한, 추수상담의 가능성을 안내하여 앞으로도 상담을 원할 때, 언제든지 상담을 받을 수 있음을 전달해야 한다. 또한, 내담자의 보호 요인과 위험 요인을 탐색하여 앞으로의 생활에서 보호 요인을 어떻게 발휘할 수 있을지 생각해 보도록 해야 한다.

표 9-4 가해학생용 집단상담 프로그램 구성(초등학생용)

구분	회기	제목	주제 및 목표
도입	도입	안녕하세요!	• 프로그램 참여 목적 및 필요성 인식 • 프로그램 규칙 인식하기
문제 인식	1	이것도 폭력!	• 폭력의 개념과 범위 이해하기
	2	일그러진 미래	• 폭력으로 인한 파장효과 이해하기 • 폭력으로 인해 내가 겪게 될 결과 예측하기
대처기술 습득 준비	3	열린 마음	• 피해자 입장에 대하여 공감하고 이해하기
	4	열린 생각	• 피해자 입장을 다각적으로 조망하여 이해하기
대처기술 습득 1	5	분노 다스리기 Ⅰ	• 부정적 감정 조절의 필요성 인식하기 • 부정적 감정을 다스리는 방법 익히기
	6	분노 다스리기 Ⅱ	• 분노 상황 이면에 숨겨진 나의 욕구 이해하기 • 마법의 self-talk 익히기
	7	분노 다스리기 Ⅲ	• 분노를 촉발하는 비합리적 사고 찾기 • 분노 조절 역할연습하기
대처기술 습득 2	8	내가 원하는 것은	• 비폭력적 의사소통 방법 습득하기
	9	귀를 기울이면	• 공감적 경청 기술 연습하기

구분	회기	제목	주제 및 목표
문제 해결 기술 습득	10	평화적인 문제 해결	• 문제해결의 원칙 이해하기
	11	거절하기와 수용하기	• 부정적 결과 수용하기 • 부당한 요구 거절하기 • 민감한 주제 피하기
	12	내가 도와줄게!	• 중재 역할의 개념 이해하기
정리	종결	이제 달라졌어요!	• 대처기술 유지 및 정리하기 • 개인목표 달성 확인 및 칭찬 나누기

2) 학교폭력 피해학생 특성 및 상담

① 학교폭력 피해학생의 특성

학교폭력 피해학생은 가해학생과의 힘의 불균형 상태에서 지속적으로 언어적·물리적·관계적 측면에서 괴롭힘을 경험한 학생을 의미한다(Olweus, 1994). 가해학생 또는 가해학생들의 괴롭힘으로부터 지속적인 피해를 겪은 학생의 경우, 심리적으로 우울감과 외로움을 느끼며, 낮은 자존감으로 또래관계 및 학교생활에서 부적응을 겪기도 한다. 피해학생의 부정적 정서 및 낮은 자존감은 가해학생이 공격을 할 때, 자기주장을 하거나 자기방어를 잘 하지 못하며, 심리적으로 위축되어 가해학생의 요구에 쉽게 복종하게 된다. 이러한 상태가 지속되면 피해학생들은 심한 불안과 두려움, 대인기피 등의 증상이 나나탈 수 있으며, 초기에 치료를 받지 않는다면 우울장애, 외상 후 스트레스 장애 등의 심리적 장애를 겪을 수 있다(임재연, 2012). 더 나아가 장기간의 학교 폭력 피해경험은 현실을 도피하고자 하는 마음에서 자살사고 및 자살시도를 하는 행동적 후유증을 보이기도 한다(배상철, 주경필, 2020).

교사는 가해학생과 마찬가지로 피해학생의 징후를 잘 관찰하고, 학교폭력 발생 시 초기에 적절한 개입을 해야 하는데, 이와 관련하여 학교폭력 피해학생의 징후를 살펴보면 아래와 같다(교육부, 2022).

- 늦잠을 자고 몸이 아프다 하며 학교 가기를 꺼린다.
- 성적이 갑자기 혹은 서서히 떨어진다.
- 학교생활 및 친구관계에 대한 대화를 시도할 때 예민한 반응을 보인다.
- 아프다는 핑계 또는 특별한 사유 없이 조퇴를 하는 횟수가 많아진다.
- 학원이나 학교를 옮기는 것에 대해서 이야기를 꺼낸다.
- 갑자기 급식을 먹지 않으려고 한다.

〈사이버폭력 피해 징후〉

- 용돈을 많이 요구하거나 온라인 기기의 사용요금이 지나치게 많이 나온다.
- 부모가 자신의 정보통신기기를 만지거나 보는 것을 극도로 싫어한다.
- 학온라인에 접속한 후 문자메시지나 메신저를 본 후에 당황하거나 정서적으로 괴로워한다.
- SNS상태 글귀나 사진 분위기가 갑자기 우울하거나 부정적으로 바뀐다.

또한, 많은 수의 피해학생은 부모와의 관계에서, 과잉보호적이거나 불안정한 양육환경에서 성장한 경우가 많다(Macklem, 2003). 이러한 양육환경은 또래관계에도 영향을 미쳐 친구들이 배척하지 않았음에도 불구하고, 배척받는 느낌을 경험하기가 쉽고, 친구와의 친밀감 형성에서도 '친구들이 나를 싫어한다'라고 생각할 가능성이 있다.

② 학교폭력 피해학생 상담

학교폭력 피해의 정도가 심각한 경우에는 외상 후 스트레스 장애(post traumatic stress disorder: PTSD) 또는 급성 스트레스 장애(acute stress disorder)의 질환을 겪을 수 있다. 구체적으로 DSM-Ⅴ 진단기준에 의하면, 외상 후 스트레스 장애의 증상은 1개월 이상 악몽이나 회상을 통해 피해사건을 반복적으로 재 경험하여 상당한 고통을 느끼며, 외상과 관련된 자극(외상과 관련된 사람, 장소, 활동 등)을 피하게 된다. 또한, 외상의 중요한 부분을 기억하지 못하는 인지왜곡이 일어날 수 있고, 정서적으로도 공포, 분노, 짜증 등의 부정적 감정을 지속적으로 느끼게 된다. 이렇듯 피해학생은 학교폭력 사건 이후, 심리적으로 큰 타격을 입게 되며, 초기에 적절하게 개입하여 부정적 정서 및 또래관계를 회복시키는 것이 무엇보다 중요하다. 구체적인 피해학생의 상담과정을 아래와 같이 살펴보겠다.

가. 상담의 초기

학교폭력 피해학생은 가해학생들로부터 보복을 당하지 않을까 하는 두려움과 재피해에 대한 공포심을 느끼고 있으며, 이러한 감정에 대해 상담자는 민감하게 반응하여 보복에 대한 불안을 탐색하고, 비밀보장을 약속하여 피해학생이 조금이나마 마음의 안정을 느낄 수 있도록 해야 한다. 일반적으로 상담자는 내담자의 진술내용을 철저히 비밀로 보장해야 하지만, 학교폭력 사실을 보호자에게 알리는 과정에서는 비밀보장을 약속할 수 없다. 이 경우에는 내담자에게 학교폭력을 잘 해결하기 위해 부모에게 피해사실을 알린다는 사실을 전달하고, 내담자의 동의를 구하는 것이 좋다. 동시에 피해학생의 학교폭력 사안을 구체적으로 탐색해야 한다. 상담에 적극적으로 참여하는 학생의 경우에는 면담 식으로 진행할 수 있지만 소극적으로 참여하는 학생은 학교폭력 사건 보고서 양식에 맞게 직접 작성하는 방식도 도움이 될 수 있다. 주로 질문해야 할 내용은 사건 날짜, 시간, 장소, 가해학생 수, 가해행동, 폭력 이후의 감정, 폭력에 대해 알고 있는 주변인 및 그들의 반응 등이다. 이러한 과정을 통해 피해학생을 현재의 학교폭력으로부터 구하는 것이 필수적으로 진행되어야 한다.

나. 상담의 중기

상담의 중기 단계에는 학교폭력에서 느낀 부정적 감정을 탐색하고, 피해학생이 적절하게 자기표현하고, 사회성을 향상시키는 데 초점을 두어야 한다. 구체적으로 '자기주장하기' 훈련을 실시하여 가해학생이 가해행동을 하려고 할 때, 적절하게 자기방어를 할 수 있도록 하는 것이다. 예를 들면, 상담자와의 역할놀이를 통해 학교폭력 사건을 가정하고 피해학생과 가해학생 역할을 주고받으면서 적절하게 대응할 수 있는 말과 행동을 연습하는 것이다. 또한, '사회기술훈련과 대처기술 익히기'를 통하여 피해학생이 기존에 감정적으로 위축되거나 분노하는 대처반응과는 달리 새로운 대처전략을 검토하고 이를 학교생활에서 적용할 수 있도록 조력해야 한다(장미경 외 역, 2005). 이와 관련하여 피해학생에게 적합한 집단상담 프로그램의 구성을 아래와 같이 소개하고자 한다(김붕년, 구훈정, 최상철, 2015).

다. 상담의 종결

상담의 종결 단계에서는 상담과정에서 노력한 모습을 격려하고, 추수상담을 계획할 수 있다. 가해학생과 마찬가지로 피해학생의 보호 요인과 위험 요인을 탐색하여 앞으로의 또래관계 및 학교생활에서 보호 요인을 어떻게 발휘할 수 있을지 정리해 보도록 해야 한다.

표 9-5 피해학생용 집단상담 프로그램 구성(초등학생용)

구분	차시	제목	주제 및 목표
도입	도입	안녕하세요!	• 프로그램 참여 목적 및 필요성 인식 • 프로그램 규칙 인식하기
문제 인식	1	이것도 폭력!	• 폭력의 개념과 범위 이해하기
폭력 대처 기술 습득	2	분노 다스리기 I	• 부정적 감정 조절의 필요성 인식하기 • 부정적 감정을 다스리는 방법 익히기
	3	분노 다스리기 II	• 분노를 유발하는 비합리적 사고 찾기
	4	자신감 있게 말해요	• 주장적인 의사소통 방법 습득하기
	5	친구들이 뭐라 해도	• 부정적인 자기인식 개선하기 • 자신의 모습 수용하기
	6	도와주세요!	• 나만의 대처 전략 세우기 • 도움 요청의 필요성 인식 및 방법 습득하기

구분	차시	제목	주제 및 목표
또래 관계 기술 습득	7	친구 사귀기 Ⅰ – 다가가기	• 친구들에게 접근하는 잘못된 방법 수정하기 • 개인과 집단에 접근하는 바람직한 방법 습득하기
	8	친구 사귀기 Ⅱ – 경청과 대화	• 공감적 경청기술 연습하기 • 민감한 대화 주제 피하기
문제 해결 기술 습득	9	지혜로운 문제 해결	• 일반적인 문제해결의 원칙 이해하기
	10	지혜롭게 대처하기 Ⅰ	• 부당한 요구 거절하기 • 겸손하게 행동하기 그리고 단속자처럼 굴지 않기
	11	지혜롭게 대처하기 Ⅱ	• 부정적 결과 받아들이기 • 거절에 대처하기
	12	내가 도와줄게!	• 중재 역할의 개념 이해하기
종결	종결	이제 자신 있어요!	• 대처 기술 유지 및 정리 • 개인 목표 달성 확인 및 칭찬 나누기

3) 주변학생의 특성 및 상담

① 주변학생의 특성

학교폭력은 가해·피해학생뿐만 아니라 주변인까지 노출되어 있으며, 학교폭력을 예방하기 위해서는 주변인에 대한 개입도 중요하다. 학교폭력 장면에서 주변인은 피해학생의 괴롭힘을 목격하게 되며, 이러한 경험은 주변학생에게 심리적 스트레스를 경험하게 하며, 결과적으로 고립감, 자기존중의 상실과 같은 부정적 감정을 느끼게 된다(Hazler, 1996; Janson, Hazler, Carmey, & Oh, 2009). 한편, 학교폭력 상황에서 주변인의 역할은 매우 중요한데, 주변인 중에 폭력에 개입하지 않고 방관하게 될 경우에는 가해행동을 부추기게 되어 가해학생의 행동을 오히려 강화시키게 되는 반면(Craig, 1998), 폭력상황을 멈추기 위해 피해학생을 보호하거나 가해학생의 행동을 저지시키는 등의 방어자의 역할은 학교폭력예방에 긍정적인 역할을 한다(Salmivalli, 1999).

공감은 방관행동에 영향을 미치는 요인 중 하나로 공감능력이 높을수록 피해학생을 도울 가능성이 높고(오인수, 2010), 공감능력이 부족할수록 방관적 태도를 보일 가능성이 높다(김용태, 박한샘, 1997). 또한, 양육환경에서 부모로부터 충분히 수용 받고 돌봄을 받지 못한 학생들은 방관적 태도를 보이기 쉽고, 이러한 부모-자녀관계는 타인에 대한 무관심 및 공격적 태도로 나타날 수 있다(Olweus, 1993). 따라서 교사는 주변학생 집단에서 방관자를 방어자의 집단으로 이동시켜 학교폭력이 발생했을 때, 초기에 학교폭력을 멈출 수 있도록 조력해야 할 것이다.

② 주변학생의 상담

주변학생을 위한 상담개입으로는 학급 단위의 심리교육을 통하여 방어적 태도의 중요성을 인식하도록 하고, 집단상담을 진행함으로써 안전한 학급분위기를 조성하는 방법이 있다. 집단상담의 효과성은 여러 연구를 통하여 입증되었는데, 집단상담을 통하여 집단따돌림의 인식 변화와 함께 공감능력을 향상시킬 수 있는 것으로 나타났다(오해영, 김호영, 2005; 윤성우, 이영호, 2007). 즉, 학급 차원에서의 또래지지를 향상시키는 프로그램이 도움이 될 수 있다.

표 9-6 집단따돌림 방관자에 대한 또래지지 프로그램

<table>
<tr><th>회기</th><th>제목</th><th>시간</th><th>활동내용</th><th>준비물</th></tr>
<tr><td rowspan="2">1</td><td rowspan="2">프로그램 소개 및 왕따 정의 이해</td><td>45분</td><td>• 프로그램 소개 및 집단리더 소개
• 집단규칙 정하기
• 별칭 짓기 및 자기소개 하기</td><td rowspan="2">명찰, 자기소개서, 비디오 (KBS 일요스페셜 교실이야기)</td></tr>
<tr><td>45분</td><td>• 왕따 관련 비디오 시청하고 소감 나누기
• 프로그램 정리 및 소감 발표</td></tr>
<tr><td rowspan="2">2</td><td rowspan="2">실제 왕따 사례 논의하기</td><td>45분</td><td>• 집단따돌림의 사례 논의하기
• 실제 자기 경험 나누기</td><td rowspan="2">집단따돌림 사례</td></tr>
<tr><td>45분</td><td>• 왕따의 기분을 온몸으로 표현하기
• 프로그램 정리 및 소감 발표</td></tr>
</table>

회기	제목	시간	활동내용	준비물
3	일일 왕따 체험	45분	• 자신의 기분을 색이나 그림으로 표현하기 • 일일 왕따 체험 및 소감 나누기	도화지, 크레파스, 눈가리개
		45분	• 왕따의 기분을 그림으로 표현하기 • 자신의 그림을 타인과 함께 공유하기 • 프로그램 정리 및 소감 발표	
4	역할극 시행하기	45분	• 집단따돌림에 대한 역할극 시행하기 • 자신의 감정과 타인의 감정 인식하기	도화지, 크레파스
		45분	• 집단따돌림의 해결방안을 위한 마인드맵 작성하기 • 프로그램 정리 및 소감 발표	
5	모의학급 재판소	45분	• 집단따돌림이나 갈등상황에 대한 실제 상황 논의하기 • 문제해결방안 생각하기	갈등해결 방법
		45분	• 모의학급 재판소 시행하기 • 프로그램 정리 및 소감 발표	
6	학급신문 만들기	45분	• 집단따돌림에 대한 친구들의 의견을 인터뷰한 자료로 학급신문 만들기	인터뷰 자료
		45분	• 또래상담에 대한 소개 • 적극적인 대화와 무관심한 대화방법의 차이 인식 • 프로그램 정리 및 소감 발표	
7	왕따 없는 반 만들기	45분	• 자기 반에서의 따돌림 현상 논의하기 • 해결방안 모색하기	도화지, 크레파스, 하드보드지, 칼, 테이프
		45분	• 포스터, 신고함 만들기 • 프로그램 정리 및 소감 발표	
8	자신의 변화된 모습 발견하기	45분	• 왕따 관련 비디오 시청하고 소감 나누기 • 프로그램 전후의 변화곡선 그리기	비디오, 16절지, 펜
		45분	• 마술가게 게임: 버리고 싶은 마음, 버리고 갖고 싶은 마음 갖기 • 프로그램 정리 및 전체 소감 발표	

4) 보호자 특성 및 상담

학교폭력 사안접수 및 처리과정에서 보호자 상담을 진행하여 사안을 효과적으로 처리하는 동시에 학생의 심리적 안정에 보호자가 조력자의 역할을 할 수 있도록 개입할 필요가 있다. 이에 대한 구체적 상담 개입전략은 다음과 같다(교육부, 2022).

① 보호자 상담 개입전략

- 보호자가 감정적으로 격양되어 있을 경우, 동요하지 않고 침착하게 대응한다.
- 학교에서 책임을 회피하는 태도, 학생과 가정의 책임으로 돌리는 태도, 사안을 축소하는 태도 등을 지양하고, 공정하게 사안을 조사하고 학생들을 지도할 것을 알린다.
- 보호자의 심정을 충분히 공감하고 이해하며 경청한다.
- 당사자의 개인정보(주소, 전화번호 등)를 당사자 동의 없이 상대방에게 알려주지 않는다.
- 전담기구의 사안조사 결과 내용을 알려줄 수는 없으나 본인 자녀의 확인서는 열람 및 복사가 가능함을 알린다.
- 장해학생의 보호자가 장애로 인해 의사소통이 어려운 경우, 특수교육전문가 등의 참여를 통해 충분히 상담이 이루어질 수 있도록 한다.
- 다문화학생(중도입국학생, 외국인학생 등)의 보호자 중 한국어가 미숙하여 의사소통이 어려운 경우, 통역을 통해 충분히 상담이 이루어질 수 있도록 한다.

② 피해학생 보호자 상담

피해학생 보호자는 자녀의 피해사실에 대하여 당황스러워하는 한편, 가해학생에 대한 분노와 원망, 억울함, 자녀에 대한 미안함 등의 다양한 감정을 느낄 수 있다.

- 보호자의 감정이 격양됨을 이해하고 보호자에게 정서적 지지를 보낸다.

- 확인된 사실을 부모가 정확히 알고 있는지에 대해 파악한다.
- 조사한 사실에 대한 추가 의견이나 자료 여부에 대해 점검한다.
- 피해학생과 보호자가 현재 무엇을 원하는지 정확히 파악한다(화해, 사과, 전학, 가해학생 처벌 등).
- 피해 측이 가해 측과 면담을 요청할 경우, 다른 문제가 생길 수 있으므로 교사나 전문가 입회 하에 만날 수 있도록 한다.
- 학생의 보호와 안정, 적응을 위해 학교에서 최선의 노력을 다할 것을 약속한다.
- 피해를 겪은 학생의 심리적 안정을 위해 가정에서의 보호자 역할을 안내한다.
- 피해학생 보호자에게 외부기관의 상담이나 지원(학교폭력피해자가족협의회 피해학생 학부모 위기 상담, 푸른나무재단의 화해·분쟁조정 지원 등)을 받을 수 있음을 안내한다.

1. 피해사실의 확인 단계

- 학생의 피해사실에 대한 객관적 이해 및 기록
- 학생의 현재 상태 탐색

↓

2. 감정의 이해 단계

- 보호자의 감정을 수용하고 학생의 피해사실에 대한 위로

↓

3. 사안처리 과정에 관한 설명 단계

- 추후 처리과정에 대한 설명
- 사실에 근거하여 문제가 해결되도록 노력하고 있음을 안내
- 분쟁조정 절차에 대해 안내

↓

4. 신뢰구축 단계

- 학생의 보호와 안전, 적응을 위해 노력할 것임을 약속

그림 9-1 피해학생 보호자 상담

③ 가해학생 보호자 상담

가해학생 보호자는 자녀가 폭력을 행사했다는 사실에 혼란스러움, 의심, 불안감 등을 경험하게 된다. 동시에 잘못을 인정하면 더 큰 피해를 입을지 모른다는 우려의 생각을 할 수 있다.

- 가해학생 보호자의 감정을 수용하되, 가해학생의 행위는 정확히 알려준다.
- 피해학생의 피해정도 등 학교폭력 상황을 정확하게 알려준다.
- 조사한 사실에 대한 추가 의견이나 자료 여부에 대해 점검한다.
- 학교폭력 사안처리의 진행절차에 대해 안내한다.
- 학교폭력 행위에 대하여 책임과 결과가 따른다는 인식을 갖도록 한다.
- 가해학생을 낙인찍지 않고, 교육적으로 적절한 지도가 이루어질 것임을 알린다.
- 가해학생에 대하여 가정에서의 관심과 지도를 부탁한다.

1. 감정의 이해 단계

- 보호자의 감정 수용 및 자녀의 가해사실에 대한 유감 표현

↓

2. 신고내용 및 상대학생의 피해사실 고지 단계

- 신고내용 및 상대학생의 피해사실을 안내

↓

3. 사안처리 과정에 관한 설명 단계

- 추후 처리과정에 대한 설명
- 진심어린 사과의 중요성에 대해 인지시킴
- 분쟁조정 절차에 대해 안내

↓

4. 화해 및 학생지도에 관한 조언 단계

- 궁극적 학생지도 방안에 대해 안내

그림 9-2 가해학생 보호자 상담

4. 학생상담 기법의 이해

인간중심상담은 인본주의 철학에 의해 미국의 심리학가 로저스(Carl Rogers)가 개발한 상담의 접근방법이다. 로저스는 상담장면에서 내담자를 변화시키려 하기보다는 상담자가 내담자를 충분히 수용하고, 공감한다면 내담자는 스스로 긍정적인 변화를 통해 자신의 문제를 해결한다고 보았다. 즉, 상담관계에서 상담자와 내담자가 맺는 신뢰감이 매우 중요하며, 이를 위해서는 상담자가 진솔한 분위기를 제공하는 것이 중요할 수 있다. 로저스는 '일치성, 무조건적 긍정적 존중, 공감적 이해'의 상담자가 지녀야 할 세 가지 핵심 요소를 제시하였는데, '일치성'은 상담 장면에서 상담자가 경험하는 자신의 감정이나 느낌을 진솔하게 나타내는 것을 말하며, '무조건적 긍정적인 존중'은 내담자를 판단하지 않고, 아무 조건 없이 수용하고 이해하는 것이라고 할 수 있다. '공감적 이해'는 상담자가 내담자의 주관적인 생각과 감정을 정확하게 이해하고 공감해 주는 것이다.

내담자는 상담자의 공감적 이해를 받게 되면, 상담자는 내가 어떻게 느끼는지를 잘 알고 있다고 지각하게 되며, 상담자의 무조건적 존중을 통해 내담자는 내가 어떤 생각, 어떤 행동을 하더라도 상담자는 나를 있는 그대로 받아들일 것이라고 생각한다. 또한, 상담자의 일치성은 내담자로 하여금 상담자는 말과 행동이 같고, 또 나를 항상 순수하게 대할 것이라고 지각하게 된다. 이러한 측면에서 볼 때, 학교폭력 관련 내담자들과 상담할 때 교사가 '일치성, 무조건적 긍정적인 존중, 공감적 이해'의 세 가지 태도를 보이는 것은 매우 중요할 수 있다. 특히, 이 중에서도 '공감적 이해'는 일치성과 무조건적인 긍정적 존중이 선행되어야만 가능한 것이며(Rogers, 1982), 상담자는 이러한 태도를 가지기 위해 많은 노력을 해야 할 것이다. 지금부터 상담관계에서 상담자가 제공할 수 있는 상담기법에 대해 알아보겠다.

(1) 적극적인 경청

적극적인 경청은 학생과 마주보고 눈을 자연스럽게 맞추면서 학생이 말하는 내용을 주의 깊게 들어주는 것을 말한다. 구체적으로 학생이 말하는 '내용'을 학생이 처한 '상황'에서 서서, 학생이 느끼고 있는 '감정'과 동일하게 느끼며 '듣는 것'이다. 이를 통해 피·가해학생은 교사가 나에게 깊은 관심이 있고, 내 이야기를 중요하게 생각하고 있다고 지각하게 된다. 적극적인 경청을 잘 하기 위해서는 학생의 말을 귀담아 듣고, 도중에 차단하지 않으며, 평가 및 판단하지 않아야 한다. 또한, 교사의 표정, 눈빛, 목소리, 톤, 고개를 끄덕이는 반응을 통해 내담자가 편안한 마음으로 이야기할 수 있도록 해야 한다.

① 적극적 경청의 언어적 반응

- "아, 그랬구나."
- "정말 그때 그랬겠네."

② 적극적 경청의 비언어적 반응

- 고개 끄덕임, 미소, 손짓, 몸을 앞으로 당겨 앉는 것 등

(2) 공감적 이해

공감적 이해는 교사가 학생의 감정을 정확하게 이해해서 그대로 되돌려 주는 것을 의미한다. 공감의 깊은 수준에서는 학생이 인식하지 못하는 다양한 감정을 이해할 수 있고, 이를 함께 나눌 수 있다. 즉, 공감적 이해는 교사가 학생의 말 속에 깔려 있는 중요한 감정, 태도, 신념 및 가치기준을 포착하는 것으로써, 이는 학생의 감정과 경험이 반영되어 있는 말을 경청함으로써 포착해 내는 것이다. 공감적 이해는 5가지의 수준으로 구분되며, 각각의 단계는 다음과 같다.

수준 1	학생의 이야기를 듣고 나서 반응을 보이기는 하되, 학생의 주요 관심사에서 이탈하여 이야기의 흐름을 엉뚱한 방향으로 돌리거나 충고,훈계 등과 같은 부적절한 반응을 보이는 것을 말한다.
수준 2	학생의 이야기한 내용 중에서 일부부만 반응해 주고, 나머지 일부분은 공감을 하지 않거나 묵살해 버린다.
수준 3	학생의 이야기를 듣고 나서 그 이야기와 관련된 학생의 감정을 반영해 주는 반응이다.
수준 4	학생의 이야기를 듣고 나서 그 이야기 뒤에 깔린 감정을 파악하여 공감해 줄 뿐만 아니라 상대방이 미처 언급하지 않은 마음까지도 헤아려 공감해 주는 반응이다.
수준 5	학생의 말하는 이야기의 내용과 밑에 깔려 있는 마음을 읽어줄 뿐만 아니라 문제를 해결해나가는 방향으로 이끌어가는 반응이다.

① 공감적 이해의 예

> "며칠 전에 가희와 말다툼을 해서 서로 말도 안 하고 지내요. 그 후로 먼저 말을 걸려고 해도 그게 잘 안돼요!"

- 수준 1 : "네가 성격이 까다로우니까 그렇지! 그러니 친구가 없지!"
- 수준 2 : "가희랑 사이가 안 좋나 봐. 그래도 친구 문제는 네가 알아서 해라!"
- 수준 3 : "가희와 다투고 나니 마음이 편치 않겠구나."
- 수준 4 : "사소한 문제 때문에 말도 안 하고 지내려니 마음이 편치 않고, 가희에게 말을 하고 싶은데 막상 그것도 잘 안 되니 힘들겠구나."
- 수준 5 : "사소한 문제 때문에 말도 안하고 지내려니 마음이 편치 않고, 가희에게 말을 하고 싶은데 막상 그것도 잘 안되니 힘들겠구나.. 그래도 어떤 마음이 더 크니? 만약 가희에게 말을 하고 싶은 쪽이 더 크다면 말을 한 번 건네 보는 건 어떨 것 같니?"

5. 교직수업 적용활동

활 동

동영상(https://www.youtube.com/watch?v=Ccyc-Tp2L4Q) 시청 후, 여러분이 담임교사라고 가정했을 때, 동영상에 등장한 피해학생, 가해학생, 주변학생에 대해 상담을 실시한다면 어떻게 개입할지 토론해 봅시다.

피해학생 상담 개입

가해학생 상담 개입

주변학생 상담 개입

chapter 10

학교폭력예방 프로그램

학습목표

1. 학교폭력예방을 위한 국내 프로그램의 종류와 특징을 파악한다.
2. 학교폭력 대상자별 예방 프로그램의 특성을 이해한다.
3. 해외 학교폭력예방 프로그램의 종류와 특성을 파악한다.

제10장에서는 학교폭력을 예방하기 위해 학교 차원에서 학생들의 생활지도를 효과적으로 다룰 수 있는 학교폭력예방 프로그램을 소개하고자 한다. 구체적으로 학교폭력 문제의 개입과 예방을 위해 국내·외에서는 각각 어떠한 프로그램을 개발해 왔는지 살펴볼 것이다. 국내 예방 프로그램에서는 학교, 학급별 폭력 예방프로그램, 피해·가해학생을 위한 프로그램으로 나누어 살펴볼 것이다. 이와 함께 국외 예방 프로그램에서는 국가별 프로그램의 세부 내용과 성공 요인에 대해 살펴 볼 것이다. 국내·외 예방프로그램을 다룸으로써 교사들이 학교폭력예방을 위한 교육방안과 안전한 학급분위기 조성을 위해 어떠한 역할을 해야 하는지에 대한 안내를 제공하고자 한다.

1. 국내의 학교폭력예방 프로그램

1) 학교, 학급별 폭력예방을 위한 프로그램

(1) 어울림 학교폭력예방 프로그램

어울림 프로그램은 정부 차원에서 학교폭력예방과 대처의 일환으로 한국교육개발원에서 개발하였고, 학교 차원에서 학교폭력을 예방과 안전한 학교 분위기를 형성하기 위해 학생용, 교사용, 학부모용으로 각각 구분하여 제작하였다. 또한, 초등학교 저학년, 초등학교 고학년, 중학교, 고등학교로 구분하여 학교급별 프로그램을 제시하였고, 4개의 영역(수준별, 모둠별, 학교급별, 대상별)으로 세분화하여 개발하였다. 구체적으로 6개의 핵심 역량인 학교폭력 인식 및 대처, 공감, 의사소통, 갈등해결, 감정조절, 자기존중감을 개발하였으며, 이러한 핵심 역량은 음악·미술활동, 역할극, 집단상담, 감정코치 등의 프로그램을 통해 완성되었다. 사이버어울림 프로그램은 8대 역량으로 사이버 공감, 사이버 의사소통, 사이버 감정조절, 사이버 자기존중감, 사이버상의 갈등 관리 및 문제해결, 사이버폭력 인식 및 대처, 사이버 자기조절, 인터넷 윤리의식 및 활용으로 개발하였으며, 어울림 프로그램은 한국교육개발원 홈페이지(http://www.kedi.re.kr) 학교폭력예방연구지원센터에서 자료를 다운받을 수 있다. 구체적인 어울림 프로그램 내용은 〈표 10-1〉과 같다. 아울러 어울림 학교폭력예방 프로그램 연수 내용은 〈표 10-2〉와 같다(한국교육개발원, 2013).

표 10-1 어울림 프로그램 내용(초등학생용)

핵심 역량	학년	대상	프로그램명
공감	저학년	학생	어, 나도 그래!
			나보다 어린이 보살피기
			말랑말랑 마음 만들기
			포근포근 마음 나누기
		교사	입장 바꿔 생각해봐!
			속마음 읽기
		학부모	엄마, 아빠! 저의 감정을 읽어주세요.
			딸아, 아들아! 네가 느끼는 그대로를 존중한단다.
	고학년	학생	다양한 모양의 마음
			내 마음 보여주기
			친구의 마음 알아보기
			내 마음속의 하얀 늑대 키우기
		교사	아는 만큼 보인다.
			보는 만큼 느낀다.
		학부모	아는 만큼 보인다.
			보는 만큼 느낀다.
의사소통	저학년	학생	이런 말들이?
			말하기보다 귀한 것
			마음을 부드럽게
			같이 놀자!
		교사	마음으로 듣기
			교사와 학부모는 자전거의 두 바퀴

핵심 역량	학년	대상	프로그램명
		학부모	귀 기울여 주세요
			우리 아이 잘 부탁해요.
	고학년	학생	잘 소통하고 있니?
			이렇게 경청하자!
			이렇게 말하자!
			이렇게 표현하자!
		교사	너를 존중해!
			함께하는 협력자
		학부모	네 생각은 어떠니?
			든든한 동반자
갈등 해결	저학년	학생	갈등과 친구가 되어 보아요.
			갈등! 이렇게 해봐요.
			갈등! 이젠 문제 없어요!
			모두 다 행복한 선택
		교사	그래서 그랬군요.
			가까워질 수 있어요
		학부모	이해해 주세요.
			도와주세요.
	고학년	학생	우리는 달라요.
			갈등! 이렇게 해봐요.
			친구에게 고민을 털어놓아요.
			친구의 도움으로 학교폭력을 예방해요.
		교사	학생들 사이에 발생하는 갈등! 어떻게 해결할까?
			교사와 학생 사이에 발생하는 갈등! 어떻게 해결할까?
		학부모	내 아이의 갈등
			갈등! 이렇게 해결해요.
감정 조절	저학년	학생	감정은 내 친구!
			이럴 때는 어떻게 할까요?

핵심 역량	학년	대상	프로그램명
			감정조절은 나에게 맡겨라.
			상황에 따른 나의 대처법
		교사	감정이 어떻게 움직이나요?
			감정조절 이렇게 도와 볼까요?
		학부모	내 아이 감정조절 돕기
			감정조절 기술-자기감정 인식과 자기표현력 기르기
	고학년	학생	나의 다양한 감정세계와 표현방식 이해하기
			불편한 감정에 틈새를 만들자!
			불편한 감정, 이렇게 조절해 봐요!
			불편한 감정, 이제 자신 있어요!
		교사	생각하기 나름!
			이럴 땐 어떻게?
		학부모	마음의 문이 활짝!
			이럴 땐 어떻게?
자기 존중감	저학년	학생	자랑스러운 나
			나와 어울리는 내 모습
			사랑의 말로 치료해 주어요.
			나의 소중함에서 저의 소중함까지
		교사	학생의 미래가 바뀌는 자기존중감
			자기존중감을 키우는 학급 활동
		학부모	자녀의 미래가 바뀌는 자기존중감
			자녀의 자기존중감 키우기
	고학년	학생	나를 알GO! + 우리를 알GO! = 한 걸음
			나의 Special! + 너의 Special! = 두 걸음
			생각의 전환! + 자신감 UP! = 세 걸음
			좋은 친구 + 배려 & 나눔 = 어깨 걸고 함께 걸음
		교사	너희들이 행복하면 나도 행복해!
			선생님이 무엇을 도와줄까?

핵심 역량	학년	대상	프로그램명
		학부모	아이를 비추는 거울, 부모
			울퉁불퉁 아이들, 현명하게 대처하기
학교폭력 인식 및 대처 [기본]	저학년	학생	폭력 vs 평화
			이것도 폭력이구나!
			내가 능력자
			평화로운 우리 반
		교사	장난과 폭력
			담임의 대처능력 개선
		학부모	설마 우리 아이가?
			우리 아이의 올곧은 성장을 위하여

핵심 역량	학년	대상	주제	프로그램명
학교폭력 인식 및 대처 [심화]	저학년	학생	언어 폭력	우리를 아프게 하는 말
				우리를 기쁘게 하는 말
	고학년			언어폭력 바로 알기
				언어폭력 대처하기
	저학년		사이버폭력	이것도 폭력이에요.
				사이버폭력 없는 세상 만들어요.
	고학년			사이버폭력, 왜 위험한가요?
				사이버폭력, 함께 탈출해요!
	저학년		집단따돌림	왕따, 어디까지 알고 있니?
				똑똑, 닫힌 마음의 문을 열어주세요!
				위기탈출 따돌림, 행복이 시작돼요!
	고학년			Stop : 괴롭힘을 멈추고!
				Go : 친구의 마음을 이해하고!
				Go : 친구를 진심으로 도와주고!

출처: 한국교육개발원 홈페이지(http://www.kedi.re.kr) 학교폭력예방연구지원센터.

표 10-2 어울림 학교폭력예방 프로그램 연수 내용

핵심 역량	구분	차시	내용
학교폭력 인식 및 대처	학생용	1	[학교폭력 인식] 장난과 폭력, 다양한 학교폭력에 대한 이해 및 인식
		2	[학교폭력 대처 1] 집단따돌림 등 구체적 사례를 통한 가해학생, 피해학생, 방관학생 경험 및 이해
		3	[학교폭력 대처 2] 사이버폭력 등 구체적 사례를 통한 피해학생, 가해학생, 방관학생 대처방안 이해
		4	[학교문화 조성] 평화로운 학급을 위한 규칙 만들기, 홍보신문 제작 등
	교사용	1	[학교폭력 인식 개선] 학교폭력 최근 경향성 이해 및 징후 파악
		2	[학교폭력 대처 방안] 구체적인 사례를 통한 학생지도 및 사안처리
	학부모용	1	[학교폭력 인식 개선] 학교폭력 최근 경향성 이해 및 징후 파악, 자녀의 문제행동
		2	[학교폭력 대처 방안] 구체적인 사례를 통한 학부모 대처방안, 징후 파악 후 개입방안
공감	학생용	1	[정서 이해] 정서의 다양한 인식 및 표현
		2	[자기 이해] 자신의 정서이해 및 표현
		3	[타인 이해] 타인의 정서이해 및 표현
		4	[공감 연습] 공감기술 훈련
	교사용	1	[공감의 중요성 및 공감 이해] 학생 공감하기, 학교폭력 상황에서의 공감
		2	[공감 연습] 효과적인 공감기술 연습
	학부모용	1	[공감의 중요성 및 공감 이해] 학생 및 교사 공감하기, 학교폭력 상황에서의 공감
		2	[공감 연습] 효과적인 공감기술 연습
의사소통	학생용	1	[자신의 의사소통 방식 이해] 자신의 의사소통 방식 파악 및 대인관계 유형의 이해
		2	[경청하기] 적극적인 경청하기 연습
		3	[올바른 의사소통 방법 익히기 1] 나 전달법 등 효과적인 의사소통 방법 익히기

핵심 역량	구분	차시	내용
		4	[올바른 의사소통 방법 익히기 2] 비언어적 의사소통방법, 사과하기, 비폭력대화법 익히기 등 효과적인 의사소통 방법 익히기
	교사용	1	[학생과의 의사소통] 학생 이해하기, 학생과의 의사소통 연습
		2	[학부모와의 의사소통] 학부모 이해하기, 실제 사례를 통한 의사소통 연습
	학부모용	1	[자녀와의 의사소통] 자녀 이해하기, 자녀와의 의사소통 연습
		2	[교사와의 의사소통] 교사 이해하기, 실제 사례를 통한 의사소통 연습
자기 존중감	학생용	1	[자기이해와 타인이해] 자기와 타인에 대한 이해와 존중
		2	[자기수용과 타인수용] 긍정적 자기수용과 타인수용
		3	[긍정적 자기상 형성] 건강한 또래관계 형성을 위한 긍정적 자기상 형성
		4	[자기효능감 형성] 또래관계 및 갈등해결에 대한 긍정적 경험을 통한 자신감 형성
	교사용	1	[자기존중감 이해] 학생의 자기존중감 이해 및 중요성 인식
		2	[자기존중감 향상 방안] 학생의 자기존중감 이해 및 중요성 인식
	학부모용	1	[자기존중감 이해] 자녀의 자기존중감 이해 및 중요성 인식
		2	[자기존중감 향상 방안] 자녀의 자기존중감을 향상시키기 위한 지도방안
감정조절	학생용	1	[감정이해 및 원인탐색] 부정적 감정에 대한 이해 및 원인 탐색
		2	[감정조절 연습] 스트레스, 분노 등을 조절하기 위한 사고의 변화
		3	[감정조절 연습] 충동성, 불안, 우울 등 부정적 감정조절 기법 연습
		4	[감정조절 실전연습] 학교폭력상황에서의 부정적 감정 인식 및 조절 연습

핵심 역량	구분	차시	내용
	교사용	1	[감정조절 이해] 학생의 부정적 감정이해 및 감정조절의 중요성 이해
		2	[감정조절 지원 기술 습득] 학생의 부정적 감정조절 기원을 위한 기술 연습
	학부모용	1	[감정조절 이해] 자녀의 부정적 감정이해 및 감정조절의 중요성 이해
		2	[감정조절 지원 기술 습득] 자녀의 부정적 감정조절 기원을 위한 기술 연습
갈등해결	학생용	1	[갈등상황 및 원인 이해] 다양한 문제 상황 인식 및 갈등 원인 파악
		2	[갈등해결 전략 탐색 1] 다양한 갈등상황 정의 및 상황별 문제해결 전략 찾기
		3	[갈등해결 전략 탐색 2] 평화적 갈등해결 전략으로서 구체적 방법 익히기
		4	[또래중재 및 또래조정 실습] 갈등상황 해결을 위한 또래중재 및 또래조정 이해 및 실습
	교사용	1	[학급 내 갈등 개입] 학급 내 갈등상황에 대한 교사의 효과적인 개입방법 이해
		2	[교사와 학생 간의 갈등이해] 교사와 학생 간 갈등 대처방법 익히기
	학부모용	1	[자녀와의 갈등 이해] 자녀의 갈등상황 및 학부모와 자녀 간 갈등 이해
		2	[자녀의 갈등상황 대처] 자녀의 갈등상황에 대한 대처방법 익히기

(2) '학교폭력 멈춰' 프로그램

학교폭력 멈춰' 프로그램은 노르웨이의 올베우스가 설계한 괴롭힘 예방 프로그램(Olweus Bullying Prevention Program: OBPP)을 우리나라에 도입하여 학교나 학급 차원에서 학교폭력예방을 목적으로 제작한 프로그램이다. 본 프로그램이 우리나라 시·도교육청에 처음 도입된 것은 각 지방 결창청과 시·도교육청에서 MOU를 맺으며 실시하게 되었다. 프로그램의 목적은 학교폭력 괴롭힘 문제를 감소시키는 동시에 학교폭력 발생을 예방하며, 안정된 학급문화를 형성하는 것에 초점을 둔다. '학교폭력 멈춰' 프로그램은 초·중·고등학교에서 모두 실시할 수 있으며, 학교차원에서의 변화를 이끌기 위해서는 최소한 3~5년 정도 프로그램을 운영해야 함을 강조하고 있다. '학교폭력 멈춰' 프로그램의 4대 규칙은 아래와 같다.

첫째, 우리는 다른 친구들을 괴롭히지 않을 것이다.
둘째, 우리는 괴롭힘 당하는 친구를 도울 것이다.
셋째, 우리는 혼자 있는 친구들과 함께할 것이다.
넷째, 만약 누군가 괴롭힘 당하는 것을 알게 되면, 우리는 학교나 집의 어른들에게 이야기할 것이다.

본 프로그램은 피해학생이 '멈춰'라고 외치면 주변의 학생들도 함께 '멈춰'라고 외침으로써 주변의 학생들이 방관자가 아니라 방어자가 될 수 있도록 한다는 점에 초점을 두고 있으며, 역할극을 통해 가해학생과 피해학생, 주변의 학생들이 서로의 역할을 상황극으로 실시하여 상대방의 감정을 느껴보게 함으로써 서로를 공감할 수 있는 능력을 키울 수 있다. 또한, 학교 단위에서 실시할 경우, 아래와 같이 활용할 수 있다.

- 창의적 재량활동 및 자기주도 학습시간 등을 활용하여 수시로 학교폭력 상황이 발생하였을 경우, 모두 "멈춰"를 외칠 수 있도록 교육을 실시한다.
- 학급별로 정기적으로 "멈춤이, 알림이, 상담이, 지킴이" 역할을 부여하여 학생들이 자신의 역할에 책임을 질 수 있도록 교육한다.
- 한 달 또는 일주일 단위로 전 학급원이 알 수 있도록 역할을 지정하여 학급에 게시하여 역할 시연 및 교육을 통해 각자 폭력 발생 시 대처하는 역할을 수행할 수 있도록 지도한다.

- 교사는 또래 상담자를 선출한다. 또래 상담자는 문제 발생 이전에는 또래 친구들에게 지지와 배려의 예방활동을 해주는 상담이로 활동하게 되고, 문제 상황이 발생했을 때 적극 개입하여 문제를 해결해 나갈 수 있는 알림이와 멈춤이로 활동하게 한다.

표 10-3 '학교폭력 멈춰 프로그램' 구성

회기	주제	목표	진행 내용
사전 검사		설문지 검사	집단의 학교폭력에 대한 피해자의 대처 능력 및 주변인의 태도 확인
1회기 (80분)	학교폭력 제대로 알고 있나요	학급에서 지킬 수 있는 규칙을 정하고, 학교폭력의 다양한 상황을 이해	• 관계 형성하기 • 존중의 약속 정하기 • 멈춰 프로그램 홍보 동영상 시청하기 • 장난과 폭력의 차이 구분하기 • 학교폭력 상황에서의 역할 이해하기
2회기 (80분)	다함께 하면 할 수 있어요	집단의 힘을 이해하고 학교폭력 상황에서 피해자의 대처방법과 주변인들의 역할을 이해	• 집단의 힘과 방관자 효과에 관한 동영상 시청 후 토론하기 • 나 - 전달법/ 주장표현 익히기 • 멈춰 카드 만들기, 멈춰 제도 익히기 • 역할극을 위한 상황과 배역 설정하기
3회기 (80분)	역할극	역할극을 통하여 학교폭력 상황에서 각자 할 수 있는 역할을 익히고 활용	• 역할극 • 역할극 후 느낌 나누기 • 멈춰 상황극의 이해와 응용 • 수업 소감 나누기
사후 검사		설문지 검사	집단의 학교폭력에 대한 피해자의 대처 능력 및 주변인 태도 변화 확인

(3) 회복적 생활교육

① 회복적 생활교육의 정의

가. 회복적 정의

가해학생과 공동체가 피해학생의 피해가 회복되도록 돕는 일련의 과정을 통해 더 안전하고 평화로운 공동체로 회복될 수 있다는 신념을 바탕으로 한다.

표 10-4 응보적 정의와 회복적 정의

구분	목표	방식	주체	질문	결과
응보적 정의	가해자 처벌	강제적 책임수행	처벌자 처벌기관	누가 범인인가? 어떻게 처벌할 것인가?	짜증, 억울함, 수치심
회복적 정의	피해자 회복	자발적 책임	당사자 공동체 책임	누가 피해자인가? 회복을 위해 필요한 것은 무엇인가?	피해자의 회복, 관계의 회복, 공동체 회복

나. 회복적 생활교육의 정의

회복적 정의의 철학을 바탕으로 '존중과 책임', '관계'라는 핵심가치를 구현하기 위하여 처벌로 사건을 종결하거나 행위를 바로잡기보다 분제와 갈등의 당사자들이 공동체와 함께 피해를 회복하는 과정을 만들고, 그 과정에서 파생되는 여러 영향력을 교육과 성장의 기회로 삼는 방식을 포함한다.

다. 응보적 생활지도 vs 회복적 생활교육

생활지도		생활교육
훈육과 응보적 정의	➜	조정과 화해 방식을 추구

표 10-5 응보적 생활지도와 회복적 생활교육

구분	목표	문제행동에 대한 자세	문제해결 방법	행동 동기
응보적 생활지도	처벌 중심	규제를 주어 행동을 멈추게 해야 한다고 생각함	가해자에게 합당한 벌	처벌과 보상
회복적 생활교육	관계 회복 중심	관계의 단절로 봄 문제행동을 유발하는 내면의 욕구를 탐색함	가해자와 피해자의 관계 회복	관계회복에 기여하고자 하는 열망

- 응보적 질문은 잘못한 사람에게 집중하고 그에 상응하는 처벌에 초점을 둔다.
  "누가 잘못했는가?" "어떤 규칙을 위반했는가?" "어떤 처벌이 합당한가?"
- 회복적 질문은 피해자와 피해에 초점을 맞추어 피해회복, 관계회복, 공동체 회복에 도움을 준다.
  "누가 피해를 입었는가?" "피해를 회복하기 위해 무엇을 해야 할 것인가?"

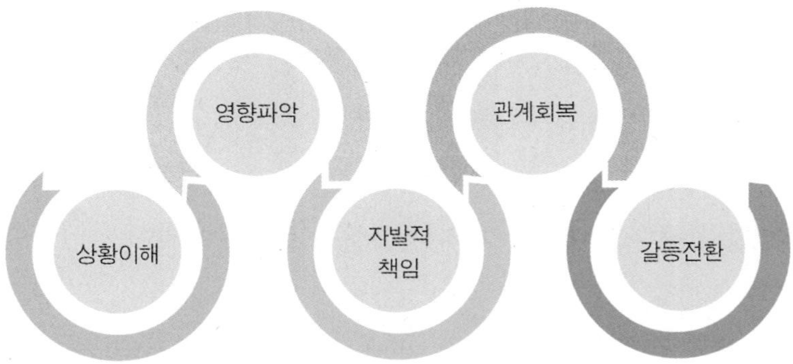

〈회복적 질문의 기준〉

① 상황 이해

네가 그랬어? → 무슨 일이 있었어?

② 영향 파악

발생한 문제로 인해 생긴 피해를 확인하는 질문

③ 자발적 책임

문제해결을 위해 강제적으로 책임을 지게 하는 것이 아니라 자발적으로 어떻게 책임을 질 것인가를 묻는 질문

④ 관계 회복

사건의 회복과 재발 방지를 위해 어떻게 하면 좋을 것인지 고려

⑤ 갈등 전환

갈등은 부정적인 것이 아니라 관계회복, 성장의 기회가 될 수 있음을 인식

〈영향을 받은 학생에게 던지는 질문〉

- "어떻게 된 일인지 설명해 줄 수 있니?"
- "이번 일을 겪으면서 가장 힘들었던 것이 무엇이었어?"
- "피해가 회복되려면 무엇이 이루어져야 할 것 같아?"
- "앞으로 이런 일이 안 일어나려면 무엇이 이루어져야 할 것 같아?"

〈잘못한 학생에게 던지는 질문〉

- "무슨 일이 있었던 거니?"
- "어떤 상황이었는지 얘기해줄 수 있어?"
- "피해학생이 어떤 영향을 받은 것 같니?"
- "이번 일의 피해를 바로잡기 위해 무엇을 할 수 있어?"

② 회복적 생활교육의 특징

가. 회복적 생활교육의 핵심 목표

〈"평화롭고 안전한 공동체 학교 만들기"〉

- 피해사실을 바로 이해하고 피해를 입은 쪽 모두가 공감하게 하기
- 피해를 입은 쪽과 입힌 쪽 모두의 욕구를 듣고 응답하기
- 공동으로 문제해결 과정을 계획하고 진행하면서 얻은 개인적 성찰을 통해 책임감과 의무감 키우기
- 피해를 입친 사람들은 공동체에 쓸모있고 가치 있는 구성원으로 다시 받아주기
- 서로 돌보고 배려하는 분위기를 조성하여 공동체를 더욱 건강하게 세우기
- 발생한 피해를 해결하는 방향으로 시스템을 정비하기

나. 회복적 생활교육의 필요성

학교폭력이 심각해지면서 회복적 정의의 관점에서 학교폭력문제에 대한 해결책을 찾으려는 노력이 늘어나고 있으며, 학교폭력의 대상은 학생이기 때문에 모든 절차와 결과는 교육적이어야 한다. 따라서 학교폭력의 교육적 대응을 위해서는 생태 체계적, 성장 지향적, 회복적으로 접근해야 한다.

① 학교폭력의 양상 변화, 관계적 폭력 증가

최근에는 상대방의 자존감이나 명예를 훼손시키는 관계적 폭력이 늘어나고 있으므로 공감할 수 있는 대화과정을 통해 각자의 주관적 고통에 대해 말할 수 있는 장을 제공할 필요가 있다.

② 학교폭력의 생태체계적 접근

학교폭력은 개인과 가족, 또래집단, 학교, 지역사회 및 사회규범 간의 복잡한 상호작용의 결과이기 때문에 학교폭력 문제 해결을 위해 생태학적 접근이 필요하다. 회복적 대화모임을 통해 문제해결과정에서 당사자와 공동체가 참여하여 학생뿐 아니라 가정, 학교, 지역사회가 어떤 책임과 지원을 할 수 있는지 대책을 마련하는 과정으로 생태학적 해법을 가능하게 한다.

③ 개인과 공동체의 성장 지향적 접근

그동안 학교폭력 예방과 해결은 문제행동 요인 감소에 초점이었다면 성장 지향적 접근은 평화로운 공동체라는 교육적 관점과 학생들의 긍정정서를 비롯한 관계기술, 책임 있는 의사결정능력 함양과 같은 강점에 초점을 맞춘다. 따라서 회복적 생활교육은 학교폭력으로 발생한 피해를 회복하기 위해 개인과 공동체에게 무엇이 필요한지, 무엇을 위해 노력해야 하는지에 초점을 맞추기 때문에 미래지향적, 성장 지향적 관점을 지닌다.

③ 회복적 생활교육 프로그램 개발 및 적용

가. 신뢰 서클

회복적 생활교육의 대표적 모임의 한 형태

- 학급 운영에 다양하게 적용 : 첫 만남, 소그룹 집단상담, 학급 단합 등
- 서클의 단계 : 환영과 소개–여는 의식–토킹스틱 소개–기본규칙 나누기–서클의 목적 나누기–이야기 나누기–감사하기–마무리하기
- 서클의 목적 : 공동체에 문제가 발생하기 전 공동체의 구성원들을 서로 연결하여 결속력을 형성

1년 학급 운영 세부 내용

〈학기 초〉

- 첫 만남 학생 대상 신뢰서클: 학급 공동체 구성원을 소개하고 구성원들 간 친밀감 형성
- 학부모 대상 회복적 생활교육 가정통신문 발송: 학급 운영의 기본철학으로서 회복적 생활교육 소개, 학급운영 기본방향과 계획 안내
- 교육과정 설명회 학부모 대상 신뢰서클: 학부모-교사간 서로 이해하고 마음을 터놓고 이야기할 공간 마련하기

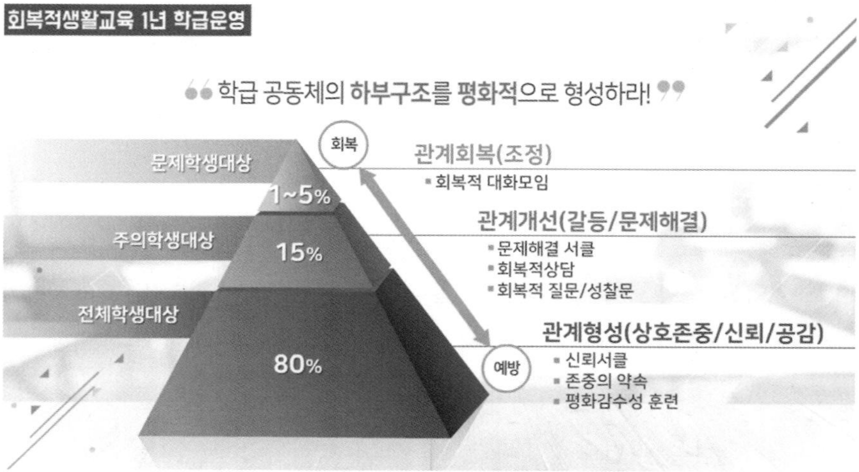

"내 마음의 신호등"	"회복의 나무"
매일 아침 자신의 감정상태에 따라 해당하는 곳에 스티커 부착하기 ➜ 단순한 방법으로 학생들의 감정 파악 가능 ➜ 친구들의 마음을 서로 살피고 도울 수 있음	수시로 질문을 던지고 이에 대한 대답을 포스트잇에 적기 ➜ 게시판의 포스트잇을 통해 서로의 생각을 확인하고 소통할 수 있음

〈학기 중〉

"존중의 약속 만들기"	" 내 마음의 관계도 그리기"
공동체의 합의과정을 배우고 실천하기 • 선생님이 학생들에게 존중받고 싶은 것 • 학생들이 선생님에게 존중받고 싶은 것 • 학생들 서로 간에 존중받고 싶은 것	학급 아이들의 원가족 체계를 이해하고 또래 생태계의 흐름을 파악하여 아이들의 관계를 이해하기 • 현재 자신이 느끼는 마음의 관계도 그리기 ➜ 게시판의 포스트잇을 통해 서로의 생각을 확인하고 소통할 수 있음

〈학기 말〉

- 존중의 약속 확인하기: 존중의 약속을 개정하거나 점검하기
- 진로서클: 학생들 진로에 대한 고민이나 관심사에 대해 알 수 있으며, 친구들과 진로에 대해 소통함으로써 정보를 얻고 고민을 나눔

④ 회복적 생활교육의 효과

회복적 생활교육 프로그램의 효과는 다양한 연구를 통해 입증되었다. 먼저 회복적 생활교육 프로그램을 통해 학생들의 공감능력과 공동체 의식이 향상되었고(강정희, 2019, 박희진, 2017), 또래관계의 질에도 긍정적인 영향을 미친 것으로 나타났다(장현숙, 2019).

표 10-6 회복적 생활교육의 효과: 회복적 대화와 성찰

자기 성찰	자발적 책임	수평적 관계 형성
스스로의 감정과 상황, 어려움이나 피해, 갈등 회복 방안을 고민하고 유도	사고의 범위를 확장시키고, 회복을 위해 실천해야 할 행동을 고민하도록 유도	학생들뿐만 아니라 학생과 교사 사이의 수평적 대화와 관계형성이 가능

표 10-7 회복적 생활교육의 효과: 서클 활동

회복력 증가	문제해결능력 향상	배제, 낙인 감소
학생과 교사, 학생들 사이 관계성과 신뢰성이 견고해지는 과정을 통해 회복력이 증가	구성원 모두의 참여 유도, 책임의식 배양, 공정한 기회제공을 통해 문제해결능령 향상	공동체 압력이 배제나 낙인의 형식으로 나타나지 않도록 작동

〈회복적 생활교육을 위해 필요한 교사의 역량〉

- 학생이 필요로 하는 것을 이해하기
- 판단하지 않고 끊임없이 질문하고 대화하기
- 협력을 이끌어내는 교사의 리더십 함양하기
- 가해자-피해자 구도에서 벗어나기

(4) 시우보우 프로그램

서울대 심리학과 발달심리 연구실에서 개발한 시우보우 프로그램은 애니메이션을 활용한 초·중·고등학교용 학교폭력예방 동영상 프로그램이다. 구체적으로 학교폭력과 관련하여 이타행동, 대인관계 기술, 의사소통 기술, 인권과 평화의식, 폭력문화 바로 알기, 집단따돌림 등의 내용을 학교급별 10편으로 제작하였으며, 편당 7~10분 정도로 구성하였다. 본 프로그램은 기존의 인쇄물로 제작된 프로그램에 비해 프로그램을 시청하는 방식으로 학생의 시각적인 흥미나 관심을 끄는데 효과적이다. 프로그램 구성요소는 아래와 같다.

〈초등학생용 시우보우 프로그램〉

- 이타행동 : "내가 바로 그 사람이야!"
- 대인관계 기술 : "나와 조금 다를 뿐이야!"
- 의사소통 기술 : "이렇게 말해요!"
- 인권과 평화의식 : "우리에겐 인권이 있어요!"
- 폭력문화 바로 알기 : "나도 폭력에 중독되고 있다!"
- 집단따돌림 : "내가 먼저 시작할 수 있어요!"
- 언어적 폭력 : "말도 상처가 돼요!"
- 신체적 폭력 : "아프게 하지 말아요!"
- 금품갈취 : "부끄러운 일!"
- 사이버폭력 : "내가 사이버폭력을!"

(5) 내가 바로 지킴이

청소년폭력예방재단(이하 청예단)에서 개발한 '내가 바로 지킴이' 프로그램은 학급 단위 또는 학교 전체 단위를 대상으로 활용할 수 있으며, 학교폭력에 대한 개념정리, 예방교육 강의, 학교폭력예방 및 대처방법 등으로 구성된다. 본 프로그램의 핵심 구성요소는 학교폭력 ○, × 퀴즈, 예방나무, 으랏차차, 무비오케, 예방교육 강의 등을 포함한다. 진행방식은 각 학년별 수준에 맞는 프로그램을 선택하여, 총 10회기, 1회당 80분간 진행한다. 구체적인 프로그램 내용은 〈표 10-8〉, 〈표 10-9〉와 같다(청소년폭력예방재단, 2004).

표 10-8 '내가 바로 지킴이' 프로그램(초등학생용)

<table>
<tr><th>과정(시간)</th><th>구분</th><th>프로그램명</th><th>목표</th><th>내용</th></tr>
<tr><td>개관(10분)</td><td>공통</td><td>이게 뭐야</td><td>소개 및
관계형성</td><td>• 청예단 및 강사 소개
• 프로그램 내용 및 목표 소개</td></tr>
<tr><td rowspan="3">주요 활동 1
(30분)</td><td rowspan="2">저학년</td><td>학교폭력
○, ×퀴즈</td><td rowspan="2">학교폭력
개념 정리
(한 가지
프로그램 선택
가능)</td><td>• ○, ×퀴즈를 통해 학교폭력 기본개념을 이해</td></tr>
<tr><td>학교폭력
베스트 7</td><td>• '학교폭력 베스트 7' 게임을 통해 학교폭력의 기본개념을 이해</td></tr>
<tr><td>고학년</td><td>수사대 출동</td><td>학교폭력의
이해 및 위험성
제고</td><td>• 수사대가 되어 봄으로써 학교폭력 개념을 이해</td></tr>
<tr><td rowspan="4">주요 활동 2
(30분)</td><td rowspan="2">저학년</td><td>이럴 땐
이렇게
베스트 5</td><td rowspan="4">학교폭력예방
및 대처법 이해
(한 가지
프로그램 선택
가능)</td><td>• '이럴 땐 이렇게 베스트 5' 게임을 통해 학교폭력 대처방법 탐색</td></tr>
<tr><td>예방나무
만들기</td><td>• 학교폭력의 상황별 대처방법에 대해 이해</td></tr>
<tr><td rowspan="2">고학년</td><td>빙고게임</td><td>• 빙고게임을 통해 학교폭력예방 및 대처방법 이해</td></tr>
<tr><td>예방나무
만들기</td><td>• 학교폭력예방 및 대처방법에 대해 이해</td></tr>
<tr><td>마무리
(10분)</td><td>공통</td><td>으랏차차</td><td>학교폭력
예방을 위한
책임감 및
협동심 증진</td><td>• 여럿이 함께 손과 발을 맞대고 바닥에서 일어나는 활동</td></tr>
</table>

표 10-9 '내가 바로 지킴이' 프로그램(중·고등학생용)

과정(시간)	프로그램명	목표	내용
개관(10분)	이게 뭐야	소개 및 관계형성	• 청예단 및 강사소개 • 프로그램 내용 및 목표 소개
주요 활동1 (30분)	무비오케	학교폭력 상황에서의 간접경험 및 대처행동 모색 (한 가지 프로그램 선택 가능)	• 영상물 시청 후 모둠별 모션활동 또는 역할극
	이럴 땐 이렇게 (역할극)		• 역할극을 통해 학교폭력 관련인(피해자, 가해자, 방관자)의 입장 되어 보기
	학교폭력예방 가요제		• 학교폭력예방 방안에 대한 이해를 가요제 활동으로 모색
주요 활동2 (30분)	예방교육 강의	학교폭력의 이해 및 위험성 탐색	• 학교폭력의 개념, 위험성, 대처방법, 법적 처벌 등에 대한 이해 • 시청각 자료를 통한 사례 이해
마무리 (10분)	으랏차차	학교폭력예방을 위한 책임감 및 협동심 증진	• 여럿이 함께 손과 발을 맞대고 바닥에서 일어나는 활동

(6) 원예 프로그램

주 1회씩 10주간 활동하는 프로그램으로 기존 텃밭활동과 달리 교실에서 참여할 수 있는 활동이다. 전북 전주시 만성초등학교 6학년 60명에게 적용한 결과, 언어폭력성을 낮추는데 기여한 것으로 나타났다. 프로그램 전, 후에 실시한 설문조사에서 원예 프로그램에 참여한 학생들은 욕설(6.2%), 조롱(8.5%), 협박(7.4%) 등의 언어폭력성이 감소하였으며, 원예 프로그램에 참여하지 않은 학생들은 욕설(26.5%), 조롱(25.2%), 희롱(8.0%) 등 언어폭력성이 통계적으로 유의하게 증가하였다. 구체적인 원예 프로그램 내용은 〈표 10-10〉과 같다(농촌진흥청, 2015).

표 10-10 원예 프로그램 내용

프로그램	내용
자기 공감	• 최근 느낀 감정으로 감정표현 화분 만들기 • 원하는 식물 선택하여 심고 자신의 욕구 이해하기 • 씨앗을 뿌릴 때 원하는 것이 선택되었을 때와 선택되지 않았을 때 감정 나누기
대인 공감	• 샌드위치를 만들어 친구에게 선물하며 감정 표현하기 • 오렌지를 통한 친구의 다양한 감정 이해하기 • 식물을 관찰하며 식물이 필요한 것을 찾아내듯 친구가 표현하는 감정 알아보기
공감의 순환	• 자신이 가꾼 식물로 자신의 감정 변화와 공감 표현하기

2) 학교폭력 피해학생을 위한 예방 프로그램

학교폭력 피해학생의 경우, 가해학생과 분리 후에 마음을 안정시키는 과정이 중요하다. 특히, 피해학생은 학교폭력 이후에 상실된 자존감을 회복해야 하며, 또래관계 및 교사와의 관계에서 부적응을 초래할 수 있기 때문에 대인관계 회복을 위한 노력이 필요하다. 이를 위해, 학교폭력 피해학생을 위해서는 자기주장 훈련 및 대인관계 향상 프로그램을 통해 자기방어를 할 수 있는 힘을 기르도록 조력해야 할 것이다. 앞으로 소개할 프로그램들은 주로 피해학생의 자존감 및 대인관계를 회복시켜 학교생활 적응 향상에 초점을 맞춘 내용으로 구성하였다.

(1) 어울림학교

어울림학교는 「초·중등교육법」 제28조 및 동법 시행령 제54조, 「학교폭력예방 및 대책에 관한 법률」 제11조, 제16조 및 동법 시행령 제10조, 경기도 대안교육기관의 지정 및 학생위탁 등에 관한 규칙 제3조에 근거하여 경기도 내 중학교의 학교폭력 피해학생을 대상으로 다양한 대안교육 프로그램을 제공하는 학교이다. 구체적으로 기본교과지도를 진행함과 동시에 학교폭력 피해학생의 정서적 회복, 치유, 대인관계 및 자존감 향상을 목적으로 운영된다. 어울림학교의 구체적인 운영 방침은 아래와 같다.

- 경기도 중학교 재학생 중 학교폭력 피해학생 중 학교장의 추천을 받은 희망자
- 교육기간은 개인별 치유 정도에 따라 소속 학교장과 협의하여 결정
- 학교폭력 피해학생의 자존감 회복, 학교적응력 신장에 중점을 두어 운영
- 보통교과에 대한 성적처리는 위탁생의 소속 학교의 시험에 응시, 그 성적도 소속 학교에서 산출
- 대안교육교과의 평가는 위탁기관에서 이수 여부를 평가
- 평일에는 어울림학교에서 숙식하며 생활, 주초 등교와 주말 하교는 보호자의 인솔 하에 개인별로 실시
- 교육생의 숙식비를 비롯한 교육비는 자체예산으로 운영

위의 운영방침과 더불어 어울림학교의 기대효과는 학교폭력으로 몸과 마음에 상처를 입은 피해학생들이 함께 생활하면서 정서를 회복하고 자존감을 향상시킬 수 있으며, 다양한 활동을 통해 타인을 존중하고 배려하는 태도를 길러 학교생활 적응력을 향상시킬 수 있다.

(2) 학교폭력 피해학생 치유 프로그램

본 프로그램은 교육과학기술부(2004)에서 초·중등학생용으로 개발한 프로그램으로써 학교폭력 피해학생의 치유를 목적으로 하며, 6~14회기로 구성된 단기 프로그램이다. 구체적으로 학교폭력 피해학생의 치유를 위해 정서조절 기능과 대인관계능력을 회복시키는 데 초점을 두어 구성하였고, 대인관계를 발달시키기 위한 스트레스 대처능력과 사회기술을 향상시키는 데 그 목적이 있다. 또한, 프로그램은 크게 2가지로 분류되는데, '기본 프로그램'에서는 피해학생의 심리 및 정서 치유를 다루고, '심화 프로그램'에서는 피해학생의 대인관계 회복을 위한 사회적 기술 및 역량강화와 관련된 내용을 다룰 수 있다. 회기 구성은 기본 프로그램의 경우, 90분씩

6회기로 진행할 수 있고, 심화 프로그램은 45~50분씩 4회기로 진행할 수 있다. 구체적인 프로그램 내용은 〈표 10-11〉과 같다.

표 10-11 학교폭력 피해학생 치유 기본 프로그램 내용

회기	제목	목적	내용
1	도입	• 친밀감 형성 및 참여 동기 유발	• 오리엔테이션 및 자기소개 • 집단의 친밀감 형성 • 신뢰로운 분위기 형성
2	폭력경험의 재경험	• 감정 인식 및 정화 피해로 인한 상처 수용 및 치유 • 감정 관리능력 습득	• 학교폭력 사건 재경험하기 • 감정 구체화하기 • 경험 공유를 통한 이해 받고 수용하기 • 감정을 표현하고 관리하기
3	감정 쏟아 붓기		
4	어우러지기	• 사회적 기본기술 습득 • 사회적 자기효능감 증진 • 성공적 또래관계 경험	• 친구 사귀기 연습하기 • 성공적인 친구 사귀기 경험하기 • 기본적인 사회기술 배우기
5	나 세우기	• 긍정적 자기 재발견 • 자기비난 중지 • 폭력 대처능력 증진	• 숨겨진 자기 장점을 확인하고 수용받기 • 부정적 자기 진술방식을 변화시키기 • 폭력에 대한 대처방법 배우기
6	마음 털기	• 나를 수용하고 희망 찾기	• 자기를 용서하기 • 희망 정리하기

(3) 피해학생 개입을 위한 온라인 상담 채널

학교폭력이 발생했을 때, 피해학생이 담임선생님이나 부모님께 피해사실을 밝히기 어려운 경우도 많다. 또한 피해사실을 밝혔을 때, 자신이 원하는 방향으로 해결이 되지 않거나 보복의 두려움을 느끼는 학생들도 많다. 이러한 경우에 온라인 상담을 통해 자신의 학교폭력 피해에 대해 상담하고, 전문가의 도움을 받을 수 있다. 또한, 온라인 상담은 피해학생뿐만 아니라 모든 학생이 학교폭력, 대인관계,

학교적응 등과 관련된 문제에 대해 게시판이나 채팅 형식으로 상담을 받을 수 있다. 온라인 상담의 종류는 〈표 10-12〉와 같다.

표 10-12 온라인 상담채널

상담채널	주관	상담 내용	이용 방법	상담 형태
Wee 온라인 상담	교육부, 한국교육개발원 Wee 프로젝트연구 특임센터	학교폭력, 학교적응, 대인관계, 가정문제에 대한 상담 제공	• 24시간 등록 가능 • 등록 후 48시간 이내에 답변 제공	게시판
117Chat	경찰청	학교폭력 관련 문제에 대한 실시간 상담 제공	24시간 연중무휴 실시간 채팅 가능	채팅
상다미쌤	교육부, 열린의사회	• 카카오톡 채팅을 통한 학교폭력 관련 실시간 상담 제공 • 상담결과에 따라 병원치료비(매월 10명 이내, 1인당 90만 원) 및 멘토링 지원	• 상담시간 : 주중 10~ 24시 • 주말, 공휴일 휴무	카카오톡 채팅
네이버 학교생활 컨설턴트	교육부, 네이버, 한국교육개발원 Wee프로젝트 연구 특임센터	학교폭력, 진로, 학습, 가정문제 등 학교생활에 대한 고민을 현장 교사들이 인터넷 포털사이트에서 질의에 대한 답변 형식으로 상담 제공	• 24시간 등록 가능 • 답변은 등록 후 실시간으로 제공	게시판

(4) '친구야 놀자' 프로그램

'친구야 놀자' 프로그램은 학교폭력 피해학생 치료 및 대인관계 향상을 위해 청예단에서 개발한 프로그램으로 초등학교 5, 6학년, 중학교 1, 2학년 학생을 대상으로 2박 3일 캠프 프로그램과 사후 집단상담(매월 1회씩 5회) 프로그램으로 구성되었다. 주요 내용으로는 또래관계를 잘 맺기 위한 심리극, 집단상담, 체험활동을 통한 신체활동 등이 포함되며, 본 프로그램을 통해 친구관계 패턴과 대인관계 갈등 원인을 이해하고 대처방안을 모색하는 데 도움을 줄 수 있다.

특히, 심리극을 통해 피해학생들이 자신의 경험을 개방하고, 폭력상황에서 느꼈던 생각, 감정을 표현하도록 하며, 자신이 보였던 행동을 재연하도록 한다. 더 나아가 학교폭력 상황에서 대처할 수 있는 행동 및 방안을 탐색하도록 함으로써 문제해결능력을 키우도록 한다.

3) 학교폭력 가해학생을 위한 예방 프로그램

학교폭력의 재발을 방지하기 위해서는 즉각적으로 피해학생 및 가해학생에 대한 교육을 해야 하며, 학교폭력이 발생하지 않도록 예방하는 것 또한 중요하다. 학교폭력 상황에서 피해를 당하는 청소년들이 순환적으로 가해를 하는 경우도 많고, 많은 학교폭력이 다른 또래들 앞에서 행해지는 경우가 많기 때문에 가해행동을 목격한 주변인들의 개입도 매우 중요할 것이다. 가해학생들은 낮은 자아존중감, 자아통제력으로 인해 또래관계 맺기에 어려움을 겪고 있고, 이러한 어려움을 다른 사람들보다 우월하다는 감정이나 공격성으로 표출되기도 한다. 즉, 문제해결을 위해 공격적인 방식을 택하거나, 자기과시적이며 타인에게 위력이나 영향력을 보이려는 행동을 보이는 경우가 많다. 따라서 가해학생을 위한 프로그램에서는 자신의 공격적인 행동이 잘못된 것임을 인식하고, 문제해결을 효율적으로 할 수 있는 대처방식을 교육시킬 필요가 있다.

(1) 학교폭력 가해학생 선도프로그램

① 학교폭력 가해학생 선도·교육프로그램

본 프로그램은 청소년보호위원회(2003)가 개발한 프로그램으로써 가해학생의 폭력행동을 방지하고, 학교생활적응을 조력하는 것을 목적으로 학교나 청소년 기관에서 보편적으로 활용할 수 있는 중·장기 프로그램이다. 프로그램은 총 12회기

(회기당 90분)로 구성되어 있으며, 대상이나 운영상황에 따라 회기 수는 조절하여 활용할 수 있다. 구체적인 프로그램 내용을 〈표 10-13〉과 같다.

표 10-13 학교폭력 가해학생 선도·교육 프로그램

단계	주제	구성 내용
탐색 단계	나 바라보기 1 〈자신에 대한 이해〉	• 프로그램 소개 및 규칙 정하기
		• 자기소개 및 별칭 짓기
		• 지금까지의 자신의 삶에 대한 통찰
		• 가족 내 부모-자녀 간의 상호작용에 대한 이해
문제 인식 단계	나 바라보기 2 〈나의 폭력행동에 대한 인식〉	• 프로그램에 참여하게 된 사건에 대한 탐색
		• 자신의 문제행동(폭력과 리더십의 차이 등)을 분명하게 인식하기
	나 바라보기 3 〈가해행위자로서의 나에 대한 이해〉	• 자신의 공격성 및 분노 정도 등 자신의 심리적 특성의 수용
	입장 바꿔 생각해 보기 〈피해자에 대한 이해〉	• 자신의 폭력이 타인에게 미치는 영향력에 대한 인식
		• 학교폭력의 의미와 심각성, 그 폐해에 대한 이해
	넓은 세상 보기 〈폭력행위에 대한 법적 책임감 인식〉	• 범죄로서의 폭력에 대한 인식
		• 폭력 관련법에 대한 이해
문제 해결 단계	성장하는 나 〈대안적인 기술 습득 및 대인관계 향상〉	• 다양한 자기통제능력 배양(분노조절 및 폭력 충동 억제 기술 등)
		• 기능적인 의사소통 기술 습득
		• 갈등상황에서 긍정적인 해결방법의 중요성 이해
	함께하는 세상 〈공동체 의식 함양〉	• 건전한 친구관계 맺기
종결 단계	세상에 하나뿐인 나 〈자아존중감 향상〉	• 자신의 장점과 단점을 인식하고 수용하기
		• 긍정적인 자아상 구축하기
	아름다운 도전, 희망에 찬 나 〈미래에 대한 계획〉	• 구체적인 인생목표 정하기
		• 목표달성을 위한 다짐

② 위풍당당 무지개 프로그램

위풍당당 무지개 프로그램은 청소년폭력예방재단(2008)에서 개발한 집단프로그램으로 주로 역할극을 활용하여 가해학생들이 자신의 행동을 돌아보고, 더 나아가 사회생활에 적응할 수 있는 대처방식에 대해 구성원들이 탐색할 수 있는 내용으로 구성되어 있다. 구체적인 내용을 살펴보면, 학교폭력 상황에서 느꼈던 여러 감정을 표현하고, 집단프로그램 내에서 학교폭력의 재경험을 통해 피해학생의 고통 및 감정을 공유하도록 하였다. 이러한 작업을 통해 집단구성원들이 문제에 대한 갈등을 효과적으로 대처하고, 대처방식의 하나로써 올바른 의사소통 방법을 익히도록 한다. 구체적인 프로그램의 내용은 〈표 10-14〉와 같다.

③ 청개구리 리턴즈 프로그램

가해학생 특별 선도프로그램으로 학교폭력 가해자로 징계 처분을 받아 특별교육을 이수해야 하는 학생을 대상으로 진행되는 프로그램이다. 본 프로그램을 통해 평소 사용하는 언어들을 종이에 쓰게 하여 다시 학생들에게 읽어줌으로써 욕설, 비속어 등이 상대방에게 어떤 기분을 들게 하는지 느끼고 반성할 수 있도록 유도할 수 있다. 또한, 긍정가치 선언문 작성을 통해 스스로의 긍정적인 가치를 높여 자존감을 키우는 시간을 제공하며, 특별교육 대상 아이들이 형식적으로 교육을 받고 돌아가는 시간이 아닌 자신의 행위가 잘못됐음을 반성하고 경각심을 갖는 시간을 제공하는 데 의미가 있다.

표 10-14 위풍당당 무지개 프로그램 내용

회기	단계	제목	목표	내용
1	도입	우리 처음이지?	• 프로그램에 대한 이해 • 동기화 및 개인목표 설정 • 규칙 정하기	• 자기소개 • 프로그램 소개 • 학교폭력 이후에 나에게 일어난 일 탐색 • 학교폭력은 어떤 일이었나요? • 소감 나누기
2	인식 탐색 및 인식 전환	콜라주로 보여줘!	• 대인관계 탐색	• 한 주간에 노력한 과정 나누기 • 대인관계 콜라주 만들기 • 작품 소개 및 느낌 나누기 • 학교폭력 사건의 발생 요인 찾기
3		나도 화난 적 있다고요	• 자신이 경험한 폭력에 대한 노출을 통해 분노 표현	• 신체 워밍업, 정서적 워밍업 • 맞았던 장면 재연(상황극)
4		역할극	• 가해한 상황을 재조명하며 피해자의 입장 공감	• 도입을 위한 게임 • 가해상황에 대한 재조명 및 실연
5		역지사지 해 보자	• 피해자의 심정 공감	• 본인 경험의 학교폭력 이야기 나누기 • 학교폭력 피해자 관련 동영상 시청 및 피해 정도 인지 및 공감
6	태도 탐색 및 행동 전환	폭력은 범죄다	• 학교폭력 교육을 통해 폭력 인식 함양	• 학교폭력예방교육 • 학교폭력 솔로몬의 선택 • 자신의 사례 나누기
7		이건 아니잖아	• 나의 갈등상황을 탐색하고, 자기 조절능력을 키움으로써 행동 전환	• 갈등을 잘 해결하기 위한 방법 공유 • 갈등상황 재연을 통해 제시되었던 긍정적 해결 방법을 선택해 보는 연습
8		말해보자	• 자신의 비합리적 생각을 점검 • 대화 요령 익히기	• 긍정적·부정적 반응에 대한 대응 방법 연습 • 학교폭력예방교육 2탄 • 대처연습(가해상황): 빈 의자 기법
9	종결	미안해, 따랑해	• 피해자와 화해 행동을 실제로 할 수 있도록 함	• 다중지능검사 실시 • 과거 사건 상황의 재연 • 사과편지 쓰기
10		어험, 나는 앞으로 이런 사람이야	• 미래 조망을 통해 꿈과 희망, 비전을 가질 수 있도록 함. • 리더십의 의미를 깨달음	• 다중지능검사 결과 듣기 • 진정한 리더십을 가진 유명인을 알아보고, 본인 탐색 • 10년 후 본인의 성공한 모습 그려보기 • 집단 마무리 및 상장 수여

④ 노란 손수건

경찰청에서 진행하는 선도 프로그램으로써 학교폭력 가해학생들에게 공동체 활동을 통한 자아성찰 및 적성계발의 기회를 제공함으로써 학교폭력의 근본적인 원인을 제거하고 가해학생들의 원활한 학교생활 복귀를 조력하는 데 초점을 둔다. 특히, 학교폭력 가해학생의 성향에 따라 맞춤식 참여가 가능하도록 구성하였는데, 예를 들면, 템플스테이, 브레인 명상, 산악 힐링캠프, 자전거 라운드 등의 다양한 프로그램들 중에서 학생이 자신의 성향에 맞게 선택하여 참여할 수 있다.

(2) 학교폭력 가해학생 개입 프로그램

① '너는 나, 나는 너' 프로그램

이 프로그램은 1회로 실시되는 역할극 프로그램이며, 강당 및 소강당에서 60분간 진행할 수 있도록 제작되었다. 본 프로그램을 통해 학생들은 가해자, 피해자, 방관자의 역할을 맡아서 역할극을 준비하고 진행해 봄으로써 서로의 느낌을 공유하고, 방관행위 역시 가해임을 인식할 수 있다.

표 10-15 '너는 나, 나는 너' 프로그램

단계	내용	시간
오리엔테이션	• 들어가기 학교폭력의 가해 유형에 대해 질의응답하기 (방관에 대해 직접 언급하지 말 것) • 규칙 설명	10분
활동	• 역할 배분 피해자, 방관자, (직접)가해자로 역할 분배 • 역할극 준비 각 역할별 행동양식(예, 방관자는 상황을 목격하고도 쳐다보고 지나가거나 주변을 맴돌기만 함) 확인하기	15분
본 활동	• 역할극 진행	25분
정리	• 소감 나누기 및 생각 정리하기 피해자 역할을 하는 사람이 직접적 가해자로부터 받은 상처와 방관자로부터 받게 되는 상처에 대해 각각 이야기하는 시간 가지기	10분

단계	내용	시간
	• 교수자는 역할극에 참여한 학생들의 의견을 모두 발표시키고, 역할극을 관람한 친구들의 의견까지 종합하여 방관행위 역시 가해임을 다시 한 번 인지시켜야 함	

② 모의 재판

이 프로그램은 1회로 실시되는 프로그램이며, 교실에서 60분간 진행할 수 있도록 제작되었다. 학급에서 모의재판을 실시함으로써 가해학생은 자신의 행동을 객관적으로 바라볼 수 있는 기회를 가지며, 이를 통해 자신의 행동의 심각성과 개선의 필요성을 느낄 수 있다.

표 10-16 '모의재판' 프로그램

단계	내용	시간	준비물
오리엔테이션	• 들어가기 어떤 행위가 학교폭력이며, 그 피해가 얼마만큼 심각한지 알아보고, 이를 해결하기 위해 어떤 노력이 필요한지 상기시키기 • 규칙 설명	10분	
활동	• 역할 배분 재판장과 변호사 : 가해학생 검사 : 피해학생 배심원 : 방관자와 가해학생 증인 : 방관자 • 재판 준비 각 모둠은 재판에서 진행할 내용들을 교사가 준비한 자료를 토대로 정리함	15분	모둠편성 프린트
본 활동	• 재판 진행 가능한 교사는 개입하지 않음	25분	재판 도구
정리	• 소감 나누기 및 생각 정리하기 재판을 통해 가해학생이 어떠한 잘못을 했는지, 가해행동이 법적으로 어떠한 문제를 지니는지에 대해 정리함	10분	프린트

2. 국외의 학교폭력예방 프로그램

1) 미국의 HIB 프로그램

(1) HIB 프로그램의 구성

미국에서 발생한 '가브리엘 모리나 사건'은 사이버폭력의 형태로 발생하면서 피해학생 가브리엘이 학생들의 모욕적인 문자 메시지로 인해 고통을 받다가 극단적인 선택으로 자살을 하게 된 사건이다. 이 사건 이후에 미국은 사이버폭력 대책을 마련하는 계기가 되었고, 뉴저지주에서는 2011년에 「집단따돌림방지법(Anti-Bullying Bill of Right Ace: ABR)」의 학교폭력에 관한 법률을 제정하였으며, 사이버폭력 사건을 형사법으로 처벌할 수 있도록 법을 개정하였다. 법률 제정 이후 현재까지 뉴저지주 교육부는 괴롭힘, 협박 및 집단따돌림(Harassment, Intimidation, & Bullying: HIB) 예방프로그램을 개발하여 학교 차원에서 실시하고 있다. 또한, 시내 1천 7백여 개의 학교에서 사이버폭력에 관한 교육을 실시하였으며, 폭력이나 사건을 목격하고도 신고를 하지 않은 학생과 학교에 처벌을 내릴 수 있도록 강경한 대책을 마련하였다.

HIB 예방 프로그램의 목적은 학교 차원에서 학교 안전팀과 괴롭힘 방지 전문가를 배치하고, 괴롭힘 방지 코디네이터를 각 학군마다 조직하여 학교폭력 조사, 교육, 항소 절차를 개발하는 것이다. 더 나아가 교사 및 학생들의 학교폭력 연수를 의무화하도록 하였다. HIB 프로그램의 구성원인 학교안전팀, 괴롭힘 방지 전문가, 괴롭힘 방지 코디네이터의 역할은 다음과 같다.

- 학교안전팀 : 학생들의 HIB 관련 문제를 다루고, 안전한 학교환경 및 분위기를 조성하는 데 초점을 둔다. 팀 구성원은 교장, 교사, 학부모, 학교폭력전문가 등으로 구성되며, 이들은 학교폭력을 예방하기 위해 학생, 교사, 관계자 및 관리자, 학부모를 대상으로 교육을 실시한다.
- 괴롭힘 방지 전문가 : 학교안전팀과 함께 학교폭력 사건이 발생했을 때, 조

사 착수 및 조사팀 운영에 초점을 둔다. 팀 구성원은 학교에서 괴롭힘 방지 전문가 훈련을 받은 관계자, 진로상담사 및 학교심리치료사들로 구성된다.

- 괴롭힘 방지 코디네이터 : 주로 HIB 정책의 일환으로 학교폭력의 예방 및 대처를 목표로 하며, 교육감이 임명한 구성원들이 학교폭력 전문가들과 회의를 하면서 교육부에 HIB 진행사항을 논의한다.

(2) HIB 프로그램 실시 가이드

HIB 프로그램은 교육부의 관리 아래 학교 차원에서의 관계자들의 역할이 분명하게 구분되어 있고, 각각의 역할들은 의무성을 지닌다. 구체적으로 HIB 프로그램 실시에 대한 역할을 살펴보면 다음과 같다.

- HIB 관련 전문가 : HIB 예방교육 컨텐츠를 개발하고, 새 교육 법안에 맞는 HIB 관련 교육을 이수해야 한다.
- 일반 교사 : 매년 2시간의 HIB 예방교육 및 자살예방교육을 이수해야 한다.
- 교사 및 교직원 : 학교폭력 목격 또는 보고 시에 즉시 보고서를 학교장에게 제출해야 하며, 교장은 보고받은 학교폭력 발생 사안을 교육감에게 보고해야 한다.
- 교육감 : 매 학기마다 공청회를 개최하여 학교폭력과 관련된 사건을 교육위원회에 보고해야 한다.

  (보고사항 : 학교폭력 발생 횟수, 조사자명, 학교폭력의 형태와 발생 현황 등)
- 교육부 : 리포트 카드를 통해 학교폭력 발생현황을 공문서화 해야 한다.

2) 일본 사이타마현의 '밝고 안심하고 배울 수 있는 학교 만들기'

일본은 2000년대에 이르러 청소년 문제가 사회문제로 심각하게 드러났으며, 2004년도 나가사키현에서는 초등학교 6학년 학생이 동급생을 살해한 사건이 발생하면서 학교폭력의 형태가 더 흉포화 되는 동시에 저연령화 되는 추세로 변하고 있다. 그중 사이타마현은 초·중등학교의 학교폭력 건수가 2009년부터 큰 폭으로 증가하였고, 지역사회와 학교 차원에서의 대책 마련의 필요성이 제기되면서 본 프로그램이 개발되었다. 또한, 사이타마현에서는 학교폭력예방을 예방하기 위해 '밝고 안심하고 배울 수 있는 학교 만들기' 협력학교와 '생활지도 연구추진모델 학교'를 선정하였다. 이후에 '밝고 안심하고 배울 수 있는 학교 만들기' 연수회를 개최하여 주기적으로 실시하였다. 이와 관련하여 사이타마현 교육위원회(2011)에서 발표한 '밝고 안심하고 배울 수 있는 학교 만들기를 위해서'라는 자료의 학교폭력예방 대책과 관련된 구체적 사례내용을 살펴보면 아래와 같다.

표 10-17 '밝고 안심하고 배울 수 있는 학교 만들기' 사례내용

추진 사례	내용
아름다고 안전한 교내환경 구축	• 교내 환경 미화 및 정기적인 안전점검 실시 • 지역사회 및 학부모와 연계한 환경정비 사업 실시 • 청소활동, 교직원실 및 교내 시설에 대한 정리·정돈
학교순회체제 구축	• 정해진 출석부 보관장소 마련하여 교직원이 전 학년의 출석상황을 파악하도록 함 • 보호자 지킴이 활동 실시: 수업 시작 후 5분 동안 순찰함 • 교장과의 미니 간담회 실시
폭력대응위원회 설치	• 문제행동 대응 매뉴얼 제작 후 교직원 교육 실시 • 정기적인 생활지도위원회 개최 • 학교 질서와 관련된 규율 및 지도체계 검토
학생 실태 파악 실시	• 학생 이해와 관련된 설문조사 실시 • 생활기록노트 활용 • 생활지도 관련 위원회 활성화
초·중학교 연계 생활지도체제 구축	• 9년 계획 학생지도체제 확립 • 학생 및 교원 상호 교류 • 초등학교 생활지도 교원의 중학교 방문
정숙한 시간 계획	• 아침 15분 정도 말하지 않거나, 독서하기 등의 계획을 실행 예) 말하지 않고 청소하기, 독서하기
의사소통 능력 증진	• 교육상담기법을 활용한 의사소통 능력 향상 예) 사회적 기술 훈련, 자기주장 훈련 등 • 참만남 집단상담 프로그램 도입하여 학기 초에 실시 • 연수회를 통한 집단상담 프로그램을 교사가 배울수 있는 기회 마련

추진 사례	내용
비행방지 네트워크 구축	• 폭력행위 예방지원팀 편성 : 지역 교육위원회, 경찰, 아동보호 위원, 아동상담소 등의 기관과 연계 • 지원팀과 협력하여 학교 내 폭력행위 방지에 대한 노력 • 지역 내 봉사활동 기회를 학생들에게 제공
특정 학생에 맞는 지원팀 편성	• 보호관찰 지원팀 편성 : 범죄사건이 발생한 학교에 지원 • 각 팀별로 개입방향을 정하여 문제 상황이 각각 다른 학생들에게 맞춤형 지원이 가능하도록 함.
정기적인 강연회 실시	• 폭력행위 방지와 관련된 강연회 실시 • 범죄피해자를 강사로 초빙하여 실제 사례 위주의 강의 진행 • 학생, 교사, 학부모 대상 실시 • 주요 강사 : 청소년 보호사, 지경 경찰서 생활안전과 직원 등

3) 핀란드의 '키바 코울루(KiVa Koulu)' 프로그램

핀란드 교육문화부의 재정지원으로 개발된 키바 코울루 프로그램은 각 학교에서 한 달에 한 번, 연 20시간 정도로 담임선생님과 함께 진행되는 프로그램 수업 형태이다. 본 프로그램은 토론, 역할극, 괴롭힘에 관한 영상시청 등으로 구성된 일반적인 지침(general action) 프로그램과, 학교폭력 문제해결을 위해 학생들이 피해자를 도와줄 수 있는 역량을 증대시킬 수 있는 구체적인 문제해결(indicated action) 프로그램으로 구성된다. 즉, 본 프로그램은 학교폭력 상황에서 피해학생을 어떻게 도와주어야 하는지, 안전한 학급을 만들기 위해 학생들은 어떤 자세를 가져야 하는지에 대한 학생들의 공동의 책임을 강조한다. 구체적인 프로그램 주요 내용은 다음과 같다(Salmivalli et al., 2009).

- 우리 서로 알아 나가자.
- 마음과 상처
- 모든 사람이 하나되는 우리 학급
- 차이는 우리를 풍부하게 한다.
- KiVa 학교에는 괴롭힘이 없다.
- 우리는 결코 괴롭힘에 가담하지 않는다.

- 괴롭힘을 당하는 사람은 당신의 도움이 필요하다.
- 나는 결코 괴롭힘을 당하지 않는다.
- 괴롭힘에 관한 자료 학습
- KiVa 프로그램 규칙

키바 콜울루(Kiva Koulu) 프로젝트 운영, 1·4·7학년을 대상으로 2시간씩 10회 교육
⬇
특히 가·피해자에 대한 교육뿐 아니라 '방관자'가 피해자를 돕도록 교육
⬇
학생들을 대상으로 토의와 집단활동, 역할극 시연 등의 프로젝트를 수행
⬇
프로젝트 기간 동안 교사는 학교폭력예방 문구 조끼를 착용해 경각심을 유발, 학부모용 자료를 만들어 보급
⬇
학급당 규칙을 만들고 학년 말에는 규칙을 전부 모아 자치조약에 서명한 후 이를 지켜나감

특히, 키바 코울루 프로그램은 방관자들의 역할을 강조하고 있는데, 그 이유는 방관자들은 학교폭력 상황에서 따돌림이나 괴롭힘을 더 조장하고 유지시킬 수 있기 때문이다. 또한 학부모를 위한 지침도 제공하는데, 주요내용을 보면 아래와 같다(University of Turku, 2012).

- 괴롭힘 방지를 위한 KiVa 프로그램 안내
- 괴롭힘 행위란 어떤 행위인가?
- 괴롭힘 행위의 다양한 형태
- 각 학급에서의 괴롭힘 행위
- 괴롭힘 행위의 영향
- 괴롭힘을 당하고 있는 학생 인식 방법
- 괴롭힘 행위는 학교와 가정에서 해결될 수 있다.

- 가정에서의 괴롭힘 행위 근절 방법
- 내 아이가 가해학생이라면 어떻게 대처해야 하는가?

4) 노르웨이의 'Zero' 프로그램

노르웨이는 1982년부터 학교폭력예방교육을 체계화하여 운영하고 있으며, 학교폭력과 관련된 연구가 가장 활발히 진행되는 나라 중 하나이다. 2003년에 집단따돌림을 대처하기 위한 제로 프로그램(Zero Program)을 도입함으로써 각 학교의 학생, 담임교사, 부모, 교장이 집단을 구성하여 세미나 개최를 비롯한 다양한 영역에서 학교폭력에 대한 대응역량을 키워가고 있다. 세미나는 매해 6회로 진행되며, '무관용, 책임과 헌신, 지속적 대처'라는 3대 원칙에 입각해 운영되고 있다. 제로 프로그램의 특징은 어느 학교에서나 쉽게 적용할 수 있고, 학생 모두가 참여할 수 있으며, 특히 주변인이 방관자가 되지 않도록 접근한다는 점에서 큰 의미가 있다.

1982년부터 예방교육을 체계화해 운영

⬇

폭력을 보면 반사적으로 'Stop'을 합창

⬇

학생 스스로 폭력에 대한 방관자가 되지 않도록 교육

⬇

집단따돌림에 대처하기 위한 제로 프로그램 운영

⬇

'무관용, 책임과 헌신, 지속적 대처' 3대 원칙에 입각해 운영

5) 프랑스의 학교폭력예방 프로그램

(1) 'SIVIS' 프로그램

프랑스는 1990년대부터 학교폭력이 늘어남에 따라 심각한 사회문제로 대두되

면서 1998년에 교육부가 학교폭력에 대응할 수 있는 가이드북을 제작하였고, 2000년대에 들어서면서 국가위원회를 조직해 정책적으로 학교폭력 대응을 위해 노력해 왔다. 정책의 내용은 피해학생 보호와 안전에 필요한 방법이나 법적인 절차에 필요한 정보를 포함하고 있다. 특히, 가해학생에게 책임감을 부여하고, 학부모와 협력해서 학교폭력을 해결하는 방안을 마련하고 있다. 이러한 가운데 프랑스는 2007년부터 프랑스 교육부, 법무부, 내무부가 연합하여 학교폭력진단체계인 'SIVIS' 시스템을 개발하였으며, 매년 학교폭력에 대한 상세한 자료와 피해학생들에 대한 조사로 학교폭력의 문제를 진단하고, 교사 및 특수교사를 양성하여 사후처리에 효율적으로 대응하고 있다. 더 나아가 학교에 교환원을 배치하여 학교폭력이 발생했을 때 경찰과 관련 기관에 연결할 수 있도록 하여 학교안전을 강화하고 있다.

또한, 2012년 1월부터 캠페인 사이트(http://www.agircontreleharcelementalecole.gouv.fr/)를 개설하여 학교폭력예방 캠페인을 실시하고 있다. 2015년에는 학교폭력 근절을 위해 폭력으로 인한 피해학생을 돌보기 위한 4대 원칙(관심갖기, 경고하기, 교육하기, 폭력피해자 돌보기)을 발표하여 더욱더 체계적으로 폭력예방에 대해 노력하고 있다.

교육부와 법무부, 내무부에서 함께 의논해 대책을 세우고
국가위원회를 만들어 정책적으로 발전

⬇

SIVIS[학교안전경계정보시스템]을 만들어 매년 학교폭력에 대한
상세한 자료와 희생자들에 대한 조사로 현상을 올바르게 진단

⬇

희생자 보호, 개개인의 안전강화, 필요한 방법이나 법적인 절차에
대해 알맞은 정보를 제공

⬇

학교폭력예방안을 마련하고 있으며, 신체적인 폭력뿐만 아니라, 언어,
인종차별, 외국인과 동성애 혐오, 유태인 박해까지 폭력의 범주로 포함

⬇

문제 있는 중학생들을 따로 수용하는 재활학교가 세워져 운영,
교사 및 특수교사를 양성

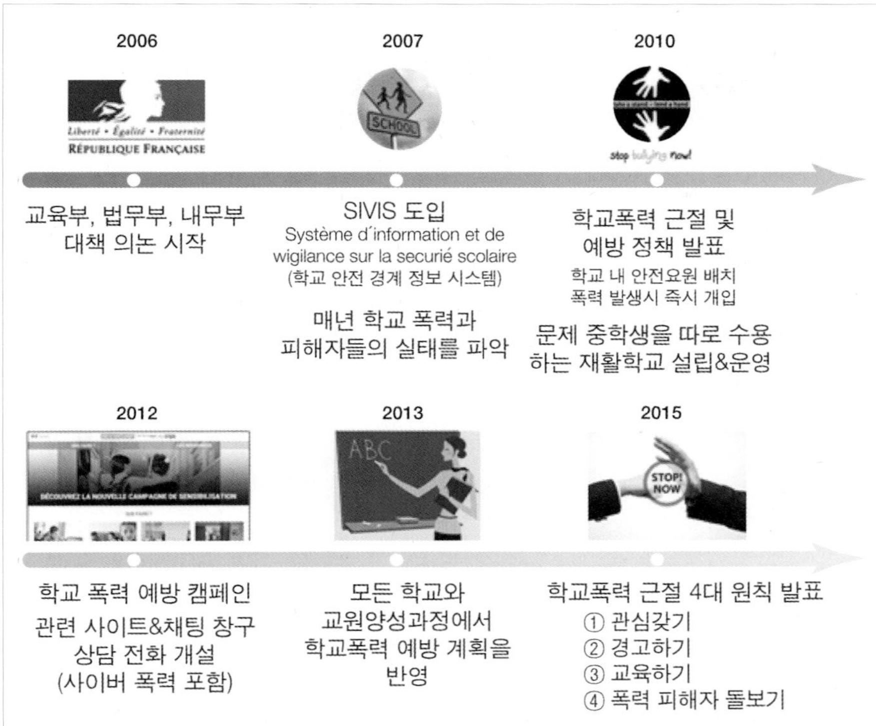

그림 10-1 프랑스 학교폭력 관련 정책의 변화

(2) '쇠이유(Seuil)' 프로그램

신발바닥을 뜻하는 라틴어 'solea'에서 유래된 쇠이유 프로그램은 2005년 5월에 조직되었고, 학교폭력을 포함한 각종 범죄를 저지른 청소년들을 소년원에 수감시키는 대신에 말이 통하지 않는 다른 나라에 보내 석 달 동안 1800km를 걷게 하는 프로그램이다. 쇠이유 프로그램은 석 달의 기간 동안 가해학생들이 여러 사람과 협력하여 걷기를 성공적으로 마침으로써 타인에 대한 배려심을 증진시키고, 자기 성찰을 할 수 있는 기회를 제공한다는 점에서 큰 의미가 있다. 구체적인 프로그램 내용은 아래와 같다.

쇠이유 프로그램에 참가한 가해학생들은 하루 용돈 14유로로 생활해야 하며, 휴대폰, 녹음된 음악감상은 할 수 없으며, 단 악기 연주는 할 수 있다. 또한, 금지

된 물질이나 술 등의 섭취는 불가능하며, 기계로 움직이는 이동수단 탑승도 불가능하다. 쇠이유 프로그램의 효과는 함께 걷는 동행자와 석 달 동안 겪은 난관들을 함께 극복해 나감으로써 타인을 이해하고, 신뢰를 형성하면서 낯선 환경에 적응하는 법을 배우게 된다. 또한, 다른 생각을 가진 사람들과 대화하면서 사회화를 경험하고, '자신의 세상 속에서의 존재감'을 이해하는 시간을 가지게 된다. 프로그램의 효과는 매우 높은 편인데 프랑스 비행 청소년의 재범률이 85%인데 비해 쇠이유 프로그램 참가자의 재범률은 15%에 그친다고 한다.

step. 1		step. 2		step. 3
교육이나 판사가 청소년에게 걷기(쇠이유)를 제안 & 쇠이유와의 만남	→	청소년에게 생각할 시간을 줌 참여하려면 직접 서명한 서류를 보냄	→	허가 결정&서류 정리 쇠이유 회원 중 걷기 책임자 결정
step. 4		**step. 5**		**step. 6**
동행자 선택 (주로 자원 봉사자)	→	경로 선택 (인접 국가 내에서) 	→	팀 구성 후 프랑스에서 1주일간 준비 훈련 (여정 연구, 규칙 숙지, 체력 훈련 등)
step. 7		**step. 8**		**step. 9**
출발 파티 출발지로 이동 (기차/비행기)	→	걷기 30일/60일 후 -지원 그룹의 방문 걷기 3~4주 후 -보조 동행자 합류	→	걷기 종료 (귀환 파티) & 직업 연수 or 학교 교육

그림 10-2 쇠이유 프로그램의 진행 과정

출처: 임수현 역(2014)

6) 해외 학교폭력예방 프로그램의 성공 요인

해외 학교폭력예방 프로그램을 살펴보면 공통적으로 나라 차원에서의 정책적인 접근이 뚜렷하다는 점이다. 즉, 정부, 지역사회, 학교, 가정의 연계가 원활히 이루어지고 있으며, 학교폭력 문제를 해결함에 있어 무관용의 법칙을 철저히 지키고 있다. 우리나라와 비교했을 때, 폭력 사후의 대응보다는 예방에 초점을 둔 프로그램이 더 많다는 점도 의미가 있다. 앞으로 우리나라에서도 심리적 발달에 적합한 상담 및 프로그램 개발에 초점을 두어 정부, 학교, 가정이 잘 연계되는 시스템을 구축해야 할 필요성이 있다.

3. 교직수업 적용활동

활 동

여러분이 학교폭력예방 프로그램 개발자라면 효율적인 학생 생활지도를 위해 어떤 프로그램을 제작할지 계획해 보고, 구체적인 프로그램 계획안을 만들어 봅시다.

chapter 11

인성교육의 이해

학습목표

1. 인성교육의 개념을 설명할 수 있다.
2. 학교 인성교육의 목표 및 인성교육 핵심 육성 요소를 설명할 수 있다.
3. 인성교육의 평가기준과 항목들을 구분할 수 있다.
4. 인성교육의 실천과제를 살펴보고, 실천 가능한 인성교육방법을 찾고 적용할 수 있다.

국제학업성취도평가(PISA)에서 한국 청소년들의 학업성취는 세계 1~2위의 최상위를 유지하지만, 교과목에 대한 흥미나 동기, 즐거움 등은 최하위에 머물고 있다. 또한 학생들의 인성 상태는 심각한 수준을 넘어 사회국가적 위기 단계로 많은 근본적인 대책을 마련해야 한다는 목소리가 점차 높아지고 있다. 따라서 본 장에서는 인성교육의 개념과 방향, 학교 인성교육의 목표, 인성교육의 핵심 육성 요소와 인성교육의 평가, 인성교육의 실천방안 등에 관해 살펴보고자 한다.

1. 학교폭력예방과 인성교육

1) 인성교육의 개념

① 인성의 개념

인성이 무엇인지 한 마디로 정의내리기는 매우 복잡하고 어렵다. 왜냐하면 인성이란 예(禮), 효(孝), 정직, 책임, 존중, 배려, 소통, 협동 등의 마음가짐이나 인품, 인격, 성품, 기질, 성격, 인간성, 품성, 됨됨이 등 다양한 용어로 사용되고 있기 때문이다(교육부, 2020; 이은영, 2004). 영어로는 'personality' 또는 'character'로 흔히 표현되며 이는 인간됨의 기본 성향을 일컫는다. 인성의 의미는 크게 세 가지로 구분할 수 있다(최원호, 2016).

첫째, 순수한 개인 한 사람의 입장에서 접근하는 '개인적 의미'이다. 개인의 인성은 자신의 정체성에 큰 영향을 미치며, 성공적인 삶의 원동력이므로 중요한 의의를 지닌다.

둘째, 사람의 마음속 가장 깊은 곳에 접근하는 '심리적 의미'이다. 학자들은 이것을 가장 기본적이며 중요한 의미로 여긴다.

셋째, 개인의 인성과 심리적 인성이 합쳐질 때 습득하는 '사회적 인성'이다. 개인의 독특함은 사회 속에 있을 때 더욱 빛을 발하며, 개인의 정서는 다른 사람과 조화를 이루며 살아갈 때 안정을 얻는다. 사회 속에서 공공질서를 추구하는 것, 나라를 사랑하는 애국심 등이 이에 해당된다.

② 인성교육

인성은 특정한 개인이 생각하고 느끼고 행동하는 독특한 방식이다. 이는 '개인의 내면을 바르고 건전하게 가꾸는 데 필요한 인간다운 성품과 역량(개인적 차원)' 및 '타인·공동체·자연과 더불어 살아가는 데 필요한 인간다운 성품과 역량(타인·공동체·자연과의 관계 차원)'을 포함하면서 선천적·후천적 행동으로 드러난다. 즉, 인성은 다른 사람과의 상호작용을 통해 뚜렷이 드러나고 변하며, 보완 및 성장해 나갈 수 있는 것이다. 이처럼 인간의 관계성이 인성교육에서 매우 중요한 부분이라고 볼 수 있다.

인성교육이란 '자신의 내면을 바르고 건전하게 가꾸고 타인·공동체·자연과 더불어 살아가는 데 필요한 인간다운 성품과 역량을 기르는 데 목적을 두는 것'(인성교육진흥법 제2조), '여러 관계 속에서 각자가 자신의 내부에 인간적인 품위를 지니고 있다는 것을 일깨우고, 자신의 인간성을 지키게 하며 또한 다른 사람의 권리를 존중하게 하는 것'(정해창 외, 1996), '개인의 내면을 바르고 건전하게 가꾸고 타인·공동

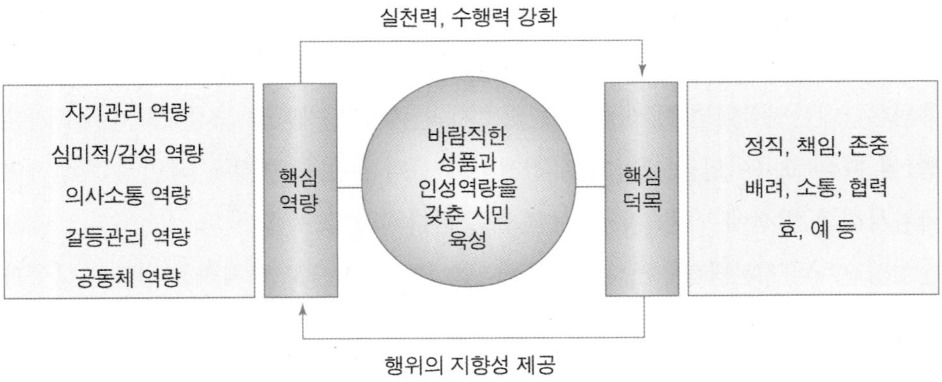

그림 11-1 인성교육의 요소

출처: 교육부(2016). p. 4.

체·자연과 더불어 살아가는 데 필요한 인간다운 성품과 역량을 길러주는 일'로 정의내릴 수 있다(정창우 외, 2014). 이를 위해 필요한 것이 바로 바람직한 도덕적 판단능력을 갖추는 것이다. 도덕적 판단력은 도덕적 가치와 관점에서 판단하고 의사를 결정하는 힘이다. 그런 의미에서 인성교육이란 생각하는 힘과 능력을 일깨워 줌으로써 선천적으로 타고난 내면적 건전함과 인간의 관계 속에서 후천적으로 스스로의 노력이나 교육의 결과로 바람직한 성품을 보완하고 올바른 도덕적 판단력과 역량을 형성하며 확장해 가는 학습과정이라고 볼 수 있다.

2) 인성교육의 방향

오늘날 사회문제로 대두되고 있는 학교폭력 문제의 극복과 같은 시대적 요구에 부응하기 위해 학교교육에서 인성교육이 강화되어야 한다는 요구가 높아지고 있고, 정부는 이를 국가 차원의 인성교육 관련 정책수립 및 시행에 반영해 왔다. 정부 교육정책 차원에서 볼 때, '학교폭력근절종합대책'(2012. 2. 6.)을 통해 교육 전반에 걸친 인성교육이 강조된 후, 「인성교육 비전 수립 및 실천방안 연구」(천세영 외, 2012)를 통한 인성교육 추진의 기본 방향 및 큰 틀이 구축되었다. 또한 「인성지수 개발연구」(지은림 외, 2012)를 통하여 초·중·고등학교 학생들에게 적합한 인성 구인 모형을 설정하고 인성지수를 측정할 수 있는 검사도구도 개발되었다. 2015년 1월 20일 「인성교육진흥법」이 제정되었으며, 2015년 7월 21일 시행되었다. 인성교육진흥법은 「대한민국헌법」에 따른 인간으로서의 존엄과 가치를 보장하고, 「교육기본법」에 따른 교육이념을 바탕으로 건전하고 올바른 인성을 갖춘 국민을 육성하여 국가사회의 발전에 이바지함을 목적으로 한다(제1조).

인성교육의 기본방향은 성품 및 인성역량 중심 교육으로 구체적인 전략은 다음과 같다(교육부, 2020).

첫째, 인성 가치·덕목을 학생들에게 주입식으로 지도하기보다는 미래사회를 성공적으로 살아가기 위해 필요한 바람직한 성품 및 역량들을 중심으로 참여형 인성교육을 설계하고, “앎을 삶 속에서 실천”하도록 교육활동을 체계적으로 조직·운영하는 것이다.

둘째, 개인–대인관계–공동체 차원의 연결선 상에서 자기관리역량, 심미적·감성역량, 의사소통역량, 갈등관리역량, 공동체역량을 균형 있게 학습하여 가정·학교·사회에서 행동으로 실천하도록 통합적 접근을 하는 것이다.

셋째, 학교 인성교육은 교과 교육과정 및 범교과학습 주제 등 교과 외 교육활동 전반을 통해 체계적·통합적으로 실행되도록 하는 것이다.

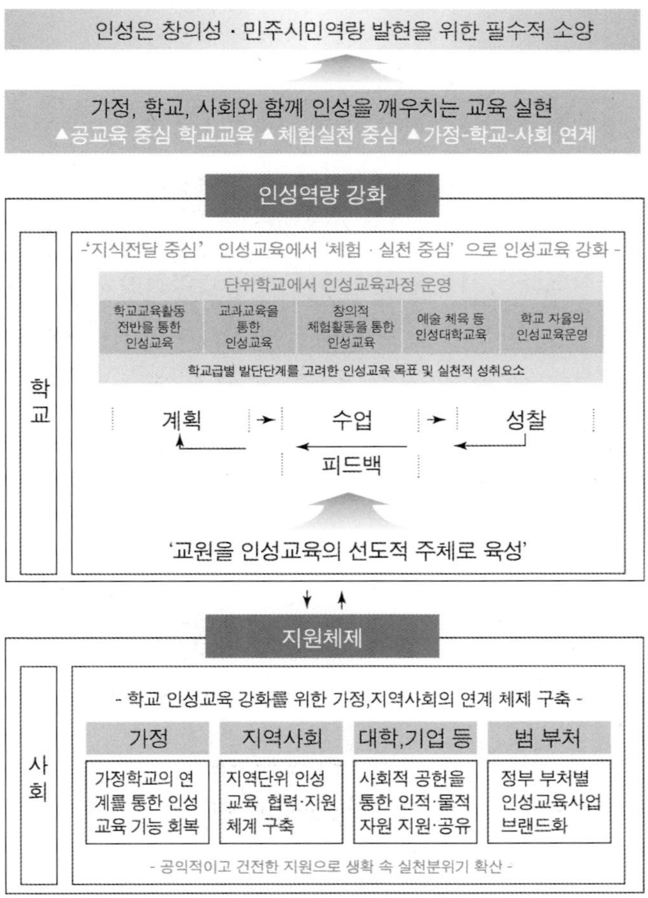

그림 11-2 인성교육의 방향

그러나 이와 같이 정부와 학계의 노력을 통해 인성교육정책의 기본 방향을 설정하고 인성교육의 질적 개선에 필요한 도구들을 개발하는 등 인성교육 활성화를 위한 조건들이 차츰 마련되고 있지만, 인성교육 활성화는 아직 미흡한 실정이다(정창우 외, 2014). 이를 위해서는 인성교육에 대한 정부의 노력뿐만 아니라 우리나라 아동 및 청소년들의 인성형성에 중대한 영향을 미치는 학교, 가정, 공동체, 대중매체 등 후천적 요인들의 인성교육을 위한 보다 적극적이고 범사회적인 노력이 요구된다.

3) 학교 인성교육의 목표

학교폭력과 같은 문제를 극복하기 위해 학교교육에서 강조하고 있는 인성교육의 목표를 살펴보면 다음과 같다(김이영 외, 2016).

첫째, 인성교육을 통해 학생 자신에 대한 올바른 이해를 도모하는 것이다. 자기 자신을 올바르게 이해하는 사람은 자신에게 가장 합리적이고 현실적인 행동을 선택하고 실행할 수 있기 때문이다. 또한 자신을 이해하고 사랑하는 사람이 타인을 사랑하고 이해할 수 있을 것이다.

둘째, 인성교육을 통해 자신을 존중하고 수용하는 자세를 기르는 일이다. 이는 자신의 가치와 장점을 인식하면서 동시에 자신의 부족함도 인식함으로써 자신을 있는 그대로 받아들이는 것이다.

셋째, 인성교육을 통해 자기통제 및 조절능력을 함양하는 것이다. 자기통제능력을 상실한 사람은 충동적으로 행동하게 되고, 다른 사람과 그가 속한 사회에 일탈행동으로 물의를 일으키는 경향이 있다. 바람직한 인성의 소유자는 자신의 본능적 충동이나 감정 때문에 좌절하기보다는 이를 사회적으로 용납되는 생산적이고 창조적이며 적극적인 방식으로 승화시켜 표현한다.

넷째, 인성교육을 통해 올바른 현실감각을 배양하는 것이다. 이상이나 기대를 지나치게 앞세운 나머지 현실을 무시하고 행동하는 것은 타인과의 원만한 인간관계를 방해하고 지나친 이상주의와 현실 사이의 모순에 빠지게 할 위험이 있다. 자신의 환경, 사회적 맥락, 그리고 주어진 과제의 특징 등을 정확히 이해하는 현실에 기초한 사고는 건전한 인성의 필수적인 요소인 것이다.

다섯째, 인성교육을 통해 타인에 대한 공감적 이해와 타인 존중의 자세를 함양하는 것이다. 공감이라는 말은 말 그대로 타인의 감정을 공유하는 것으로서, 상대방의 입장을 이해하면서도 결코 자신을 잃지 않는 것을 말한다. 솔직한 자기표현과 타인에 대한 공감적 자세는 보다 깊고 원숙한 인간관계를 형성하는 토대가 된다.

교육부(2020, 2022)가 제시하고 있는 유치원, 초등학교, 중학교, 고등학교의 교육목표와 인성교육의 목표를 살펴보면 〈표 11-1〉과 같다.

표 11-1 학교급별 교육목표

학교급	교육목표
유치원	유아가 놀이를 통해 심신의 건강과 조화로운 발달을 이루고 바른 인성과 민주 시민의 기초를 형성하는 데 중점을 둔다.
	1) 자신의 소중함을 알고, 건강하고 안전한 생활 습관을 기른다. 2) 자신의 일을 스스로 해결하는 기초능력을 기른다. 3) 호기심과 탐구심을 가지고 상상력과 창의력을 기른다. 4) 일상에서 아름다움을 느끼고 문화적 감수성을 기른다. 5) 사람과 자연을 존중하고 배려하며 소통하는 태도를 기른다.
초등학교	학생의 일상생활과 학습에 필요한 기본 습관 및 기초 능력을 기르고 바른 인성을 함양하는 데 중점을 둔다.
	1) 자신의 소중함을 알고 건강한 생활 습관을 기르며, 풍부한 학습 경험을 통해 자신의 꿈을 키운다. 2) 학습과 생활에서 문제를 발견하고 해결하는 기초 능력을 기르고, 이를 새롭게 경험할 수 있는 상상력을 키운다. 3) 다양한 문화 활동을 즐기며 자연과 생활 속에서 아름다움과 행복을 느낄 수 있는 심성을 기른다. 4) 일상생활과 학습에 필요한 규칙과 질서를 지키고 서로 돕고 배려하는 태도를 기른다.

학교급	교육목표
중학교	학생의 일상생활과 학습에 필요한 기본 능력을 기르고 바른 인성 및 민주시민의 자질을 함양하는 데 중점을 둔다.
	1) 심신의 조화로운 발달을 바탕으로 자아존중감을 기르고, 다양한 지식과 경험을 통해 책임감을 가지고 적극적으로 삶의 방향과 진로를 탐색한다. 2) 학습과 생활에 필요한 기본 능력 및 문제 해결력을 바탕으로, 도전정신과 창의적 사고력을 기른다. 3) 자신을 둘러싼 세계에서 경험한 내용을 토대로 우리나라와 세계의 다양한 문화를 이해하고 공감하는 태도를 기른다. 4) 공동체 의식을 바탕으로 타인을 존중하고 서로 소통하는 민주시민의 자질과 태도를 기른다.
고등학교	학생의 적성과 소질에 맞게 진로를 개척하며 세계와 소통하는 민주시민으로서의 자질을 함양하는 데에 중점을 둔다.
	1) 성숙한 자아의식과 인간의 존엄성에 대한 존중을 바탕으로 일의 가치를 이해하고, 자신의 진로에 맞는 지식과 기능을 익히며 평생 학습의 기본 능력을 기른다. 2) 다양한 분야의 지식과 경험을 융합하여 창의적으로 문제를 해결하고, 새로운 상황에 능동적으로 대처하는 능력을 기른다. 3) 다양한 문화에 대한 이해를 바탕으로 자신의 삶을 성찰하고 새로운 문화 창출에 기여할 수 있는 자질과 태도를 기른다. 4) 국가 공동체에 대한 책임감을 바탕으로 배려와 나눔을 실천하며 세계와 소통하는 민주시민으로서의 자질과 태도를 기른다.

출처: 교육부(2020). 유치원 교육과정. p.1; 교육부(2022). 초·중등학교 교육과정 총론 . pp. 6~7.

2. 인성교육 핵심 육성 요소와 평가

1) 인성교육의 핵심 덕목

올바른 인성을 갖추도록 지도하기 위해서는 먼저 인성의 덕목을 파악하고 이러한 덕목을 갖추어 나가기 위한 노력들이 필요하다. 2015년 제정되어 시행되고 있는 인성교육진흥법에서는 "핵심 가치·덕목"이란 예(禮), 효(孝), 정직, 책임, 존중,

배려, 소통, 협동 등의 마음가짐이나 사람됨과 관련되는 핵심적인 가치 또는 덕목을 말하며, "핵심 역량"*이란 핵심 가치·덕목을 적극적이고 능동적으로 실천 또는 실행하는 데 필요한 지식과 공감·소통하는 의사소통능력이나 갈등해결능력 등이 통합된 능력을 말한다. 많은 연구자들이 연구를 통해 인성의 주요 덕목들에 대한 제시를 하고 있는데(김은영 외, 2016; 김태규, 권경택, 김승묵, 2006), 이러한 연구들을 종합하여 보면, 개인적 차원과 관계적 차원(타인·공동체·자연과의 관계 차원)으로 나누어 볼 수 있다(정창우 외, 2014). 개인적 차원에서의 덕목은 지혜, 용기, 성실, 절제이고, 관계적 차원에서의 덕목은 효도, 예절, 존중, 배려, 책임, 협동, 준법, 정의이다. 인성교육을 위한 각 핵심 덕목과 하위 덕목과의 관계를 구체적으로 살펴보면 〈표 11-2〉와 같다.

핵심 역량이란

다양한 현상이나 문제를 효율적, 합리적으로 해결하고 사회 공동체 구성원으로서의 역할을 성공적으로 수행하기 위해 학습자에게 요구되는 지식, 기능, 태도의 총체로 초·중등교육을 통해 모든 학습자가 길러야 할 기본적, 필수적, 보편적인 능력을 의미한다.

표 11-2 인성교육의 핵심 덕목 및 정의

차원	덕목	정의
개인적 차원	지혜 (분별력/판단력)	어떤 상황에서 취해야 할 것이 무엇이고, 버려야 할 것이 무엇인지를 분별하는 것이고, 지식의 사용과 획득에 수반되는 인지적인 힘
	용기 (용감함,불굴성)	자신이 옳다고 믿는 것을 지지하고 옹호할 수 있는 능력과 의지, 또한 어떤 반대에 직면하거나 성공할 가능성이 부족하더라도 가치있는 목적을 위해 굳은 의지를 발휘하는 정서적인 힘
	성실 (정직, 신의, 근면)	거짓됨이 없이 자기가 하는 일에 정성을 다하는 자세이며, 성실성을 가진다는 것은 '전체성'을, 전체적으로 일관성을 지니는 것이며, 도덕원리를 준수하고 도덕적 양심에 충실하여 자기가 한 말을 실행하고 자기가 믿는 것을 지켜 나간다는 것을 의미함
	절제 (자기통제/자제력)	스스로의 욕구, 감정 등을 잘 통제하고 다스리는 것을 말하며, 절제는 과도함에 맞서는 힘이자 자신의 욕망과 욕구, 충동을 알맞게 조절해서 표출하는 힘

차원	덕목	정의
관계적 차원 (타인·공동체·자연과의 관계 차원)	효도(우애,경애)	인(仁)을 행하는 근본이 되는 것으로서 부모의 은혜에 감사하고 이에 보답하고자 하는 것
	예절(친절, 겸손)	사람이 만든 질서에 따라 나와 남을 구분하고 그 구분에 따라 알맞게 표현하는 것
	존중(자기존중, 타인존중, 생명존중)	정중하고 사려깊은 방식으로 다른 사람들을 대함으로써 그들이 존엄성을 가진 가치 있는 존재라는 것을 보여주는 것
	배려(공감/감정이입, 연민, 관용)	다른 사람의 행복이나 복지 등에 관심을 가지면서 그들의 필요나 욕구에 민감하게 반응을 보이는 것
	책임(역할책임, 행위책임)	공동선(common good)의 실현을 위해 각 구성원들에게 부여된 역할과 의무를 충실히 이행하는 것
	협동(공동체의식/연대성, 조화정신)	사회의 공동선을 창출하고 증진하기 위해 구성원들이 힘과 뜻을 모아 노력하는 것
	준법 (규칙준수, 질서의식, 애국심)	기본생활규칙과 공중도덕, 법 그리고 기타의 사회적 약속과 의무 등을 준수하고 실천하는 경향
	정의 (공정성, 개방성)	각자에게 그의 정당한 몫을 주고자 하는 항상적이고 영속적인 의지

출처: 정창우 외(2014). 학교급별 인성교육 실태 및 활성화 방안. 교육부. pp.33~34.

2) 인성교육의 평가기준 및 항목

(1) 인성교육 평가의 필요성

학교폭력, 자살, 왕따, 군대총기난사, 층간소음, 다문화 갈등 등의 사회문제들이 범국민적이고 총체적인 문제로 급증하면서, 인성교육에 대한 중요성이나 사회적 요구가 커지고 있다. 학생들의 인성관련 사회적 인식의 제고와 함께 대학입학전형에서 신입생 선발 시, 인성을 겸비한 인재 선발 강화의 필요성이 사회적 과제로 급부상하게 되었으며 입학사정관 전형은 지난 몇 년간 이러한 사회적 역할을 일정 부분 담당하였다. 이에 2012년부터 입학사정관 전형에서 인성평가와 관련한 인성평가지표를 개발해 학생선발 과정에서 지원자들의 인성을 최우선으로 평가하는 인성 중심이 선발방식을 확보·채택하게 되었다. 또한 한국대학교육협의회에서는 학교폭력 문제를 해결하고, 바른 인성을 갖춘 학생을 선발하기 위해 2013학년도부터 입학사정관 전형에서의 학생들의 인성평가 강화 방침을 세웠다. 이에 각 대학들은 해마다 더 인성평가를 강화하여 학생을 선발하고 있으며, 향후 이러한 기조는 지속될 것으로 보인다. 또한 교육부는 2017학년 대학입시부터 인성평가를 강화하겠다고 밝히고 있다.

대학의 입시에서 인성평가가 강화된다는 것만으로도 새로운 교육의 패러다임의 변화가 시작되고 있다고 볼 수 있다. 이러한 대입전형의 변화는 인성보다 학업성적에만 관심을 보였던 학부모들과 교사들의 인성교육에 대한 관심, 인성의 중요성에 대한 인지와 새로운 교육방법에 대한 고민들을 이끌어 내고 있는 것이다.

(2) 대학입학 선발과 핵심 인성평가

① 입학사정관 전형에서의 인성평가항목

한국대학교육협의회에서는 2013년도부터 입학사정관 전형에서 학생부에 기록된 인성요소를 평가하도록 하였고, 이와 더불어 학교폭력 가해학생 징계조치 사항 및 학생 인성발달사항을 핵심 요소(배려, 나눔, 협력, 타인존중, 갈등관리, 관계지향성, 규칙준수 등)별로 기록하여 대학입학서류에 남길 수 있도록 하고, 입학사정관* 전형에서 이와 연계하여 학생의 인성을 평가하는 방안을 추진·시행하였다. 구체적으로 학생들이 학교폭력 상황에서 방관자로 머무르지 않고 학교폭력예방 및 해결을 위해 적극적으로 노력한 경우 긍정적으로 평가한다거나, 학교폭력 징계사항이 학생부에 기재되어 있다 하더라도 이후 학생의 개선된 모습이 함께 기재될 경우 긍정적으로 평가될 수 있다.

인성평가는 시험이나 자치활동이 아닌 교사의 관찰에 의해 작성된 기록을 토대로 하는 만큼 학생생활기록부는 매우 중요해졌다. 그동안 스펙 위주의 평가에서 교내활동의 평가 위주로 학생생활 규칙준수, 평소 생활태도 등 학교생활의 핵심 인성요소별로 구체적인 기재를 해야 할 책무가 담임교사에게 주어진 것이다. 배려, 나

입학사정관
제도란 대학이 체험한 입학사정관이 입학을 지원한 학생에 대해 성격뿐만 아니라 소질, 경험, 성장환경, 잠재력 등을 종합적으로 평가하여 선발하는 제도

눔, 협력, 타인존중, 갈등관리 등 인성발달 관련 특기사항을 적어야 하는데 '배려' 활동을 많이 했다면 주간단위로 해당 활동을 얼마나 했는지까지 자세히 기록해야 한다. 하지만 아직까지 학교생활기록부에 인성평가를 기록하는 것이 교사의 의무사항이 아니기 때문에 교사가 인성평가에 얼마나 관심을 갖고 있는지에 따라, 그리고 어떻게 기록했는지에 따라 그 결과가 달라질 수 있다.

각 대학들이 학생 선발 시 학교생활기록부, 자기소개서, 교사추천서 등 서류에서 인성을 반영하는 평가 내용은 〈표 11-3〉과 같다.

이와 더불어 교사는 교사 추천서를 통해 평가항목에 대한 해당 사항에 대한 평정을 하고 이와 더불어 교사는 학생의 인성 및 대인관계에 추가적으로 고려할 사항에 대해 서술형으로 기술해 주도록 하여 학생의 인성평가를 위한 서류 및 면접에 반영한다. 구체적인 교사 추천서의 인성 및 대인관계 평가항목 내용은 〈표 11-4〉와 같다.

표 11-3 인성평가 내용과 요소

평가자료		내용	평가요소
학교생활기록부	학적사항	고교 변동사항 사유	준법성 등
	출결사항	출결현황	성실성, 준법성 등
	수상경력	모범상, 봉사상, 효행상, 표창상(학교폭력 근절 등)	나눔, 배려, 성실성, 자기주도성, 협동심 등
	특별활동상황	자치, 적응, 행사, 계발활동	책임감, 리더십, 나눔과 배려, 창의성 등
	봉사활동	활동이 내용과 수준	나눔과 배려, 책임감 등
	교과학습 발달상황	학업성취도, 수행평가 등	성실성, 도전정신 등
	행동특성 및 종합의견	학교생활태도, 특이사항 등	자기주도성, 성실함, 창의성, 책임감, 리더십, 나눔과 배려 등
자기소개서		인성 관련 내용	리더십, 책임감, 성실함, 나눔과 배려, 협동심, 소통능력 등
교사추천서		인성 관련 내용	책임감, 성실성, 준법성, 나눔과 배려, 리더십, 소통능력 등

표 11-4 교사추천서 인성 및 대인관계 평가항목

평가항목	평가 불가	미흡	보통	우수	매우 우수함	탁월함
1) 책임감						
2) 성실성						
3) 리더십						
4) 준법성(도덕성)						
5) 협동심						
6) 소통능력						
7) 나눔과 배려						

② 면접

인성평가는 서류평가만으로는 정확한 평가가 불가능하기에 각 대학들은 서류평가와 더불어 면접을 통해 학생의 인성을 종합적으로 평가하고 있으며, 인성평가에 활용되는 면접문항의 예는 〈표 11-5〉와 같다.

표 11-5 인성평가 면접문항 예

상황1. 고등학교 시절 다른 사람들과 함께 공동의 목표를 위해 노력한 경험에 대해 사례를 들어 이야기해 보십시오.(협업능력/ 나눔/ 배려/도덕성)	
재량질문	1. 공동체 내에서 본인의 의견과 공동체의 의견이 일치하지 않을 때 본인은 어떻게 행동했습니까?
	2. 공동체 내에서 본인이 할 수 있는 일을 찾아 실천해 본 경험은 어떤 것이 있습니까?
	3. 협력이 부족한 상황에서 사람들을 설득하여 협동을 이끌어낸 경험이 있습니까?
	4. 자신이 속한 팀구성원들과 정한 팀규칙을 어긴 경우가 있었습니까? 자신의 잘못을 인정하고 개선하려는 노력을 한 경험이 있었다면 어떠한 노력을 했습니까?
상황2. 고등학교 시절 다른 사람을 위해 본인이 가진 능력, 재능을 나누고자 노력했던 경험에 대해 사례를 들어 이야기해 주십시오(나눔/배려/성실성)	
재량질문	1. 그 활동을 하게 된 동기나 계기는 무엇입니까?
	2. 얼마나 지속적으로 그 활동을 수행했습니까?
	3. 본인의 역할은 무엇이었습니까?
	4. 그 경험이 본인에게 미친 영향은 무엇입니까?

인성 및 대인관계를 평가하기 위해 책임감, 성실성, 준법성, 소통능력, 리더십, 협동심, 나눔과 배려 등 공통적으로 7개의 항목에 대해 평가한다. 그러나 대학의 설립이념이나 교육이념에 따라 문항 일부를 수정하는 것이 가능하고 대학별로 전공 특성에 맞는 인성평가 항목을 자율적으로 조정해 평가에 반영할 수 있다. 현재 많은 대학에서는 7개의 항목을 기본으로 대학 자체적인 인성평가 방법이나 기준 등을 세분화시켜 학생 선발의 기준으로 삼는 다양한 입시평가 방법이 시행되고 있다(최원호, 2016).

3. 인성교육의 실천과제

인성교육의 중요성은 우리 사회 모두가 공감하는 바이다. 중요한 것은 이러한 공감을 바탕으로 한 실천의 문제이다. 학교를 중심으로 가정, 사회가 다 같이 노력해야 할 인성교육 실천을 위한 과제를 제시하면 다음과 같다.

1) 학교교육과정을 통한 인성교육

인성교육은 단지 하나의 프로그램 혹은 몇 개의 프로그램의 단순 조합으로 이루어지는 것이 아니라 전체 학교 교육과정에 녹아들어 있어야 한다. 이를 위해서는 다음과 같은 학교교육과정 내의 실천이 필요하다.

첫째, 학교교육과정 속에 인성교육 실행을 위한 체계적인 접근방법을 제시해야 한다. 즉, 교과영역, 창의적 체험활동, 학교행사, 방과후 학교 행사 등 공식적 교육과정 혹은 비공식적 교육과정에 인성교육 실행을 위한 계획이 체계적으로 구축되어야 한다.

둘째, 교과교육을 통해 인성교육이 이루어져야 한다. 인성교육과 교과학습은 서로 분리된 영역이 아니다. 따라서 학교는 인성함양을 위해 학생들에게 필요한 교사와 동료 간 배려가 기반이 된 교실, 참여적 교수-학습 방법이 적용되어 학습 동기를 촉진시키고 공감과 소통이 활발한 교실, 교과지식과 자신의 삶이 상호 연결되면서 성찰로 안내되는 교실을 제공해야 한다.

셋째, 교과내용과 긴밀하게 연결된 인성교육이 실시되어야 한다. 이를 위해 교사는 인성교육을 위한 핵심 덕목들을 자신의 교과를 통해 가르쳐야 하며, 교과지식과 학생들의 삶을 연결시키면서 그들의 삶의 방식에 대한 성찰을 이끌어야 한다.

넷째, 교사의 수업 진행과정에서의 인성교육이 중시되어야 한다. 이를 위해 ① 교사는 교과내용 영역 내의 문제들에 대한 윤리적 토론을 통해 학생들에게 도덕적 추리능력을 계발하는 기회를 제공해야 한다. ② 교사와 학생 간, 학생 상호 간 긍정적인 상호의존적 관계가 중시되는 학생 참여적인 방식을 통한 인성교육을 해야 한다. ③ 교실에서의 수업과정과 절차는 학생을 존중하고 학생으로 하여금 책임, 배려, 근면, 인내와 같은 핵심 덕목을 계발하는 방향으로 진행되어야 한다.

2) 정의롭고 배려적인 공동체로서의 학교문화 형성을 통한 인성교육

학교는 배려적이며 정의로운 사회의 축소판이 될 수 있어야 한다. 배려적 관계는 학습의 욕구와 좋은 사람이 되고자 하는 욕구 모두를 함양시킨다. 이러한 배려적 학교풍토를 위해서는 서로의 차이와 다양성을 존중하고, 서로의 필요나 바람에 대해 민감하게 반응하며, 괴롭힘이나 폭력 문제를 예방하기 위해 서로 노력해야 한다. 또한 학교를 보다 정의로운 공동체로 만들기 위해서는 학생이 참여하는 자치활동을 활성화하여 자율과 참여를 강조하는 학교문화로 탈바꿈해야 한다. 이를 위한 방법은 다음과 같다.

첫째, 학교교육은 학생과 교사 간 배려하는 애착관계 형성에 우선순위를 두어야 한다. 이를 위해서는 교사가 자신을 배려한다고 인식하고, 자신의 문제를 상의할 수 있는 대상으로 학생이 인식하도록 하는 노력이 필요하다.

둘째, 학교교육은 학생 상호 간에 배려하는 애착관계 형성에 우선순위를 두어야 한다. 이를 위해서는 학생이 학생조직(예, 학생회)을 친숙하고 포용적이라고 인식하게 하거나, 상호존중과 타인에 대한 책임감 증진을 위한 교육전략(예, 협동학습, 학년 간 멘토링, 학습회의 등)을 사용하는 방법이 있다.

셋째, 학교는 또래 간 괴롭힘이나 폭력을 예방하기 위한 절차를 진행하고, 문제 발생 시 효과적으로 대처해야 한다. 이는 모든 학생이 학생 간 관용, 이해, 존중, 평화를 증진하는 활동, 프로그램, 절차 등에 참여한다. 또한 사이버불링 등의 괴롭힘, 놀림, 폭력 등의 문제행동을 발견할 수 있고, 해결방안 및 예방하는 방법을 알고 차이와 다양성에 대한 존중을 증진시키도록 한다.

넷째, 학생들의 자기주도적인 참여 기회를 풍부하게 제공하도록 한다. 이를 위해서는 학생들이 스스로 학교 행사를 계획하고 운영하는 데 주도적으로 참여하게 하거나 학생들로 하여금 위원회와 회의에 참여하여 의사표현을 할 수 있는 기회를 풍부하게 갖도록 하며, 자율활동, 동아리활동, 봉사활동, 진로활동에 능동적으로 참여할 기회를 제공해 주도록 한다.

3) 가정과 공동체 구성원의 협조를 통한 인성교육

학부모는 자녀에 대한 일차적이고 가장 중요한 도덕교육자이다. 학교는 가정과 학교 사이의 공동책임과 신뢰를 형성하기 위해 학부모들을 인성교육계획 및 정책 수립에 적극적으로 관여시킬 수 있어야 한다. 모든 학부모들은 학교에서 추구하는 인성교육의 핵심 덕목과 이 덕목들을 어떻게 학교에서 가르칠 것인지에 대한 정보 공유가 이루어져야 하고 동의의 기회를 가져야 한다. 이와 더불어 지역사회 및 전문기관과의 연계가 필요하다. 인성교육은 기존 학교자원으로는 활동의 다양화와 고급화에 부응하기 어렵기 때문에, 지역사회 및 전문기관의 물적·인적 자원을 적극적으로 활용할 수 있어야 한다.

구체적인 방법은 다음과 같다.

첫째, 학교는 학부모와 원활하게 의사소통을 하면서 학생의 인성발달에 기여해야 한다. 이는 학교에서 학부모에게 학교 인성교육의 사명 및 목표에 대해 적극적으로 안내하고 홍보하면서, 학부모와 다양한 매체(뉴스레터, 이메일, 전화, 학교홈페이지, SNS 등)을 활용해 학생 개인에 대한 정보와 인성교육 관련 각종 학교 교육계획과 활동내용 등을 공유함으로써 가능하다. 또한 교사가 학부모와의 만남을 정례화하여 가정 및 학교에서의 인성교육을 위해 서로 노력하는 것도 방법이 될 수 있다.

둘째, 학부모로 하여금 각종 의사결정, 교육활동 참여 혹은 지원 등을 통해 인성교육을 위한 역할과 책임을 이행하도록 한다. 즉, 학부모가 주요 위원회나 회의 등에서 이루어지는 인성교육에 대한 의사결정에 참여하게 하거나, 학부모의 재능기부, 동아리활동 참여·지원 등을 통해 학교 인성교육에 적극 참여하도록 하는 것이 방법이 될 수 있다.

셋째, 학교는 인성교육을 위해 국가와 지역사회의 도움을 효과적으로 활용해야 한다. 학교는 인성교육을 위해 필요한 행정적·재정적 지원이나 지역사회와 전문기관의 인적·물적 자원을 효과적으로 요청하고 활용해야 한다.

4) 공감능력 향상을 통한 인성교육

공감능력이란 자기중심적인 사고에서 벗어나 타인의 관점에서 그 사람의 생각이나 감정을 상상해 봄으로써 상대방의 정서를 자신의 것처럼 느끼고 상대방을 수용하며 의사소통하는 능력이다(조혜경, 2015). 공감능력을 갖추기 위해 요구되는 능력은 다른 사람의 마음을 읽는 능력이다. 마음읽기란 상대방의 생각과 감정을 무의식적으로 알아내는 능력으로 마음이론(theory of mind)이라고 한다. 마음이론이란 타인의 정신 상태를 추론하는 능력으로 어떤 사람이 알고 있는 생각이나 믿음에 대해 다른 사람은 실제와는 다른 생각과 믿음을 가질 수 있음을 이해하는 것이다. 또한 사람들이 각자의 믿음, 소망, 의도와 감정 같은 마음 상태를 가지고 있다는 것을 이해하고, 사람들의 마음 상태가 타인과 공유되는 것은 아니며, 각자의 마음 상태에 따라 행동한다는 것을 이해하는 능력으로 사회적으로 일어나는 여러 상호작용을 이해하기 위해 매우 중요한 요인이다(천창희, 2014).

그러나 마음읽기 능력과 또래 괴롭힘의 관계를 살펴본 연구에 의하면, 학교폭력과 같은 상황에서 가해자의 경우 마음읽기 능력이 상당히 높은 것으로 나타났다(송경희, 이승연, 2010). 이는 올바른 인성을 지니기 위해서는 단순히 타인의 마음을 잘 읽을 줄 아는 것만이 아니라 진심으로 그 사람의 입장이 되어 공감하는 것이 필요함을 보여준다.

우리 학생들의 공감능력이 향상되기 위해서는 기존에 대부분의 교사들이 "철수가 5개의 우유병을 가지고 있었는데, 민혁이가 2개를 가져갔다. 철수에게는 몇 개가 남았을까?"라는 식의 질문을 했던 것을 "철수가 5개의 우유병을 가지고 있었는데, 민혁이가 2개를 가져갔다. 철수의 기분은 어땠을까?"라는 질문으로 바뀔 때 가능할 것이다. 왜냐하면 우리가 처한 현실은 빠른 계산능력, 유창한 외국어 실력뿐만 아니라 폭넓은 공감교육이 필요하기 때문이다.

1996년도 아기를 통해 아이들에게 공감능력을 키운다는 취지로 Mary Gordon에 의해 제안된 공감의 뿌리(Root of Empathy)라는 심리교육프로그램은 우리의 교육현장에 많은 교육적 시사와 영감을 준다. 공감의 뿌리 프로그램에서 아동들은 실제 아기를 보며, "아기가 웃을 때 어떤 느낌이 들었나요?", "화가 날 때 우나요? 칭얼대나요? 아니면 소리를 지르나요?", "지적을 받으면 미안한가요? 창피한가요? 또는 당황스러운가요?" 등의 질문을 받으며, 자기감정을 파악하면서 타인의 감정을 살필 수 있도록 하는 것이다.

공감능력 향상을 위한 「공감의 뿌리」 효과 연구에 의하면 2002년 브리티시컬럼비아대학에서 토론토와 벤쿠버 28개 학급 585명의 아동을 프로그램 전후로 분석한 결과 공격행동이 60% 이상 감소한 것으로 나타났다. 아이가 상대방의 입장이 돼서 자신의 감정을 이해하고 이에 알맞게 행동할 마음이 생기기 시작하면 자연스럽게 공격성도 줄고 더 친절해지고 배려심도 깊어지게 되는 것이다. 학생들은 아기마다 다르게 자주 웃거나 우는 등의 다양한 모습을 보면서 사람마다 타고난 차이인 다름에 대해 배우게 된다. 즉, 다름은 잘못된 것이 아니라 자연스러운 것이고, 지역이나 문화, 계층, 나이, 능력, 생물학적 성별을 넘어 우리 모두가 서로 연결되어 있다는 이해에 도달하게 되는 것이다. 그뿐만 아니라 감정조절은 학습능력도 향상시킨다. 자신의 감정을 조절할 수 있게 되면 학습할 수 있는 침착한 상태로 돌아오기 쉽기 때문이다. 또한 인지능력과 도덕성 그리고 감정발달이 함께 이루어지는데, 이 요소들은 서로 분리할 수 없다(다큐프라임 퍼팩트 베이비, 2013. 6. 25).

이와 같이 공감능력은 저절로 길러지는 것이 아니라, 다양한 교과영역에서 능력을 키우기 위해 노력하는 것처럼 교육적 노력이 있어야 한다. 또한 공감교육은 집에서부터 시작되어야 하지만 캐나다의 경우처럼 학교에서의 교육도 매우 중요하다. 따라서 학교는 인성교육 중 특히 학생들의 공감능력을 키울 수 있는 다양한 방법에 대한 모색이 필요하며, 이를 위한 학교와 교사의 적극적 역할이 요구된다.

(참고) EBS 다큐프라임 공감, 인간관계의 뿌리
https://youtu.be/z2K7hwOIYqI?list=PLYykUWiRU3ZEyybL79hEgsWHFZrV1Lxl2)

4. 교직수업 적용활동

활 동

1. 담임교사로서 학생의 인성영역 평가에 기반한 추천서를 작성해 보도록 하세요. 평가할 학생은 여러분입니다. 스스로를 평가해야 할 학생이라고 가정하고, 본인의 상태에 기반하여 학생이 지니고 있는 가치관, 리더십, 나눔과 배려, 협동심, 소통능력, 성실, 도덕성 등 인성 역량에 대하여 기술하고, 종합평정을 통한 교사 추천서를 작성해 보도록 하세요.

■ 교사 추천서 주요 항목
① 자기주도학습 과정 및 진로계획 평가
② 인성영역 평가 : 핵심 인성 요소에 대한 중학교(혹은 고등학교) 활동 실적 평가
(※ 핵심 인성 요소 : 나눔과 배려, 협력, 타인 존중, 갈등관리, 소통능력, 규칙준수 등)
③ 기타 (1, 2 항목 이외에 추가 추천 사항이 있을 경우에 작성)

■ 교사 추천서 반영 배제 영역
① 학생의 교과 성적 및 학업 성취 정도, 각종 인증시험 점수, 한국어(국어) · 한자 등 능력시험 점수
② 각종 경시대회 입상 실적 및 영재교육원 교육 및 수료 여부
③ 학생의 가정 상황 등 개인 정보 관련 사항
④ 기타 사교육이 유발될 수 있거나 사회 통념상 입학 전형에 불필요한 내용

1) 학생의 인성 및 대인관계에 대해 "V"로 표기하고, 평가에 고려할 만한 사항이 있는 경우 사례 또는 그렇게 평가한 이유를 기술하여 주십시오.

평가항목	평가 불가	미흡	보통	우수	매우 우수함	탁월함
1) 책임감						
2) 성실성						
3) 리더십						
4) 준법성(도덕성)						
5) 협동심						
6) 소통능력						
7) 나눔과 배려						

2) 평가항목 중 구체적 사례를 열거할 수 있는 경우 적어 주십시오.

활 동

2. 수희는 학교에 갔더니 친한 친구인 청이가 머리를 짧게 자르고 온 것을 봤다. 앞머리는 바가지를 씌워 자른 것처럼 너무 일자로 잘렸고 너무 머리가 짧아 얼굴이 더 크게 도드라져 보여 잘 어울리지 않았다. 청이가 "어제 유명한 ○○ 미용실에 가서 머리하고 왔어. 어때? 어울려?" 하고 물었다. 수희는 "어, 예쁘다, 잘 어울리네"라고 말했다.

1) 수희는 왜 그런 말을 했을까?

2) 그 말을 들은 청이는 어떤 생각을 할까?

3) 2번에 기록한 청이의 생각은 맞는 것일까?

활 동

3. 다음의 아기 사진들을 보고 다음의 질문에 차례대로 자신의 생각을 적어보세요. 그리고 난 후 팀원들과 같이 이야기를 나눠보세요. 자신이 느끼지 못한 감정 표현을 팀원으로부터 들었다면 그 해당 내용을 그룹해석 참조칸에 기록해 보세요.

〈질문〉

1) 아기가 무엇을 느낄까요?
2) 아기가 왜 그렇게 느낄까요?
3) 자신도 그런 감정 경험을 한 적이 있나요?

1		1) .... 2) .... 3) ....
		그룹해석 참조)
2		1) .... 2) .... 3) ....
		그룹해석 참조)
3	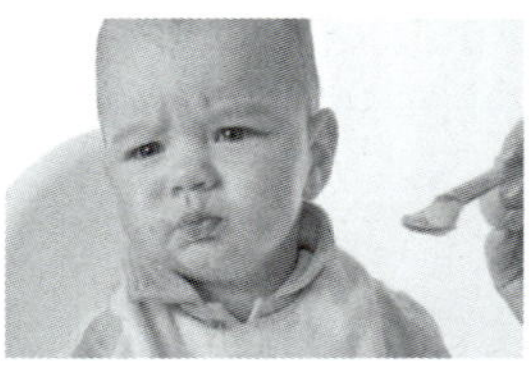	1) .... 2) .... 3) ....
		그룹해석 참조)

chapter 12

교과교육을 통한 인성교육

학습목표

1. 교과교육을 통한 인성교육의 필요성을 말할 수 있다.
2. 핵심역량, 교과역량, 교과별 가치덕목과 인성역량을 수업교과와 연계하여 설명할 수 있다.
3. 교과에 기반한 인성교육 수업지도안을 작성할 수 있다.

교육의 기본목적은 바람직한 인성함양에 기초한 다양한 역량개발에 있다. 그러나 단기적인 대책이나 일회성 인성교육 프로그램의 도입만으로는 인성교육에 대한 사회적 관심에 부응하고 학교 인성교육의 성과를 내기에 한계가 있다. 교사가 인성교육을 강조한 국가수준의 교육과정에 제시된 목표를 교실수업에 충실히 반영한다면 인성교육의 목표도 성공적으로 달성될 수 있을 것이다. 그러나 여러 차례 인성이 강조된 국가교육과정의 개정이 있었음에도 교사의 수업은 기존의 수업과 크게 다른 변화를 보이지 않고 있다. 이에 국가교육과정의 목표를 달성하고 지속적·체계적인 인성교육을 실천하기 위해 학교에서 일상적으로 이루어지는 교과교육을 중심으로 한 인성교육 연계방안에 대한 고려가 필요하다. 따라서 본 장에서는 초·중·고등학교 교과 담당 교사가 교실수업 중에서 실행할 수 있는 인성교육 실천 방법을 탐색해 보고자 한다.

1. 교과교육을 통한 인성교육의 필요성

인성교육이 중심이 된 교과수업은 학교에서 수업을 하면서 자연스럽게 바람직한 인성을 기를 수 있도록 하는 것이 주된 목적이다. 학생은 이러한 수업을 통해 자연스럽게 자기효능감, 정의감 등의 개인적 가치와 책임감, 협동심, 배려 등의 사회적 가치를 함께 습득하게 된다. 인성을 함양하는 것은 인성에 대해 아는 것이 많아진 것을 의미하는 것이 아니라 그것을 행동으로 실천하게 하는 것이고, 교사는 학생의 인성교육을 위해 학교수업을 통해 자연스럽게 인성을 함양할 수 있는 교육과정을 탐구해 볼 필요가 있다.

교과교육은 학교에서 많은 시간을 할애하는 중심교육 영역이기 때문에 인성교육을 구현하고자 할 때 중점적으로 검토해야 할 영역이다. 교과교육을 통한 인성교육이란 넓은 의미에서는 올바른 교과교육을 통해 다양한 교과에 포함되어 있는 가치를 내면화하고 이를 삶에서 행동화하도록 하는 교육을 의미하며, 좁은 의미에서는 교과의 학습목표에 인성과 관련된 내용을 연계하여 인성교육 관련 내용을 학습하는 방법을 말한다. 교과교육을 통해 인성교육이 함께 이루어지면 교과 지식뿐만 아니라 관련된 태도, 동기 등을 함께 체득하게 되고, 이는 교과에 대한 흥미와 관심을 촉진하여 교과를 더 잘 배울 수 있게 된다(김동일 외, 2015; 유재봉, 2016; 유한구, 2007).

교과교육은 본래 각 교과의 지식습득 뿐만 아니라 교과에 내재된 가치를 교수·학습 과정에서 체득하게 하여 삶의 방향성을 모색하도록 해주기 때문에 인성교육은 교과교육안에 포함된 것이며 교과교육을 통해 이루어져야 한다(서영진, 2013). 즉, 인성에 관한 덕목은 모든 교과에 실려 있으므로 모든 교과에서 인성교육을 실시할 수 있다(박지훈 외, 2021).

Stiff-Williams(2010)는 교과와 인성교육의 통합을 위해 교과목의 학습목표와 성취기준을 분석하고 이를 관련 인성덕목과 연계시키는 방안을 제시하였다. 인성교육은 인지영역과 정서영역, 도덕성, 사회성, 감성 차원이 조화를 이루며, 정직과 책임, 공감과 소통, 긍정과 자율과 같은 인성의 핵심요소를 교과를 통해 체계적으로 다루어야 한다(천세영 외, 2012). 교과교육을 통한 인성교육은 인성덕목을 직접 일러주는 것이 아니라 교과 공부를 통해 함양된 인성을 학생이 자신의 삶과의 관련성을 성찰할 수 있도록 하고 다양한 상황에 자연스럽게 실천될 수 있도록 하는 접근이 요구된다(박종덕, 2014). 즉, 인성교육은 특별한 교과의 설정을 통해 이루어지는 것이 아니라 학교 전체의 교육과정 운영을 통해 실시되는 것이 바람직하다. 학교교육의 본질은 수업이다. 따라서 인성교육을 위해서 교과수업 외(창의적 체험활동) 활동의 구안도 필요하지만, 학교활동의 중심이 되는 모든 교과수업에서 교과교육의 핵심 내용과 인성교육의 요소나 덕목을 연계하여 자연스럽게 이루어져야 효과적일 수 있다.

2. 인성교육중심 학교교육과정과 교과활동

학교교육은 핵심 역량과 인성 역량 등의 국가 교육과정을 수행하는 실천의 장이며, 지속적인 교육과정의 수정 보완을 통해 이를 개선할 수 있는 현장이기도 하다. 이런 관점에서 종래에 학급담임교사나 일부 인성담당교사의 책임하에서만 이루어져 왔던 인성교육의 문제는 학교차원에서 체계를 갖추고 시행할 필요가 있다. 학교는 교사와 부모들이 생각하는 개인적·사회적 가치로서의 인성을 바탕으로 한 학생들의 행동을 개발하고 지도하여야 하며, 이는 장기적이고 체계적인 차원에서 이루어져야 할 필요가 있다.

① 인성교육을 위한 학교교육과정

학교에서의 인성교육은 교과 활동과 교과 외 활동을 통해 의식적으로 이루어지도록 해야 한다. 특히, 교육과정상 주지적 내용과 인성교육 내용의 균형을 이루는 것이 중요하다. 인성교육을 교과 외 활동으로 제한할 것이 아니라 정규 교과과정에 포함하여 인성교육이 실질적으로 이루어질 수 있도록 하고, 이에 대한 교사의 책무성을 높이는 것이 필요하다.

학교 인성교육은 인지적, 정의적, 실천적 능력이 균형과 조화를 이룬 전인교육을 지향해야 한다. 즉 지식과 실천·체험이 균형과 조화를 이룬 인성교육을 실시해야 한다. 학생들이 살아가야 할 실제 삶과 동떨어진 지식 중심의 인성교육에 머물 것이 아니라, 인성교육을 통해 체득된 교과별 가치와 덕목들이 실제 삶의 장면에 적용될 수 있어야 한다.

또한 학교 인성교육은 일부 학생의 생활지도나 상담의 차원이 아닌 '모든 학생을 위한 인성교육'으로 전환되어야 한다. 행동에 문제가 있는 학생을 대상으로 하는 생활지도나 위기학생을 대상으로 상담도 매우 중요하지만, 누구나 바른 인성을 갖추는 것이 중요하기 때문에 모든 학생들을 대상으로 이루어져야 한다(정창우 외, 2013).

2022 개정 교육과정에 의하면 교과교육은 인성교육을 중심으로 총체적으로 연계되어야 함을 알 수 있다. 인성교육은 일회성 행사가 아닌 정규 교육과정 내에서 이루어질 수 있도록 학교교육과정과 인성에 관한 교육계획의 연계성이 강화되어져야 한다. 즉, 학생의 인성을 함양하기 위해서는 학교활동 전반에 인성교육의 관점을 반영하고 인성교육의 요소를 각 교과수업과 내용, 방법 및 평가 방식과 연계하여 통합할 뿐 아니라 학교 밖의 지역사회와 학부모 등 외부자원을 적극 활용하여 총체적으로 접근하는 방식이 필요하다.

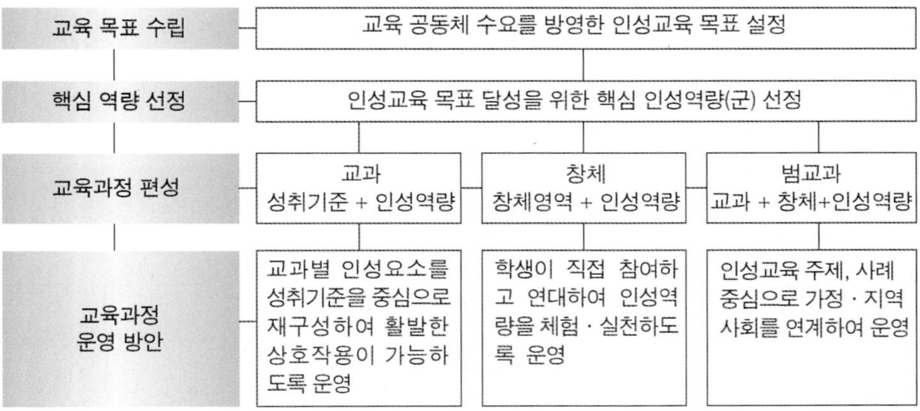

그림 12-1 인성교육 중심 학교교육과정 운영 모델

출처: 교육부(2020). 제2차 인성교육종합계획(2021~2025). p.9.

② 교과활동을 통한 인성교육

인성교육은 유치원에서 고등학교까지 모든 공식적·잠재적 교육과정 전반에 반영되어야 한다. 즉, 학교 교육 활동의 대부분을 차지하는 교과활동으로 인성교육의 영역을 넓히지 않는 한 인성교육의 효과적 실천과 획기적 확대는 불가능하기 때문에, 학교 인성교육은 교과 외 활동뿐만 아니라 정규교육과정에 포함되어 교과활동을 통해서도 이루어져야 한다.

우리나라의 경우 2013년부터 교육부의 '인성교육중심수업강화' 사업을 추진하게 되면서, 학교교육을 통해 바른 인성을 함양할 수 있도록 교과수업의 내용, 방법 및 평가방식의 전환을 지원하고 있다.

인성교육은 전체 학교교육의 흐름 안에서 학교 교육과정과 연계하여 이루어지도록 하고, 특히 학교생활이 제한되는 비대면 환경에서도 각 교과의 특성과 목표에 부합하는 방식으로 인성교육이 실시되도록 해야 한다. 아래 〈표 12-1〉은 학교급별로 인성교육과 교과의 연계성을 탐색하여 수업 실행이 가능한 교과 시수, 교과핵심가치와 덕목을 예로 제시하고 있다(교육부, 2020). 교과목 성격상 인성덕목과 밀접하게 연계시킬 수 있는 교과로는 국어, 사회, 도덕, 예체능 등이 있고, 그 외 교과들 역시 수업방법, 교수자료의 활용, 평가 등을 통해 직·간접적 인성교육기반 교과수업이 가능하다.

표 12-1 교과교육과정내 인성교육 관련성(예시)

구분	효도와 공경	생명존중	우월적 지위 남용예방	부모교육	정보윤리
초 1~2	국어(1), 통합(3)	통합(2)	국어(2), 통합(4)	통합(1)	
초3~4	도덕(2)	도덕(1)	국어(1), 사회(1) 도덕(2), 미술(1) 체육(1)	도덕(1)	국어(1), 사회(2)
초5~6	국어(1), 실과(3)	과학(1), 실과(1)	체육(1), 사회(2) 도덕(3)	실과(2)	국어(5), 도덕(2) 실과(1), 미술(2)
중학교	국어(1), 도덕(1) 기술·가정(2)	도덕(2), 과학(1) 기술·가정(1), 환경(1), 보건(1)	사회(3), 도덕(2) 국어(1)	도덕(1)	국어(3), 사회(1), 도덕(2) 기술·가정(1) 정보(1), 보건(1)
고등학교 (공통)	생활과 윤리(1)	통합사회(1)	국어(2) 통합사회(4)	기술· 가정(2)	국어(2) 통합사회(3)
고등학교 (선택)	윤리와 사상(1)	생활과 윤리(7) 윤리와 사상(1) 고전과 윤리(2)	고전(1) 화법과 작문(1) 정치와 법(4) 생활과 윤리(3) 윤리와 사상(1) 고전과 윤리(1)	생활과 윤리(1) 가정과학(1)	생활과 윤리(5) 윤리와 사상(1) 정보(4)

※ 괄호 안의 숫자는 인성교육과 관련하여 연계할 수 있는 수업시수 예시(2015 교육과정 기준)

3. 교과연계 인성교육의 수업 설계

대부분의 교사들은 교과교육에서 인성교육을 해야 한다는 데는 찬성을 하고 있으나 구체적으로 인성교육을 어떻게 해야 하는지 막연하게 느끼는 경우가 많다. 교과교육과정을 지도하는 교사로써 교과교육에 기반한 인성교육을 실천하는 방법으로는 교과수업의 구조를 바꾸어 인성중심의 교육과정을 운영하는 방식과 현재 학교의 교과수업을 그대로 유지하면서 인성교육 내용을 반영하는 방식이 있는데 후자의 경우가 교사들이 인성교육을 실천하는 초기단계에 적용하기 용이하다.

교과교육의 수업현장에서 교사는 교과수업 중 자연스럽게 인성교육의 요소나 덕목을 연계시킴으로써 교사는 교과수업 외에 별도의 시간을 할애하지 않고 교과수업의 도입, 전개, 정리 등 모든 단계에서 인성교육을 손쉽게 적용할 수 있다. 또한 인성덕목의 특성을 고려하여 각 특성에 적합한 교수·학습 방법을 활용할 수 있다. 이러한 접근방식은 현장 교사들이 교과수업에서 손쉽게 인성교육을 실시할 수 있다는 장점을 가진다.

교사는 각 교과교육을 통해 길러야 할 인성교육의 가치덕목, 인성역량이 현행 교과교육과정에 부각되지 않은 경우에도 교과내용과 인성교육의 가치덕목, 인성역량을 연계시켜 지도하는 방안을 모색하도록 한다. 이를 위해 교육과정에서 다루지 않고 있는 인성교육의 가치덕목, 인성역량을 새롭게 추가하거나 기존의 교과서 내용을 교과의 가치덕목, 인성역량의 관점에서 구체화할 수도 있을 것이다.

이처럼 교사들이 기존 교과수업과 연계하여 인성교육이 자연스럽게 이루어질 수 있도록 수업을 재구조화할 때 학습목표, 교수-학습 방법, 평가 등에서 고려해야 할 점이 무엇인지 다음에서 구체적으로 살펴보도록 하겠다.

1) 교과교육목표와 인성교육목표 연계

교사가 인성교육과 연계된 교수-학습 계획을 세우기 위해서는 먼저 핵심역량,

교과역량, 인성역량에 대한 탐색을 한 후, 해당 역량들이 반영된 교과수업 목표를 정하고 구체적인 교과교육 내용과의 연계가 이루어져야 한다.

① 핵심역량

인성교육이 고려된 교과수업으로 수업을 재설계하기 위해서는 먼저 교과교육의 목표를 인성교육에 기반하여 재검토해야 한다. 이를 위해 교과교육목표와 함께 가장 먼저 고려해야 하는 것이 바로 핵심역량이다. 교육과정 총론에서는 총 6가지 핵심역량을 제시하였고 이는 다음과 같다.

표 12-2 2015 개정 교육과정 핵심역량

핵심역량	내용
자기관리역량	자아정체성과 자신감을 가지고 자신의 삶과 진로를 스스로 설계하며 이에 필요한 기초 능력과 자질을 갖추어 자기 주도적으로 살아갈 수 있는 역량
지식정보처리 역량	문제를 합리적으로 해결하기 위하여 다양한 영역의 지식과 정보를 깊이 있게 이해하고 비판적으로 탐구하며 활용할 수 있는 역량
창의적 사고 역량	폭넓은 기초 지식을 바탕으로 다양한 전문 분야의 지식, 기술, 경험을 융합적으로 활용하여 새로운 것을 창출하는 역량
심미적 감성 역량	인간에 대한 공감적 이해와 문화적 감수성을 바탕으로 삶의 의미와 가치를 성찰하고 향유하는 역량
협력적 소통 역량	다른 사람의 관점을 존중하고 경청하는 가운데 자신의 생각과 감정을 효과적으로 표현하며 상호협력적인 관계에서 공동의 목적을 구현하는 역량
공동체 역량	지역·국가·세계 공동체의 구성원에게 요구되는 개방적·포용적 가치와 태도로 지속 가능한 인류 공동체 발전에 적극적이고 책임감 있게 참여하는 역량

② 교과역량

교과역량은 교과 교육을 통해 학생들이 갖추기를 기대하는 능력이며, 교수-학습 과정에서 지식·이해, 과정·기능, 가치·태도 세 요소간의 통합적 작동을 통한 학생의 수행으로 나타난다. 2022 개정 교육과정에서는 각 교과별로 총론의 핵심

역량과 연계되는 교과역량을 제시하여 교과특성에 맞는 교과운영을 하도록 하고 있고, 교과별 교과역량은 다음과 같다.

표 12-3 교과별 교과역량

교과	교과역량
국어	비판적·창의적 사고 역량, 디지털·미디어 역량, 의사소통 역량, 공동체·대인 관계 역량, 문화 향유 역량, 자기 성찰·계발 역량
영어	영어 의사소통 역량, 자기관리 역량, 공동체 역량, 지식정보처리 역량
수학	자기 관리역량, 지식정보처리역량, 창의적 사고 역량, 심미적 감성역량, 협력적 소통 역량, 공동체역량
사회	창의적 사고력, 비판적 사고력, 문제 해결력 및 의사 결정력, 의사소통 및 협업 능력, 정보 활용 능력
과학	과학적 탐구와 문제해결 능력, 과학적 의사결정 능력, 생태 소양, 민주 시민의식, 디지털 소양
도덕	비판적· 배려적 사고력, 도덕 판단 능력, 도덕공동체 의식, 생태계 위기에 공감하는 도덕적 상상력, 인공지능 및 디지털 윤리
음악	감성 역량, 창의성 역량, 자기주도성 역량, 공동체 역량, 소통 역량
미술	심미적 감성 역량, 창의·융합 역량, 시각적 소통 역량, 정체성 역량, 공동체 역량
체육	움직임 수행 역량, 건강 관리 역량, 신체활동 문화 향유 역량
기술 가정	공동체 역량, 문제 해결 역량, 자립역량, 기술학적 지식의 이해 능력, 기술적 문제해결능력, 기술적 실천 능력

핵심가치(덕목)

예, 효, 정직, 책임, 존중, 배려, 소통, 협동

※ 인성교육진흥법 제2조 제2항

③ 인성역량

다음으로 핵심역량과 연계된 교과역량속에서 학교 교과교육을 통해 길러야 할 인성교육의 가치·덕목과 인성역량을 설정하고, 각 교과교육 내용과 연계하여 구체화하는 단계로 나아가야 한다. 즉, 교과별로 단원 및 주제의 지도 계획을 세울 때 지도내용과 가장 연관성이 있는 인성교육의 핵심가치(덕목)·인성역량을 연관시키고 이를 부각하여 지도한다면, 인성교육이 교과교육에 통합되어 지도될 수 있을 것이다.

교과별 특성을 반영하여 각 교과 교육과정과 연관된 인성교육 요소들을 제시하면 다음과 같다(양정실 외, 2013. p.223).

■ 표 12-4 교과별 가치(덕목)과 인성역량

교과	교과별 가치(덕목) · 인성역량
국어	존중, 배려, 책임, 참여와 협동, 공감, 대화와 소통능력, 갈등 해결 능력, 정의, 성찰
도덕	존중, 배려, 책임, 참여와 협동, 공감과 수용, 대화와 소통능력, 문제와 갈등해결능력, 정의
사회	인권, 정의, 관용, 공감, 참여, 갈등해결력, 문제해결력
음악	존중, 배려, 자율과 책임, 참여와 협동, 음악적 감수성, 소통능력, 문제해결능력과 판단력, 정의
미술	존중과 배려, 자율과 책임, 참여와 협동, 미적 감수성, 소통능력, 문제해결능력과 판단력

교과별 역량과 인성역량을 파악한 후 각 교과교육 내용과 연계될 수 있는 부분을 탐색하여 교수–학습 계획을 세운다. 학교급별 교과와 인성교육 학습주제 연계 사례는 다음과 같다.

■ 표 12-5 학교급별 교과와 인성교육 학습주제 연계

학교급	과목	제목	인권영역
초등학교	국어	친구를 배려하는 올바른 표현의 자유	표현의 자유
	수학	참여하는 아름다움, 참정권!	참정권
	사회	얼굴에 피어나는 아름다운 주름꽃	사회적 약자
	도덕	인류애의 시작! 세계인권선언	인권교육전반
	실과	함께 만드는 따뜻한 사이버 세상	정보인권
	바른생활	서로다르지만 우리는 모두 소중해요	이민자
	슬기로운 생활	집안일, 가족이 함께 해요	양성평등

학교급	과목	제목	인권영역
중학교	국어	표현의 자유를 고민하다!	표현의 자유
	영어	나의 꿈을 찾아서···	양성평등
	수학	통계와 알권리	정보인권
	사회	내가 모두 누려야 할 문화권	문화권
	과학	우리는 닮은 곳이 많아요.	인권의 보편성
	도덕	남자도 여자도 모두 인간입니다.	양성평등
	기술·가정	CCTV 친구일까? 적일까?	정보인권
고등학교	국어	인터넷 세상의 자유	정보 인권
	영어	함께 만드는 행복 "양성 평등"	양성 평등
	수학	민주주의를 지키기 위한 수학의 노력	참정권
	윤리	공감 댓글로 영성평등의 길 만들기	양성평등
	음악	우리만의 공연! 기획자가 되어볼까!	문화권
	생명과학1	우리 할머니는 '사회적 약자'	사회적 약자
	통합사회	우리는 또래 노동상담사	노동권
	통합사회/법과 정치	혐오표현을 사용하지 마세요.	표현의 자유

출처: 인성교육지원센터(프로그램/지도자료)

2) 효과적인 인성교육을 위한 교수-학습 방법 선정

교과연계형 인성교육 중심 수업에서 많이 활용되는 교수-학습 방법은 다음과 같다. 첫째, 인성 관련 주제 및 쟁점을 함축하는 맥락을 활용한 과제를 수업에 도입하는 것으로 문제기반학습, 스토리텔링 방법 등이 있다. 둘째, 학생의 능동적 참여와 탐구를 촉진하는 방법으로 역할놀이, 프로젝트 학습, 창의적 계발학습 등이 있다. 셋째, 토의·토론 및 협동학습을 활용하여 다양한 관점에 대해 성찰을 촉진한다. 넷째, 교과 통합을 통해 보다 실세계와 관련된 인성교육 환경을 제공하는 방법으로 현장학습 등이 있다.

3) 수업평가

학생들을 평가하는 방식은 인성교육에 영향을 미친다. 이에 수업평가 방식에 대해 살펴볼 필요가 있다.

첫째, 규준지향 평가와 준거지향 평가이다. 규준지향평가는 학생들간의 경쟁을 야기시켜 인성발달에 부정적인 영향을 미칠 수 있다. 특히 상대적 서열에 기초한 보상 등과 같은 동기 부여는 성적 지상주의를 불러일으켜 인성 교육에 부정적인 영향을 미친다. 이에 비해, 준거지향평가는 학생들이 친구들과 경쟁을 하는 것이 아니라 수업목표와 경쟁하도록 유도하는 효과가 있어 학생들의 인성발달에 도움이 된다.

둘째, 포트폴리오 평가이다. 포트폴리오 평가는 교사보다는 학생 중심적이고, 집단보다는 개인 중심적이며, 결과보다는 과정 지향적이고, 선발보다는 교육적 성격을 띤 평가 체제로서 인성발달에 긍정적인 영향을 미친다(강충열 외, 2013). 즉, 인성교육의 결과가 효과적이기 위해서는 결과와 더불어 과정을 중시하는 평가가 이루어져야 한다.

셋째, 서술평 평가와 더불어 수행평가를 도입하여 인성이 실제적 역량으로 발전해 가는 과정을 평가할 수 있도록 해야 한다. 각 교과의 평가에서는 인성교육 교수·학습의 과정과 결과를 평가하기 위한 수행평가 방법을 적극 활용한다(양정실 외, 2013). 그 방법으로는 ① 교과교육 평가에서는 인지적 학습 요소만이 아니라 인성교육 학습 요소를 반드시 포함시켜 평가하도록 한다. ② 교과교육에서 인성 교육 학습 결과를 제대로 평가하기 위해서는 학생들의 수업 참여 정도, 태도 등을 재는 평가 방법의 활용이 필요하다. ③ 인성교육 평가 결과를 학생들에게 피드백하여 스스로 자신의 태도와 행동을 개선시킬 수 있도록 한다.

넷째, 자기평가와 동료평가이다. 교사에 의한 평가 이외에도 자기평가와 동료평가 방법을 도입하여 학습결과를 스스로 평가하며 자신의 생각에 대해 비판적으로 성찰하고 동료의 학습과정과 결과에 대한 의견을 민주적으로 소통하는 능력을 함양하도록 한다(교육부, 2015).

이처럼 교사가 교과수업을 통해 교과목표와 인성목표를 동시에 달성하기 위해서는 다양한 평가방법을 도입하여 학생의 인성적 변화를 종합적으로 판단해야 한다.

4) 교과연계형 인성교육 중심 수업지도안

2022 개정 교육과정을 반영하면서 교과연계 인성교육을 실시하기 위한 수업지도안을 작성할 때 고려해야 할 구성요소들은 다음과 같다.

표 12-6 교과연계형 인성교육 중심 수업지도안의 주요내용

구성요소	주요내용
학습목표	교과역량, 인성역량 반영하여 수업을 통해 기르고자 하는 능력과 학습의 도달점을 제시
교과역량	수업에서 추구하고자 하는 교과역량
인성역량	교과수업과 연계하여 추구하고자 하는 인성역량
내용요소	교과에서 배워야 할 필수 학습 내용
	지식 · 이해: 해당영역에서 알고 이해해야 할 내용 과정 · 기능: 교과 고유의 사고 및 탐구과정 또는 기능 가치 · 태도: 교과 활동을 통해 기를 수 있는 고유한 가치와 태도
성취기준	영역별 내용요소(지식 · 이해, 과정 · 기능, 가치 · 태도)를 학습한 결과 학생이 궁극적으로 할 수 있거나 할 수 있기를 기대하는 도달점
교수 · 학습방법	인성교육 연계 교과수업에서 효과적으로 활용할 수 있는 교수 · 학습방법 선택
평가	평가의 방향에 따라 교과의 평가에서 활용할 수 있는 평가방법 제시

이러한 수업지도안의 구성요소들을 고려하여 교과연계형 인성교육중심 수업설계에 적용 가능한 교수–학습 모형을 제시하면 다음과 같다.

표 12-7 교과연계형 인성교육중심 교수-학습 모형

단계	내용
교수-학습계획	• 해당 교과 교수-학습에 적합한 교과핵심 역량의 선정 • 해당 교과 교수-학습에 적합한 교과인성 역량의 선정 • 해당 교과 교수-학습에 적합한 인성덕목 확인 및 선정 • 2022 개정 교육과정에 따른 영역별 성취기준 확인 • 2022 개정 교육과정에 따른 영역별 성취기준에 기초한 인성중심 성취기준 개발 • 교과 교수-학습의 목표, 내용, 방법, 평가방법 선정 • 도입-전개-정리 및 평가와 피드백 단계에 따른 수업지도안 작성 • 교과 내용요소영역과 활동을 고려한 수업설계
도입	• 인성교육을 강화한 교과수업을 위해 도입은 학습 분위기 형성 및 학습 전개 방향제시에 매우 중요한 단계 • 친밀감을 형성하여 주의집중과 동기부여 제공
전개	• 인성교육은 교수-학습이 진행되는 과정에서 학습자 스스로 태도를 형성하고 활동을 주도해 나갈 수 있도록 지원, 격려
정리 및 평가와 피드백	• 인성교육과 관련하여 학습한 내용을 확인, 정리 • 학습 성취도 평가 외에 교수-학습 전반에 걸친 평가 실시 및 피드백

앞서 언급한 내용을 반영하여 교과기반 인성연계교육을 위한 수업지도안의 틀을 예로 제시하면 다음과 같다.

■ 표 12-8 교과기반 인성연계 수업지도안

<table>
<tr><td>학교급</td><td colspan="2"></td><td>대상</td><td colspan="3"></td></tr>
<tr><td>교과</td><td colspan="2"></td><td>교과서</td><td colspan="3"></td></tr>
<tr><td>단원명
(영역/내용)</td><td colspan="2"></td><td>차시</td><td></td><td>소요
시간</td><td></td></tr>
<tr><td>학습주제</td><td colspan="6"></td></tr>
<tr><td>핵심역량</td><td colspan="6"></td></tr>
<tr><td>교과역량</td><td colspan="6"></td></tr>
<tr><td>인성역량</td><td colspan="6"></td></tr>
<tr><td>인성덕목</td><td colspan="6"></td></tr>
<tr><td rowspan="3">내용요소</td><td>지식·이해</td><td colspan="5"></td></tr>
<tr><td>과정·기능</td><td colspan="5"></td></tr>
<tr><td>가치·태도</td><td colspan="5"></td></tr>
<tr><td rowspan="2">성취기준</td><td>교과교육
성취기준</td><td colspan="5"></td></tr>
<tr><td>인성교육
성취기준</td><td colspan="5"></td></tr>
<tr><td>학습목표</td><td colspan="6"></td></tr>
<tr><td>수업방법</td><td colspan="6"></td></tr>
<tr><td>평가방법</td><td colspan="6"></td></tr>
<tr><th>단계</th><th>학습
내용</th><th colspan="2">교수·학습 활동</th><th>시간
(분)</th><th colspan="2">자료 및 지도상의
유의점</th></tr>
<tr><td>도입</td><td></td><td colspan="2"></td><td></td><td colspan="2"></td></tr>
<tr><td>전개</td><td></td><td colspan="2"></td><td></td><td colspan="2"></td></tr>
<tr><td>정리</td><td></td><td colspan="2"></td><td></td><td colspan="2"></td></tr>
</table>

다음 〈표 12-9〉는 인성관련 주제 및 갈등상황을 포함하는 영어지도안으로 앞서 언급한 수업지도안의 틀에 적용한 수업지도안 사례이다(박선영 외, 2022 교수학습 활동 내용 참고).

표 12-9 교과기반 인성연계 수업지도안

<table>
<tr><td>학교급</td><td colspan="2">초등학교</td><td>대상</td><td colspan="3">6학년</td></tr>
<tr><td>교과</td><td colspan="2">대교</td><td>교과서</td><td colspan="3">6-2-11</td></tr>
<tr><td>단원명
(영역/내용)</td><td colspan="2">Why Are You Happy?</td><td>차시</td><td>1~2 / 6</td><td>소요
시간</td><td>40</td></tr>
<tr><td>학습주제</td><td colspan="6">감정을 표현하고 부탁하기</td></tr>
<tr><td>핵심역량</td><td colspan="6">지식정보처리역량, 심미적 감성역량, 협력적 소통역량, 공동체역량</td></tr>
<tr><td>교과역량</td><td colspan="6">영어 의사소통 역량, 공동체 역량</td></tr>
<tr><td>인성역량</td><td colspan="6">배려와 관용, 대인 관계 능력</td></tr>
<tr><td>인성덕목</td><td colspan="6">예, 효, 정직, 책임, 존중, 배려, 소통, 협동</td></tr>
<tr><td rowspan="3">내용요소</td><td>지식·이해</td><td colspan="5">감정을 표현하고(I'm happy), 감정의 이유를 묻고 답할 때(Why are you happy?- Because I got a new watch) , 낙담을 위로할 때(Cheer up!) 사용하는 표현을 말할 수 있다.</td></tr>
<tr><td>과정·기능</td><td colspan="5">갈등 상황 속에서 자신과 타인의 감정을 파악하여 말과 글로 표현할 수 있다.</td></tr>
<tr><td>가치·태도</td><td colspan="5">상대의 감정을 느끼고 공감하는 태도를 가진다.</td></tr>
<tr><td rowspan="2">성취기준</td><td>교과교육
성취기준</td><td colspan="5">[6영01-04] 일상생활 주제에 관한 담화나 글의 세부 정보를 파악한다.
[6영02-07] 일상생활 주제에 관한 담화나 글의 세부 정보를 간단한 문장으로 묻거나 답한다.</td></tr>
<tr><td>인성교육
성취기준</td><td colspan="5">경청과 공감을 바탕으로 하는 기본적 의사소통 역량을 기른다.</td></tr>
<tr><td>학습목표</td><td colspan="6">비폭력대화 관련 영어표현을 활용하여 평화적으로 감정과 욕구를 표현하고 부탁할 수 있다.</td></tr>
<tr><td>수업방법</td><td colspan="6">협동학습</td></tr>
<tr><td>평가방법</td><td colspan="6">성찰노트 작성 및 제출 (자기평가, 교사평가)
수업중 작성한 관찰-느낌-욕구-부탁의 단계로 작성한 글 제출(교사평가)</td></tr>
<tr><td>단계</td><td>학습
내용</td><td colspan="2">교수-학습 활동</td><td>시간
(분)</td><td colspan="2">자료 및 지도상의
유의점</td></tr>
<tr><td>도입</td><td>마음열기
(5분)</td><td colspan="2">• 동기유발
아이스 브레이킹 활동하기
서클 활동을 통해 감정 나누기
How are you today?
(I'm good / great / fine / tired / sad / angry …)</td><td></td><td colspan="2">• 토킹피스를 활용하여 학생들 모두가 발언권을 가지고 수업에 참여할 수 있도록 한다.
• 그림책(I Need a Hug),</td></tr>
</table>

<table>
<tr><td></td><td></td><td>• 그림책 읽기
I Need a Hug.

I need a hug. Will you cuddle me, Lou?
What? With those spikes? Get away from me! Shoo!
I need a hug. Will you cuddle me, Ken?
Help! It's that prickly thing at it again!
I need a hug. Will you cuddle me, Joe?
Cuddle you? I won't! No! No! No! No!
No one will hug me.
That's not very kind.
But, hey! Wait a minute...
You've all changed your mind!
Gosh, all I did was ask for a kiss.
Well, isn't this lovely

• 학습 목표 확인
감정을 표현하고 부탁해 봅시다.
• 핵심 표현 안내하기
I'm happy. / Why are you happy? / Because .../
I need … .
Will you (Could you) …?
I understand. / I'm sorry.</td><td></td><td>실물화상기 또는 PPT 자료
- "I need …." "Will you …?"와 같이 반복되는 표현은 함께 읽는다.</td></tr>
<tr><td rowspan="2">전개</td><td>알아 차리기 (10분)</td><td>• 갈등 상황 제시하기
- 그림책의 고슴도치의 어려움 이야기 나누기
• 자신의 경험 나누기
- 친구 관계에서 어려웠던 일 나누기
• 마음 알아차리기
- 친구와의 갈등 상황에서 나의 감정 알아차리기
- I'm upset, afraid, sad, worried … .
• 나의 욕구 알아차리기
- I need my fri ends.
- I want my fri end to li sten to me.
- I need to talk.</td><td></td><td>• 동화책에서 주인공의 마음을 헤아려 볼 수 있도록 질문한다.
- 자신의 경험을 솔직하게 이야기할 수 있도록 수용적이고 따뜻한 분위기를 조성한다.
• 감정카드, 욕구카드
- 토킹피스를 돌리며 서로의 이야기를 나눈다.</td></tr>
<tr><td>소통하기 (20분)</td><td>• 관찰-느낌-욕구-부탁의 단계에 맞게 마음을 글로 써 보기
- When I heard you said … , I was upset.</td><td></td><td>• 학습지
- 원하는 표현을 영어로 어떻게 말할지 모를</td></tr>
</table>

		- Because I thought you were my good friend. I need kind words. • **쓴 글을 친구에게 읽어주고, 듣는 사람은 공감의 말하기** - You were upset when I said, … . • **부탁하며 소통하기** - Could you say sorry to me? / Could you understand me? - I'm sorry. / I understand.		경우에는 교사에게 물어보거나, 태블릿을 활용하여 표현을 검색할 수 있도록 한다. - 갈등 상황 외에도 긍정적인 감정과 감사의 표현을 활용할 수 있다.
정리	연결되기 (5분)	• **활동 마무리하기** - 비폭력대화를 실습한 소감을 발표한다. 실제 생활에서 내 감정과 친구의 감정을 헤아리고 공감하기를 다짐한다.		- 토킹피스를 돌리며 소감을 나눈다.

4. 교직수업 적용활동

활 동

다음의 수업지도안 틀을 활용하여 자신이 담당할 교과에서 하나의 학습주제를 선정하여 교과기반 인성연계 수업지도안을 개발해 봅시다.

<table>
<tr><th colspan="6">교과기반 인성연계 수업지도안</th></tr>
<tr><td>학교급</td><td colspan="2"></td><td>대상</td><td colspan="2"></td></tr>
<tr><td>교과</td><td colspan="2"></td><td>교과서</td><td colspan="2"></td></tr>
<tr><td>단원명
(영역/내용)</td><td colspan="2"></td><td>차시</td><td>소요
시간</td><td></td></tr>
<tr><td>학습주제</td><td colspan="5"></td></tr>
<tr><td>핵심역량</td><td colspan="5"></td></tr>
<tr><td>교과역량</td><td colspan="5"></td></tr>
<tr><td>인성역량</td><td colspan="5"></td></tr>
<tr><td>인성덕목</td><td colspan="5"></td></tr>
<tr><td rowspan="3">내용요소</td><td>지식 · 이해</td><td colspan="4"></td></tr>
<tr><td>과정 · 기능</td><td colspan="4"></td></tr>
<tr><td>가치 · 태도</td><td colspan="4"></td></tr>
<tr><td rowspan="2">성취기준</td><td>교과교육
성취기준</td><td colspan="4"></td></tr>
<tr><td>인성교육
성취기준</td><td colspan="4"></td></tr>
<tr><td>학습목표</td><td colspan="5"></td></tr>
<tr><td>수업방법</td><td colspan="5"></td></tr>
<tr><td>평가방법</td><td colspan="5"></td></tr>
<tr><th>단계</th><th>학습 내용</th><th>교수-학습 활동</th><th>시간
(분)</th><th colspan="2">자료 및 지도상의
유의점</th></tr>
<tr><td>도입</td><td></td><td></td><td></td><td colspan="2"></td></tr>
<tr><td>전개</td><td></td><td></td><td></td><td colspan="2"></td></tr>
<tr><td>정리</td><td></td><td></td><td></td><td colspan="2"></td></tr>
</table>

부록

인성교육진흥법

학교폭력예방 및 대책에 관한 법률

아동·청소년의 성보호에 관한 법률

아동학대범죄의 처벌 등에 관한 특례법

자살예방 및 생명존중문화 조성을 위한 법률

인성교육진흥법

[시행 2015.7.21.] [법률 제13004호, 2015.1.20., 제정]

제 1 조(목적) 이 법은 「대한민국헌법」에 따른 인간으로서의 존엄과 가치를 보장하고 「교육기본법」에 따른 교육이념을 바탕으로 건전하고 올바른 인성(人性)을 갖춘 국민을 육성하여 국가사회의 발전에 이바지함을 목적으로 한다.

제 2 조(정의) 이 법에서 사용하는 용어의 뜻은 다음과 같다.

1. "인성교육"이란 자신의 내면을 바르고 건전하게 가꾸고 타인·공동체·자연과 더불어 살아가는 데 필요한 인간다운 성품과 역량을 기르는 것을 목적으로 하는 교육을 말한다.
2. "핵심 가치·덕목"이란 인성교육의 목표가 되는 것으로 예(禮), 효(孝), 정직, 책임, 존중, 배려, 소통, 협동 등의 마음가짐이나 사람됨과 관련되는 핵심적인 가치 또는 덕목을 말한다.
3. "핵심 역량"이란 핵심 가치·덕목을 적극적이고 능동적으로 실천 또는 실행하는 데 필요한 지식과 공감·소통하는 의사소통능력이나 갈등해결능력 등이 통합된 능력을 말한다.
4. "학교"란 「유아교육법」 제2조제2호에 따른 유치원 및 「초·중등교육법」 제2조에 따른 학교를 말한다.

제3조(다른 법률과의 관계) 인성교육에 관하여 다른 법률에 특별한 규정이 있는 경우를 제외하고는 이 법에서 정하는 바에 따른다.

제4조(국가 등의 책무) ① 국가와 지방자치단체는 인성을 갖춘 국민을 육성하기 위하여 인성교육에 관한 장기적이고 체계적인 정책을 수립하여 시행하여야 한다.

② 국가와 지방자치단체는 학생의 발달 단계 및 단위 학교의 상황과 여건에 적합한 인성교육 진흥에 필요한 시책을 마련하여야 한다.

③ 국가와 지방자치단체는 학교를 중심으로 인성교육 활동을 전개하고, 인성 친화적인 교육환경을 조성할 수 있도록 가정과 지역사회의 유기적인 연계망을 구축하도록 노력하여야 한다.

④ 국가와 지방자치단체는 학교 인성교육의 진흥을 위하여 범국민적 참여의 필요성을 홍보하도록 노력하여야 한다.

⑤ 국민은 국가 및 지방자치단체가 추진하는 인성교육에 관한 정책에 적극적으로 협력하여야 한다.

제5조(인성교육의 기본방향) ① 인성교육은 가정 및 학교와 사회에서 모두 장려되어야 한다.

② 인성교육은 인간의 전인적 발달을 고려하면서 장기적 차원에서 계획되고 실시되어야 한다.

③ 인성교육은 학교와 가정, 지역사회의 참여와 연대 하에 다양한 사회적 기반을 활용하여 전국적으로 실시되어야 한다.

제6조(인성교육종합계획의 수립 등) ① 교육부장관은 인성교육의 효율적인 추진을 위하여 대통령령으로 정하는 관계 중앙행정기관의 장과의 협의와 제9조에 따른 인성교육진흥위원회의 심의를 거쳐 인성교육종합계획(이하 "종합계획"이라 한다)을 5년마다 수립하여야 한다.

② 종합계획에는 다음 각 호의 사항이 포함되어야 한다.

1. 인성교육의 추진 목표 및 계획
2. 인성교육의 홍보
3. 인성교육을 위한 재원조달 및 관리방안
4. 인성교육 핵심 가치·덕목 및 핵심 역량 선정에 관한 사항
5. 그 밖에 인성교육에 관하여 필요한 사항으로 대통령령으로 정하는 사항

③ 교육부장관은 종합계획의 중요사항을 변경하는 경우 제1항에 따른 관계 중앙행정기관의 장과의 협의와 제9조에 따른 인성교육진흥위원회의 심의를 거쳐야 한다. 다만, 법령의 개정이나 관계 중앙행정기관의 관련 사업계획 변경 등 경미한 사항을 변경하는 경우에는 그러하지 아니하다.

④ 교육부장관은 제1항 또는 제3항에 따라 종합계획을 수립하거나 변경하였을 때에는 지체 없이 이를 관계 중앙행정기관의 장에게 통보하여야 한다.

⑤ 특별시·광역시·특별자치시·도 및 특별자치도 교육감(이하 "교육감"이라 한다)은 종합계획에 따라 해당 지방자치단체의 연도별 인성교육시행계획(이하 "시행계획"이라 한다)을 수립·시행하여야 한다.

⑥ 교육감은 제5항에 따라 시행계획을 수립하거나 변경하였을 때에는 이를 지체 없이 교육부장관에게 통보하여야 한다.

⑦ 종합계획 및 시행계획의 수립·시행 등에 필요한 사항은 대통령령으로 정한다.

제7조(계획수립 등의 협조) ① 교육부장관과 교육감은 종합계획 또는 시행계획의 수립·시행 및 평가를 위하여 필요한 경우 관계 중앙행정기관의 장, 지방자치단체의 장 및 교육감 등에게 협조를 요청할 수 있다.

② 제1항에 따른 협조를 요청받은 자는 특별한 사유가 없으면 이에 따라야 한다.

제8조(공청회의 개최) ① 교육부장관과 교육감은 종합계획 및 시행계획을 수립하려는 때에는 공청회를 열어 국민 및 관계 전문가 등으로부터 의견을 청취하여야 하며, 공청회에서 제시된 의견이 타당하다고 인정되는 때에는 이를 종합계획 및 시행계획 수립에 반영하여야 한다.

② 제1항에 따른 공청회 개최에 필요한 사항은 대통령령으로 정한다.

제9조(인성교육진흥위원회) ① 인성교육에 관한 다음 각 호의 사항을 심의하기 위하여 교육부장관 소속으로 인성교육진흥위원회(이하 "위원회"라 한다)를 둔다.

1. 인성교육정책의 목표와 추진방향에 관한 사항
2. 종합계획 수립에 관한 사항
3. 인성교육 추진실적 점검 및 평가에 관한 사항
4. 인성교육 지원의 협력 및 조정에 관한 사항
5. 그 밖에 인성교육 지원을 위하여 대통령령으로 정하는 사항

② 위원회는 위원장을 포함한 20명 이내의 위원으로 구성한다.

③ 위원회의 위원장은 위원 중에서 호선하되, 공무원이 아닌 사람으로 한다.

④ 위원회의 위원은 다음 각 호의 어느 하나에 해당하는 사람 중에서 대통령령으로 정하는 바에 따라 교육부장관이 임명 또는 위촉한다. 이 경우 위원은 공무원이 아닌 사람이 과반수가 되도록 한다.

1. 교육부차관, 문화체육관광부차관(문화체육관광부장관이 지명하는 차관), 보건복지부차관 및 여성가족부차관
2. 국회의장이 추천하는 사람 3명
3. 인성교육에 관한 학식과 경험이 풍부한 사람 중에서 대통령령으로 정하는 사람

⑤ 위원회가 심의한 사항을 집행하기 위하여 인성교육 진흥과 관련된 조직·인력·업무 등에 필요한 사항은 교육부령으로 정한다.

⑥ 그 밖에 위원회의 구성·운영에 필요한 사항은 대통령령으로 정한다.

제10조(학교의 인성교육 기준과 운영) ① 교육부장관은 대통령령으로 정하는 바에 따라 학교에 대한 인성교육 목표와 성취 기준을 정한다.

② 학교의 장은 제1항에 따른 인성교육의 목표 및 성취 기준과 교육대상의 연령 등을 고려하여 대통령령으로 정하는 바에 따라 매년 인성에 관한 교육계획을 수립하여 교육을 실시하여야 한다.

③ 학교의 장은 인성교육의 핵심 가치·덕목을 중심으로 학생의 인성 핵심 역량을 함양하는 학교 교육과정을 편성·운영하여야 한다.

④ 학교의 장은 인성교육 진흥을 위하여 학교·가정·지역사회와의 연계 방안을 강구하여야 한다.

제11조(인성교육 지원 등) ① 국가 및 지방자치단체는 가정, 학교 및 지역사회에서의 인성교육을 지원하기 위한 교육 프로그램(이하 "인성교육프로그램"이라 한다)을 개발하여 보급하여야 한다.

② 국가와 지방자치단체는 인성교육프로그램의 구성 및 운용 등을 전문단체 또는 전문가에게 위탁할 수 있다.

③ 교육감은 인성교육프로그램의 구성 및 운용 계획을 해당 학교 인터넷 홈페이지에 게시하는 등의 방법으로 학부모에게 알릴 수 있도록 하여야 한다.

④ 학부모는 국가, 지방자치단체 및 학교의 인성교육 진흥 시책에 협조하여야 하고, 인성교육을 위하여 필요한 사항을 해당 기관의 장에게 건의할 수 있다.

⑤ 그 밖에 가정, 학교 및 지역사회에서의 인성교육 진흥 등에 필요한 사항은 대통령령으로 정한다.

제12조(인성교육프로그램의 인증) ① 교육부장관은 인성교육 진흥을 위하여 인성교육프로그램을 개발·보급하거나 인성교육과정을 개설(開設)·운영하려는 자(이하 "인성교육프로그램개발자 등"이라 한다)에 대하여 인성교육프로그램과 인성교육과정의 인증(이하 "인증"이라 한다)을 할 수 있다.

② 인증을 받고자 하는 인성교육프로그램개발자등은 교육부장관에게 신청하여야 한다.

③ 교육부장관은 제2항에 따라 인증을 신청한 인성교육프로그램 또는 인성교육과정이 교육내용·교육시간·교육과목·교육시설 등 교육부령으로 정하는 인증기준에 적합한 경우에는 이를 인증할 수 있다. 제3항에 따른 인증을 받은 자는 해당 인성교육프로그램 또는 인성교육과정에여 교육부령으로 정하는 바에 따라 인증표시를 할 수 있다.

⑤ 제3항에 따른 인증을 받지 아니한 인성교육프로그램 또는 인성교육과정에 대하여 제4항의 인증표시를 하거나 이와 유사한 표시를 하여서는 아니 된다.

⑥ 제1항부터 제3항까지에 따른 인증의 절차 및 방법 등에 필요한 사항은 교육부령으로 정한다.

⑦ 교육부장관은 제1항부터 제3항까지에 따른 인증 업무를 교육부령으로 정하는 바에 따라 전문기

관 또는 단체 등에 위탁할 수 있다.

제13조(인증의 유효기간) ① 제12조제3항에 따른 인증의 유효기간은 인증을 받은 날부터 3년으로 한다.

② 제1항에 따른 유효기간은 1회에 한하여 2년 이내에서 연장할 수 있다.

③ 제2항에 따른 인증의 연장신청, 그 밖에 필요한 사항은 교육부령으로 정한다.

제14조(인증의 취소) 교육부장관은 제12조제3항에 따라 인증한 인성교육프로그램 또는 인성교육과정이 다음 각 호의 어느 하나에 해당하는 경우에는 그 인증을 취소할 수 있다. 다만, 제1호에 해당하는 경우에는 취소하여야 한다.

1. 거짓, 그 밖의 부정한 방법으로 인증받은 경우
2. 제12조제3항에 따른 인증기준에 적합하지 아니하게 된 경우

제15조(인성교육 예산 지원) 국가 및 지방자치단체는 인성교육 지원, 인성교육프로그램 개발·보급 등 인성교육 진흥에 필요한 비용을 예산의 범위에서 지원하여야 한다.

제16조(인성교육의 평가 등) ① 교육부장관 및 교육감은 종합계획 및 시행계획에 따른 인성교육의 추진성과 및 활동에 관한 평가를 1년마다 실시하여야 한다.

② 교육부장관과 교육감은 인성교육 평가결과를 종합계획 및 시행계획에 반영할 수 있다.

③ 그 밖에 인성교육의 추진성과 및 활동 평가에 필요한 사항은 대통령령으로 정한다.

제17조(교원의 연수 등) ① 교육감은 학교의 교원(이하 "교원"이라 한다)이 대통령령으로 정하는 바에 따라 일정시간 이상 인성교육 관련 연수를 이수하도록 하여야 한다.

② 「고등교육법」 제41조에 따른 교육대학·사범대학(교육과 및 교직과정을 포함한다) 등 이에 준하는 기관으로서 교육부령으로 정하는 교원 양성기관은 예비교원의 인성교육 지도 역량을 강화하기 위하여 관련 과목을 필수로 개설하여 운영하여야 한다.

제18조(학교의 인성교육 참여 장려) 학교의 장은 학생의 제11조제1항에 따른 지역사회 등의 인성교육 참여를 권장하고 지도·관리하기 위하여 노력하여야 한다.

제19조(언론의 인성교육 지원) 국가 및 지방자치단체는 범국민적 차원에서 인성교육의 중요성에 대한 인식을 공유하고 이들의 참여의지를 촉진시키기 위하여 필요한 경우 언론(「언론중재 및 피해구제 등에 관한 법률」 제2조에 따른 방송, 신문, 잡지 등 정기간행물, 뉴스통신 및 인터넷신문 등을 포함한다)을 이용하여 캠페인 활동을 전개하도록 노력하여야 한다.

제20조(전문인력의 양성) ① 국가 및 지방자치단체는 인성교육의 확대를 위하여 필요한 분야의 전문인력을 양성하여야 한다.

② 교육부장관 및 교육감은 제1항에 따른 전문인력을 양성하기 위하여 교육 관련 기관 또는 단체 등을 인성교육 전문인력 양성기관으로 지정하고, 해당 전문인력 양성기관에 대하여 필요한 경비의 전부 또는 일부를 지원할 수 있다.

③ 제2항에 따른 인성교육 전문인력 양성기관의 지정기준은 대통령령으로 정한다.

제21조(권한의 위임) 교육부장관은 이 법에 따른 권한의 일부를 대통령령으로 정하는 바에 따라 교육감에게 위임할 수 있다.

제22조(과태료) ① 다음 각 호의 어느 하나에 해당하는 자에게는 500만원 이하의 과태료를 부과한다.

1. 거짓이나 그 밖의 부정한 방법으로 제12조에 따른 인증을 받은 자

2. 제12조제5항을 위반하여 인증표시를 한 자

② 제1항에 따른 과태료는 대통령령으로 정하는 바에 따라 교육부장관이 부과·징수한다.

부칙〈제13004호, 2015.1.20.〉 이 법은 공포 후 6개월이 경과한 날부터 시행한다.

학교폭력예방 및 대책에 관한 법률(약칭: 학교폭력예방법)

[시행 2021. 6. 23.] [법률 제17668호, 2020. 12. 22., 일부개정]

교육부(학교생활문화과) 044-203-6975

제1조(목적) 이 법은 학교폭력의 예방과 대책에 필요한 사항을 규정함으로써 피해학생의 보호, 가해학생의 선도·교육 및 피해학생과 가해학생 간의 분쟁조정을 통하여 학생의 인권을 보호하고 학생을 건전한 사회구성원으로 육성함을 목적으로 한다.

제2조(정의) 이 법에서 사용하는 용어의 정의는 다음 각 호와 같다. 〈개정 2009. 5. 8., 2012. 1. 26., 2012. 3. 21., 2021. 3. 23.〉

1. "학교폭력"이란 학교 내외에서 학생을 대상으로 발생한 상해, 폭행, 감금, 협박, 약취·유인, 명예훼손·모욕, 공갈, 강요·강제적인 심부름 및 성폭력, 따돌림, 사이버 따돌림, 정보통신망을 이용한 음란·폭력 정보 등에 의하여 신체·정신 또는 재산상의 피해를 수반하는 행위를 말한다.

 1의2. "따돌림"이란 학교 내외에서 2명 이상의 학생들이 특정인이나 특정집단의 학생들을 대상으로 지속적이거나 반복적으로 신체적 또는 심리적 공격을 가하여 상대방이 고통을 느끼도록 하는 모든 행위를 말한다.

 1의3. "사이버 따돌림"이란 인터넷, 휴대전화 등 정보통신기기를 이용하여 학생들이 특정 학생들을 대상으로 지속적, 반복적으로 심리적 공격을 가하거나, 특정 학생과 관련된 개인정보 또는 허위사실을 유포하여 상대방이 고통을 느끼도록 하는 모든 행위를 말한다.

2. "학교"란 「초·중등교육법」 제2조에 따른 초등학교·중학교·고등학교·특수학교 및 각종학교와 같은 법 제61조에 따라 운영하는 학교를 말한다.
3. "가해학생"이란 가해자 중에서 학교폭력을 행사하거나 그 행위에 가담한 학생을 말한다.
4. "피해학생"이란 학교폭력으로 인하여 피해를 입은 학생을 말한다.
5. "장애학생"이란 신체적·정신적·지적 장애 등으로 「장애인 등에 대한 특수교육법」 제15조에서 규정하는 특수교육이 필요한 학생을 말한다.

제3조(해석·적용의 주의의무) 이 법을 해석·적용하는 경우 국민의 권리가 부당하게 침해되지 아니하도록 주의하여야 한다. 〈개정 2021. 3. 23.〉

제4조(국가 및 지방자치단체의 책무) ① 국가 및 지방자치단체는 학교폭력을 예방하고 근절하기 위하여 조사·연구·교육·계도 등 필요한 법적·제도적 장치를 마련하여야 한다.

② 국가 및 지방자치단체는 청소년 관련 단체 등 민간의 자율적인 학교폭력 예방활동과 피해학생의 보호 및 가해학생의 선도·교육활동을 장려하여야 한다.

③ 국가 및 지방자치단체는 제2항에 따른 청소년 관련 단체 등 민간이 건의한 사항에 대하여는 관

련 시책에 반영하도록 노력하여야 한다.

④ 국가 및 지방자치단체는 제1항부터 제3항까지의 규정에 따른 책무를 다하기 위하여 필요한 행정적·재정적 지원을 하여야 한다. <개정 2012. 3. 21.>

제5조(다른 법률과의 관계) ① 학교폭력의 규제, 피해학생의 보호 및 가해학생에 대한 조치에 관하여 다른 법률에 특별한 규정이 있는 경우를 제외하고는 이 법을 적용한다. <개정 2021. 3. 23.>

② 제2조제1호 중 성폭력은 다른 법률에 규정이 있는 경우에는 이 법을 적용하지 아니한다.

제6조(기본계획의 수립 등) ① 교육부장관은 이 법의 목적을 효율적으로 달성하기 위하여 학교폭력의 예방 및 대책에 관한 정책 목표·방향을 설정하고, 이에 따른 학교폭력의 예방 및 대책에 관한 기본계획(이하 "기본계획"이라 한다)을 제7조에 따른 학교폭력대책위원회의 심의를 거쳐 수립·시행하여야 한다. <개정 2012. 3. 21., 2013. 3. 23.>

② 기본계획은 다음 각 호의 사항을 포함하여 5년마다 수립하여야 한다. 이 경우 교육부장관은 관계 중앙행정기관 등의 의견을 수렴하여야 한다. <개정 2012. 3. 21., 2013. 3. 23.>

1. 학교폭력의 근절을 위한 조사·연구·교육 및 계도
2. 피해학생에 대한 치료·재활 등의 지원
3. 학교폭력 관련 행정기관 및 교육기관 상호 간의 협조·지원
4. 제14조제1항에 따른 전문상담교사의 배치 및 이에 대한 행정적·재정적 지원
5. 학교폭력의 예방과 피해학생 및 가해학생의 치료·교육을 수행하는 청소년 관련 단체(이하 "전문단체"라 한다) 또는 전문가에 대한 행정적·재정적 지원
6. 그 밖에 학교폭력의 예방 및 대책을 위하여 필요한 사항

③ 교육부장관은 대통령령으로 정하는 바에 따라 특별시·광역시·특별자치시·도 및 특별자치도(이하 "시·도"라 한다) 교육청의 학교폭력 예방 및 대책과 그에 대한 성과를 평가하고, 이를 공표하여야 한다. <신설 2012. 1. 26., 2013. 3. 23.>

제7조(학교폭력대책위원회의 설치·기능) 학교폭력의 예방 및 대책에 관한 다음 각 호의 사항을 심의하기 위하여 국무총리 소속으로 학교폭력대책위원회(이하 "대책위원회"라 한다)를 둔다. <개정 2012. 3. 21., 2019. 8. 20.>

1. 학교폭력의 예방 및 대책에 관한 기본계획의 수립 및 시행에 대한 평가
2. 학교폭력과 관련하여 관계 중앙행정기관 및 지방자치단체의 장이 요청하는 사항
3. 학교폭력과 관련하여 교육청, 제9조에 따른 학교폭력대책지역위원회, 제10조의2에 따른 학교폭력대책지역협의회, 제12조에 따른 학교폭력대책심의위원회, 전문단체 및 전문가가 요청하는 사항

[제목개정 2012. 3. 21.]

제8조(대책위원회의 구성) ① 대책위원회는 위원장 2명을 포함하여 20명 이내의 위원으로 구성한다.

② 위원장은 국무총리와 학교폭력 대책에 관한 전문지식과 경험이 풍부한 전문가 중에서 대통령이 위촉하는 사람이 공동으로 되고, 위원장 모두가 부득이한 사유로 직무를 수행할 수 없을 때에는 국무총리가 지명한 위원이 그 직무를 대행한다.

③ 위원은 다음 각 호의 사람 중에서 대통령이 위촉하는 사람으로 한다. 다만, 제1호의 경우에는 당

연직 위원으로 한다. <개정 2013. 3. 23., 2014. 11. 19., 2017. 7. 26.>

1. 기획재정부장관, 교육부장관, 과학기술정보통신부장관, 법무부장관, 행정안전부장관, 문화체육관광부장관, 보건복지부장관, 여성가족부장관, 방송통신위원회 위원장, 경찰청장

2. 학교폭력 대책에 관한 전문지식과 경험이 풍부한 전문가 중에서 제1호의 위원이 각각 1명씩 추천하는 사람

3. 관계 중앙행정기관에 소속된 3급 공무원 또는 고위공무원단에 속하는 공무원으로서 청소년 또는 의료 관련 업무를 담당하는 사람

4. 대학이나 공인된 연구기관에서 조교수 이상 또는 이에 상당한 직에 있거나 있었던 사람으로서 학교폭력 문제 및 이에 따른 상담 또는 심리에 관하여 전문지식이 있는 사람

5. 판사·검사·변호사

6. 전문단체에서 청소년보호활동을 5년 이상 전문적으로 담당한 사람

7. 의사의 자격이 있는 사람

8. 학교운영위원회 활동 및 청소년보호활동 경험이 풍부한 학부모

④ 위원장을 포함한 위원의 임기는 2년으로 하되, 한 차례에 한정하여 연임할 수 있다. <개정 2021. 3. 23.>

⑤ 위원회의 효율적 운영 및 지원을 위하여 간사 1명을 두되, 간사는 교육부장관이 된다. <개정 2013. 3. 23.>

⑥ 위원회에 상정할 안건을 미리 검토하는 등 안건 심의를 지원하고, 위원회가 위임한 안건을 심의하기 위하여 대책위원회에 학교폭력대책실무위원회(이하 "실무위원회"라 한다)를 둔다.

⑦ 그 밖에 대책위원회의 운영과 실무위원회의 구성·운영에 필요한 사항은 대통령령으로 정한다.

[전문개정 2012. 3. 21.]

제9조(학교폭력대책지역위원회의 설치) ① 지역의 학교폭력 문제를 해결하기 위하여 시·도에 학교폭력대책지역위원회(이하 "지역위원회"라 한다)를 둔다. <개정 2012. 1. 26.>

② 특별시장·광역시장·특별자치시장·도지사 및 특별자치도지사는 지역위원회의 운영 및 활동에 관하여 시·도의 교육감(이하 "교육감"이라 한다)과 협의하여야 하며, 그 효율적인 운영을 위하여 실무위원회를 둘 수 있다. <개정 2012. 1. 26.>

③ 지역위원회는 위원장 1인을 포함한 11인 이내의 위원으로 구성한다.

④ 지역위원회 및 제2항에 따른 실무위원회의 구성·운영에 필요한 사항은 대통령령으로 정한다.

제10조(학교폭력대책지역위원회의 기능 등) ① 지역위원회는 기본계획에 따라 지역의 학교폭력 예방대책을 매년 수립한다.

② 지역위원회는 해당 지역에서 발생한 학교폭력에 대하여 교육감 및 시·도경찰청장에게 관련 자료를 요청할 수 있다. <개정 2020. 12. 22.>

③ 교육감은 지역위원회의 의견을 들어 제16조제1항제1호부터 제3호까지나 제17조제1항제5호에 따른 상담·치료 및 교육을 담당할 상담·치료·교육 기관을 지정하여야 한다. <개정 2012. 1. 26.>

④ 교육감은 제3항에 따른 상담·치료·교육 기관을 지정한 때에는 해당 기관의 명칭, 소재지, 업무

를 인터넷 홈페이지에 게시하고, 그 밖에 다양한 방법으로 학부모에게 알릴 수 있도록 노력하여야 한다. 〈신설 2012. 1. 26.〉

[제목개정 2012. 1. 26.]

제10조의2(학교폭력대책지역협의회의 설치·운영) ① 학교폭력예방 대책을 수립하고 기관별 추진계획 및 상호 협력·지원 방안 등을 협의하기 위하여 시·군·구에 학교폭력대책지역협의회(이하 "지역협의회"라 한다)를 둔다.

② 지역협의회는 위원장 1명을 포함한 20명 내외의 위원으로 구성한다.

③ 그 밖에 지역협의회의 구성·운영에 필요한 사항은 대통령령으로 정한다.

[본조신설 2012. 3. 21.]

제11조(교육감의 임무) ① 교육감은 시·도교육청에 학교폭력의 예방과 대책을 담당하는 전담부서를 설치·운영하여야 한다.

② 교육감은 관할 구역 안에서 학교폭력이 발생한 때에는 해당 학교의 장 및 관련 학교의 장에게 그 경과 및 결과의 보고를 요구할 수 있다.

③ 교육감은 관할 구역 안의 학교폭력이 관할 구역 외의 학교폭력과 관련이 있는 때에는 그 관할 교육감과 협의하여 적절한 조치를 취하여야 한다.

④ 교육감은 학교의 장으로 하여금 학교폭력의 예방 및 대책에 관한 실시계획을 수립·시행하도록 하여야 한다.

⑤ 교육감은 제12조에 따른 심의위원회가 처리한 학교의 학교폭력빈도를 학교의 장에 대한 업무수행 평가에 부정적 자료로 사용하여서는 아니 된다. 〈개정 2019. 8. 20.〉

⑥ 교육감은 제17조제1항제8호에 따른 전학의 경우 그 실현을 위하여 필요한 조치를 취하여야 하며, 제17조제1항제9호에 따른 퇴학처분의 경우 해당 학생의 건전한 성장을 위하여 다른 학교 재입학 등의 적절한 대책을 강구하여야 한다. 〈개정 2012. 1. 26., 2012. 3. 21.〉

⑦ 교육감은 대책위원회 및 지역위원회에 관할 구역 안의 학교폭력의 실태 및 대책에 관한 사항을 보고하고 공표하여야 한다. 관할 구역 밖의 학교폭력 관련 사항 중 관할 구역 안의 학교와 관련된 경우에도 또한 같다. 〈개정 2012. 1. 26., 2012. 3. 21.〉

⑧ 교육감은 학교폭력의 실태를 파악하고 학교폭력에 대한 효율적인 예방대책을 수립하기 위하여 학교폭력 실태조사를 연 2회 이상 실시하고 그 결과를 공표하여야 한다. 〈신설 2012. 3. 21., 2015. 12. 22.〉

⑨ 교육감은 학교폭력 등에 관한 조사, 상담, 치유프로그램 운영 등을 위한 전문기관을 설치·운영할 수 있다. 〈신설 2012. 3. 21.〉

⑩ 교육감은 관할 구역에서 학교폭력이 발생한 때에 해당 학교의 장 또는 소속 교원이 그 경과 및 결과를 보고하면서 축소 및 은폐를 시도한 경우에는 「교육공무원법」 제50조 및 「사립학교법」 제62조에 따른 징계위원회에 징계의결을 요구하여야 한다. 〈신설 2012. 3. 21., 2021. 3. 23.〉

⑪ 교육감은 관할 구역에서 학교폭력의 예방 및 대책 마련에 기여한 바가 큰 학교 또는 소속 교원에게 상훈을 수여하거나 소속 교원의 근무성적 평정에 가산점을 부여할 수 있다. 〈신설 2012. 3. 21.〉

⑫ 제1항에 따라 설치되는 전담부서의 구성과 제8항에 따라 실시하는 학교폭력 실태조사 및 제9항에 따른 전문기관의 설치에 필요한 사항은 대통령령으로 정한다. 〈개정 2012. 3. 21.〉

제11조의2(학교폭력 조사·상담 등) ① 교육감은 학교폭력 예방과 사후조치 등을 위하여 다음 각 호의 조사·상담 등을 수행할 수 있다. 〈개정 2021. 3. 23.〉

1. 학교폭력 피해학생 상담 및 가해학생 조사
2. 필요한 경우 가해학생 학부모 조사
3. 학교폭력 예방 및 대책에 관한 계획의 이행 지도
4. 관할 구역 학교폭력서클 단속
5. 학교폭력 예방을 위하여 민간 기관 및 업소 출입·검사
6. 그 밖에 학교폭력 등과 관련하여 필요한 사항

② 교육감은 제1항의 조사·상담 등의 업무를 대통령령으로 정하는 기관 또는 단체에 위탁할 수 있다.

③ 교육감 및 제2항에 따른 위탁 기관 또는 단체의 장은 제1항에 따른 조사·상담 등의 업무 수행에 필요한 경우 관계 기관의 장에게 협조를 요청할 수 있다. 〈개정 2021. 3. 23.〉

④ 제1항에 따라 조사·상담 등을 하는 관계 직원은 그 권한을 표시하는 증표를 지니고 이를 관계인에게 보여주어야 한다.

⑤ 제1항제1호 및 제4호의 조사 등의 결과는 학교의 장 및 보호자에게 통보하여야 한다.

[본조신설 2012. 3. 21.]

제11조의3(관계 기관과의 협조 등) ① 교육부장관, 교육감, 지역 교육장, 학교의 장은 학교폭력과 관련한 개인정보 등을 경찰청장, 시·도경찰청장, 관할 경찰서장 및 관계 기관의 장에게 요청할 수 있다. 〈개정 2013. 3. 23., 2020. 12. 22.〉

② 제1항에 따라 정보제공을 요청받은 경찰청장, 시·도경찰청장, 관할 경찰서장 및 관계 기관의 장은 특별한 사정이 없으면 그 요청을 따라야 한다. 〈개정 2020. 12. 22., 2021. 3. 23.〉

③ 제1항 및 제2항에 따른 관계 기관과의 협조 사항 및 절차 등에 필요한 사항은 대통령령으로 정한다.

[본조신설 2012. 3. 21.]

제12조(학교폭력대책심의위원회의 설치·기능) ① 학교폭력의 예방 및 대책에 관련된 사항을 심의하기 위하여 「지방교육자치에 관한 법률」 제34조 및 「제주특별자치도 설치 및 국제자유도시 조성을 위한 특별법」 제80조에 따른 교육지원청(교육지원청이 없는 경우 해당 시·도 조례로 정하는 기관으로 한다. 이하 같다)에 학교폭력대책심의위원회(이하 "심의위원회"라 한다)를 둔다. 다만, 심의위원회 구성에 있어 대통령령으로 정하는 사유가 있는 경우에는 교육감 보고를 거쳐 둘 이상의 교육지원청이 공동으로 심의위원회를 구성할 수 있다. 〈개정 2012. 1. 26., 2019. 8. 20.〉

② 심의위원회는 학교폭력의 예방 및 대책 등을 위하여 다음 각 호의 사항을 심의한다. 〈개정 2012. 1. 26., 2019. 8. 20.〉

1. 학교폭력의 예방 및 대책
2. 피해학생의 보호

3. 가해학생에 대한 교육, 선도 및 징계

4. 피해학생과 가해학생 간의 분쟁조정

5. 그 밖에 대통령령으로 정하는 사항

③ 심의위원회는 해당 지역에서 발생한 학교폭력에 대하여 조사할 수 있고 학교장 및 관할 경찰서장에게 관련 자료를 요청할 수 있다. <신설 2012. 3. 21., 2019. 8. 20.>

④ 심의위원회의 설치·기능 등에 필요한 사항은 지역 및 교육지원청의 규모 등을 고려하여 대통령령으로 정한다. <개정 2012. 3. 21., 2019. 8. 20.>

[제목개정 2019. 8. 20.]

제13조(심의위원회의 구성·운영) ① 심의위원회는 10명 이상 50명 이내의 위원으로 구성하되, 전체위원의 3분의 1 이상을 해당 교육지원청 관할 구역 내 학교(고등학교를 포함한다)에 소속된 학생의 학부모로 위촉하여야 한다. <개정 2019. 8. 20.>

② 심의위원회의 위원장은 다음 각 호의 어느 하나에 해당하는 경우에 회의를 소집하여야 한다. <신설 2011. 5. 19., 2012. 1. 26., 2012. 3. 21., 2019. 8. 20.>

1. 심의위원회 재적위원 4분의 1 이상이 요청하는 경우
2. 학교의 장이 요청하는 경우
3. 피해학생 또는 그 보호자가 요청하는 경우
4. 학교폭력이 발생한 사실을 신고받거나 보고받은 경우
5. 가해학생이 협박 또는 보복한 사실을 신고받거나 보고받은 경우
6. 그 밖에 위원장이 필요하다고 인정하는 경우

③ 심의위원회는 회의의 일시, 장소, 출석위원, 토의내용 및 의결사항 등이 기록된 회의록을 작성·보존하여야 한다. <신설 2011. 5. 19., 2019. 8. 20.>

④ 심의위원회는 심의 과정에서 소아청소년과 의사, 정신건강의학과 의사, 심리학자, 그 밖의 아동심리와 관련된 전문가를 출석하게 하거나 서면 등의 방법으로 의견을 청취할 수 있고, 피해학생이 상담·치료 등을 받은 경우 해당 전문가 또는 전문의 등으로부터 의견을 청취할 수 있다. 다만, 심의위원회는 피해학생 또는 그 보호자의 의사를 확인하여 피해학생 또는 그 보호자의 요청이 있는 경우에는 반드시 의견을 청취하여야 한다. <신설 2020. 12. 22.>

⑤ 그 밖에 심의위원회의 구성·운영에 필요한 사항은 대통령령으로 정한다. <개정 2011. 5. 19., 2019. 8. 20., 2020. 12. 22.>

[제목개정 2011. 5. 19., 2019. 8. 20.]

제13조의2(학교의 장의 자체해결) ① 제13조제2항제4호 및 제5호에도 불구하고 피해학생 및 그 보호자가 심의위원회의 개최를 원하지 아니하는 다음 각 호에 모두 해당하는 경미한 학교폭력의 경우 학교의 장은 학교폭력사건을 자체적으로 해결할 수 있다. 이 경우 학교의 장은 지체 없이 이를 심의위원회에 보고하여야 한다. <개정 2021. 3. 23.>

1. 2주 이상의 신체적·정신적 치료가 필요한 진단서를 발급받지 않은 경우
2. 재산상 피해가 없거나 즉각 복구된 경우

3. 학교폭력이 지속적이지 않은 경우

4. 학교폭력에 대한 신고, 진술, 자료제공 등에 대한 보복행위가 아닌 경우

② 학교의 장은 제1항에 따라 사건을 해결하려는 경우 다음 각 호에 해당하는 절차를 모두 거쳐야 한다.

1. 피해학생과 그 보호자의 심의위원회 개최 요구 의사의 서면 확인

2. 학교폭력의 경중에 대한 제14조제3항에 따른 전담기구의 서면 확인 및 심의

③ 그 밖에 학교의 장이 학교폭력을 자체적으로 해결하는 데에 필요한 사항은 대통령령으로 정한다.

[본조신설 2019. 8. 20.]

제14조(전문상담교사 배치 및 전담기구 구성) ① 학교의 장은 학교에 대통령령으로 정하는 바에 따라 상담실을 설치하고, 「초·중등교육법」 제19조의2에 따라 전문상담교사를 둔다.

② 전문상담교사는 학교의 장 및 심의위원회의 요구가 있는 때에는 학교폭력에 관련된 피해학생 및 가해학생과의 상담결과를 보고하여야 한다. 〈개정 2019. 8. 20.〉

③ 학교의 장은 교감, 전문상담교사, 보건교사 및 책임교사(학교폭력문제를 담당하는 교사를 말한다), 학부모 등으로 학교폭력문제를 담당하는 전담기구(이하 "전담기구"라 한다)를 구성한다. 이 경우 학부모는 전담기구 구성원의 3분의 1 이상이어야 한다. 〈개정 2012. 3. 21., 2019. 8. 20.〉

④ 학교의 장은 학교폭력 사태를 인지한 경우 지체 없이 전담기구 또는 소속 교원으로 하여금 가해 및 피해 사실 여부를 확인하도록 하고, 전담기구로 하여금 제13조의2에 따른 학교의 장의 자체해결 부의 여부를 심의하도록 한다. 〈신설 2019. 8. 20.〉

⑤ 전담기구는 학교폭력에 대한 실태조사(이하 "실태조사"라 한다)와 학교폭력 예방 프로그램을 구성·실시하며, 학교의 장 및 심의위원회의 요구가 있는 때에는 학교폭력에 관련된 조사결과 등 활동결과를 보고하여야 한다. 〈개정 2012. 3. 21., 2019. 8. 20.〉

⑥ 피해학생 또는 피해학생의 보호자는 피해사실 확인을 위하여 전담기구에 실태조사를 요구할 수 있다. 〈신설 2009. 5. 8., 2012. 3. 21., 2019. 8. 20.〉

⑦ 국가 및 지방자치단체는 실태조사에 관한 예산을 지원하고, 관계 행정기관은 실태조사에 협조하여야 하며, 학교의 장은 전담기구에 행정적·재정적 지원을 할 수 있다. 〈개정 2009. 5. 8., 2012. 3. 21., 2019. 8. 20.〉

⑧ 전담기구는 성폭력 등 특수한 학교폭력사건에 대한 실태조사의 전문성을 확보하기 위하여 필요한 경우 전문기관에 그 실태조사를 의뢰할 수 있다. 이 경우 그 의뢰는 심의위원회 위원장의 심의를 거쳐 학교의 장 명의로 하여야 한다. 〈신설 2012. 1. 26., 2012. 3. 21., 2019. 8. 20.〉

⑨ 그 밖에 전담기구 운영 등에 필요한 사항은 대통령령으로 정한다. 〈신설 2012. 3. 21., 2019. 8. 20.〉

제15조(학교폭력 예방교육 등) ① 학교의 장은 학생의 육체적·정신적 보호와 학교폭력의 예방을 위한 학생들에 대한 교육(학교폭력의 개념·실태 및 대처방안 등을 포함하여야 한다)을 학기별로 1회 이상 실시하여야 한다. 〈개정 2012. 1. 26.〉

② 학교의 장은 학교폭력의 예방 및 대책 등을 위한 교직원 및 학부모에 대한 교육을 학기별로 1회 이상 실시하여야 한다. 〈개정 2012. 3. 21.〉

③ 학교의 장은 제1항에 따른 학교폭력 예방교육 프로그램의 구성 및 그 운용 등을 전담기구와 협의하여 전문단체 또는 전문가에게 위탁할 수 있다.

④ 교육장은 제1항부터 제3항까지의 규정에 따른 학교폭력 예방교육 프로그램의 구성과 운용계획을 학부모가 쉽게 확인할 수 있도록 인터넷 홈페이지에 게시하고, 그 밖에 다양한 방법으로 학부모에게 알릴 수 있도록 노력하여야 한다. <개정 2012. 1. 26.>

⑤ 그 밖에 학교폭력 예방교육의 실시와 관련한 사항은 대통령령으로 정한다. <개정 2011. 5. 19.>

[제목개정 2011. 5. 19.]

제16조(피해학생의 보호) ① 심의위원회는 피해학생의 보호를 위하여 필요하다고 인정하는 때에는 피해학생에 대하여 다음 각 호의 어느 하나에 해당하는 조치(수 개의 조치를 동시에 부과하는 경우를 포함한다)를 할 것을 교육장(교육장이 없는 경우 제12조제1항에 따라 조례로 정한 기관의 장으로 한다. 이하 같다)에게 요청할 수 있다. 다만, 학교의 장은 학교폭력사건을 인지한 경우 피해학생의 반대의사 등 대통령령으로 정하는 특별한 사정이 없으면 지체 없이 가해자(교사를 포함한다)와 피해학생을 분리하여야 하며, 피해학생이 긴급보호를 요청하는 경우에는 제1호, 제2호 및 제6호의 조치를 할 수 있다. 이 경우 학교의 장은 심의위원회에 즉시 보고하여야 한다. <개정 2012. 3. 21., 2017. 4. 18., 2019. 8. 20., 2020. 12. 22., 2021. 3. 23.>

1. 학내외 전문가에 의한 심리상담 및 조언
2. 일시보호
3. 치료 및 치료를 위한 요양
4. 학급교체
5. 삭제 <2012. 3. 21.>
6. 그 밖에 피해학생의 보호를 위하여 필요한 조치

② 심의위원회는 제1항에 따른 조치를 요청하기 전에 피해학생 및 그 보호자에게 의견진술의 기회를 부여하는 등 적정한 절차를 거쳐야 한다. <신설 2012. 3. 21., 2019. 8. 20.>

③ 제1항에 따른 요청이 있는 때에는 교육장은 피해학생의 보호자의 동의를 받아 7일 이내에 해당 조치를 하여야 한다. <개정 2012. 3. 21., 2019. 8. 20.>

④ 제1항의 조치 등 보호가 필요한 학생에 대하여 학교의 장이 인정하는 경우 그 조치에 필요한 결석을 출석일수에 포함하여 계산할 수 있다. <개정 2012. 3. 21., 2021. 3. 23.>

⑤ 학교의 장은 성적 등을 평가하는 경우 제3항에 따른 조치로 인하여 학생에게 불이익을 주지 아니하도록 노력하여야 한다. <개정 2012. 3. 21., 2021. 3. 23.>

⑥ 피해학생이 전문단체나 전문가로부터 제1항제1호부터 제3호까지의 규정에 따른 상담 등을 받는 데에 사용되는 비용은 가해학생의 보호자가 부담하여야 한다. 다만, 피해학생의 신속한 치료를 위하여 학교의 장 또는 피해학생의 보호자가 원하는 경우에는 「학교안전사고 예방 및 보상에 관한 법률」 제15조에 따른 학교안전공제회 또는 시·도교육청이 부담하고 이에 대한 상환청구권을 행사할 수 있다. <개정 2012. 1. 26., 2012. 3. 21., 2021. 3. 23.>

1. 삭제 <2012. 3. 21.>

2. 삭제 <2012. 3. 21.>

⑦ 학교의 장 또는 피해학생의 보호자는 필요한 경우 「학교안전사고 예방 및 보상에 관한 법률」 제34조의 공제급여를 학교안전공제회에 직접 청구할 수 있다. <신설 2012. 1. 26., 2012. 3. 21.>

⑧ 피해학생의 보호 및 제6항에 따른 지원범위, 상환청구범위, 지급절차 등에 필요한 사항은 대통령령으로 정한다. <신설 2012. 3. 21., 2021. 3. 23.>

제16조의2(장애학생의 보호) ① 누구든지 장애 등을 이유로 장애학생에게 학교폭력을 행사하여서는 아니 된다.

② 심의위원회는 피해학생 또는 가해학생이 장애학생인 경우 심의과정에 「장애인 등에 대한 특수교육법」 제2조제4호에 따른 특수교육교원 등 특수교육 전문가 또는 장애인 전문가를 출석하게 하거나 서면 등의 방법으로 의견을 청취할 수 있다. <신설 2020. 12. 22.>

③ 심의위원회는 학교폭력으로 피해를 입은 장애학생의 보호를 위하여 장애인전문 상담가의 상담 또는 장애인전문 치료기관의 요양 조치를 학교의 장에게 요청할 수 있다. <개정 2019. 8. 20., 2020. 12. 22.>

④ 제3항에 따른 요청이 있는 때에는 학교의 장은 해당 조치를 하여야 한다. 이 경우 제16조제6항을 준용한다. <개정 2012. 3. 21., 2020. 12. 22.>

[본조신설 2009. 5. 8.]

제17조(가해학생에 대한 조치) ① 심의위원회는 피해학생의 보호와 가해학생의 선도·교육을 위하여 가해학생에 대하여 다음 각 호의 어느 하나에 해당하는 조치(수 개의 조치를 동시에 부과하는 경우를 포함한다)를 할 것을 교육장에게 요청하여야 하며, 각 조치별 적용 기준은 대통령령으로 정한다. 다만, 퇴학처분은 의무교육과정에 있는 가해학생에 대하여는 적용하지 아니한다. <개정 2009. 5. 8., 2012. 1. 26., 2012. 3. 21., 2019. 8. 20., 2021. 3. 23.>

1. 피해학생에 대한 서면사과
2. 피해학생 및 신고·고발 학생에 대한 접촉, 협박 및 보복행위의 금지
3. 학교에서의 봉사
4. 사회봉사
5. 학내외 전문가에 의한 특별 교육이수 또는 심리치료
6. 출석정지
7. 학급교체
8. 전학
9. 퇴학처분

② 제1항에 따라 심의위원회가 교육장에게 가해학생에 대한 조치를 요청할 때 그 이유가 피해학생이나 신고·고발 학생에 대한 협박 또는 보복 행위일 경우에는 같은 항 각 호의 조치를 동시에 부과하거나 조치 내용을 가중할 수 있다. <신설 2012. 3. 21., 2019. 8. 20., 2021. 3. 23.>

③ 제1항제2호부터 제4호까지 및 제6호부터 제8호까지의 처분을 받은 가해학생은 교육감이 정한 기관에서 특별교육을 이수하거나 심리치료를 받아야 하며, 그 기간은 심의위원회에서 정한다. <개정

2012. 1. 26., 2012. 3. 21., 2019. 8. 20.>

④ 학교의 장은 가해학생에 대한 선도가 긴급하다고 인정할 경우 우선 제1항제1호부터 제3호까지, 제5호 및 제6호의 조치를 할 수 있으며, 제5호와 제6호의 조치는 동시에 부과할 수 있다. 이 경우 심의위원회에 즉시 보고하여 추인을 받아야 한다. <개정 2012. 1. 26., 2012. 3. 21., 2019. 8. 20., 2021. 3. 23.>

⑤ 심의위원회는 제1항 또는 제2항에 따른 조치를 요청하기 전에 가해학생 및 보호자에게 의견진술의 기회를 부여하는 등 적정한 절차를 거쳐야 한다. <개정 2012. 3. 21., 2019. 8. 20.>

⑥ 제1항에 따른 요청이 있는 때에는 교육장은 14일 이내에 해당 조치를 하여야 한다. <개정 2012. 1. 26., 2012. 3. 21., 2019. 8. 20.>

⑦ 학교의 장이 제4항에 따른 조치를 한 때에는 가해학생과 그 보호자에게 이를 통지하여야 하며, 가해학생이 이를 거부하거나 회피하는 때에는 학교의 장은 「초·중등교육법」 제18조에 따라 징계하여야 한다. <개정 2012. 3. 21., 2019. 8. 20.>

⑧ 가해학생이 제1항제3호부터 제5호까지의 규정에 따른 조치를 받은 경우 이와 관련된 결석은 학교의 장이 인정하는 때에는 이를 출석일수에 포함하여 계산할 수 있다. <개정 2012. 1. 26., 2012. 3. 21., 2021. 3. 23.>

⑨ 심의위원회는 가해학생이 특별교육을 이수할 경우 해당 학생의 보호자도 함께 교육을 받게 하여야 한다. <개정 2012. 3. 21., 2019. 8. 20.>

⑩ 가해학생이 다른 학교로 전학을 간 이후에는 전학 전의 피해학생 소속 학교로 다시 전학올 수 없도록 하여야 한다. <신설 2012. 1. 26., 2012. 3. 21.>

⑪ 제1항제2호부터 제9호까지의 처분을 받은 학생이 해당 조치를 거부하거나 기피하는 경우 심의위원회는 제7항에도 불구하고 대통령령으로 정하는 바에 따라 추가로 다른 조치를 할 것을 교육장에게 요청할 수 있다. <신설 2012. 3. 21., 2019. 8. 20.>

⑫ 가해학생에 대한 조치 및 제11조제6항에 따른 재입학 등에 관하여 필요한 사항은 대통령령으로 정한다. <신설 2012. 3. 21.>

제17조의2(행정심판) ① 교육장이 제16조제1항 및 제17조제1항에 따라 내린 조치에 대하여 이의가 있는 피해학생 또는 그 보호자는 「행정심판법」에 따른 행정심판을 청구할 수 있다. <신설 2012. 3. 21., 2017. 11. 28., 2019. 8. 20.>

② 교육장이 제17조제1항에 따라 내린 조치에 대하여 이의가 있는 가해학생 또는 그 보호자는 「행정심판법」에 따른 행정심판을 청구할 수 있다. <개정 2012. 3. 21., 2017. 11. 28., 2019. 8. 20.>

③ 제1항 및 제2항에 따른 행정심판청구에 필요한 사항은 「행정심판법」을 준용한다. <개정 2019. 8. 20.>

④ 삭제 <2019. 8. 20.>

⑤ 삭제 <2019. 8. 20.>

⑥ 삭제 <2019. 8. 20.>

[본조신설 2012. 1. 26.]

[제목개정 2019. 8. 20.]

제18조(분쟁조정) ① 심의위원회는 학교폭력과 관련하여 분쟁이 있는 경우에는 그 분쟁을 조정할 수 있다. 〈개정 2019. 8. 20.〉

② 제1항에 따른 분쟁의 조정기간은 1개월을 넘지 못한다.

③ 학교폭력과 관련한 분쟁조정에는 다음 각 호의 사항을 포함한다. 〈개정 2019. 8. 20.〉

1. 피해학생과 가해학생간 또는 그 보호자 간의 손해배상에 관련된 합의조정
2. 그 밖에 심의위원회가 필요하다고 인정하는 사항

④ 심의위원회는 분쟁조정을 위하여 필요하다고 인정하는 때에는 관계 기관의 협조를 얻어 학교폭력과 관련한 사항을 조사할 수 있다. 〈개정 2019. 8. 20.〉

⑤ 심의위원회가 분쟁조정을 하고자 할 때에는 이를 피해학생·가해학생 및 그 보호자에게 통보하여야 한다. 〈개정 2019. 8. 20.〉

⑥ 시·도교육청 관할 구역 안의 소속 교육지원청이 다른 학생 간에 분쟁이 있는 경우에는 교육감이 직접 분쟁을 조정한다. 이 경우 제2항부터 제5항까지의 규정을 준용한다. 〈개정 2019. 8. 20.〉

⑦ 관할 구역을 달리하는 시·도교육청 소속 학교의 학생 간에 분쟁이 있는 경우에는 피해학생을 감독하는 교육감이 가해학생을 감독하는 교육감과의 협의를 거쳐 직접 분쟁을 조정한다. 이 경우 제2항부터 제5항까지의 규정을 준용한다. 〈개정 2019. 8. 20.〉

제19조(학교의 장의 의무) ① 학교의 장은 제16조, 제16조의2, 제17조에 따른 조치의 이행에 협조하여야 한다.

② 학교의 장은 학교폭력을 축소 또는 은폐해서는 아니 된다.

③ 학교의 장은 교육감에게 학교폭력이 발생한 사실과 제13조의2에 따라 학교의 장의 자체해결로 처리된 사건, 제16조, 제16조의2, 제17조 및 제18조에 따른 조치 및 그 결과를 보고하고, 관계 기관과 협력하여 교내 학교폭력 단체의 결성예방 및 해체에 노력하여야 한다.

[전문개정 2019. 8. 20.]

제20조(학교폭력의 신고의무) ① 학교폭력 현장을 보거나 그 사실을 알게 된 자는 학교 등 관계 기관에 이를 즉시 신고하여야 한다.

② 제1항에 따라 신고를 받은 기관은 이를 가해학생 및 피해학생의 보호자와 소속 학교의 장에게 통보하여야 한다. 〈개정 2009. 5. 8.〉

③ 제2항에 따라 통보받은 소속 학교의 장은 이를 심의위원회에 지체 없이 통보하여야 한다. 〈신설 2009. 5. 8., 2019. 8. 20.〉

④ 누구라도 학교폭력의 예비·음모 등을 알게 된 자는 이를 학교의 장 또는 심의위원회에 고발할 수 있다. 다만, 교원이 이를 알게 되었을 경우에는 학교의 장에게 보고하고 해당 학부모에게 알려야 한다. 〈개정 2009. 5. 8., 2012. 1. 26., 2019. 8. 20.〉

⑤ 누구든지 제1항부터 제4항까지에 따라 학교폭력을 신고한 사람에게 그 신고행위를 이유로 불이익을 주어서는 아니 된다. 〈신설 2012. 3. 21.〉

제20조의2(긴급전화의 설치 등) ① 국가 및 지방자치단체는 학교폭력을 수시로 신고받고 이에 대한 상담에 응할 수 있도록 긴급전화를 설치하여야 한다.

② 국가와 지방자치단체는 제1항에 따른 긴급전화의 설치·운영을 대통령령으로 정하는 기관 또는 단체에 위탁할 수 있다. 〈신설 2012. 1. 26.〉

③ 제1항과 제2항에 따른 긴급전화의 설치·운영·위탁에 필요한 사항은 대통령령으로 정한다. 〈개정 2012. 1. 26.〉

[본조신설 2009. 5. 8.]

제20조의3(정보통신망에 의한 학교폭력 등) 제2조제1호에 따른 정보통신망을 이용한 음란·폭력 정보 등에 의한 신체상·정신상 피해에 관하여 필요한 사항은 따로 법률로 정한다.

[본조신설 2012. 3. 21.]

제20조의4(정보통신망의 이용 등) ① 국가·지방자치단체 또는 교육감은 학교폭력 예방 업무 등을 효과적으로 수행하기 위하여 필요한 경우 정보통신망을 이용할 수 있다.

② 국가·지방자치단체 또는 교육감은 제1항에 따라 정보통신망을 이용하여 학교 또는 학생(학부모를 포함한다)이 학교폭력 예방 업무 등을 수행하는 경우 다음 각 호의 어느 하나에 해당하는 비용의 전부 또는 일부를 지원할 수 있다.

1. 학교 또는 학생(학부모를 포함한다)이 전기통신설비를 구입하거나 이용하는 데 소요되는 비용
2. 학교 또는 학생(학부모를 포함한다)에게 부과되는 전기통신역무 요금

③ 그 밖에 정보통신망의 이용 등에 관하여 필요한 사항은 대통령령으로 정한다.

[본조신설 2012. 3. 21.]

제20조의5(학생보호인력의 배치 등) ① 국가·지방자치단체 또는 학교의 장은 학교폭력을 예방하기 위하여 학교 내에 학생보호인력을 배치하여 활용할 수 있다.

② 다음 각 호의 어느 하나에 해당하는 사람은 학생보호인력이 될 수 없다. 〈신설 2013. 7. 30., 2021. 3. 23.〉

1. 「국가공무원법」 제33조 각 호의 어느 하나에 해당하는 사람
2. 「아동·청소년의 성보호에 관한 법률」에 따른 아동·청소년대상 성범죄 또는 「성폭력범죄의 처벌 등에 관한 특례법」에 따른 성폭력범죄를 저질러 벌금형을 선고받고 그 형이 확정된 날부터 10년이 지나지 아니하였거나, 금고 이상의 형이나 치료감호를 선고받고 그 집행이 끝나거나 집행이 유예·면제된 날부터 10년이 지나지 아니한 사람
3. 「청소년 보호법」 제2조제5호가목3) 및 같은 목 7)부터 9)까지의 청소년 출입·고용금지업소의 업주나 종사자

③ 국가·지방자치단체 또는 학교의 장은 제1항에 따른 학생보호인력의 배치 및 활용 업무를 관련 전문기관 또는 단체에 위탁할 수 있다. 〈개정 2013. 7. 30.〉

④ 제3항에 따라 학생보호인력의 배치 및 활용 업무를 위탁받은 전문기관 또는 단체는 그 업무를 수행하는 경우 학교의 장과 충분히 협의하여야 한다. 〈개정 2013. 7. 30., 2021. 3. 23.〉

⑤ 국가·지방자치단체 또는 학교의 장은 학생보호인력으로 배치하고자 하는 사람의 동의를 받아 경찰청장에게 그 사람의 범죄경력을 조회할 수 있다. 〈신설 2013. 7. 30.〉

⑥ 제3항에 따라 학생보호인력의 배치 및 활용 업무를 위탁받은 전문기관 또는 단체는 해당 업무를

위탁한 국가·지방자치단체 또는 학교의 장에게 학생보호인력으로 배치하고자 하는 사람의 범죄경력을 조회할 것을 신청할 수 있다. 〈신설 2013. 7. 30.〉

⑦ 학생보호인력이 되려는 사람은 국가·지방자치단체 또는 학교의 장에게 제2항 각 호의 어느 하나에 해당하지 아니한다는 확인서를 제출하여야 한다. 〈신설 2013. 7. 30.〉

[본조신설 2012. 3. 21.]

제20조의6(학교전담경찰관) ① 국가는 학교폭력 예방 및 근절을 위하여 학교폭력 업무 등을 전담하는 경찰관을 둘 수 있다.

② 제1항에 따른 학교전담경찰관의 운영에 필요한 사항은 대통령령으로 정한다.

[본조신설 2017. 11. 28.]

[종전 제20조의6은 제20조의7로 이동 〈2017. 11. 28.〉]

제20조의7(영상정보처리기기의 통합 관제) ① 국가 및 지방자치단체는 학교폭력 예방 업무를 효과적으로 수행하기 위하여 교육감과 협의하여 학교 내외에 설치된 영상정보처리기기(「개인정보 보호법」 제2조제7호에 따른 영상정보처리기기를 말한다. 이하 이 조에서 같다)를 통합하여 관제할 수 있다. 이 경우 국가 및 지방자치단체는 통합 관제 목적에 필요한 범위에서 최소한의 개인정보만을 처리하여야 하며, 그 목적 외의 용도로 활용하여서는 아니 된다.

② 제1항에 따라 영상정보처리기기를 통합 관제하려는 국가 및 지방자치단체는 공청회·설명회의 개최 등 대통령령으로 정하는 절차를 거쳐 관계 전문가 및 이해관계인의 의견을 수렴하여야 한다.

③ 제1항에 따라 학교 내외에 설치된 영상정보처리기기가 통합 관제되는 경우 해당 학교의 영상정보처리기기운영자는 「개인정보 보호법」 제25조제4항에 따른 조치를 통하여 그 사실을 정보주체에게 알려야 한다.

④ 통합 관제에 관하여 이 법에서 규정한 것을 제외하고는 「개인정보 보호법」을 적용한다.

⑤ 그 밖에 영상정보처리기기의 통합 관제에 필요한 사항은 대통령령으로 정한다.

[본조신설 2012. 3. 21.]

[제20조의6에서 이동 〈2017. 11. 28.〉]

제21조(비밀누설금지 등) ① 이 법에 따라 학교폭력의 예방 및 대책과 관련된 업무를 수행하거나 수행하였던 사람은 그 직무로 인하여 알게 된 비밀 또는 가해학생·피해학생 및 제20조에 따른 신고자·고발자와 관련된 자료를 누설하여서는 아니 된다. 〈개정 2012. 1. 26., 2021. 3. 23.〉

② 제1항에 따른 비밀의 구체적인 범위는 대통령령으로 정한다.

③ 제16조, 제16조의2, 제17조, 제17조의2, 제18조에 따른 심의위원회의 회의는 공개하지 아니한다. 다만, 피해학생·가해학생 또는 그 보호자가 회의록의 열람·복사 등 회의록 공개를 신청한 때에는 학생과 그 가족의 성명, 주민등록번호 및 주소, 위원의 성명 등 개인정보에 관한 사항을 제외하고 공개하여야 한다. 〈개정 2011. 5. 19., 2012. 3. 21., 2019. 8. 20.〉

제21조의2(「지방교육자치에 관한 법률」에 관한 특례) 교육장은 「지방교육자치에 관한 법률」 제35조에도 불구하고 이 법에 따른 고등학교에서의 학교폭력 피해학생 보호, 가해학생 선도·교육 및 피해학생과 가해학생 간의 분쟁조정 등에 관한 사무를 위임받아 수행할 수 있다.

[본조신설 2019. 8. 20.]

제22조(벌칙) 제21조제1항을 위반한 자는 1년 이하의 징역 또는 1천만원 이하의 벌금에 처한다.

[전문개정 2017. 11. 28.]

제23조(과태료) ① 제17조제9항에 따른 심의위원회의 교육 이수 조치를 따르지 아니한 보호자에게는 300만원 이하의 과태료를 부과한다. 〈개정 2019. 8. 20.〉

② 제1항에 따른 과태료는 대통령령으로 정하는 바에 따라 교육감이 부과·징수한다.

[본조신설 2017. 11. 28.]

부칙 〈제17954호, 2021. 3. 23.〉
(법률용어 정비를 위한 교육위원회 소관 34개 법률 일부개정을 위한 법률)

이 법은 공포한 날부터 시행한다. 〈단서 생략〉

아동 · 청소년의 성보호에 관한 법률(약칭: 청소년성보호법)

[시행 2022. 1. 13.] [법률 제17893호, 2021. 1. 12., 타법개정]

여성가족부(아동청소년성보호과 - 일반사항) 02-2100-6405
여성가족부(아동청소년성보호과 - 취업제한제도, 신고포상금) 02-2100-6408, 6409

제1장 총칙

제1조(목적) 이 법은 아동·청소년대상 성범죄의 처벌과 절차에 관한 특례를 규정하고 피해아동·청소년을 위한 구제 및 지원 절차를 마련하며 아동·청소년대상 성범죄자를 체계적으로 관리함으로써 아동·청소년을 성범죄로부터 보호하고 아동·청소년이 건강한 사회구성원으로 성장할 수 있도록 함을 목적으로 한다.

제2조(정의) 이 법에서 사용하는 용어의 뜻은 다음과 같다. <개정 2012. 12. 18., 2014. 1. 28., 2018. 1. 16., 2020. 5. 19., 2020. 6. 2., 2021. 3. 23.>

1. "아동·청소년"이란 19세 미만의 자를 말한다. 다만, 19세에 도달하는 연도의 1월 1일을 맞이한 자는 제외한다.
2. "아동·청소년대상 성범죄"란 다음 각 목의 어느 하나에 해당하는 죄를 말한다.
   가. 제7조, 제7조의2, 제8조, 제8조의2, 제9조부터 제15조까지 및 제15조의2의 죄
   나. 아동·청소년에 대한 「성폭력범죄의 처벌 등에 관한 특례법」 제3조부터 제15조까지의 죄
   다. 아동·청소년에 대한 「형법」 제297조, 제297조의2 및 제298조부터 제301조까지, 제301조의2, 제302조, 제303조, 제305조, 제339조 및 제342조(제339조의 미수범에 한정한다)의 죄
   라. 아동·청소년에 대한 「아동복지법」 제17조제2호의 죄
3. "아동·청소년대상 성폭력범죄"란 아동·청소년대상 성범죄에서 제11조부터 제15조까지 및 제15조의2의 죄를 제외한 죄를 말한다.
   3의2. "성인대상 성범죄"란 「성폭력범죄의 처벌 등에 관한 특례법」 제2조에 따른 성폭력범죄를 말한다. 다만, 아동·청소년에 대한 「형법」 제302조 및 제305조의 죄는 제외한다.
4. "아동·청소년의 성을 사는 행위"란 아동·청소년, 아동·청소년의 성(性)을 사는 행위를 알선한 자 또는 아동·청소년을 실질적으로 보호·감독하는 자 등에게 금품이나 그 밖의 재산상 이익, 직무·편의제공 등 대가를 제공하거나 약속하고 다음 각 목의 어느 하나에 해당하는 행위를 아동·청소년을 대상으로 하거나 아동·청소년으로 하여금 하게 하는 것을 말한다.
   가. 성교 행위
   나. 구강·항문 등 신체의 일부나 도구를 이용한 유사 성교 행위

다. 신체의 전부 또는 일부를 접촉·노출하는 행위로서 일반인의 성적 수치심이나 혐오감을 일으키는 행위

라. 자위 행위

5. “아동·청소년성착취물”이란 아동·청소년 또는 아동·청소년으로 명백하게 인식될 수 있는 사람이나 표현물이 등장하여 제4호 각 목의 어느 하나에 해당하는 행위를 하거나 그 밖의 성적 행위를 하는 내용을 표현하는 것으로서 필름·비디오물·게임물 또는 컴퓨터나 그 밖의 통신매체를 통한 화상·영상 등의 형태로 된 것을 말한다.

6. “피해아동·청소년”이란 제2호나목부터 라목까지, 제7조, 제7조의2, 제8조, 제8조의2, 제9조부터 제15조까지 및 제15조의2의 죄의 피해자가 된 아동·청소년(제13조제1항의 죄의 상대방이 된 아동·청소년을 포함한다)을 말한다.

6의2. “성매매 피해아동·청소년”이란 피해아동·청소년 중 제13조제1항의 죄의 상대방 또는 제13조제2항·제14조·제15조의 죄의 피해자가 된 아동·청소년을 말한다.

7. 삭제 〈2020. 5. 19.〉

8. 삭제 〈2020. 6. 9.〉

9. “등록정보”란 법무부장관이 「성폭력범죄의 처벌 등에 관한 특례법」 제42조제1항의 등록대상자에 대하여 같은 법 제44조제1항에 따라 등록한 정보를 말한다.

제3조(해석상·적용상의 주의) 이 법을 해석·적용할 때에는 아동·청소년의 권익을 우선적으로 고려하여야 하며, 이해관계인과 그 가족의 권리가 부당하게 침해되지 아니하도록 주의하여야 한다.

제4조(국가와 지방자치단체의 의무) ① 국가와 지방자치단체는 아동·청소년대상 성범죄를 예방하고, 아동·청소년을 성적 착취와 학대 행위로부터 보호하기 위하여 필요한 조사·연구·교육 및 계도와 더불어 법적·제도적 장치를 마련하며 필요한 재원을 조달하여야 한다.

② 국가는 아동·청소년에 대한 성적 착취와 학대 행위가 국제적 범죄임을 인식하고 범죄 정보의 공유, 범죄 조사·연구, 국제사법 공조, 범죄인 인도 등 국제협력을 강화하는 노력을 하여야 한다.

제5조(사회의 책임) 모든 국민은 아동·청소년이 이 법에서 정한 범죄의 피해자가 되거나 이 법에서 정한 범죄를 저지르지 아니하도록 사회 환경을 정비하고 아동·청소년을 보호·지원·교육하는 데에 최선을 다하여야 한다. 〈개정 2020. 5. 19.〉

제6조(홍보영상의 제작·배포·송출) ① 여성가족부장관은 아동·청소년대상 성범죄의 예방과 계도, 피해자의 치료와 재활 등에 관한 홍보영상을 제작하여 「방송법」 제2조제23호의 방송편성책임자에게 배포하여야 한다.

② 여성가족부장관은 「방송법」 제2조제3호가목의 지상파방송사업자(이하 “방송사업자”라 한다)에게 같은 법 제73조제4항에 따라 대통령령으로 정하는 비상업적 공익광고 편성비율의 범위에서 제1항의 홍보영상을 채널별로 송출하도록 요청할 수 있다.

③ 방송사업자는 제1항의 홍보영상 외에 독자적인 홍보영상을 제작하여 송출할 수 있다. 이 경우 여성가족부장관에게 필요한 협조 및 지원을 요청할 수 있다.

제2장 아동·청소년대상 성범죄의 처벌과 절차에 관한 특례

제7조(아동·청소년에 대한 강간·강제추행 등) ① 폭행 또는 협박으로 아동·청소년을 강간한 사람은 무기징역 또는 5년 이상의 유기징역에 처한다.

② 아동·청소년에 대하여 폭행이나 협박으로 다음 각 호의 어느 하나에 해당하는 행위를 한 자는 5년 이상의 유기징역에 처한다.

1. 구강·항문 등 신체(성기는 제외한다)의 내부에 성기를 넣는 행위
2. 성기·항문에 손가락 등 신체(성기는 제외한다)의 일부나 도구를 넣는 행위

③ 아동·청소년에 대하여 「형법」 제298조의 죄를 범한 자는 2년 이상의 유기징역 또는 1천만원 이상 3천만원 이하의 벌금에 처한다.

④ 아동·청소년에 대하여 「형법」 제299조의 죄를 범한 자는 제1항부터 제3항까지의 예에 따른다.

⑤ 위계(僞計) 또는 위력으로써 아동·청소년을 간음하거나 아동·청소년을 추행한 자는 제1항부터 제3항까지의 예에 따른다.

⑥ 제1항부터 제5항까지의 미수범은 처벌한다.

제7조의2(예비, 음모) 제7조의 죄를 범할 목적으로 예비 또는 음모한 사람은 3년 이하의 징역에 처한다.

[본조신설 2020. 6. 2.]

제8조(장애인인 아동·청소년에 대한 간음 등) ① 19세 이상의 사람이 13세 이상의 장애 아동·청소년(「장애인복지법」 제2조제1항에 따른 장애인으로서 신체적인 또는 정신적인 장애로 사물을 변별하거나 의사를 결정할 능력이 미약한 아동·청소년을 말한다. 이하 같다)을 간음하거나 13세 이상의 장애 아동·청소년으로 하여금 다른 사람을 간음하게 하는 경우에는 3년 이상의 유기징역에 처한다. 〈개정 2020. 5. 19., 2020. 12. 8.〉

② 19세 이상의 사람이 13세 이상의 장애 아동·청소년을 추행한 경우 또는 13세 이상의 장애 아동·청소년으로 하여금 다른 사람을 추행하게 하는 경우에는 10년 이하의 징역 또는 5천만원 이하의 벌금에 처한다. 〈개정 2020. 12. 8., 2021. 3. 23.〉

제8조의2(13세 이상 16세 미만 아동·청소년에 대한 간음 등) ① 19세 이상의 사람이 13세 이상 16세 미만인 아동·청소년(제8조에 따른 장애 아동·청소년으로서 16세 미만인 자는 제외한다. 이하 이 조에서 같다)의 궁박(窮迫)한 상태를 이용하여 해당 아동·청소년을 간음하거나 해당 아동·청소년으로 하여금 다른 사람을 간음하게 하는 경우에는 3년 이상의 유기징역에 처한다.

② 19세 이상의 사람이 13세 이상 16세 미만인 아동·청소년의 궁박한 상태를 이용하여 해당 아동·청소년을 추행한 경우 또는 해당 아동·청소년으로 하여금 다른 사람을 추행하게 하는 경우에는 10년 이하의 징역 또는 5천만원 이하의 벌금에 처한다. 〈개정 2021. 3. 23.〉

[본조신설 2019. 1. 15.]

제9조(강간 등 상해·치상) 제7조의 죄를 범한 사람이 다른 사람을 상해하거나 상해에 이르게 한 때에는 무기징역 또는 7년 이상의 징역에 처한다.

제10조(강간 등 살인·치사) ① 제7조의 죄를 범한 사람이 다른 사람을 살해한 때에는 사형 또는 무기

징역에 처한다.

② 제7조의 죄를 범한 사람이 다른 사람을 사망에 이르게 한 때에는 사형, 무기징역 또는 10년 이상의 징역에 처한다.

제11조(아동·청소년성착취물의 제작·배포 등) ① 아동·청소년성착취물을 제작·수입 또는 수출한 자는 무기징역 또는 5년 이상의 유기징역에 처한다. 〈개정 2020. 6. 2.〉

② 영리를 목적으로 아동·청소년성착취물을 판매·대여·배포·제공하거나 이를 목적으로 소지·운반·광고·소개하거나 공연히 전시 또는 상영한 자는 5년 이상의 징역에 처한다. 〈개정 2020. 6. 2.〉

③ 아동·청소년성착취물을 배포·제공하거나 이를 목적으로 광고·소개하거나 공연히 전시 또는 상영한 자는 3년 이상의 징역에 처한다. 〈개정 2020. 6. 2.〉

④ 아동·청소년성착취물을 제작할 것이라는 정황을 알면서 아동·청소년을 아동·청소년성착취물의 제작자에게 알선한 자는 3년 이상의 징역에 처한다. 〈개정 2020. 6. 2.〉

⑤ 아동·청소년성착취물을 구입하거나 아동·청소년성착취물임을 알면서 이를 소지·시청한 자는 1년 이상의 징역에 처한다. 〈개정 2020. 6. 2.〉

⑥ 제1항의 미수범은 처벌한다

⑦ 상습적으로 제1항의 죄를 범한 자는 그 죄에 대하여 정하는 형의 2분의 1까지 가중한다. 〈신설 2020. 6. 2.〉

[제목개정 2020. 6. 2.]

제12조(아동·청소년 매매행위) ① 아동·청소년의 성을 사는 행위 또는 아동·청소년성착취물을 제작하는 행위의 대상이 될 것을 알면서 아동·청소년을 매매 또는 국외에 이송하거나 국외에 거주하는 아동·청소년을 국내에 이송한 자는 무기징역 또는 5년 이상의 징역에 처한다. 〈개정 2020. 6. 2.〉

② 제1항의 미수범은 처벌한다.

제13조(아동·청소년의 성을 사는 행위 등) ① 아동·청소년의 성을 사는 행위를 한 자는 1년 이상 10년 이하의 징역 또는 2천만원 이상 5천만원 이하의 벌금에 처한다.

② 아동·청소년의 성을 사기 위하여 아동·청소년을 유인하거나 성을 팔도록 권유한 자는 3년 이하의 징역 또는 3천만원 이하의 벌금에 처한다. 〈개정 2021. 3. 23.〉

③ 16세 미만의 아동·청소년 및 장애 아동·청소년을 대상으로 제1항 또는 제2항의 죄를 범한 경우에는 그 죄에 정한 형의 2분의 1까지 가중처벌한다. 〈신설 2020. 5. 19., 2020. 12. 8.〉

제14조(아동·청소년에 대한 강요행위 등) ① 다음 각 호의 어느 하나에 해당하는 자는 5년 이상의 유기징역에 처한다.

1. 폭행이나 협박으로 아동·청소년으로 하여금 아동·청소년의 성을 사는 행위의 상대방이 되게 한 자
2. 선불금(先拂金), 그 밖의 채무를 이용하는 등의 방법으로 아동·청소년을 곤경에 빠뜨리거나 위계 또는 위력으로 아동·청소년으로 하여금 아동·청소년의 성을 사는 행위의 상대방이 되게 한 자
3. 업무·고용이나 그 밖의 관계로 자신의 보호 또는 감독을 받는 것을 이용하여 아동·청소년으로 하여금 아동·청소년의 성을 사는 행위의 상대방이 되게 한 자
4. 영업으로 아동·청소년을 아동·청소년의 성을 사는 행위의 상대방이 되도록 유인·권유한 자

② 제1항제1호부터 제3호까지의 죄를 범한 자가 그 대가의 전부 또는 일부를 받거나 이를 요구 또는 약속한 때에는 7년 이상의 유기징역에 처한다.

③ 아동·청소년의 성을 사는 행위의 상대방이 되도록 유인·권유한 자는 7년 이하의 징역 또는 5천만원 이하의 벌금에 처한다.

④ 제1항과 제2항의 미수범은 처벌한다.

제15조(알선영업행위 등) ① 다음 각 호의 어느 하나에 해당하는 자는 7년 이상의 유기징역에 처한다. 〈개정 2021. 3. 23.〉

1. 아동·청소년의 성을 사는 행위의 장소를 제공하는 행위를 업으로 하는 자
2. 아동·청소년의 성을 사는 행위를 알선하거나 정보통신망(「정보통신망 이용촉진 및 정보보호 등에 관한 법률」 제2조제1항제1호의 정보통신망을 말한다. 이하 같다)에서 알선정보를 제공하는 행위를 업으로 하는 자
3. 제1호 또는 제2호의 범죄에 사용되는 사실을 알면서 자금·토지 또는 건물을 제공한 자
4. 영업으로 아동·청소년의 성을 사는 행위의 장소를 제공·알선하는 업소에 아동·청소년을 고용하도록 한 자

② 다음 각 호의 어느 하나에 해당하는 자는 7년 이하의 징역 또는 5천만원 이하의 벌금에 처한다.

1. 영업으로 아동·청소년의 성을 사는 행위를 하도록 유인·권유 또는 강요한 자
2. 아동·청소년의 성을 사는 행위의 장소를 제공한 자
3. 아동·청소년의 성을 사는 행위를 알선하거나 정보통신망에서 알선정보를 제공한 자
4. 영업으로 제2호 또는 제3호의 행위를 약속한 자

③ 아동·청소년의 성을 사는 행위를 하도록 유인·권유 또는 강요한 자는 5년 이하의 징역 또는 3천만원 이하의 벌금에 처한다.

제15조의2(아동·청소년에 대한 성착취 목적 대화 등) ① 19세 이상의 사람이 성적 착취를 목적으로 정보통신망을 통하여 아동·청소년에게 다음 각 호의 어느 하나에 해당하는 행위를 한 경우에는 3년 이하의 징역 또는 3천만원 이하의 벌금에 처한다.

1. 성적 욕망이나 수치심 또는 혐오감을 유발할 수 있는 대화를 지속적 또는 반복적으로 하거나 그러한 대화에 지속적 또는 반복적으로 참여시키는 행위
2. 제2조제4호 각 목의 어느 하나에 해당하는 행위를 하도록 유인·권유하는 행위

② 19세 이상의 사람이 정보통신망을 통하여 16세 미만인 아동·청소년에게 제1항 각 호의 어느 하나에 해당하는 행위를 한 경우 제1항과 동일한 형으로 처벌한다.

[본조신설 2021. 3. 23.]

제16조(피해자 등에 대한 강요행위) 폭행이나 협박으로 아동·청소년대상 성범죄의 피해자 또는 「아동복지법」 제3조제3호에 따른 보호자를 상대로 합의를 강요한 자는 7년 이하의 유기징역에 처한다.

제17조 삭제 〈2020. 6. 9.〉

제18조(신고의무자의 성범죄에 대한 가중처벌) 제34조제2항 각 호의 기관·시설 또는 단체의 장과 그 종사자가 자기의 보호·감독 또는 진료를 받는 아동·청소년을 대상으로 성범죄를 범한 경우에는 그

죄에 정한 형의 2분의 1까지 가중처벌한다.

제19조(「형법」상 감경규정에 관한 특례) 음주 또는 약물로 인한 심신장애 상태에서 아동·청소년대상 성폭력범죄를 범한 때에는 「형법」 제10조제1항·제2항 및 제11조를 적용하지 아니할 수 있다.

제20조(공소시효에 관한 특례) ① 아동·청소년대상 성범죄의 공소시효는 「형사소송법」 제252조제1항에도 불구하고 해당 성범죄로 피해를 당한 아동·청소년이 성년에 달한 날부터 진행한다.

② 제7조의 죄는 디엔에이(DNA)증거 등 그 죄를 증명할 수 있는 과학적인 증거가 있는 때에는 공소시효가 10년 연장된다.

③ 13세 미만의 사람 및 신체적인 또는 정신적인 장애가 있는 사람에 대하여 다음 각 호의 죄를 범한 경우에는 제1항과 제2항에도 불구하고 「형사소송법」 제249조부터 제253조까지 및 「군사법원법」 제291조부터 제295조까지에 규정된 공소시효를 적용하지 아니한다. <개정 2019. 1. 15., 2020. 5. 19.>

1. 「형법」 제297조(강간), 제298조(강제추행), 제299조(준강간, 준강제추행), 제301조(강간등 상해·치상), 제301조의2(강간등 살인·치사) 또는 제305조(미성년자에 대한 간음, 추행)의 죄
2. 제9조 및 제10조의 죄
3. 「성폭력범죄의 처벌 등에 관한 특례법」 제6조제2항, 제7조제2항·제5항, 제8조, 제9조의 죄

④ 다음 각 호의 죄를 범한 경우에는 제1항과 제2항에도 불구하고 「형사소송법」 제249조부터 제253조까지 및 「군사법원법」 제291조부터 제295조까지에 규정된 공소시효를 적용하지 아니한다. <개정 2021. 3. 23.>

1. 「형법」 제301조의2(강간등 살인·치사)의 죄(강간등 살인에 한정한다)
2. 제10조제1항 및 제11조제1항의 죄
3. 「성폭력범죄의 처벌 등에 관한 특례법」 제9조제1항의 죄

제21조(형벌과 수강명령 등의 병과) ① 법원은 아동·청소년대상 성범죄를 범한 「소년법」 제2조의 소년에 대하여 형의 선고를 유예하는 경우에는 반드시 보호관찰을 명하여야 한다.

② 법원은 아동·청소년대상 성범죄를 범한 자에 대하여 유죄판결을 선고하거나 약식명령을 고지하는 경우에는 500시간의 범위에서 재범예방에 필요한 수강명령 또는 성폭력 치료프로그램의 이수명령(이하 "이수명령"이라 한다)을 병과(倂科)하여야 한다. 다만, 수강명령 또는 이수명령을 부과할 수 없는 특별한 사정이 있는 경우에는 그러하지 아니하다. <개정 2018. 1. 16.>

③ 아동·청소년대상 성범죄를 범한 자에 대하여 제2항의 수강명령은 형의 집행을 유예할 경우에 그 집행유예기간 내에서 병과하고, 이수명령은 벌금 이상의 형을 선고하거나 약식명령을 고지할 경우에 병과한다. 다만, 이수명령은 아동·청소년대상 성범죄자가 「전자장치 부착 등에 관한 법률」 제9조의2제1항제4호에 따른 성폭력 치료 프로그램의 이수명령을 부과받은 경우에는 병과하지 아니한다. <개정 2018. 1. 16., 2020. 2. 4.>

④ 법원이 아동·청소년대상 성범죄를 범한 사람에 대하여 형의 집행을 유예하는 경우에는 제2항에 따른 수강명령 외에 그 집행유예기간 내에서 보호관찰 또는 사회봉사 중 하나 이상의 처분을 병과할 수 있다.

⑤ 제2항에 따른 수강명령 또는 이수명령은 형의 집행을 유예할 경우에는 그 집행유예기간 내에, 벌금형을 선고할 경우에는 형 확정일부터 6개월 이내에, 징역형 이상의 실형(實刑)을 선고할 경우에는 형기 내에 각각 집행한다. 다만, 수강명령 또는 이수명령은 아동·청소년대상 성범죄를 범한 사람이 「성폭력범죄의 처벌 등에 관한 특례법」 제16조에 따른 수강명령 또는 이수명령을 부과받은 경우에는 병과하지 아니한다.

⑥ 제2항에 따른 수강명령 또는 이수명령이 형의 집행유예 또는 벌금형과 병과된 경우에는 보호관찰소의 장이 집행하고, 징역형 이상의 실형과 병과된 경우에는 교정시설의 장이 집행한다. 다만, 징역형 이상의 실형과 병과된 수강명령 또는 이수명령을 모두 이행하기 전에 석방 또는 가석방되거나 미결구금일수 산입 등의 사유로 형을 집행할 수 없게 된 경우에는 보호관찰소의 장이 남은 수강명령 또는 이수명령을 집행한다.

⑦ 제2항에 따른 수강명령 또는 이수명령은 다음 각 호의 내용으로 한다.

1. 일탈적 이상행동의 진단·상담
2. 성에 대한 건전한 이해를 위한 교육
3. 그 밖에 성범죄를 범한 사람의 재범예방을 위하여 필요한 사항

⑧ 보호관찰소의 장 또는 교정시설의 장은 제2항에 따른 수강명령 또는 이수명령 집행의 전부 또는 일부를 여성가족부장관에게 위탁할 수 있다.

⑨ 보호관찰, 사회봉사, 수강명령 및 이수명령에 관하여 이 법에 규정한 사항 외의 사항에 대하여는 「보호관찰 등에 관한 법률」을 준용한다.

제21조의2(재범여부 조사) ① 법무부장관은 제21조제2항에 따라 수강명령 또는 이수명령을 선고받아 그 집행을 마친 사람에 대하여 그 효과를 평가하기 위하여 아동·청소년대상 성범죄 재범여부를 조사할 수 있다.

② 법무부장관은 제1항에 따른 재범여부 조사를 위하여 수강명령 또는 이수명령의 집행을 마친 때부터 5년 동안 관계 기관의 장에게 그 사람에 관한 범죄경력자료 및 수사경력자료를 요청할 수 있다.
[본조신설 2016. 5. 29.]

제22조(판결 전 조사) ① 법원은 피고인에 대하여 제21조에 따른 보호관찰, 사회봉사, 수강명령 또는 이수명령을 부과하거나 제56조에 따른 취업제한 명령을 부과하기 위하여 필요하다고 인정하면 그 법원의 소재지 또는 피고인의 주거지를 관할하는 보호관찰소의 장에게 피고인의 신체적·심리적 특성 및 상태, 정신성적 발달과정, 성장배경, 가정환경, 직업, 생활환경, 교우관계, 범행동기, 병력(病歷), 피해자와의 관계, 재범위험성 등 피고인에 관한 사항의 조사를 요구할 수 있다. 〈개정 2018. 1. 16.〉

② 제1항의 요구를 받은 보호관찰소의 장은 지체 없이 이를 조사하여 서면으로 해당 법원에 알려야 한다. 이 경우 필요하다고 인정하면 피고인이나 그 밖의 관계인을 소환하여 심문하거나 소속 보호관찰관에게 필요한 사항을 조사하게 할 수 있다.

③ 법원은 제1항의 요구를 받은 보호관찰소의 장에게 조사진행상황에 관한 보고를 요구할 수 있다

제23조(친권상실청구 등) ① 아동·청소년대상 성범죄 사건을 수사하는 검사는 그 사건의 가해자가 피해아동·청소년의 친권자나 후견인인 경우에 법원에 「민법」 제924조의 친권상실선고 또는 같은 법

제940조의 후견인 변경 결정을 청구하여야 한다. 다만, 친권상실선고 또는 후견인 변경 결정을 하여서는 아니 될 특별한 사정이 있는 경우에는 그러하지 아니하다.

② 다음 각 호의 기관·시설 또는 단체의 장은 검사에게 제1항의 청구를 하도록 요청할 수 있다. 이 경우 청구를 요청받은 검사는 요청받은 날부터 30일 내에 해당 기관·시설 또는 단체의 장에게 그 처리 결과를 통보하여야 한다. 〈개정 2019. 1. 15.〉

1. 「아동복지법」 제10조의2에 따른 아동권리보장원 또는 같은 법 제45조에 따른 아동보호전문기관
2. 「성폭력방지 및 피해자보호 등에 관한 법률」 제10조의 성폭력피해상담소 및 같은 법 제12조의 성폭력피해자보호시설
3. 「청소년복지 지원법」 제29조제1항에 따른 청소년상담복지센터 및 같은 법 제31조제1호에 따른 청소년쉼터

③ 제2항 각 호 외의 부분 후단에 따라 처리 결과를 통보받은 기관·시설 또는 단체의 장은 그 처리 결과에 대하여 이의가 있을 경우 통보받은 날부터 30일 내에 직접 법원에 제1항의 청구를 할 수 있다.

제24조(피해아동·청소년의 보호조치 결정) 법원은 아동·청소년대상 성범죄 사건의 가해자에게 「민법」 제924조에 따라 친권상실선고를 하는 경우에는 피해아동·청소년을 다른 친권자 또는 친족에게 인도하거나 제45조 또는 제46조의 기관·시설 또는 단체에 인도하는 등의 보호조치를 결정할 수 있다. 이 경우 그 아동·청소년의 의견을 존중하여야 한다.

제25조(수사 및 재판 절차에서의 배려) ① 수사기관과 법원 및 소송관계인은 아동·청소년대상 성범죄를 당한 피해자의 나이, 심리 상태 또는 후유장애의 유무 등을 신중하게 고려하여 조사 및 심리·재판 과정에서 피해자의 인격이나 명예가 손상되거나 사적인 비밀이 침해되지 아니하도록 주의하여야 한다.

② 수사기관과 법원은 아동·청소년대상 성범죄의 피해자를 조사하거나 심리·재판할 때 피해자가 편안한 상태에서 진술할 수 있는 환경을 조성하여야 하며, 조사 및 심리·재판 횟수는 필요한 범위에서 최소한으로 하여야 한다.

③ 수사기관과 법원은 제2항에 따른 조사나 심리·재판을 할 때 피해아동·청소년이 13세 미만이거나 신체적인 또는 정신적인 장애로 의사소통이나 의사표현에 어려움이 있는 경우 조력을 위하여 「성폭력범죄의 처벌 등에 관한 특례법」 제36조부터 제39조까지를 준용한다. 이 경우 "성폭력범죄"는 "아동·청소년대상 성범죄"로, "피해자"는 "피해아동·청소년"으로 본다. 〈신설 2020. 12. 8.〉

제25조의2(아동·청소년대상 디지털 성범죄의 수사 특례) ① 사법경찰관리는 다음 각 호의 어느 하나에 해당하는 범죄(이하 "디지털 성범죄"라 한다)에 대하여 신분을 비공개하고 범죄현장(정보통신망을 포함한다) 또는 범인으로 추정되는 자들에게 접근하여 범죄행위의 증거 및 자료 등을 수집(이하 "신분비공개수사"라 한다)할 수 있다.

1. 제11조 및 제15조의2의 죄
2. 아동·청소년에 대한 「성폭력범죄의 처벌 등에 관한 특례법」 제14조제2항 및 제3항의 죄

② 사법경찰관리는 디지털 성범죄를 계획 또는 실행하고 있거나 실행하였다고 의심할 만한 충분한 이유가 있고, 다른 방법으로는 그 범죄의 실행을 저지하거나 범인의 체포 또는 증거의 수집이 어려운 경우에 한정하여 수사 목적을 달성하기 위하여 부득이한 때에는 다음 각 호의 행위(이하 "신분위

장수사"라 한다)를 할 수 있다.

1. 신분을 위장하기 위한 문서, 도화 및 전자기록 등의 작성, 변경 또는 행사
2. 위장 신분을 사용한 계약·거래
3. 아동·청소년성착취물 또는 「성폭력범죄의 처벌 등에 관한 특례법」 제14조제2항의 촬영물 또는 복제물(복제물의 복제물을 포함한다)의 소지, 판매 또는 광고

③ 제1항에 따른 수사의 방법 등에 필요한 사항은 대통령령으로 정한다.

[본조신설 2021. 3. 23.]

제25조의3(아동·청소년대상 디지털 성범죄 수사 특례의 절차) ① 사법경찰관리가 신분비공개수사를 진행하고자 할 때에는 사전에 상급 경찰관서 수사부서의 장의 승인을 받아야 한다. 이 경우 그 수사기간은 3개월을 초과할 수 없다.

② 제1항에 따른 승인의 절차 및 방법 등에 필요한 사항은 대통령령으로 정한다.

③ 사법경찰관리는 신분위장수사를 하려는 경우에는 검사에게 신분위장수사에 대한 허가를 신청하고, 검사는 법원에 그 허가를 청구한다.

④ 제3항의 신청은 필요한 신분위장수사의 종류·목적·대상·범위·기간·장소·방법 및 해당 신분위장수사가 제25조의2제2항의 요건을 충족하는 사유 등의 신청사유를 기재한 서면으로 하여야 하며, 신청사유에 대한 소명자료를 첨부하여야 한다.

⑤ 법원은 제3항의 신청이 이유 있다고 인정하는 경우에는 신분위장수사를 허가하고, 이를 증명하는 서류(이하 "허가서"라 한다)를 신청인에게 발부한다.

⑥ 허가서에는 신분위장수사의 종류·목적·대상·범위·기간·장소·방법 등을 특정하여 기재하여야 한다.

⑦ 신분위장수사의 기간은 3개월을 초과할 수 없으며, 그 수사기간 중 수사의 목적이 달성되었을 경우에는 즉시 종료하여야 한다.

⑧ 제7항에도 불구하고 제25조의2제2항의 요건이 존속하여 그 수사기간을 연장할 필요가 있는 경우에는 사법경찰관리는 소명자료를 첨부하여 3개월의 범위에서 수사기간의 연장을 검사에게 신청하고, 검사는 법원에 그 연장을 청구한다. 이 경우 신분위장수사의 총 기간은 1년을 초과할 수 없다.

[본조신설 2021. 3. 23.]

제25조의4(아동·청소년대상 디지털 성범죄에 대한 긴급 신분위장수사) ① 사법경찰관리는 제25조의2제2항의 요건을 구비하고, 제25조의3제3항부터 제8항까지에 따른 절차를 거칠 수 없는 긴급을 요하는 때에는 법원의 허가 없이 신분위장수사를 할 수 있다.

② 사법경찰관리는 제1항에 따른 신분위장수사 개시 후 지체 없이 검사에게 허가를 신청하여야 하고, 사법경찰관리는 48시간 이내에 법원의 허가를 받지 못한 때에는 즉시 신분위장수사를 중지하여야 한다.

③ 제1항 및 제2항에 따른 신분위장수사 기간에 대해서는 제25조의3제7항 및 제8항을 준용한다.

[본조신설 2021. 3. 23.]

제25조의5(아동·청소년대상 디지털 성범죄에 대한 신분비공개수사 또는 신분위장수사로 수집한 증거 및

자료 등의 사용제한) 사법경찰관리가 제25조의2부터 제25조의4까지에 따라 수집한 증거 및 자료 등은 다음 각 호의 어느 하나에 해당하는 경우 외에는 사용할 수 없다.

1. 신분비공개수사 또는 신분위장수사의 목적이 된 디지털 성범죄나 이와 관련되는 범죄를 수사·소추하거나 그 범죄를 예방하기 위하여 사용하는 경우
2. 신분비공개수사 또는 신분위장수사의 목적이 된 디지털 성범죄나 이와 관련되는 범죄로 인한 징계절차에 사용하는 경우
3. 증거 및 자료 수집의 대상자가 제기하는 손해배상청구소송에서 사용하는 경우
4. 그 밖에 다른 법률의 규정에 의하여 사용하는 경우

[본조신설 2021. 3. 23.]

제25조의6(국가경찰위원회와 국회의 통제) ① 「국가경찰과 자치경찰의 조직 및 운영에 관한 법률」 제16조제1항에 따른 국가수사본부장(이하 "국가수사본부장"이라 한다)은 신분비공개수사가 종료된 즉시 대통령령으로 정하는 바에 따라 같은 법 제7조제1항에 따른 국가경찰위원회에 수사 관련 자료를 보고하여야 한다.

② 국가수사본부장은 대통령령으로 정하는 바에 따라 국회 소관 상임위원회에 신분비공개수사 관련 자료를 반기별로 보고하여야 한다.

[본조신설 2021. 3. 23.]

제25조의7(비밀준수의 의무) ① 제25조의2부터 제25조의6까지에 따른 신분비공개수사 또는 신분위장수사에 대한 승인·집행·보고 및 각종 서류작성 등에 관여한 공무원 또는 그 직에 있었던 자는 직무상 알게 된 신분비공개수사 또는 신분위장수사에 관한 사항을 외부에 공개하거나 누설하여서는 아니 된다.

② 제1항의 비밀유지에 관하여 필요한 사항은 대통령령으로 정한다.

[본조신설 2021. 3. 23.]

제25조의8(면책) ① 사법경찰관리가 신분비공개수사 또는 신분위장수사 중 부득이한 사유로 위법행위를 한 경우 그 행위에 고의나 중대한 과실이 없는 경우에는 벌하지 아니한다.

② 제1항에 따른 위법행위가 「국가공무원법」 제78조제1항에 따른 징계 사유에 해당하더라도 그 행위에 고의나 중대한 과실이 없는 경우에는 징계 요구 또는 문책 요구 등 책임을 묻지 아니한다.

③ 신분비공개수사 또는 신분위장수사 행위로 타인에게 손해가 발생한 경우라도 사법경찰관리는 그 행위에 고의나 중대한 과실이 없는 경우에는 그 손해에 대한 책임을 지지 아니한다.

[본조신설 2021. 3. 23.]

제25조의9(수사 지원 및 교육) 상급 경찰관서 수사부서의 장은 신분비공개수사 또는 신분위장수사를 승인하거나 보고받은 경우 사법경찰관리에게 수사에 필요한 인적·물적 지원을 하고, 전문지식과 피해자 보호를 위한 수사방법 및 수사절차 등에 관한 교육을 실시하여야 한다.

[본조신설 2021. 3. 23.]

제26조(영상물의 촬영·보존 등) ① 아동·청소년대상 성범죄 피해자의 진술내용과 조사과정은 비디오녹화기 등 영상물 녹화장치로 촬영·보존하여야 한다.

② 제1항에 따른 영상물 녹화는 피해자 또는 법정대리인이 이를 원하지 아니하는 의사를 표시한 때에는 촬영을 하여서는 아니 된다. 다만, 가해자가 친권자 중 일방인 경우는 그러하지 아니하다.

③ 제1항에 따른 영상물 녹화는 조사의 개시부터 종료까지의 전 과정 및 객관적 정황을 녹화하여야 하고, 녹화가 완료된 때에는 지체 없이 그 원본을 피해자 또는 변호사 앞에서 봉인하고 피해자로 하여금 기명날인 또는 서명하게 하여야 한다.

④ 검사 또는 사법경찰관은 피해자가 제1항의 녹화장소에 도착한 시각, 녹화를 시작하고 마친 시각, 그 밖에 녹화과정의 진행경과를 확인하기 위하여 필요한 사항을 조서 또는 별도의 서면에 기록한 후 수사기록에 편철하여야 한다.

⑤ 검사 또는 사법경찰관은 피해자 또는 법정대리인이 신청하는 경우에는 영상물 촬영과정에서 작성한 조서의 사본을 신청인에게 교부하거나 영상물을 재생하여 시청하게 하여야 한다.

⑥ 제1항부터 제4항까지의 절차에 따라 촬영한 영상물에 수록된 피해자의 진술은 공판준비기일 또는 공판기일에 피해자 또는 조사과정에 동석하였던 신뢰관계에 있는 자의 진술에 의하여 그 성립의 진정함이 인정된 때에는 증거로 할 수 있다.

⑦ 누구든지 제1항에 따라 촬영한 영상물을 수사 및 재판의 용도 외에 다른 목적으로 사용하여서는 아니 된다.

제27조(증거보전의 특례) ① 아동·청소년대상 성범죄의 피해자, 그 법정대리인 또는 경찰은 피해자가 공판기일에 출석하여 증언하는 것에 현저히 곤란한 사정이 있을 때에는 그 사유를 소명하여 제26조에 따라 촬영된 영상물 또는 그 밖의 다른 증거물에 대하여 해당 성범죄를 수사하는 검사에게 「형사소송법」 제184조제1항에 따른 증거보전의 청구를 할 것을 요청할 수 있다.

② 제1항의 요청을 받은 검사는 그 요청이 상당한 이유가 있다고 인정하는 때에는 증거보전의 청구를 하여야 한다.

제28조(신뢰관계에 있는 사람의 동석) ① 법원은 아동·청소년대상 성범죄의 피해자를 증인으로 신문하는 경우에 검사, 피해자 또는 법정대리인이 신청하는 경우에는 재판에 지장을 줄 우려가 있는 등 부득이한 경우가 아니면 피해자와 신뢰관계에 있는 사람을 동석하게 하여야 한다.

② 제1항은 수사기관이 제1항의 피해자를 조사하는 경우에 관하여 준용한다.

③ 제1항 및 제2항의 경우 법원과 수사기관은 피해자와 신뢰관계에 있는 사람이 피해자에게 불리하거나 피해자가 원하지 아니하는 경우에는 동석하게 하여서는 아니 된다.

제29조(서류·증거물의 열람·등사) 아동·청소년대상 성범죄의 피해자, 그 법정대리인 또는 변호사는 재판장의 허가를 받아 소송계속 중의 관계 서류 또는 증거물을 열람하거나 등사할 수 있다.

제30조(피해아동·청소년 등에 대한 변호사선임의 특례) ① 아동·청소년대상 성범죄의 피해자 및 그 법정대리인은 형사절차상 입을 수 있는 피해를 방어하고 법률적 조력을 보장하기 위하여 변호사를 선임할 수 있다.

② 제1항에 따른 변호사에 관하여는 「성폭력범죄의 처벌 등에 관한 특례법」 제27조제2항부터 제6항까지를 준용한다.

제31조(비밀누설 금지) ① 아동·청소년대상 성범죄의 수사 또는 재판을 담당하거나 이에 관여하는 공

무원 또는 그 직에 있었던 사람은 피해아동·청소년의 주소·성명·연령·학교 또는 직업·용모 등 그 아동·청소년을 특정할 수 있는 인적사항이나 사진 등 또는 그 아동·청소년의 사생활에 관한 비밀을 공개하거나 타인에게 누설하여서는 아니 된다. <개정 2020. 5. 19.>

② 제45조 및 제46조의 기관·시설 또는 단체의 장이나 이를 보조하는 자 또는 그 직에 있었던 자는 직무상 알게 된 비밀을 타인에게 누설하여서는 아니 된다.

③ 누구든지 피해아동·청소년의 주소·성명·연령·학교 또는 직업·용모 등 그 아동·청소년을 특정하여 파악할 수 있는 인적사항이나 사진 등을 신문 등 인쇄물에 싣거나 「방송법」 제2조제1호에 따른 방송(이하 "방송"이라 한다) 또는 정보통신망을 통하여 공개하여서는 아니 된다. <개정 2020. 5. 19.>

④ 제1항부터 제3항까지를 위반한 자는 7년 이하의 징역 또는 5천만원 이하의 벌금에 처한다. 이 경우 징역형과 벌금형은 병과할 수 있다.

제32조(양벌규정) 법인의 대표자나 법인 또는 개인의 대리인, 사용인, 그 밖의 종업원이 그 법인 또는 개인의 업무에 관하여 제11조제3항·제5항, 제14조제3항, 제15조제2항·제3항 또는 제31조제3항의 어느 하나에 해당하는 위반행위를 하면 그 행위자를 벌하는 외에 그 법인 또는 개인에게도 해당 조문의 벌금형을 과(科)하고, 제11조제1항·제2항·제4항·제6항, 제12조, 제14조제1항·제2항·제4항 또는 제15조제1항의 어느 하나에 해당하는 위반행위를 하면 그 행위자를 벌하는 외에 그 법인 또는 개인을 5천만원 이하의 벌금에 처한다. 다만, 법인 또는 개인이 그 위반행위를 방지하기 위하여 해당 업무에 관하여 상당한 주의와 감독을 게을리하지 아니한 경우에는 그러하지 아니하다.

제33조(내국인의 국외범 처벌) 국가는 국민이 대한민국 영역 외에서 아동·청소년대상 성범죄를 범하여 「형법」 제3조에 따라 형사처벌하여야 할 경우에는 외국으로부터 범죄정보를 신속히 입수하여 처벌하도록 노력하여야 한다.

제3장 아동·청소년대상 성범죄의 신고·응급조치와 피해아동·청소년의 보호·지원 <개정 2020. 5. 19.>

제34조(아동·청소년대상 성범죄의 신고) ① 누구든지 아동·청소년대상 성범죄의 발생 사실을 알게 된 때에는 수사기관에 신고할 수 있다.

② 다음 각 호의 어느 하나에 해당하는 기관·시설 또는 단체의 장과 그 종사자는 직무상 아동·청소년대상 성범죄의 발생 사실을 알게 된 때에는 즉시 수사기관에 신고하여야 한다. <개정 2014. 1. 21., 2018. 1. 16., 2019. 11. 26., 2020. 12. 8.>

1. 「유아교육법」 제2조제2호의 유치원
2. 「초·중등교육법」 제2조의 학교, 같은 법 제28조와 같은 법 시행령 제54조에 따른 위탁 교육기관 및 「고등교육법」 제2조의 학교

2의2. 특별시·광역시·특별자치시·도·특별자치도 교육청 또는 「지방교육자치에 관한 법률」 제34조에 따른 교육지원청이 「초·중등교육법」 제28조에 따라 직접 설치·운영하거나 위탁

하여 운영하는 학생상담지원시설 또는 위탁 교육시설

2의3. 「제주특별자치도 설치 및 국제자유도시 조성을 위한 특별법」 제223조에 따라 설립된 국제학교

3. 「의료법」 제3조의 의료기관

4. 「아동복지법」 제3조제10호의 아동복지시설 및 같은 법 제37조에 따른 통합서비스 수행기관

5. 「장애인복지법」 제58조의 장애인복지시설

6. 「영유아보육법」 제2조제3호의 어린이집

7. 「학원의 설립·운영 및 과외교습에 관한 법률」 제2조제1호의 학원 및 같은 조 제2호의 교습소

8. 「성매매방지 및 피해자보호 등에 관한 법률」 제9조의 성매매피해자등을 위한 지원시설 및 같은 법 제17조의 성매매피해상담소

9. 「한부모가족지원법」 제19조에 따른 한부모가족복지시설

10. 「가정폭력방지 및 피해자보호 등에 관한 법률」 제5조의 가정폭력 관련 상담소 및 같은 법 제7조의 가정폭력피해자 보호시설

11. 「성폭력방지 및 피해자보호 등에 관한 법률」 제10조의 성폭력피해상담소 및 같은 법 제12조의 성폭력피해자보호시설

12. 「청소년활동 진흥법」 제2조제2호의 청소년활동시설

13. 「청소년복지 지원법」 제29조제1항에 따른 청소년상담복지센터 및 같은 법 제31조제1호에 따른 청소년쉼터

13의2. 「학교 밖 청소년 지원에 관한 법률」 제12조에 따른 학교 밖 청소년 지원센터

14. 「청소년 보호법」 제35조의 청소년 보호·재활센터

15. 「국민체육진흥법」 제2조제9호가목 및 나목의 체육단체

16. 「대중문화예술산업발전법」 제2조제7호에 따른 대중문화예술기획업자가 같은 조 제6호에 따른 대중문화예술기획업 중 같은 조 제3호에 따른 대중문화예술인에 대한 훈련·지도·상담 등을 하는 영업장(이하 "대중문화예술기획업소"라 한다)

③ 다른 법률에 규정이 있는 경우를 제외하고는 누구든지 신고자 등의 인적사항이나 사진 등 그 신원을 알 수 있는 정보나 자료를 출판물에 게재하거나 방송 또는 정보통신망을 통하여 공개하여서는 아니 된다.

제35조(신고의무자에 대한 교육) ① 관계 행정기관의 장은 제34조제2항 각 호의 기관·시설 또는 단체의 장과 그 종사자의 자격취득 과정에 아동·청소년대상 성범죄 예방 및 신고의무와 관련된 교육내용을 포함시켜야 한다.

② 여성가족부장관은 제34조제2항 각 호의 기관·시설 또는 단체의 장과 그 종사자에 대하여 성범죄 예방 및 신고의무와 관련된 교육을 실시할 수 있다.

③ 제2항의 교육에 필요한 사항은 대통령령으로 정한다.

제36조(피해아동·청소년의 보호) 아동·청소년대상 성범죄를 저지른 자가 피해아동·청소년과 「가정폭력범죄의 처벌 등에 관한 특례법」 제2조제2호의 가정구성원인 관계에 있는 경우로서 피해아동·청

소년을 보호할 필요가 있는 때에는 같은 법 제5조, 제8조, 제29조 및 제49조부터 제53조까지의 규정을 준용한다.

제37조(피해아동·청소년 등의 상담 및 치료) ① 국가는 피해아동·청소년 등의 신체적·정신적 회복을 위하여 제46조의 상담시설 또는 「성폭력방지 및 피해자보호 등에 관한 법률」 제27조의 성폭력 전담의료기관으로 하여금 다음 각 호의 사람에게 상담이나 치료프로그램(이하 "상담·치료프로그램"이라 한다)을 제공하도록 요청할 수 있다.

1. 피해아동·청소년
2. 피해아동·청소년의 보호자 및 형제·자매
3. 그 밖에 대통령령으로 정하는 사람

② 제1항에 따라 상담·치료프로그램 제공을 요청받은 기관은 정당한 이유 없이 그 요청을 거부할 수 없다.

제38조(성매매 피해아동·청소년에 대한 조치 등) ① 「성매매알선 등 행위의 처벌에 관한 법률」 제21조 제1항에도 불구하고 제13조제1항의 죄의 상대방이 된 아동·청소년에 대하여는 보호를 위하여 처벌하지 아니한다. 〈개정 2020. 5. 19.〉

② 검사 또는 사법경찰관은 성매매 피해아동·청소년을 발견한 경우 신속하게 사건을 수사한 후 지체 없이 여성가족부장관 및 제47조의2에 따른 성매매 피해아동·청소년 지원센터를 관할하는 특별시장·광역시장·특별자치시장·도지사·특별자치도지사(이하 "시·도지사"라 한다)에게 통지하여야 한다. 〈개정 2020. 5. 19.〉

③ 여성가족부장관은 제2항에 따른 통지를 받은 경우 해당 성매매 피해아동·청소년에 대하여 다음 각 호의 어느 하나에 해당하는 조치를 하여야 한다. 〈개정 2020. 5. 19.〉

1. 제45조에 따른 보호시설 또는 제46조에 따른 상담시설과의 연계
2. 제47조의2에 따른 성매매 피해아동·청소년 지원센터에서 제공하는 교육·상담 및 지원 프로그램 등의 참여

④ 삭제 〈2020. 5. 19.〉

[제목개정 2020. 5. 19.]

제39조삭제 〈2020. 5. 19.〉

제40조삭제 〈2020. 5. 19.〉

제41조(피해아동·청소년 등을 위한 조치의 청구) 검사는 성범죄의 피해를 받은 아동·청소년을 위하여 지속적으로 위해의 배제와 보호가 필요하다고 인정하는 경우 법원에 제1호의 보호관찰과 함께 제2호부터 제5호까지의 조치를 청구할 수 있다. 다만, 「전자장치 부착 등에 관한 법률」 제9조의2제1항 제2호 및 제3호에 따라 가해자에게 특정지역 출입금지 등의 준수사항을 부과하는 경우에는 그러하지 아니하다. 〈개정 2020. 2. 4., 2020. 12. 8.〉

1. 가해자에 대한 「보호관찰 등에 관한 법률」에 따른 보호관찰
2. 피해를 받은 아동·청소년의 주거 등으로부터 가해자를 분리하거나 퇴거하는 조치
3. 피해를 받은 아동·청소년의 주거, 학교, 유치원 등으로부터 100미터 이내에 가해자 또는 가해자

의 대리인의 접근을 금지하는 조치

4. 「전기통신기본법」 제2조제1호의 전기통신이나 우편물을 이용하여 가해자가 피해를 받은 아동·청소년 또는 그 보호자와 접촉을 하는 행위의 금지

5. 제45조에 따른 보호시설에 대한 보호위탁결정 등 피해를 받은 아동·청소년의 보호를 위하여 필요한 조치

제42조(피해아동·청소년 등에 대한 보호처분의 판결 등) ① 법원은 제41조에 따른 보호처분의 청구가 이유 있다고 인정할 때에는 6개월의 범위에서 기간을 정하여 판결로 보호처분을 선고하여야 한다.

② 제41조 각 호의 보호처분은 병과할 수 있다.

③ 검사는 제1항에 따른 보호처분 기간의 연장이 필요하다고 인정하는 경우 법원에 그 기간의 연장을 청구할 수 있다. 이 경우 보호처분 기간의 연장 횟수는 3회 이내로 하고, 연장기간은 각각 6개월 이내로 한다.

④ 보호처분 청구사건의 판결은 아동·청소년대상 성범죄 사건의 판결과 동시에 선고하여야 한다.

⑤ 피해자 또는 법정대리인은 제41조제1호 및 제2호의 보호처분 후 주거 등을 옮긴 때에는 관할 법원에 보호처분 결정의 변경을 신청할 수 있다.

⑥ 법원은 제1항에 따른 보호처분을 결정한 때에는 검사, 피해자, 가해자, 보호관찰관 및 보호처분을 위탁받아 행하는 보호시설의 장에게 각각 통지하여야 한다. 다만, 보호시설이 민간에 의하여 운영되는 기관인 경우에는 그 시설의 장으로부터 수탁에 대한 동의를 받아야 한다.

⑦ 보호처분 결정의 집행에 관하여 필요한 사항은 「가정폭력범죄의 처벌 등에 관한 특례법」 제43조를 준용한다.

제43조(피해아동·청소년 등에 대한 보호처분의 변경과 종결) ① 검사는 제42조에 따른 보호처분에 대하여 그 내용의 변경 또는 종결을 법원에 청구할 수 있다.

② 법원은 제1항에 따른 청구가 있는 경우 해당 보호처분이 피해를 받은 아동·청소년의 보호에 적절한지 여부에 대하여 심사한 후 보호처분의 변경 또는 종결이 필요하다고 인정하는 경우에는 이를 변경 또는 종결하여야 한다.

제44조(가해아동·청소년의 처리) ① 10세 이상 14세 미만의 아동·청소년이 제2조제2호나목 및 다목의 죄와 제7조의 죄를 범한 경우에 수사기관은 신속히 수사하고, 그 사건을 관할 법원 소년부에 송치하여야 한다.

② 14세 이상 16세 미만의 아동·청소년이 제1항의 죄를 범하여 그 사건이 관할 법원 소년부로 송치된 경우 송치받은 법원 소년부 판사는 그 아동·청소년에게 다음 각 호의 어느 하나에 해당하는 보호처분을 할 수 있다.

1. 「소년법」 제32조제1항 각 호의 보호처분
2. 「청소년 보호법」 제35조의 청소년 보호·재활센터에 선도보호를 위탁하는 보호처분

③ 사법경찰관은 제1항에 따른 가해아동·청소년을 발견한 경우 특별한 사정이 없으면 그 사실을 가해아동·청소년의 법정대리인 등에게 통지하여야 한다.

④ 판사는 제1항 및 제2항에 따라 관할 법원 소년부에 송치된 가해아동·청소년에 대하여 「소년법」

제32조제1항제4호 또는 제5호의 처분을 하는 경우 재범예방에 필요한 수강명령을 하여야 한다.

⑤ 검사는 가해아동·청소년에 대하여 소년부 송치 여부를 검토한 결과 소년부 송치가 적절하지 아니한 경우 가해아동·청소년으로 하여금 재범예방에 필요한 교육과정이나 상담과정을 마치게 하여야 한다.

⑥ 제5항에 따른 교육과정이나 상담과정에 관하여 필요한 사항은 대통령령으로 정한다.

제45조(보호시설) 「성매매방지 및 피해자보호 등에 관한 법률」 제9조제1항제2호의 청소년 지원시설, 「청소년복지 지원법」 제29조제1항에 따른 청소년상담복지센터 및 같은 법 제31조제1호에 따른 청소년쉼터 또는 「청소년 보호법」 제35조의 청소년 보호·재활센터는 다음 각 호의 업무를 수행할 수 있다. 〈개정 2020. 5. 19.〉

1. 제46조제1항 각 호의 업무
2. 성매매 피해아동·청소년의 보호·자립지원
3. 장기치료가 필요한 성매매 피해아동·청소년의 다른 기관과의 연계 및 위탁

제46조(상담시설) ① 「성매매방지 및 피해자보호 등에 관한 법률」 제17조의 성매매피해상담소 및 「청소년복지 지원법」 제29조제1항에 따른 청소년상담복지센터는 다음 각 호의 업무를 수행할 수 있다. 〈개정 2020. 5. 19.〉

1. 제7조부터 제18조까지의 범죄 신고의 접수 및 상담
2. 성매매 피해아동·청소년과 병원 또는 관련 시설과의 연계 및 위탁
3. 그 밖에 아동·청소년 성매매 등과 관련한 조사·연구

② 「성폭력방지 및 피해자보호 등에 관한 법률」 제10조의 성폭력피해상담소 및 같은 법 제12조의 성폭력피해자보호시설은 다음 각 호의 업무를 수행할 수 있다. 〈개정 2020. 5. 19.〉

1. 제7조, 제8조, 제8조의2, 제9조부터 제11조까지 및 제16조의 범죄에 대한 신고의 접수 및 상담
2. 아동·청소년대상 성폭력범죄로 인하여 정상적인 생활이 어렵거나 그 밖의 사정으로 긴급히 보호를 필요로 하는 피해아동·청소년을 병원이나 성폭력피해자보호시설로 데려다 주거나 일시 보호하는 업무
3. 피해아동·청소년의 신체적·정신적 안정회복과 사회복귀를 돕는 업무
4. 가해자에 대한 민사상·형사상 소송과 피해배상청구 등의 사법처리절차에 관하여 대한변호사협회·대한법률구조공단 등 관계 기관에 필요한 협조와 지원을 요청하는 업무
5. 아동·청소년대상 성폭력범죄의 가해아동·청소년과 그 법정대리인에 대한 교육·상담 프로그램의 운영
6. 아동·청소년 관련 성보호 전문가에 대한 교육
7. 아동·청소년대상 성폭력범죄의 예방과 방지를 위한 홍보
8. 아동·청소년대상 성폭력범죄 및 그 피해에 관한 조사·연구
9. 그 밖에 피해아동·청소년의 보호를 위하여 필요한 업무

제47조(아동·청소년대상 성교육 전문기관의 설치·운영) ① 국가와 지방자치단체는 아동·청소년의 건전한 성가치관 조성과 성범죄 예방을 위하여 아동·청소년대상 성교육 전문기관(이하 "성교육 전문

기관"이라 한다)을 설치하거나 해당 업무를 전문단체에 위탁할 수 있다.

② 제1항에 따른 위탁 관련 사항, 성교육 전문기관에 두는 종사자 등 직원의 자격 및 설치기준과 운영에 관하여 필요한 사항은 대통령령으로 정한다.

제47조의2(성매매 피해아동 · 청소년 지원센터의 설치) ① 여성가족부장관 또는 시·도지사 및 시장·군수·구청장(자치구의 구청장을 말한다. 이하 같다)은 성매매 피해아동·청소년의 보호를 위하여 성매매 피해아동·청소년 지원센터(이하 "성매매 피해아동·청소년 지원센터"라 한다)를 설치·운영할 수 있다.

② 성매매 피해아동·청소년 지원센터는 다음 각 호의 업무를 수행한다.

1. 제12조부터 제15조까지의 범죄에 대한 신고의 접수 및 상담
2. 성매매 피해아동·청소년의 교육·상담 및 지원
3. 성매매 피해아동·청소년을 병원이나 「성매매방지 및 피해자보호 등에 관한 법률」 제9조에 따른 지원시설로 데려다 주거나 일시 보호하는 업무
4. 성매매 피해아동·청소년의 신체적·정신적 치료·안정회복과 사회복귀를 돕는 업무
5. 성매매 피해아동·청소년의 법정대리인을 대상으로 한 교육·상담프로그램 운영
6. 아동·청소년 성매매 등에 관한 조사·연구
7. 그 밖에 성매매 피해아동·청소년의 보호 및 지원을 위하여 필요한 업무로서 대통령령으로 정하는 업무

③ 국가와 지방자치단체는 제2항에 따른 성매매 피해아동·청소년 지원센터의 업무에 대하여 예산의 범위에서 그 경비의 일부를 보조하여야 한다.

④ 성매매 피해아동·청소년 지원센터의 운영은 여성가족부령으로 정하는 바에 따라 비영리법인 또는 단체에 위탁할 수 있다.

[본조신설 2020. 5. 19.]

제48조삭제 〈2020. 5. 19.〉

제4장 성범죄로 유죄판결이 확정된 자의 신상정보 공개와 취업제한 등 〈개정 2020. 5. 19.〉

제49조(등록정보의 공개) ① 법원은 다음 각 호의 어느 하나에 해당하는 자에 대하여 판결로 제4항의 공개정보를 「성폭력범죄의 처벌 등에 관한 특례법」 제45조제1항의 등록기간 동안 정보통신망을 이용하여 공개하도록 하는 명령(이하 "공개명령"이라 한다)을 등록대상 사건의 판결과 동시에 선고하여야 한다. 다만, 피고인이 아동·청소년인 경우, 그 밖에 신상정보를 공개하여서는 아니 될 특별한 사정이 있다고 판단하는 경우에는 그러하지 아니하다. 〈개정 2019. 11. 26., 2020. 5. 19.〉

1. 아동·청소년대상 성범죄를 저지른 자
2. 「성폭력범죄의 처벌 등에 관한 특례법」 제2조제1항제3호·제4호, 같은 조 제2항(제1항제3호·제4호에 한정한다), 제3조부터 제15조까지의 범죄를 저지른 자

3. 제1호 또는 제2호의 죄를 범하였으나 「형법」 제10조제1항에 따라 처벌할 수 없는 자로서 제1호 또는 제2호의 죄를 다시 범할 위험성이 있다고 인정되는 자

② 제1항에 따른 등록정보의 공개기간(「형의 실효 등에 관한 법률」 제7조에 따른 기간을 초과하지 못한다)은 판결이 확정된 때부터 기산한다. 〈개정 2016. 5. 29., 2019. 11. 26.〉

③ 다음 각 호의 기간은 제1항에 따른 공개기간에 넣어 계산하지 아니한다. 〈신설 2019. 11. 26.〉

1. 공개명령을 받은 자(이하 "공개대상자"라 한다)가 신상정보 공개의 원인이 된 성범죄로 교정시설 또는 치료감호시설에 수용된 기간. 이 경우 신상정보 공개의 원인이 된 성범죄와 다른 범죄가 「형법」 제37조(판결이 확정되지 아니한 수개의 죄를 경합범으로 하는 경우로 한정한다)에 따라 경합되어 같은 법 제38조에 따라 형이 선고된 경우에는 그 선고형 전부를 신상정보 공개의 원인이 된 성범죄로 인한 선고형으로 본다.
2. 제1호에 따른 기간 이전의 기간으로서 제1호에 따른 기간과 이어져 공개대상자가 다른 범죄로 교정시설 또는 치료감호시설에 수용된 기간
3. 제1호에 따른 기간 이후의 기간으로서 제1호에 따른 기간과 이어져 공개대상자가 다른 범죄로 교정시설 또는 치료감호시설에 수용된 기간

④ 제1항에 따라 공개하도록 제공되는 등록정보(이하 "공개정보"라 한다)는 다음 각 호와 같다. 〈개정 2019. 11. 26., 2020. 2. 4., 2020. 12. 8.〉

1. 성명
2. 나이
3. 주소 및 실제거주지(「도로명주소법」 제2조제3호에 따른 도로명 및 같은 조 제5호에 따른 건물번호까지로 한다)
4. 신체정보(키와 몸무게)
5. 사진
6. 등록대상 성범죄 요지(판결일자, 죄명, 선고형량을 포함한다)
7. 성폭력범죄 전과사실(죄명 및 횟수)
8. 「전자장치 부착 등에 관한 법률」에 따른 전자장치 부착 여부

⑤ 공개정보의 구체적인 형태와 내용에 관하여는 대통령령으로 정한다. 〈개정 2019. 11. 26.〉

⑥ 공개정보를 정보통신망을 이용하여 열람하고자 하는 자는 실명인증 절차를 거쳐야 한다. 〈개정 2019. 11. 26.〉

⑦ 실명인증, 공개정보 유출 방지를 위한 기술 및 관리에 관한 구체적인 방법과 절차는 대통령령으로 정한다. 〈개정 2019. 11. 26.〉

제50조(등록정보의 고지) ① 법원은 공개대상자 중 다음 각 호의 어느 하나에 해당하는 자에 대하여 판결로 제49조에 따른 공개명령 기간 동안 제4항에 따른 고지정보를 제5항에 규정된 사람에 대하여 고지하도록 하는 명령(이하 "고지명령"이라 한다)을 등록대상 성범죄 사건의 판결과 동시에 선고하여야 한다. 다만, 피고인이 아동·청소년인 경우, 그 밖에 신상정보를 고지하여서는 아니 될 특별한 사정이 있다고 판단하는 경우에는 그러하지 아니하다. 〈개정 2020. 5. 19.〉

1. 아동·청소년대상 성범죄를 저지른 자

2. 「성폭력범죄의 처벌 등에 관한 특례법」 제2조제1항제3호·제4호, 같은 조 제2항(제1항제3호·제4호에 한정한다), 제3조부터 제15조까지의 범죄를 저지른 자

3. 제1호 또는 제2호의 죄를 범하였으나 「형법」 제10조제1항에 따라 처벌할 수 없는 자로서 제1호 또는 제2호의 죄를 다시 범할 위험성이 있다고 인정되는 자

② 고지명령을 선고받은 자(이하 "고지대상자"라 한다)는 공개명령을 선고받은 자로 본다.

③ 고지명령은 다음 각 호의 기간 내에 하여야 한다.

1. 집행유예를 선고받은 고지대상자는 신상정보 최초 등록일부터 1개월 이내

2. 금고 이상의 실형을 선고받은 고지대상자는 출소 후 거주할 지역에 전입한 날부터 1개월 이내

3. 고지대상자가 다른 지역으로 전출하는 경우에는 변경정보 등록일부터 1개월 이내

④ 제1항에 따라 고지하여야 하는 고지정보는 다음 각 호와 같다. 〈개정 2019. 11. 26.〉

1. 고지대상자가 이미 거주하고 있거나 전입하는 경우에는 제49조제4항의 공개정보. 다만, 제49조제4항제3호에 따른 주소 및 실제거주지는 상세주소를 포함한다.

2. 고지대상자가 전출하는 경우에는 제1호의 고지정보와 그 대상자의 전출 정보

⑤ 제4항의 고지정보는 고지대상자가 거주하는 읍·면·동의 아동·청소년의 친권자 또는 법정대리인이 있는 가구, 「영유아보육법」에 따른 어린이집의 원장, 「유아교육법」에 따른 유치원의 장, 「초·중등교육법」 제2조에 따른 학교의 장, 읍·면사무소와 동 주민자치센터의 장(경계를 같이 하는 읍·면 또는 동을 포함한다), 「학원의 설립·운영 및 과외교습에 관한 법률」 제2조의2에 따른 학교교과교습학원의 장과 「아동복지법」 제52조제1항제8호에 따른 지역아동센터 및 「청소년활동 진흥법」 제10조제1호에 따른 청소년수련시설의 장에게 고지한다. 〈개정 2014. 1. 21.〉

제51조(고지명령의 집행) ① 고지명령의 집행은 여성가족부장관이 한다.

② 법원은 고지명령의 판결이 확정되면 판결문 등본을 판결이 확정된 날부터 14일 이내에 법무부장관에게 송달하여야 하며, 법무부장관은 제50조제3항에 따른 기간 내에 고지명령이 집행될 수 있도록 최초등록 및 변경등록 시 고지대상자, 고지기간 및 같은 조 제4항 각 호에 규정된 고지정보를 지체 없이 여성가족부장관에게 송부하여야 한다.

③ 법무부장관은 고지대상자가 출소하는 경우 출소 1개월 전까지 다음 각 호의 정보를 여성가족부장관에게 송부하여야 한다.

1. 고지대상자의 출소 예정일

2. 고지대상자의 출소 후 거주지 상세주소

④ 여성가족부장관은 제50조제4항에 따른 고지정보를 관할구역에 거주하는 아동·청소년의 친권자 또는 법정대리인이 있는 가구, 「영유아보육법」에 따른 어린이집의 원장 및 「유아교육법」에 따른 유치원의 장과 「초·중등교육법」 제2조에 따른 학교의 장, 읍·면사무소와 동 주민자치센터의 장, 「학원의 설립·운영 및 과외교습에 관한 법률」 제2조의2에 따른 학교교과교습학원의 장과 「아동복지법」 제52조제1항제8호에 따른 지역아동센터 및 「청소년활동 진흥법」 제10조제1호에 따른 청소년수련시설의 장에게 우편으로 송부하고, 읍·면 사무소 또는 동(경계를 같이 하는 읍·면 또는 동을 포함한

다) 주민자치센터 게시판에 30일간 게시하는 방법으로 고지명령을 집행한다. <개정 2014. 1. 21.>

⑤ 여성가족부장관은 제4항에 따른 고지명령의 집행 이후 관할구역에 출생신고·입양신고·전입신고가 된 아동·청소년의 친권자 또는 법정대리인이 있는 가구 및 관할구역에 설립·설치된 「영유아보육법」에 따른 어린이집의 원장, 「유아교육법」에 따른 유치원의 장 및 「초·중등교육법」 제2조에 따른 학교의 장, 「학원의 설립·운영 및 과외교습에 관한 법률」 제2조의2에 따른 학교교과교습학원의 장과 「아동복지법」 제52조제1항제8호에 따른 지역아동센터 및 「청소년활동 진흥법」 제10조제1호에 따른 청소년수련시설의 장으로서 고지대상자의 고지정보를 우편으로 송부받지 못한 자에 대하여 제50조제4항에 따른 고지정보를 우편으로 송부하여야 한다. <개정 2014. 1. 21.>

⑥ 여성가족부장관은 고지명령의 집행에 관한 업무 중 제4항 및 제5항에 따른 우편송부 및 게시판 게시 업무를 고지대상자가 실제 거주하는 읍·면사무소의 장 또는 동 주민자치센터의 장에게 위임할 수 있다.

⑦ 제6항에 따른 위임을 받은 읍·면사무소의 장 또는 동 주민자치센터의 장은 우편송부 및 게시판 게시 업무를 집행하여야 한다.

⑧ 여성가족부장관은 제4항에 따른 고지 외에도 그 밖의 방법에 의하여 고지명령을 집행할 수 있다.

⑨ 고지명령의 집행 및 고지절차 등에 필요한 사항은 여성가족부령으로 정한다.

제51조의2(고지정보의 정정 등) ① 누구든지 제51조에 따라 집행된 고지정보에 오류가 있음을 발견한 경우 여성가족부장관에게 그 정정을 요청할 수 있다.

② 여성가족부장관은 제1항에 따른 고지정보의 정정요청을 받은 경우 법무부장관에게 그 사실을 통보하고, 법무부장관은 고지정보의 진위와 변경 여부를 확인하기 위하여 고지대상자의 주소지를 관할하는 경찰관서의 장에게 직접 대면 등의 방법으로 진위와 변경 여부를 확인하도록 요구할 수 있다.

③ 법무부장관은 제2항에 따라 고지정보에 오류가 있음을 확인한 경우 대통령령으로 정하는 바에 따라 변경정보를 등록한 후 여성가족부장관에게 그 결과를 송부하고, 여성가족부장관은 제51조제4항에 따른 방법으로 집행된 고지정보에 정정 사항이 있음을 알려야 한다.

④ 여성가족부장관은 제3항에 따른 처리 결과를 제1항에 따라 고지정보의 정정을 요청한 자에게 알려야 한다.

⑤ 제1항에 따른 고지정보 정정 요청의 방법 및 절차, 제2항에 따른 법무부장관에 대한 통보, 조회 또는 정보 제공의 요청, 확인 요구 방법 및 절차, 제4항에 따른 처리 결과 통지 방법 등에 필요한 사항은 대통령령으로 정한다.

[본조신설 2018. 1. 16.]

제52조(공개명령의 집행) ① 공개명령은 여성가족부장관이 정보통신망을 이용하여 집행한다.

② 법원은 공개명령의 판결이 확정되면 판결문 등본을 판결이 확정된 날부터 14일 이내에 법무부장관에게 송달하여야 하며, 법무부장관은 제49조제2항에 따른 공개기간 동안 공개명령이 집행될 수 있도록 최초등록 및 변경등록 시 공개대상자, 공개기간 및 같은 조 제4항 각 호에 규정된 공개정보를 지체 없이 여성가족부장관에게 송부하여야 한다. <개정 2019. 11. 26.>

③ 공개명령의 집행·공개절차·관리 등에 관한 세부사항은 대통령령으로 정한다.

제53조(계도 및 범죄정보의 공표) ① 여성가족부장관은 아동·청소년대상 성범죄의 발생추세와 동향, 그 밖에 계도에 필요한 사항을 연 2회 이상 공표하여야 한다.

② 여성가족부장관은 제1항에 따른 성범죄 동향 분석 등을 위하여 성범죄로 유죄판결이 확정된 자에 대한 자료를 관계 행정기관에 요청할 수 있다.

제53조의2(아동·청소년성착취물 관련 범죄 실태조사) ① 여성가족부장관은 아동·청소년성착취물과 관련한 범죄 예방과 재발 방지 등을 위하여 정기적으로 아동·청소년성착취물 관련 범죄에 대한 실태조사를 하여야 한다.

② 제1항에 따른 실태조사의 주기, 방법과 내용 등에 관하여 필요한 사항은 여성가족부령으로 정한다.

[본조신설 2020. 12. 8.]

제54조(비밀준수) 등록대상 성범죄자의 신상정보의 공개 및 고지 업무에 종사하거나 종사하였던 자는 직무상 알게 된 등록정보를 누설하여서는 아니 된다.

제55조(공개정보의 악용금지) ① 공개정보는 아동·청소년 등을 등록대상 성범죄로부터 보호하기 위하여 성범죄 우려가 있는 자를 확인할 목적으로만 사용되어야 한다.

② 공개정보를 확인한 자는 공개정보를 활용하여 다음 각 호의 행위를 하여서는 아니 된다.

1. 신문·잡지 등 출판물, 방송 또는 정보통신망을 이용한 공개
2. 공개정보의 수정 또는 삭제

③ 공개정보를 확인한 자는 공개정보를 등록대상 성범죄로부터 보호할 목적 외에 다음 각 호와 관련된 목적으로 사용하여 공개대상자를 차별하여서는 아니 된다. 〈개정 2018. 1. 16.〉

1. 고용(제56조제1항의 아동·청소년 관련기관등에의 고용은 제외한다)
2. 주택 또는 사회복지시설의 이용
3. 교육기관의 교육 및 직업훈련

제56조(아동·청소년 관련기관등에의 취업제한 등) ① 법원은 아동·청소년대상 성범죄 또는 성인대상 성범죄(이하 "성범죄"라 한다)로 형 또는 치료감호를 선고하는 경우에는 판결(약식명령을 포함한다. 이하 같다)로 그 형 또는 치료감호의 전부 또는 일부의 집행을 종료하거나 집행이 유예·면제된 날(벌금형을 선고받은 경우에는 그 형이 확정된 날)부터 일정기간(이하 "취업제한 기간"이라 한다) 동안 다음 각 호에 따른 시설·기관 또는 사업장(이하 "아동·청소년 관련기관등"이라 한다)을 운영하거나 아동·청소년 관련기관등에 취업 또는 사실상 노무를 제공할 수 없도록 하는 명령(이하 "취업제한 명령"이라 한다)을 성범죄 사건의 판결과 동시에 선고(약식명령의 경우에는 고지)하여야 한다. 다만, 재범의 위험성이 현저히 낮은 경우, 그 밖에 취업을 제한하여서는 아니 되는 특별한 사정이 있다고 판단하는 경우에는 그러하지 아니한다. 〈개정 2013. 3. 23., 2014. 1. 21., 2016. 1. 19., 2016. 5. 29., 2018. 1. 16., 2018. 3. 13., 2019. 11. 26., 2020. 6. 2., 2020. 12. 8., 2021. 1. 12.〉

1. 「유아교육법」 제2조제2호의 유치원
2. 「초·중등교육법」 제2조의 학교, 같은 법 제28조와 같은 법 시행령 제54조에 따른 위탁 교육기관 및 「고등교육법」 제2조의 학교

   2의2. 특별시·광역시·특별자치시·도·특별자치도 교육청 또는 「지방교육자치에 관한 법률」 제

34조에 따른 교육지원청이 「초·중등교육법」 제28조에 따라 직접 설치·운영하거나 위탁하여 운영하는 학생상담지원시설 또는 위탁 교육시설

2의3. 「제주특별자치도 설치 및 국제자유도시 조성을 위한 특별법」 제223조에 따라 설립된 국제학교

3. 「학원의 설립·운영 및 과외교습에 관한 법률」 제2조제1호의 학원, 같은 조 제2호의 교습소 및 같은 조 제3호의 개인과외교습자(아동·청소년의 이용이 제한되지 아니하는 학원·교습소로서 교육부장관이 지정하는 학원·교습소 및 아동·청소년을 대상으로 하는 개인과외교습자를 말한다)
4. 「청소년 보호법」 제35조의 청소년 보호·재활센터
5. 「청소년활동 진흥법」 제2조제2호의 청소년활동시설
6. 「청소년복지 지원법」 제29조제1항에 따른 청소년상담복지센터 및 같은 법 제31조제1호에 따른 청소년쉼터

6의2. 「학교 밖 청소년 지원에 관한 법률」 제12조의 학교 밖 청소년 지원센터

7. 「영유아보육법」 제2조제3호의 어린이집
8. 「아동복지법」 제3조제10호의 아동복지시설 및 같은 법 제37조에 따른 통합서비스 수행기관
9. 「성매매방지 및 피해자보호 등에 관한 법률」 제9조제1항제2호의 청소년 지원시설과 같은 법 제17조의 성매매피해상담소
10. 「주택법」 제2조제3호의 공동주택의 관리사무소. 이 경우 경비업무에 직접 종사하는 사람에 한정한다.
11. 「체육시설의 설치·이용에 관한 법률」 제3조에 따라 설립된 체육시설 중 아동·청소년의 이용이 제한되지 아니하는 체육시설로서 문화체육관광부장관이 지정하는 체육시설
12. 「의료법」 제3조의 의료기관. 이 경우 「의료법」 제2조에 따른 의료인에 한정한다.
13. 「게임산업진흥에 관한 법률」에 따른 다음 각 목의 영업을 하는 사업장
    가. 「게임산업진흥에 관한 법률」 제2조제7호의 인터넷컴퓨터게임시설제공업
    나. 「게임산업진흥에 관한 법률」 제2조제8호의 복합유통게임제공업
14. 「경비업법」 제2조제1호의 경비업을 행하는 법인. 이 경우 경비업무에 직접 종사하는 사람에 한정한다.
15. 영리의 목적으로 「청소년기본법」 제3조제3호의 청소년활동의 기획·주관·운영을 하는 사업장(이하 "청소년활동기획업소"라 한다)
16. 대중문화예술기획업소
17. 아동·청소년의 고용 또는 출입이 허용되는 다음 각 목의 어느 하나에 해당하는 기관·시설 또는 사업장(이하 이 호에서 "시설등"이라 한다)으로서 대통령령으로 정하는 유형의 시설등
    가. 아동·청소년과 해당 시설등의 운영자·근로자 또는 사실상 노무 제공자 사이에 업무상 또는 사실상 위력 관계가 존재하거나 존재할 개연성이 있는 시설등
    나. 아동·청소년이 선호하거나 자주 출입하는 시설등으로서 해당 시설등의 운영 과정에서 운영자·근로자 또는 사실상 노무 제공자에 의한 아동·청소년대상 성범죄의 발생이 우려되는 시

설등

18. 가정을 방문하거나 아동·청소년이 찾아오는 방식 등으로 아동·청소년에게 직접교육서비스를 제공하는 사람을 모집하거나 채용하는 사업장(이하 "가정방문 등 학습교사 사업장"이라 한다). 이 경우 아동·청소년에게 직접교육서비스를 제공하는 업무에 종사하는 사람에 한정한다.
19. 「장애인 등에 대한 특수교육법」 제11조의 특수교육지원센터 및 같은 법 제28조에 따라 특수교육 관련서비스를 제공하는 기관·단체
20. 「지방자치법」 제161조에 따른 공공시설 중 아동·청소년이 이용하는 시설로서 행정안전부장관이 지정하는 공공시설
21. 「지방교육자치에 관한 법률」 제32조에 따른 교육기관 중 아동·청소년을 대상으로 하는 교육기관
22. 「어린이 식생활안전관리 특별법」 제21조제1항의 어린이급식관리지원센터

② 제1항에 따른 취업제한 기간은 10년을 초과하지 못한다. 〈신설 2018. 1. 16.〉

③ 법원은 제1항에 따라 취업제한 명령을 선고하려는 경우에는 정신건강의학과 의사, 심리학자, 사회복지학자, 그 밖의 관련 전문가로부터 취업제한 명령 대상자의 재범 위험성 등에 관한 의견을 들을 수 있다. 〈신설 2018. 1. 16.〉

④ 제1항 각 호(제10호는 제외한다)의 아동·청소년 관련기관등의 설치 또는 설립 인가·신고를 관할하는 지방자치단체의 장, 교육감 또는 교육장은 아동·청소년 관련기관등을 운영하려는 자에 대한 성범죄 경력 조회를 관계 기관의 장에게 요청하여야 한다. 다만, 아동·청소년 관련기관등을 운영하려는 자가 성범죄 경력 조회 회신서를 지방자치단체의 장, 교육감 또는 교육장에게 직접 제출한 경우에는 성범죄 경력 조회를 한 것으로 본다. 〈개정 2016. 5. 29., 2018. 1. 16.〉

⑤ 아동·청소년 관련기관등의 장은 그 기관에 취업 중이거나 사실상 노무를 제공 중인 자 또는 취업하려 하거나 사실상 노무를 제공하려는 자(이하 "취업자등"이라 한다)에 대하여 성범죄의 경력을 확인하여야 하며, 이 경우 본인의 동의를 받아 관계 기관의 장에게 성범죄의 경력 조회를 요청하여야 한다. 다만, 취업자등이 성범죄 경력 조회 회신서를 아동·청소년 관련기관등의 장에게 직접 제출한 경우에는 성범죄 경력 조회를 한 것으로 본다. 〈개정 2016. 5. 29., 2018. 1. 16.〉

⑥ 제4항 및 제5항에 따라 성범죄 경력 조회 요청을 받은 관계 기관의 장은 성범죄 경력 조회 회신서를 발급하여야 한다. 〈신설 2016. 5. 29., 2018. 1. 16.〉

⑦ 제1항제22호의 어린이급식관리지원센터의 장이 제5항에 따라 취업 중인 자에 대하여 성범죄 경력 조회를 한 경우, 그 취업 중인 자가 직무를 집행함에 있어서 다른 아동·청소년 관련기관등에 사실상 노무를 제공하는 경우에는 제5항에도 불구하고 다른 아동·청소년 관련기관등의 장이 성범죄 경력 조회를 한 것으로 본다. 〈신설 2019. 11. 26.〉

⑧ 제4항부터 제6항까지에 따른 성범죄경력 조회의 요청 절차·범위 등에 관하여 필요한 사항은 대통령령으로 정한다. 〈개정 2016. 5. 29., 2018. 1. 16., 2019. 11. 26.〉

[제목개정 2018. 1. 16.]

[2018. 1. 16. 법률 제15352호에 의하여 2013헌마585(2016. 3. 31.), 2015헌마98(2016. 4. 28.), 2015헌마359(2016. 7. 28.), 2015헌마914(2016. 7. 28.), 2014헌마709(2016. 10. 27.) 등

헌법재판소에서 위헌 결정된 이 조 제1항을 개정함.]

제57조(성범죄의 경력자 점검·확인) ① 여성가족부장관 또는 관계 중앙행정기관의 장은 다음 각 호의 구분에 따라 성범죄로 취업제한 명령을 선고받은 자가 아동·청소년 관련기관등을 운영하거나 아동·청소년 관련기관등에 취업 또는 사실상 노무를 제공하고 있는지를 직접 또는 관계 기관 조회 등의 방법으로 연 1회 이상 점검·확인하여야 한다.

1. 교육부장관: 제56조제1항제2호의 기관 중「고등교육법」제2조의 학교
2. 행정안전부장관: 제56조제1항제20호의 공공시설
3. 여성가족부장관: 제56조제1항제4호의 청소년 보호·재활센터, 같은 항 제6호의2의 학교 밖 청소년 지원센터
4. 식품의약품안전처장: 제56조제1항제22호의 어린이급식관리지원센터
5. 경찰청장: 제56조제1항제14호의 경비업을 행하는 법인

② 제1항 각 호에 해당하지 아니하는 아동·청소년 관련기관등으로서 교육부, 행정안전부, 문화체육관광부, 보건복지부, 여성가족부, 국토교통부 등 관계 중앙행정기관이 설치하여 운영하는 아동·청소년 관련기관등의 경우에는 해당 중앙행정기관의 장이 제1항에 따른 점검·확인을 하여야 한다.

③ 시·도지사 또는 시장·군수·구청장은 성범죄로 취업제한 명령을 선고받은 자가 다음 각 호의 아동·청소년 관련기관등을 운영하거나 아동·청소년 관련기관등에 취업 또는 사실상 노무를 제공하고 있는지를 직접 또는 관계 기관 조회 등의 방법으로 연 1회 이상 점검·확인하여야 한다. 다만, 제2항에 해당하는 아동·청소년 관련기관등의 경우에는 그러하지 아니하다. <개정 2020. 5. 19., 2020. 12. 8.>

1. 제56조제1항제5호의 청소년활동시설
2. 제56조제1항제6호의 청소년상담복지센터 및 청소년쉼터
3. 제56조제1항제7호의 어린이집
4. 제56조제1항제8호의 아동복지시설 및 통합서비스 수행기관
5. 제56조제1항제9호의 청소년 지원시설 및 성매매피해상담소
6. 제56조제1항제10호의 공동주택의 관리사무소
7. 제56조제1항제11호의 체육시설
8. 제56조제1항제12호의 의료기관
9. 제56조제1항제13호 각 목의 인터넷컴퓨터게임시설제공업 또는 복합유통게임제공업을 하는 사업장
10. 제56조제1항제15호의 청소년활동기획업소
11. 대중문화예술기획업소
12. 제56조제1항제17호의 아동·청소년의 고용 또는 출입이 허용되는 시설등으로서 대통령령으로 정하는 유형의 시설등
13. 제56조제1항제18호의 가정방문 등 학습교사 사업장

④ 교육감은 성범죄로 취업제한 명령을 선고받은 자가 다음 각 호의 아동·청소년 관련기관등을 운

영하거나 아동·청소년 관련기관등에 취업 또는 사실상 노무를 제공하고 있는지를 직접 또는 관계기관 조회 등의 방법으로 연 1회 이상 점검·확인하여야 한다. 다만, 제2항에 해당하는 아동·청소년 관련기관등의 경우에는 그러하지 아니하다.

1. 제56조제1항제1호의 유치원
2. 제56조제1항제2호의 기관 중 「초·중등교육법」 제2조의 학교 및 같은 법 제28조에 따른 위탁교육기관
3. 제56조제1항제2호의2의 학생상담지원시설 및 위탁 교육시설
4. 제56조제1항제2호의3의 국제학교
5. 제56조제1항제3호의 학원, 교습소 및 개인과외교습자
6. 제56조제1항제19호의 특수교육지원센터 및 특수교육 관련서비스를 제공하는 기관·단체
7. 제56조제1항제21호의 아동·청소년을 대상으로 하는 교육기관

⑤ 제1항 각 호 및 제2항에 따른 중앙행정기관의 장, 시·도지사, 시장·군수·구청장 또는 교육감은 제1항부터 제4항까지의 규정에 따른 점검·확인을 위하여 필요한 경우에는 아동·청소년 관련기관등의 장 또는 관련 감독기관에 해당 자료의 제출을 요구할 수 있다.

⑥ 여성가족부장관, 관계 중앙행정기관의 장, 시·도지사, 시장·군수·구청장 또는 교육감은 제1항부터 제4항까지의 규정에 따른 점검·확인 결과를 대통령령으로 정하는 바에 따라 인터넷 홈페이지 등을 이용하여 공개하여야 한다.

[전문개정 2020. 2. 18.]

제58조(취업자의 해임요구 등) ① 제57조제1항 각 호 및 같은 조 제2항에 따른 중앙행정기관의 장, 시·도지사, 시장·군수·구청장 또는 교육감은 제56조제1항에 따른 취업제한 기간 중에 아동·청소년 관련기관등에 취업하거나 사실상 노무를 제공하는 자가 있으면 아동·청소년 관련기관등의 장에게 그의 해임을 요구할 수 있다. <개정 2020. 2. 18.>

② 제57조제1항 각 호 및 같은 조 제2항에 따른 중앙행정기관의 장, 시·도지사, 시장·군수·구청장 또는 교육감은 제56조제1항에 따른 취업제한 기간 중에 아동·청소년 관련기관등을 운영 중인 아동·청소년 관련기관등의 장에게 운영 중인 아동·청소년 관련기관등의 폐쇄를 요구할 수 있다. <개정 2020. 2. 18.>

③ 제57조제1항 각 호 및 같은 조 제2항에 따른 중앙행정기관의 장, 시·도지사, 시장·군수·구청장 또는 교육감은 아동·청소년 관련기관등의 장이 제2항의 폐쇄요구를 정당한 사유 없이 거부하거나 1개월 이내에 요구사항을 이행하지 아니하는 경우에는 관계 행정기관의 장에게 해당 아동·청소년 관련기관등의 폐쇄, 등록·허가 등의 취소를 요구할 수 있다. <개정 2020. 2. 18.>

④ 제3항에 따른 폐쇄, 등록·허가 등의 취소요구에 대하여는 대통령령으로 정하는 바에 따른다.

제59조(포상금) ① 여성가족부장관은 제8조, 제8조의2, 제11조제1항·제2항·제4항 및 제13조부터 제15조까지에 해당하는 범죄를 저지른 사람을 수사기관에 신고한 사람에 대하여는 예산의 범위에서 포상금을 지급할 수 있다. <개정 2019. 1. 15., 2020. 6. 2.>

② 제1항에 따른 포상금의 지급 기준, 방법과 절차 및 구체적인 지급액 등에 필요한 사항은 대통령

령으로 정한다.

제60조(권한의 위임) ① 제57조제1항 각 호 및 같은 조 제2항에 따른 중앙행정기관의 장(교육부장관은 제외한다)은 제67조에 따른 권한의 일부를 대통령령으로 정하는 바에 따라 그 일부를 시·도지사 또는 시장·군수·구청장에게 위임할 수 있다. 〈개정 2013. 3. 23., 2020. 2. 18., 2020. 5. 19.〉

② 제67조에 따른 교육부장관 또는 교육감의 권한은 대통령령으로 정하는 바에 따라 그 일부를 교육감·교육장에게 위임할 수 있다. 〈개정 2013. 3. 23., 2020. 2. 18.〉

③ 제57조, 제58조 및 제67조에 따른 식품의약품안전처장의 권한은 대통령령으로 정하는 바에 따라 그 일부를 지방식품의약품안전청장에게 위임할 수 있다. 〈신설 2019. 11. 26.〉

④ 제57조, 제58조 및 제67조에 따른 경찰청장의 권한은 대통령령으로 정하는 바에 따라 그 일부를 시·도경찰청장에게 위임할 수 있다. 〈개정 2019. 11. 26., 2020. 12. 22.〉

제5장 보호관찰 〈개정 2020. 5. 19.〉

제61조(보호관찰) ① 검사는 아동·청소년대상 성범죄를 범하고 재범의 위험성이 있다고 인정되는 사람에 대하여는 형의 집행이 종료한 때부터 「보호관찰 등에 관한 법률」에 따른 보호관찰을 받도록 하는 명령(이하 "보호관찰명령"이라 한다)을 법원에 청구하여야 한다. 다만, 검사가 「전자장치 부착 등에 관한 법률」 제21조의2에 따른 보호관찰명령을 청구한 경우에는 그러하지 아니하다. 〈개정 2020. 2. 4.〉

② 법원은 공소가 제기된 아동·청소년대상 성범죄 사건을 심리한 결과 보호관찰명령을 선고할 필요가 있다고 인정하는 때에는 검사에게 보호관찰명령의 청구를 요청할 수 있다.

③ 법원은 아동·청소년대상 성범죄를 범한 사람이 금고 이상의 선고형에 해당하고 보호관찰명령 청구가 이유있다고 인정하는 때에는 2년 이상 5년 이하의 범위에서 기간을 정하여 보호관찰명령을 병과하여 선고하여야 한다.

④ 법원은 보호관찰을 명하기 위하여 필요한 때에는 피고인의 주거지 또는 소속 법원(지원을 포함한다. 이하 같다) 소재지를 관할하는 보호관찰소(지소를 포함한다. 이하 같다)의 장에게 범죄 동기, 피해자와의 관계, 심리상태, 재범의 위험성 등 피고인에 관하여 필요한 사항의 조사를 요청할 수 있다. 이 경우 보호관찰소의 장은 지체 없이 이를 조사하여 서면으로 해당 법원에 통보하여야 한다.

⑤ 보호관찰 기간은 보호관찰을 받을 자(이하 "보호관찰 대상자"라 한다)의 형의 집행이 종료한 날부터 기산하되, 보호관찰 대상자가 가석방된 경우에는 가석방된 날부터 기산한다.

제62조(보호관찰 대상자의 보호관찰 기간 연장 등) ① 보호관찰 대상자가 보호관찰 기간 중에 「보호관찰 등에 관한 법률」 제32조에 따른 준수사항을 위반하는 등 재범의 위험성이 증대한 경우에 법원은 보호관찰소의 장의 신청에 따른 검사의 청구로 제61조제3항에 따른 5년을 초과하여 보호관찰의 기간을 연장할 수 있다.

② 제1항의 준수사항은 재판장이 재판정에서 설명하고 서면으로도 알려 주어야 한다.

제63조(보호관찰 대상자의 신고 의무) ① 보호관찰 대상자는 출소 후의 거주 예정지, 근무 예정지, 교

우(交友) 관계, 그 밖에 보호관찰을 위하여 필요한 사항으로서 대통령령으로 정하는 사항을 출소 전에 미리 교도소·소년교도소·구치소·군교도소 또는 치료감호시설의 장에게 신고하여야 한다.

② 보호관찰 대상자는 출소 후 10일 이내에 거주지, 직업 등 보호관찰을 위하여 필요한 사항으로서 대통령령으로 정하는 사항을 보호관찰관에게 서면으로 신고하여야 한다.

제64조(보호관찰의 종료) 「보호관찰 등에 관한 법률」에 따른 보호관찰 심사위원회는 보호관찰 대상자의 관찰성적이 양호하여 재범의 위험성이 없다고 판단하는 경우 보호관찰 기간이 끝나기 전이라도 보호관찰의 종료를 결정할 수 있다.

제6장 벌칙 〈개정 2020. 5. 19.〉

제65조(벌칙) ① 다음 각 호의 어느 하나에 해당하는 자는 5년 이하의 징역 또는 5천만원 이하의 벌금에 처한다. 〈개정 2021. 3. 23.〉

1. 제25조의7을 위반하여 직무상 알게 된 신분비공개수사 또는 신분위장수사에 관한 사항을 외부에 공개하거나 누설한 자
2. 제54조를 위반하여 직무상 알게 된 등록정보를 누설한 자
3. 제55조제1항 또는 제2항을 위반한 자
4. 정당한 권한 없이 등록정보를 변경하거나 말소한 자

② 제42조에 따른 보호처분을 위반한 자는 2년 이하의 징역 또는 2천만원 이하의 벌금에 처한다.

③ 제21조제2항에 따라 징역형 이상의 실형과 이수명령이 병과된 자가 보호관찰소의 장 또는 교정시설의 장의 이수명령 이행에 관한 지시에 불응하여 「보호관찰 등에 관한 법률」 또는 「형의 집행 및 수용자의 처우에 관한 법률」에 따른 경고를 받은 후 재차 정당한 사유 없이 이수명령 이행에 관한 지시에 불응한 경우에는 1년 이하의 징역 또는 1천만원 이하의 벌금에 처한다.

④ 다음 각 호의 어느 하나에 해당하는 자는 1년 이하의 징역 또는 500만원 이하의 벌금에 처한다.

1. 제34조제3항을 위반하여 신고자 등의 신원을 알 수 있는 정보나 자료를 출판물에 게재하거나 방송 또는 정보통신망을 통하여 공개한 자
2. 제55조제3항을 위반한 자

⑤ 제21조제2항에 따라 벌금형과 이수명령이 병과된 자가 보호관찰소의 장의 이수명령 이행에 관한 지시에 불응하여 「보호관찰 등에 관한 법률」에 따른 경고를 받은 후 재차 정당한 사유 없이 이수명령 이행에 관한 지시에 불응한 경우에는 1천만원 이하의 벌금에 처한다.

제66조(벌칙) 보호관찰 대상자가 제62조제1항에 따른 제재조치를 받은 이후 재차 정당한 이유 없이 준수사항을 위반하면 3년 이하의 징역 또는 1천만원 이하의 벌금에 처한다.

제67조(과태료) ① 삭제 〈2020. 6. 9.〉

② 다음 각 호의 어느 하나에 해당하는 자에게는 1천만원 이하의 과태료를 부과한다. 〈개정 2018. 1. 16.〉

1. 제37조제2항을 위반하여 상담·치료프로그램의 제공을 정당한 이유 없이 거부한 상담시설 또는 의료기관의 장

2. 제58조에 따른 해임요구를 정당한 사유 없이 거부하거나 1개월 이내에 이행하지 아니하는 아동·청소년 관련기관등의 장

③ 아동·청소년 관련기관등의 장이 제56조제5항을 위반하여 그 기관에 취업 중이거나 사실상 노무를 제공 중인 사람 또는 취업하려 하거나 사실상 노무를 제공하려는 사람에 대하여 성범죄의 경력을 확인하지 아니하는 경우에는 500만원 이하의 과태료를 부과한다. <개정 2018. 1. 16.>

④ 제34조제2항 각 호의 어느 하나에 해당하는 기관·시설 또는 단체의 장과 그 종사자가 직무상 아동·청소년대상 성범죄 발생 사실을 알고 수사기관에 신고하지 아니하거나 거짓으로 신고한 경우에는 300만원 이하의 과태료를 부과한다.

⑤ 제2항부터 제4항까지의 규정에 따른 과태료는 대통령령으로 정하는 바에 따라 제57조제1항 각 호 및 같은 조 제2항에 따른 중앙행정기관의 장, 시·도지사, 시장·군수·구청장 또는 교육감이 부과·징수한다. <개정 2020. 2. 18., 2020. 6. 9.>

부칙 <제17972호, 2021. 3. 23.>

제1조(시행일) 이 법은 공포 후 6개월이 경과한 날부터 시행한다.

제2조(공소시효 특례에 관한 적용례) 제20조제4항제2호의 개정규정은 이 법 시행 전에 행하여진 아동·청소년대상 성범죄로 아직 공소시효가 완성되지 아니한 것에 대하여도 적용한다.

아동학대범죄의 처벌 등에 관한 특례법(약칭: 아동학대처벌법)

[시행 2022. 1. 27.] [법률 제17906호, 2021. 1. 26., 일부개정]

법무부(여성아동인권과) 02-2110-3139

제1장 총칙

제1조(목적) 이 법은 아동학대범죄의 처벌 및 그 절차에 관한 특례와 피해아동에 대한 보호절차 및 아동학대행위자에 대한 보호처분을 규정함으로써 아동을 보호하여 아동이 건강한 사회 구성원으로 성장하도록 함을 목적으로 한다.

제2조(정의) 이 법에서 사용하는 용어의 뜻은 다음과 같다. <개정 2016. 1. 6., 2016. 5. 29., 2021. 3. 16.>

1. "아동"이란 「아동복지법」 제3조제1호에 따른 아동을 말한다.
2. "보호자"란 「아동복지법」 제3조제3호에 따른 보호자를 말한다.
3. "아동학대"란 「아동복지법」 제3조제7호에 따른 아동학대를 말한다.
4. "아동학대범죄"란 보호자에 의한 아동학대로서 다음 각 목의 어느 하나에 해당하는 죄를 말한다.
   가. 「형법」 제2편제25장 상해와 폭행의 죄 중 제257조(상해)제1항·제3항, 제258조의2(특수상해)제1항(제257조제1항의 죄에만 해당한다)·제3항(제1항 중 제257조제1항의 죄에만 해당한다), 제260조(폭행)제1항, 제261조(특수폭행) 및 제262조(폭행치사상)(상해에 이르게 한 때에만 해당한다)의 죄
   나. 「형법」 제2편제28장 유기와 학대의 죄 중 제271조(유기)제1항, 제272조(영아유기), 제273조(학대)제1항, 제274조(아동혹사) 및 제275조(유기등 치사상)(상해에 이르게 한 때에만 해당한다)의 죄
   다. 「형법」 제2편제29장 체포와 감금의 죄 중 제276조(체포, 감금)제1항, 제277조(중체포, 중감금)제1항, 제278조(특수체포, 특수감금), 제280조(미수범) 및 제281조(체포·감금등의 치사상)(상해에 이르게 한 때에만 해당한다)의 죄
   라. 「형법」 제2편제30장 협박의 죄 중 제283조(협박)제1항, 제284조(특수협박) 및 제286조(미수범)의 죄
   마. 「형법」 제2편제31장 약취, 유인 및 인신매매의 죄 중 제287조(미성년자 약취, 유인), 제288조(추행 등 목적 약취, 유인 등), 제289조(인신매매) 및 제290조(약취, 유인, 매매, 이송 등 상해·치상)의 죄
   바. 「형법」 제2편제32장 강간과 추행의 죄 중 제297조(강간), 제297조의2(유사강간), 제298조(강제추행), 제299조(준강간, 준강제추행), 제300조(미수범), 제301조(강간등 상해·치상), 제301조의2(강간등 살인·치사), 제302조(미성년자등에 대한 간음), 제303조(업무상

위력 등에 의한 간음) 및 제305조(미성년자에 대한 간음, 추행)의 죄

사. 「형법」 제2편제33장 명예에 관한 죄 중 제307조(명예훼손), 제309조(출판물등에 의한 명예훼손) 및 제311조(모욕)의 죄

아. 「형법」 제2편제36장 주거침입의 죄 중 제321조(주거·신체 수색)의 죄

자. 「형법」 제2편제37장 권리행사를 방해하는 죄 중 제324조(강요) 및 제324조의5(미수범)(제324조의 죄에만 해당한다)의 죄

차. 「형법」 제2편제39장 사기와 공갈의 죄 중 제350조(공갈), 제350조의2(특수공갈) 및 제352조(미수범)(제350조, 제350조의2의 죄에만 해당한다)의 죄

카. 「형법」 제2편제42장 손괴의 죄 중 제366조(재물손괴등)의 죄

타. 「아동복지법」 제71조제1항 각 호의 죄(제3호의 죄는 제외한다)

파. 가목부터 타목까지의 죄로서 다른 법률에 따라 가중처벌되는 죄

하. 제4조(아동학대살해·치사), 제5조(아동학대중상해) 및 제6조(상습범)의 죄

4의2. "아동학대범죄신고등"이란 아동학대범죄에 관한 신고·진정·고소·고발 등 수사 단서의 제공, 진술 또는 증언이나 그 밖의 자료제출행위 및 범인검거를 위한 제보 또는 검거활동을 말한다.

4의3. "아동학대범죄신고자등"이란 아동학대범죄신고등을 한 자를 말한다.

5. "아동학대행위자"란 아동학대범죄를 범한 사람 및 그 공범을 말한다.
6. "피해아동"이란 아동학대범죄로 인하여 직접적으로 피해를 입은 아동을 말한다.
7. "아동보호사건"이란 아동학대범죄로 인하여 제36조제1항에 따른 보호처분(이하 "보호처분"이라 한다)의 대상이 되는 사건을 말한다.
8. "피해아동보호명령사건"이란 아동학대범죄로 인하여 제47조에 따른 피해아동보호명령의 대상이 되는 사건을 말한다.
9. "아동보호전문기관"이란 「아동복지법」 제45조에 따른 아동보호전문기관을 말한다.

9의2. "가정위탁지원센터"란 「아동복지법」 제48조에 따른 가정위탁지원센터를 말한다.

10. "아동복지시설"이란 「아동복지법」 제50조에 따라 설치된 시설을 말한다.
11. "아동복지시설의 종사자"란 아동복지시설에서 아동의 상담·지도·치료·양육, 그 밖에 아동의 복지에 관한 업무를 담당하는 사람을 말한다.

제3조(다른 법률과의 관계) 아동학대범죄에 대하여는 이 법을 우선 적용한다. 다만, 「성폭력범죄의 처벌 등에 관한 특례법」, 「아동·청소년의 성보호에 관한 법률」에서 가중처벌되는 경우에는 그 법에서 정한 바에 따른다.

제2장 아동학대범죄의 처벌에 관한 특례

제4조(아동학대살해·치사) ① 제2조제4호가목부터 다목까지의 아동학대범죄를 범한 사람이 아동을 살해한 때에는 사형, 무기 또는 7년 이상의 징역에 처한다.

② 제2조제4호가목부터 다목까지의 아동학대범죄를 범한 사람이 아동을 사망에 이르게 한 때에는 무기 또는 5년 이상의 징역에 처한다.

[전문개정 2021. 3. 16.]

제5조(아동학대중상해) 제2조제4호가목부터 다목까지의 아동학대범죄를 범한 사람이 아동의 생명에 대한 위험을 발생하게 하거나 불구 또는 난치의 질병에 이르게 한 때에는 3년 이상의 징역에 처한다.

제6조(상습범) 상습적으로 제2조제4호가목부터 파목까지의 아동학대범죄를 범한 자는 그 죄에 정한 형의 2분의 1까지 가중한다. 다만, 다른 법률에 따라 상습범으로 가중처벌되는 경우에는 그러하지 아니하다.

제7조(아동복지시설의 종사자 등에 대한 가중처벌) 제10조제2항 각 호에 따른 아동학대 신고의무자가 보호하는 아동에 대하여 아동학대범죄를 범한 때에는 그 죄에 정한 형의 2분의 1까지 가중한다.

제8조(형벌과 수강명령 등의 병과) ① 법원은 아동학대행위자에 대하여 유죄판결(선고유예는 제외한다)을 선고하면서 200시간의 범위에서 재범예방에 필요한 수강명령(「보호관찰 등에 관한 법률」에 따른 수강명령을 말한다. 이하 같다) 또는 아동학대 치료프로그램의 이수명령(이하 "이수명령"이라 한다)을 병과할 수 있다.

② 아동학대행위자에 대하여 제1항의 수강명령은 형의 집행을 유예할 경우에 그 집행유예기간 내에서 병과하고, 이수명령은 벌금형 또는 징역형의 실형(實刑)을 선고할 경우에 병과한다.

③ 법원이 아동학대행위자에 대하여 형의 집행을 유예하는 경우에는 제1항에 따른 수강명령 외에 그 집행유예기간 내에서 보호관찰 또는 사회봉사 중 하나 이상의 처분을 병과할 수 있다.

④ 제1항에 따른 수강명령 또는 이수명령은 형의 집행을 유예할 경우에는 그 집행유예기간 내에, 벌금형을 선고할 경우에는 형 확정일로부터 6개월 이내에, 징역형의 실형을 선고할 경우에는 형기 내에 각각 집행한다.

⑤ 제1항에 따른 수강명령 또는 이수명령이 벌금형 또는 형의 집행유예와 병과된 경우에는 보호관찰소의 장이 집행하고, 징역형의 실형과 병과된 경우에는 교정시설의 장이 집행한다. 다만, 징역형의 실형과 병과된 이수명령을 모두 이행하기 전에 석방 또는 가석방되거나 미결구금일수 산입 등의 사유로 형을 집행할 수 없게 된 경우에는 보호관찰소의 장이 남은 이수명령을 집행한다.

⑥ 제1항에 따른 수강명령 또는 이수명령은 다음 각 호의 내용으로 한다.

1. 아동학대 행동의 진단·상담
2. 보호자로서의 기본 소양을 갖추게 하기 위한 교육
3. 그 밖에 아동학대행위자의 재범예방을 위하여 필요한 사항

⑦ 형벌과 병과하는 보호관찰, 사회봉사, 수강명령 및 이수명령에 관하여 이 법에서 규정한 사항 외에는 「보호관찰 등에 관한 법률」을 준용한다.

제9조(친권상실청구 등) ① 아동학대행위자가 제5조 또는 제6조의 범죄를 저지른 때에는 검사는 그 사건의 아동학대행위자가 피해아동의 친권자나 후견인인 경우에 법원에 「민법」 제924조의 친권상실의 선고 또는 같은 법 제940조의 후견인의 변경 심판을 청구하여야 한다. 다만, 친권상실의 선고 또는 후견인의 변경 심판을 하여서는 아니 될 특별한 사정이 있는 경우에는 그러하지 아니하다.

② 검사가 제1항에 따른 청구를 하지 아니한 때에는 특별시장·광역시장·특별자치시장·도지사·특별자치도지사(이하 "시·도지사"라 한다) 또는 시장·군수·구청장(자치구의 구청장을 말한다. 이하 같다)은 검사에게 제1항의 청구를 하도록 요청할 수 있다. 이 경우 청구를 요청받은 검사는 요청받은 날부터 30일 내에 그 처리 결과를 시·도지사 또는 시장·군수·구청장에게 통보하여야 한다. 〈개정 2020. 3. 24.〉

③ 제2항 후단에 따라 처리 결과를 통보받은 시·도지사 또는 시장·군수·구청장은 그 처리 결과에 대하여 이의가 있을 경우 통보받은 날부터 30일 내에 직접 법원에 제1항의 청구를 할 수 있다. 〈개정 2020. 3. 24.〉

제3장 아동학대범죄의 처리절차에 관한 특례

제10조(아동학대범죄 신고의무와 절차) ① 누구든지 아동학대범죄를 알게 된 경우나 그 의심이 있는 경우에는 특별시·광역시·특별자치시·도·특별자치도(이하 "시·도"라 한다), 시·군·구(자치구를 말한다. 이하 같다) 또는 수사기관에 신고할 수 있다. 〈개정 2020. 3. 24.〉

② 다음 각 호의 어느 하나에 해당하는 사람이 직무를 수행하면서 아동학대범죄를 알게 된 경우나 그 의심이 있는 경우에는 시·도, 시·군·구 또는 수사기관에 즉시 신고하여야 한다. 〈개정 2016. 5. 29., 2019. 1. 15., 2020. 3. 24.〉

1. 「아동복지법」 제10조의2에 따른 아동권리보장원(이하 "아동권리보장원"이라 한다) 및 가정위탁지원센터의 장과 그 종사자
2. 아동복지시설의 장과 그 종사자(아동보호전문기관의 장과 그 종사자는 제외한다)
3. 「아동복지법」 제13조에 따른 아동복지전담공무원
4. 「가정폭력방지 및 피해자보호 등에 관한 법률」 제5조에 따른 가정폭력 관련 상담소 및 같은 법 제7조의2에 따른 가정폭력피해자 보호시설의 장과 그 종사자
5. 「건강가정기본법」 제35조에 따른 건강가정지원센터의 장과 그 종사자
6. 「다문화가족지원법」 제12조에 따른 다문화가족지원센터의 장과 그 종사자
7. 「사회보장급여의 이용·제공 및 수급권자 발굴에 관한 법률」 제43조에 따른 사회복지전담공무원 및 「사회복지사업법」 제34조에 따른 사회복지시설의 장과 그 종사자
8. 「성매매방지 및 피해자보호 등에 관한 법률」 제9조에 따른 지원시설 및 같은 법 제17조에 따른 성매매피해상담소의 장과 그 종사자
9. 「성폭력방지 및 피해자보호 등에 관한 법률」 제10조에 따른 성폭력피해상담소, 같은 법 제12조에 따른 성폭력피해자보호시설의 장과 그 종사자 및 같은 법 제18조에 따른 성폭력피해자통합지원센터의 장과 그 종사자
10. 「119구조·구급에 관한 법률」 제2조제4호에 따른 119구급대의 대원
11. 「응급의료에 관한 법률」 제2조제7호에 따른 응급의료기관등에 종사하는 응급구조사
12. 「영유아보육법」 제7조에 따른 육아종합지원센터의 장과 그 종사자 및 제10조에 따른 어린이집

의 원장 등 보육교직원

13. 「유아교육법」 제2조제2호에 따른 유치원의 장과 그 종사자
14. 아동보호전문기관의 장과 그 종사자
15. 「의료법」 제3조제1항에 따른 의료기관의 장과 그 의료기관에 종사하는 의료인 및 의료기사
16. 「장애인복지법」 제58조에 따른 장애인복지시설의 장과 그 종사자로서 시설에서 장애아동에 대한 상담·치료·훈련 또는 요양 업무를 수행하는 사람
17. 「정신건강증진 및 정신질환자 복지서비스 지원에 관한 법률」 제3조제3호에 따른 정신건강복지센터, 같은 조 제5호에 따른 정신의료기관, 같은 조 제6호에 따른 정신요양시설 및 같은 조 제7호에 따른 정신재활시설의 장과 그 종사자
18. 「청소년기본법」 제3조제6호에 따른 청소년시설 및 같은 조 제8호에 따른 청소년단체의 장과 그 종사자
19. 「청소년 보호법」 제35조에 따른 청소년 보호·재활센터의 장과 그 종사자
20. 「초·중등교육법」 제2조에 따른 학교의 장과 그 종사자
21. 「한부모가족지원법」 제19조에 따른 한부모가족복지시설의 장과 그 종사자
22. 「학원의 설립·운영 및 과외교습에 관한 법률」 제6조에 따른 학원의 운영자·강사·직원 및 같은 법 제14조에 따른 교습소의 교습자·직원
23. 「아이돌봄 지원법」 제2조제4호에 따른 아이돌보미
24. 「아동복지법」 제37조에 따른 취약계층 아동에 대한 통합서비스지원 수행인력
25. 「입양특례법」 제20조에 따른 입양기관의 장과 그 종사자

③ 누구든지 제1항 및 제2항에 따른 신고인의 인적 사항 또는 신고인임을 미루어 알 수 있는 사실을 다른 사람에게 알려주거나 공개 또는 보도하여서는 아니 된다.

④ 제2항에 따른 신고가 있는 경우 시·도, 시·군·구 또는 수사기관은 정당한 사유가 없으면 즉시 조사 또는 수사에 착수하여야 한다. 〈신설 2021. 1. 26.〉

제10조(아동학대범죄 신고의무와 절차) ① 누구든지 아동학대범죄를 알게 된 경우나 그 의심이 있는 경우에는 특별시·광역시·특별자치시·도·특별자치도(이하 "시·도"라 한다), 시·군·구(자치구를 말한다. 이하 같다) 또는 수사기관에 신고할 수 있다. 〈개정 2020. 3. 24.〉

② 다음 각 호의 어느 하나에 해당하는 사람이 직무를 수행하면서 아동학대범죄를 알게 된 경우나 그 의심이 있는 경우에는 시·도, 시·군·구 또는 수사기관에 즉시 신고하여야 한다. 〈개정 2016. 5. 29., 2019. 1. 15., 2020. 3. 24., 2022. 12. 27.〉

1. 「아동복지법」 제10조의2에 따른 아동권리보장원(이하 "아동권리보장원"이라 한다) 및 가정위탁지원센터의 장과 그 종사자
2. 아동복지시설의 장과 그 종사자(아동보호전문기관의 장과 그 종사자는 제외한다)
3. 「아동복지법」 제13조에 따른 아동복지전담공무원
4. 「가정폭력방지 및 피해자보호 등에 관한 법률」 제5조에 따른 가정폭력 관련 상담소 및 같은 법 제7조의2에 따른 가정폭력피해자 보호시설의 장과 그 종사자

5. 「건강가정기본법」 제35조에 따른 건강가정지원센터의 장과 그 종사자
6. 「다문화가족지원법」 제12조에 따른 다문화가족지원센터의 장과 그 종사자
7. 「사회보장급여의 이용·제공 및 수급권자 발굴에 관한 법률」 제43조에 따른 사회복지전담공무원 및 「사회복지사업법」 제34조에 따른 사회복지시설의 장과 그 종사자
8. 「성매매방지 및 피해자보호 등에 관한 법률」 제9조에 따른 지원시설 및 같은 법 제17조에 따른 성매매피해상담소의 장과 그 종사자
9. 「성폭력방지 및 피해자보호 등에 관한 법률」 제10조에 따른 성폭력피해상담소, 같은 법 제12조에 따른 성폭력피해자보호시설의 장과 그 종사자 및 같은 법 제18조에 따른 성폭력피해자통합지원센터의 장과 그 종사자
10. 「119구조·구급에 관한 법률」 제2조제4호에 따른 119구급대의 대원
11. 「응급의료에 관한 법률」 제2조제7호에 따른 응급의료기관등에 종사하는 응급구조사
12. 「영유아보육법」 제7조에 따른 육아종합지원센터의 장과 그 종사자 및 제10조에 따른 어린이집의 원장 등 보육교직원
13. 「유아교육법」 제2조제2호에 따른 유치원의 장과 그 종사자
14. 아동보호전문기관의 장과 그 종사자
15. 「의료법」 제3조제1항에 따른 의료기관의 장과 그 의료기관에 종사하는 의료인 및 의료기사
16. 「장애인복지법」 제58조에 따른 장애인복지시설의 장과 그 종사자로서 시설에서 장애아동에 대한 상담·치료·훈련 또는 요양 업무를 수행하는 사람
17. 「정신건강증진 및 정신질환자 복지서비스 지원에 관한 법률」 제3조제3호에 따른 정신건강복지센터, 같은 조 제5호에 따른 정신의료기관, 같은 조 제6호에 따른 정신요양시설 및 같은 조 제7호에 따른 정신재활시설의 장과 그 종사자
18. 「청소년기본법」 제3조제6호에 따른 청소년시설 및 같은 조 제8호에 따른 청소년단체의 장과 그 종사자
19. 「청소년 보호법」 제35조에 따른 청소년 보호·재활센터의 장과 그 종사자
20. 「초·중등교육법」 제2조에 따른 학교의 장과 그 종사자
21. 「한부모가족지원법」 제19조에 따른 한부모가족복지시설의 장과 그 종사자
22. 「학원의 설립·운영 및 과외교습에 관한 법률」 제6조에 따른 학원의 운영자·강사·직원 및 같은 법 제14조에 따른 교습소의 교습자·직원
23. 「아이돌봄 지원법」 제2조제4호에 따른 아이돌보미
24. 「아동복지법」 제37조에 따른 취약계층 아동에 대한 통합서비스지원 수행인력
25. 「입양특례법」 제20조에 따른 입양기관의 장과 그 종사자
26. 「영유아보육법」 제8조에 따른 한국보육진흥원의 장과 그 종사자로서 같은 법 제30조에 따른 어린이집 평가 업무를 수행하는 사람

③ 누구든지 제1항 및 제2항에 따른 신고인의 인적 사항 또는 신고인임을 미루어 알 수 있는 사실을 다른 사람에게 알려주거나 공개 또는 보도하여서는 아니 된다.

④ 제2항에 따른 신고가 있는 경우 시·도, 시·군·구 또는 수사기관은 정당한 사유가 없으면 즉시 조사 또는 수사에 착수하여야 한다. 〈신설 2021. 1. 26.〉

[시행일: 2023. 6. 28.] 제10조

제10조의2(불이익조치의 금지) 누구든지 아동학대범죄신고자등에게 아동학대범죄신고등을 이유로 불이익조치를 하여서는 아니 된다.

[본조신설 2016. 5. 29.]

제10조의3(아동학대범죄신고자등에 대한 보호조치) 아동학대범죄신고자등에 대하여는 「특정범죄신고자 등 보호법」 제7조부터 제13조까지의 규정을 준용한다.

[본조신설 2016. 5. 29.]

제10조의4(고소에 대한 특례) ① 피해아동 또는 그 법정대리인은 아동학대행위자를 고소할 수 있다. 피해아동의 법정대리인이 아동학대행위자인 경우 또는 아동학대행위자와 공동으로 아동학대범죄를 범한 경우에는 피해아동의 친족이 고소할 수 있다.

② 피해아동은 「형사소송법」 제224조에도 불구하고 아동학대행위자가 자기 또는 배우자의 직계존속인 경우에도 고소할 수 있다. 법정대리인이 고소하는 경우에도 또한 같다.

③ 피해아동에게 고소할 법정대리인이나 친족이 없는 경우에 이해관계인이 신청하면 검사는 10일 이내에 고소할 수 있는 사람을 지정하여야 한다.

[본조신설 2016. 5. 29.]

제11조(현장출동) ① 아동학대범죄 신고를 접수한 사법경찰관리나 「아동복지법」 제22조제4항에 따른 아동학대전담공무원(이하 "아동학대전담공무원"이라 한다)은 지체 없이 아동학대범죄의 현장에 출동하여야 한다. 이 경우 수사기관의 장이나 시·도지사 또는 시장·군수·구청장은 서로 동행하여 줄 것을 요청할 수 있으며, 그 요청을 받은 수사기관의 장이나 시·도지사 또는 시장·군수·구청장은 정당한 사유가 없으면 사법경찰관리나 아동학대전담공무원이 아동학대범죄 현장에 동행하도록 조치하여야 한다. 〈개정 2020. 3. 24.〉

② 아동학대범죄 신고를 접수한 사법경찰관리나 아동학대전담공무원은 아동학대범죄가 행하여지고 있는 것으로 신고된 현장 또는 피해아동을 보호하기 위하여 필요한 장소에 출입하여 아동 또는 아동학대행위자 등 관계인에 대하여 조사를 하거나 질문을 할 수 있다. 다만, 아동학대전담공무원은 다음 각 호를 위한 범위에서만 아동학대행위자 등 관계인에 대하여 조사 또는 질문을 할 수 있다. 〈개정 2020. 3. 24., 2021. 1. 26.〉

1. 피해아동의 보호
2. 「아동복지법」 제22조의4의 사례관리계획에 따른 사례관리(이하 "사례관리"라 한다)

③ 시·도지사 또는 시장·군수·구청장은 제1항에 따른 현장출동 시 아동보호 및 사례관리를 위하여 필요한 경우 아동보호전문기관의 장에게 아동보호전문기관의 직원이 동행할 것을 요청할 수 있다. 이 경우 아동보호전문기관의 직원은 피해아동의 보호 및 사례관리를 위한 범위에서 아동학대전담공무원의 조사에 참여할 수 있다. 〈신설 2020. 3. 24.〉

④ 제2항 및 제3항에 따라 출입이나 조사를 하는 사법경찰관리, 아동학대전담공무원 또는 아동보호

전문기관의 직원은 그 권한을 표시하는 증표를 지니고 이를 관계인에게 내보여야 한다. <개정 2020. 3. 24.>

⑤ 제2항에 따라 조사 또는 질문을 하는 사법경찰관리 또는 아동학대전담공무원은 피해아동, 아동학대범죄신고자등, 목격자 등이 자유롭게 진술할 수 있도록 아동학대행위자로부터 분리된 곳에서 조사하는 등 필요한 조치를 하여야 한다. <신설 2021. 1. 26.>

⑥ 누구든지 제1항부터 제3항까지의 규정에 따라 현장에 출동한 사법경찰관리, 아동학대전담공무원 또는 아동보호전문기관의 직원이 제2항 및 제3항에 따른 업무를 수행할 때에 폭행·협박이나 현장조사를 거부하는 등 그 업무 수행을 방해하는 행위를 하여서는 아니 된다. <개정 2020. 3. 24., 2021. 1. 26.>

⑦ 제1항에 따른 현장출동이 동행하여 이루어지지 아니한 경우 수사기관의 장이나 시·도지사 또는 시장·군수·구청장은 현장출동에 따른 조사 등의 결과를 서로에게 통지하여야 한다. <신설 2021. 1. 26.>

제11조의2(조사) ① 아동학대전담공무원은 피해아동의 보호 및 사례관리를 위한 조사를 할 수 있다. 이 경우 아동학대전담공무원은 아동학대행위자 및 관계인에 대하여 출석·진술 및 자료제출을 요구할 수 있으며, 아동학대행위자 및 관계인은 정당한 사유가 없으면 이에 따라야 한다. <개정 2021. 1. 26.>

② 제1항에 관하여는 「행정조사기본법」 제4조, 제5조, 제9조, 제10조, 제17조, 제21조를 준용한다. 이 경우 "행정조사"는 "제1항에 따른 아동학대전담공무원의 조사"로, "행정기관"은 "시·도 또는 시·군·구"로, "조사대상자"는 "아동학대행위자 및 관계인"으로 본다.

[본조신설 2020. 3. 24.]

제12조(피해아동 등에 대한 응급조치) ① 제11조제1항에 따라 현장에 출동하거나 아동학대범죄 현장을 발견한 경우 또는 학대현장 이외의 장소에서 학대피해가 확인되고 재학대의 위험이 급박·현저한 경우, 사법경찰관리 또는 아동학대전담공무원은 피해아동, 피해아동의 형제자매인 아동 및 피해아동과 동거하는 아동(이하 "피해아동등"이라 한다)의 보호를 위하여 즉시 다음 각 호의 조치(이하 "응급조치"라 한다)를 하여야 한다. 이 경우 제3호의 조치를 하는 때에는 피해아동등의 이익을 최우선으로 고려하여야 하며, 피해아동등을 보호하여야 할 필요가 있는 등 특별한 사정이 있는 경우를 제외하고는 피해아동등의 의사를 존중하여야 한다. <개정 2016. 5. 29., 2020. 3. 24.>

1. 아동학대범죄 행위의 제지
2. 아동학대행위자를 피해아동등으로부터 격리
3. 피해아동등을 아동학대 관련 보호시설로 인도
4. 긴급치료가 필요한 피해아동을 의료기관으로 인도

② 사법경찰관리나 아동학대전담공무원은 제1항제3호 및 제4호 규정에 따라 피해아동등을 분리·인도하여 보호하는 경우 지체 없이 피해아동등을 인도받은 보호시설·의료시설을 관할하는 시·도지사 또는 시장·군수·구청장에게 그 사실을 통보하여야 한다. <개정 2016. 5. 29., 2020. 3. 24.>

③ 제1항제2호부터 제4호까지의 규정에 따른 응급조치는 72시간을 넘을 수 없다. 다만, 본문의 기

간에 공휴일이나 토요일이 포함되는 경우로서 피해아동등의 보호를 위하여 필요하다고 인정되는 경우에는 48시간의 범위에서 그 기간을 연장할 수 있다. <개정 2021. 1. 26.>

④ 제3항에도 불구하고 검사가 제15조제2항에 따라 임시조치를 법원에 청구한 경우에는 법원의 임시조치 결정 시까지 응급조치 기간이 연장된다. <신설 2021. 1. 26.>

⑤ 사법경찰관리 또는 아동학대전담공무원이 제1항에 따라 응급조치를 한 경우에는 즉시 응급조치결과보고서를 작성하여야 한다. 이 경우 사법경찰관리가 응급조치를 한 경우에는 관할 경찰관서의 장이 시·도지사 또는 시장·군수·구청장에게, 아동학대전담공무원이 응급조치를 한 경우에는 소속 시·도지사 또는 시장·군수·구청장이 관할 경찰관서의 장에게 작성된 응급조치결과보고서를 지체 없이 송부하여야 한다. <개정 2020. 3. 24., 2021. 1. 26.>

⑥ 제5항에 따른 응급조치결과보고서에는 피해사실의 요지, 응급조치가 필요한 사유, 응급조치의 내용 등을 기재하여야 한다. <개정 2021. 1. 26.>

⑦ 누구든지 아동학대전담공무원이나 사법경찰관리가 제1항에 따른 업무를 수행할 때에 폭행·협박이나 응급조치를 저지하는 등 그 업무 수행을 방해하는 행위를 하여서는 아니 된다. <개정 2020. 3. 24., 2021. 1. 26.>

⑧ 사법경찰관리는 제1항제1호 또는 제2호의 조치를 위하여 다른 사람의 토지·건물·배 또는 차에 출입할 수 있다. <신설 2021. 1. 26.>

[제목개정 2020. 3. 24.]

제13조(아동학대행위자에 대한 긴급임시조치) ① 사법경찰관은 제12조제1항에 따른 응급조치에도 불구하고 아동학대범죄가 재발될 우려가 있고, 긴급을 요하여 제19조제1항에 따른 법원의 임시조치 결정을 받을 수 없을 때에는 직권이나 피해아동등, 그 법정대리인(아동학대행위자를 제외한다. 이하 같다), 변호사(제16조에 따른 변호사를 말한다. 제48조 및 제49조를 제외하고는 이하 같다), 시·도지사, 시장·군수·구청장 또는 아동보호전문기관의 장의 신청에 따라 제19조제1항제1호부터 제3호까지의 어느 하나에 해당하는 조치를 할 수 있다. <개정 2020. 3. 24.>

② 사법경찰관은 제1항에 따른 조치(이하 "긴급임시조치"라 한다)를 한 경우에는 즉시 긴급임시조치결정서를 작성하여야 하고, 그 내용을 시·도지사 또는 시장·군수·구청장에게 지체 없이 통지하여야 한다. <개정 2020. 3. 24.>

③ 제2항에 따른 긴급임시조치결정서에는 범죄사실의 요지, 긴급임시조치가 필요한 사유, 긴급임시조치의 내용 등을 기재하여야 한다.

제14조(임시조치의 청구) ① 검사는 아동학대범죄가 재발될 우려가 있다고 인정하는 경우에는 직권으로 또는 사법경찰관이나 보호관찰관의 신청에 따라 법원에 제19조제1항 각 호의 임시조치를 청구할 수 있다.

② 피해아동등, 그 법정대리인, 변호사, 시·도지사, 시장·군수·구청장 또는 아동보호전문기관의 장은 검사 또는 사법경찰관에게 제1항에 따른 임시조치의 청구 또는 그 신청을 요청하거나 이에 관하여 의견을 진술할 수 있다. <개정 2020. 3. 24.>

③ 제2항에 따른 요청을 받은 사법경찰관은 제1항에 따른 임시조치를 신청하지 아니하는 경우에는

검사 및 임시조치를 요청한 자에게 그 사유를 통지하여야 한다. <개정 2020. 3. 24.>

제15조(응급조치·긴급임시조치 후 임시조치의 청구) ① 사법경찰관이 제12조제1항제2호부터 제4호까지의 규정에 따른 응급조치 또는 제13조제1항에 따른 긴급임시조치를 하였거나 시·도지사 또는 시장·군수·구청장으로부터 제12조제1항제2호부터 제4호까지의 규정에 따른 응급조치가 행하여졌다는 통지를 받은 때에는 지체 없이 검사에게 제19조에 따른 임시조치의 청구를 신청하여야 한다. <개정 2020. 3. 24.>

② 제1항의 신청을 받은 검사는 임시조치를 청구하는 때에는 응급조치가 있었던 때부터 72시간(제12조제3항 단서에 따라 응급조치 기간이 연장된 경우에는 그 기간을 말한다) 이내에, 긴급임시조치가 있었던 때부터 48시간 이내에 하여야 한다. 이 경우 제12조제5항에 따라 작성된 응급조치결과보고서 및 제13조제2항에 따라 작성된 긴급임시조치결정서를 첨부하여야 한다. <개정 2021. 1. 26.>

③ 사법경찰관은 검사가 제2항에 따라 임시조치를 청구하지 아니하거나 법원이 임시조치의 결정을 하지 아니한 때에는 즉시 그 긴급임시조치를 취소하여야 한다.

제16조(피해아동에 대한 변호사 선임의 특례) ① 아동학대범죄의 피해아동 및 그 법정대리인은 형사 및 아동보호 절차상 입을 수 있는 피해를 방지하고 법률적 조력을 보장하기 위하여 변호사를 선임할 수 있다.

② 제1항에 따른 변호사는 검사 또는 사법경찰관의 피해아동 및 그 법정대리인에 대한 조사에 참여하여 의견을 진술할 수 있다. 다만, 조사 도중에는 검사 또는 사법경찰관의 승인을 받아 의견을 진술할 수 있다.

③ 제1항에 따른 변호사는 피의자에 대한 구속 전 피의자심문, 증거보전절차, 공판준비기일 및 공판절차에 출석하여 의견을 진술할 수 있다. 이 경우 필요한 절차에 관한 구체적 사항은 대법원규칙으로 정한다.

④ 제1항에 따른 변호사는 증거보전 후 관계 서류나 증거물, 소송계속 중의 관계 서류나 증거물을 열람하거나 등사할 수 있다.

⑤ 제1항에 따른 변호사는 형사 및 아동보호 절차에서 피해아동 및 그 법정대리인의 대리가 허용될 수 있는 모든 소송행위에 대한 포괄적인 대리권을 가진다.

⑥ 검사는 피해아동에게 변호사가 없는 경우 형사 및 아동보호 절차에서 피해아동의 권익을 보호하기 위하여 국선변호사를 선정하여야 한다.

[전문개정 2021. 3. 16.]

제17조(준용) ① 아동학대범죄의 조사·심리에 관하여는 「성폭력범죄의 처벌 등에 관한 특례법」 제29조부터 제32조까지, 제34조부터 제41조까지 및 「아동·청소년의 성보호에 관한 법률」 제29조를 각각 준용한다. 이 경우 "성폭력" 또는 "아동·청소년대상 성범죄"는 "아동학대범죄"로, "피해자"는 "피해아동"으로 본다. <개정 2020. 3. 24.>

② 아동학대범죄사건의 형사 및 아동보호 절차에서 참고인이나 증인이 13세 미만의 아동이거나 신체적인 또는 정신적인 장애로 의사소통이나 의사표현에 어려움이 있는 경우 「성폭력범죄의 처벌 등에 관한 특례법」 제36조부터 제39조까지를 준용한다. 이 경우 "성폭력범죄"는 "아동학대범죄"로,

"피해자"는 "참고인이나 증인"으로 본다. 〈신설 2020. 3. 24.〉

제17조의2(증인에 대한 신변안전조치) ① 검사는 아동학대범죄사건의 증인이 피고인 또는 그 밖의 사람으로부터 생명·신체에 해를 입거나 입을 염려가 있다고 인정될 때에는 관할 경찰서장에게 증인의 신변안전을 위하여 필요한 조치를 할 것을 요청하여야 한다.

② 증인은 검사에게 제1항의 조치를 하도록 청구할 수 있다.

③ 재판장은 검사에게 제1항의 조치를 하도록 요청할 수 있다.

④ 제1항의 요청을 받은 관할 경찰서장은 즉시 증인의 신변안전을 위하여 필요한 조치를 하고 그 사실을 검사에게 통보하여야 한다.

[본조신설 2021. 1. 26.]

제4장 아동보호사건

제18조(관할) ① 아동보호사건의 관할은 아동학대행위자의 행위지, 거주지 또는 현재지를 관할하는 가정법원으로 한다. 다만, 가정법원이 설치되지 아니한 지역에서는 해당 지역의 지방법원(지원을 포함한다. 이하 같다)으로 한다.

② 아동보호사건의 심리와 결정은 단독판사(이하 "판사"라 한다)가 한다.

제19조(아동학대행위자에 대한 임시조치) ① 판사는 아동학대범죄의 원활한 조사·심리 또는 피해아동등의 보호를 위하여 필요하다고 인정하는 경우에는 결정으로 아동학대행위자에게 다음 각 호의 어느 하나에 해당하는 조치(이하 "임시조치"라 한다)를 할 수 있다. 〈개정 2020. 3. 24.〉

1. 피해아동등 또는 가정구성원(「가정폭력범죄의 처벌 등에 관한 특례법」 제2조제2호에 따른 가정구성원을 말한다. 이하 같다)의 주거로부터 퇴거 등 격리
2. 피해아동등 또는 가정구성원의 주거, 학교 또는 보호시설 등에서 100미터 이내의 접근 금지
3. 피해아동등 또는 가정구성원에 대한 「전기통신기본법」 제2조제1호의 전기통신을 이용한 접근 금지
4. 친권 또는 후견인 권한 행사의 제한 또는 정지
5. 아동보호전문기관 등에의 상담 및 교육 위탁
6. 의료기관이나 그 밖의 요양시설에의 위탁
7. 경찰관서의 유치장 또는 구치소에의 유치

② 제1항 각 호의 처분은 병과할 수 있다.

③ 판사는 피해아동등에 대하여 제12조제1항제2호부터 제4호까지의 규정에 따른 응급조치가 행하여진 경우에는 임시조치가 청구된 때로부터 24시간 이내에 임시조치 여부를 결정하여야 한다. 〈개정 2020. 3. 24.〉

④ 제1항 각 호의 규정에 따른 임시조치기간은 2개월을 초과할 수 없다. 다만, 피해아동등의 보호를 위하여 그 기간을 연장할 필요가 있다고 인정하는 경우에는 결정으로 제1항제1호부터 제3호까지의 규정에 따른 임시조치는 두 차례만, 같은 항 제4호부터 제7호까지의 규정에 따른 임시조치는 한 차

례만 각 기간의 범위에서 연장할 수 있다. <개정 2020. 3. 24.>

⑤ 제1항제6호에 따라 위탁을 하는 경우에는 의료기관 등의 장에게 아동학대행위자를 보호하는 데에 필요한 사항을 부과할 수 있다.

⑥ 제1항제6호에 따라 민간이 운영하는 의료기관 등에 아동학대행위자를 위탁하려는 경우에는 제5항에 따라 부과할 사항을 그 의료기관 등의 장에게 미리 고지하고 동의를 받아야 한다.

⑦ 법원은 제1항에 따른 임시조치를 결정한 경우에는 검사, 피해아동등, 그 법정대리인, 변호사, 시·도지사 또는 시장·군수·구청장 및 피해아동등을 보호하고 있는 기관의 장에게 통지하여야 한다. <개정 2020. 3. 24.>

⑧ 제1항제5호에 따른 상담 및 교육을 행한 아동보호전문기관의 장 등은 그 결과보고서를 판사와 검사에게 제출하여야 한다.

⑨ 제1항 각 호의 위탁 대상이 되는 상담소, 의료기관, 요양시설 등의 기준과 위탁의 절차 및 제7항에 따른 통지의 절차 등 그 밖에 필요한 사항은 대법원규칙으로 정한다.

제20조(임시조치의 고지) 법원은 제19조제1항제6호 및 제7호의 조치를 한 경우에는 그 사실을 아동학대행위자의 보조인(제44조에서 준용하는 「가정폭력범죄의 처벌 등에 관한 특례법」 제28조에 따른 보조인을 말한다. 이하 같다)이 있는 경우에는 보조인에게, 보조인이 없는 경우에는 아동학대행위자가 지정한 사람에게 통지하여야 한다. 이 경우 제19조제1항제7호의 조치를 하였을 때에는 아동학대행위자에게 변호사 등 보조인을 선임할 수 있으며 항고를 제기할 수 있음을 고지하여야 한다.

제21조(임시조치의 집행) ① 판사는 제19조제1항 각 호에 규정된 임시조치의 결정을 한 경우에는 가정보호사건조사관, 법원공무원, 사법경찰관리 또는 구치소 소속 교정직공무원으로 하여금 집행하게 할 수 있다.

② 제1항에 따른 집행담당자는 아동학대행위자의 임시조치 이행상황에 대하여 시·도지사 또는 시장·군수·구청장에게 통보하여야 한다. <신설 2020. 3. 24.>

③ 피해아동등 또는 가정구성원은 제19조제1항제1호 및 제2호의 임시조치 후 주거, 학교 또는 보호시설 등을 옮긴 경우에는 관할 법원에 임시조치 결정의 변경을 신청할 수 있다. <개정 2020. 3. 24.>

④ 시·도지사 또는 시장·군수·구청장은 아동학대행위자의 임시조치 이행을 관리하고, 아동학대행위자가 임시조치 결정을 이행하지 않거나 그 집행에 따르지 아니하는 경우 적절한 조치를 하여야 한다. <신설 2020. 3. 24.>

제22조(임시조치의 변경) ① 아동학대행위자, 그 법정대리인이나 보조인은 제19조제1항 각 호에 따른 임시조치 결정의 취소 또는 그 종류의 변경을 관할 법원에 신청할 수 있다.

② 판사는 정당한 이유가 있다고 인정하는 경우에는 직권 또는 제1항의 신청에 따라 결정으로 해당 임시조치를 취소하거나 그 종류를 변경할 수 있다.

③ 판사는 임시조치를 받은 아동학대행위자가 제19조제1항제5호 및 제6호의 임시조치 결정을 이행하지 아니하거나 그 집행에 따르지 아니하면 직권 또는 검사, 시·도지사, 시장·군수·구청장, 피해아동등, 그 법정대리인이나 변호사 또는 제19조제1항 각 호의 위탁 대상이 되는 기관의 장의 청구에 따라 결정으로 그 임시조치를 변경할 수 있다. <개정 2016. 5. 29., 2020. 3. 24.>

제23조(임시로 후견인의 임무를 수행할 사람) ① 판사는 제19조제1항제4호의 임시조치로 인하여 피해아동등에게 친권을 행사하거나 후견인의 임무를 수행할 사람이 없는 경우 그 임시조치의 기간 동안 시·도지사 또는 시장·군수·구청장, 아동권리보장원의 장, 아동보호전문기관의 장 및 가정위탁지원센터의 장으로 하여금 임시로 후견인의 임무를 수행하게 하거나 그 임무를 수행할 사람을 선임하여야 한다. <개정 2016. 5. 29., 2019. 1. 15., 2020. 3. 24.>

② 제1항의 경우 판사는 피해아동등의 이익을 최우선으로 고려하고 그 의견을 존중하여야 하며, 피해아동등, 변호사, 시·도지사 또는 시장·군수·구청장, 아동권리보장원의 장, 아동보호전문기관의 장 및 가정위탁지원센터의 장 등 피해아동등을 보호하고 있는 사람은 그 선임에 관하여 의견을 제시할 수 있다. <개정 2016. 5. 29., 2019. 1. 15., 2020. 3. 24.>

③ 법원이 제1항에 따른 조치를 한 경우에는 그 사실을 피해아동등, 변호사, 시·도지사 또는 시장·군수·구청장, 아동권리보장원의 장, 아동보호전문기관의 장 및 가정위탁지원센터의 장 등 피해아동등을 보호하고 있는 사람에게 고지하여야 한다. <개정 2016. 5. 29., 2019. 1. 15., 2020. 3. 24.>

④ 제1항에 따라 임시로 후견인의 임무를 수행하는 사람은 피해아동등이 소유한 재산의 보존 및 피해아동등의 보호를 위한 범위에서만 후견인의 임무를 수행할 수 있다. <개정 2020. 3. 24.>

⑤ 임시로 후견인의 임무를 수행하는 사람에 대해서는 「민법」 제949조를 준용한다.

⑥ 임시로 후견인의 임무를 수행하는 사람에 대한 선임, 사임 및 변경의 절차 등에 필요한 사항은 대법원규칙으로 정한다.

제24조(사법경찰관의 사건송치) 사법경찰관은 아동학대범죄를 신속히 수사하여 사건을 검사에게 송치하여야 한다. 이 경우 사법경찰관은 해당 사건을 아동보호사건으로 처리하는 것이 적절한 지에 관한 의견을 제시할 수 있다.

제25조(검사의 결정 전 조사) ① 검사는 아동학대범죄에 대하여 아동보호사건 송치, 공소제기 또는 기소유예 등의 처분을 결정하기 위하여 필요하다고 인정하면 아동학대행위자의 주거지 또는 검찰청 소재지를 관할하는 보호관찰소의 장에게 아동학대행위자의 경력, 생활환경, 양육능력이나 그 밖에 필요한 사항에 관한 조사를 요구할 수 있다.

② 제1항의 요구를 받은 보호관찰소의 장은 지체 없이 이를 조사하여 서면으로 해당 검사에게 통보하여야 하며, 조사를 위하여 필요한 경우에는 소속 보호관찰관에게 아동학대행위자 또는 관계인을 출석하게 하여 진술요구를 하는 등의 방법으로 필요한 사항을 조사하게 할 수 있다.

③ 제2항에 따른 조사를 할 때에는 미리 아동학대행위자 또는 관계인에게 조사의 취지를 설명하여야 하고, 그 인권을 존중하며, 직무상 비밀을 엄수하여야 한다.

④ 검사는 아동학대범죄에 관하여 필요한 경우 시·도지사, 시장·군수·구청장 또는 아동보호전문기관의 장에 대하여 제1항의 결정에 필요한 자료의 제출을 요구할 수 있다. <개정 2020. 3. 24.>

⑤ 검사는 제1항의 결정을 할 때에는 보호관찰소의 장으로부터 통보받은 조사 결과 및 시·도지사, 시장·군수·구청장 또는 아동보호전문기관의 장으로부터 제출 받은 자료 등을 참고하여 피해아동 보호와 아동학대행위자의 교화·개선에 가장 적합한 결정을 하여야 한다. <개정 2020. 3. 24.>

제26조(조건부 기소유예) 검사는 아동학대범죄를 수사한 결과 다음 각 호의 사유를 고려하여 필요하다

고 인정하는 경우에는 아동학대행위자에 대하여 상담, 치료 또는 교육 받는 것을 조건으로 기소유예를 할 수 있다.

1. 사건의 성질·동기 및 결과
2. 아동학대행위자와 피해아동과의 관계
3. 아동학대행위자의 성행(性行) 및 개선 가능성
4. 원가정보호의 필요성
5. 피해아동 또는 그 법정대리인의 의사

제27조(아동보호사건의 처리) ①검사는 아동학대범죄로서 제26조 각 호의 사유를 고려하여 제36조에 따른 보호처분을 하는 것이 적절하다고 인정하는 경우에는 아동보호사건으로 처리할 수 있다. 〈개정 2016. 5. 29.〉

② 다음 각 호의 경우에는 제1항을 적용할 수 있다. 〈신설 2016. 5. 29.〉

1. 피해자의 고소가 있어야 공소를 제기할 수 있는 아동학대범죄에서 고소가 없거나 취소된 경우
2. 피해자의 명시적인 의사에 반하여 공소를 제기할 수 없는 아동학대범죄에서 피해자가 처벌을 희망하지 아니한다는 명시적 의사표시를 하였거나 처벌을 희망하는 의사표시를 철회한 경우

제28조(검사의 송치) ① 검사는 제27조에 따라 아동보호사건으로 처리하는 경우에는 그 사건을 제18조제1항에 따른 관할 법원(이하 "관할 법원"이라 한다)에 송치하여야 한다.

② 검사는 아동학대범죄와 그 외의 범죄가 경합(競合)하는 경우에는 아동학대범죄에 대한 사건만을 분리하여 관할 법원에 송치할 수 있다.

제29조(법원의 송치) 법원은 아동학대행위자에 대한 피고사건을 심리한 결과 제36조에 따른 보호처분을 하는 것이 적절하다고 인정하는 경우에는 결정으로 사건을 관할 법원에 송치할 수 있다.

제30조(송치 시의 아동학대행위자 처리) ① 제28조 또는 제29조에 따른 송치결정이 있는 경우 아동학대행위자를 구금하고 있는 시설의 장은 검사의 이송지휘를 받은 때부터 관할 법원이 있는 시(특별시, 광역시, 특별자치시 및 「제주특별자치도 설치 및 국제자유도시 조성을 위한 특별법」 제10조제2항에 따른 행정시를 포함한다. 이하 같다)·군에서는 24시간 이내에, 그 밖의 시·군에서는 48시간 이내에 아동학대행위자를 관할 법원에 인도하여야 한다. 이 경우 법원은 아동학대행위자에 대하여 제19조에 따른 임시조치 여부를 결정하여야 한다. 〈개정 2015. 7. 24.〉

② 제1항에 따른 인도와 결정은 「형사소송법」 제92조, 제203조 또는 제205조의 구속기간 내에 이루어져야 한다.

③ 아동학대행위자에 대한 구속영장의 효력은 제1항 후단에 따라 임시조치 여부를 결정한 때에 상실된 것으로 본다.

제31조(송치서) ① 제28조 또는 제29조에 따라 사건을 아동보호사건으로 송치하는 경우에는 송치서를 보내야 한다.

② 제1항의 송치서에는 아동학대행위자의 성명, 주소, 생년월일, 직업, 피해아동과의 관계 및 행위의 개요와 가정 상황을 적고 그 밖의 참고자료를 첨부하여야 한다.

제32조(이송) ① 아동보호사건을 송치 받은 법원은 사건이 그 관할에 속하지 아니하거나 적정한 조사

·심리를 위하여 필요하다고 인정하는 경우에는 결정으로 그 사건을 즉시 다른 관할 법원에 이송하여야 한다.

② 법원은 제1항에 따른 이송결정을 한 경우에는 지체 없이 그 사유를 첨부하여 아동학대행위자와 피해아동, 그 법정대리인, 변호사 및 검사에게 통지하여야 한다.

제33조(보호처분의 효력) 제36조에 따른 보호처분이 확정된 경우에는 그 아동학대행위자에 대하여 같은 범죄사실로 다시 공소를 제기할 수 없다. 다만, 제41조제1호에 따라 송치된 경우에는 그러하지 아니하다.

제34조(공소시효의 정지와 효력) ① 아동학대범죄의 공소시효는 「형사소송법」 제252조에도 불구하고 해당 아동학대범죄의 피해아동이 성년에 달한 날부터 진행한다.

② 아동학대범죄에 대한 공소시효는 해당 아동보호사건이 법원에 송치된 때부터 시효 진행이 정지된다. 다만, 다음 각 호의 어느 하나에 해당하는 경우에는 그 때부터 진행된다.

1. 해당 아동보호사건에 대하여 제44조에 따라 준용되는 「가정폭력범죄의 처벌 등에 관한 특례법」 제37조제1항제1호에 따른 처분을 하지 아니한다는 결정이 확정된 때
2. 해당 아동보호사건이 제41조 또는 제44조에 따라 준용되는 「가정폭력범죄의 처벌 등에 관한 특례법」 제27조제2항 및 제37조제2항에 따라 송치된 때

③ 공범 중 1명에 대한 제2항의 시효정지는 다른 공범자에게도 효력을 미친다.

제35조(비밀엄수 등의 의무) ① 아동학대범죄의 수사 또는 아동보호사건의 조사·심리 및 그 집행을 담당하거나 이에 관여하는 공무원, 보조인, 진술조력인, 아동보호전문기관 직원과 그 기관장, 상담소 등에 근무하는 상담원과 그 기관장 및 제10조제2항 각 호에 규정된 사람(그 직에 있었던 사람을 포함한다)은 그 직무상 알게 된 비밀을 누설하여서는 아니 된다.

② 신문의 편집인·발행인 또는 그 종사자, 방송사의 편집책임자, 그 기관장 또는 종사자, 그 밖의 출판물의 저작자와 발행인은 아동보호사건에 관련된 아동학대행위자, 피해아동, 고소인, 고발인 또는 신고인의 주소, 성명, 나이, 직업, 용모, 그 밖에 이들을 특정하여 파악할 수 있는 인적 사항이나 사진 등을 신문 등 출판물에 싣거나 방송매체를 통하여 방송할 수 없다.

③ 피해아동의 교육 또는 보육을 담당하는 학교의 교직원 또는 보육교직원은 정당한 사유가 없으면 해당 아동의 취학, 진학, 전학 또는 입소(그 변경을 포함한다)의 사실을 아동학대행위자인 친권자를 포함하여 누구에게든지 누설하여서는 아니 된다.

제36조(보호처분의 결정 등) ① 판사는 심리의 결과 보호처분이 필요하다고 인정하는 경우에는 결정으로 다음 각 호의 어느 하나에 해당하는 보호처분을 할 수 있다.

1. 아동학대행위자가 피해아동 또는 가정구성원에게 접근하는 행위의 제한
2. 아동학대행위자가 피해아동 또는 가정구성원에게 「전기통신기본법」 제2조제1호의 전기통신을 이용하여 접근하는 행위의 제한
3. 피해아동에 대한 친권 또는 후견인 권한 행사의 제한 또는 정지
4. 「보호관찰 등에 관한 법률」에 따른 사회봉사·수강명령
5. 「보호관찰 등에 관한 법률」에 따른 보호관찰

6. 법무부장관 소속으로 설치한 감호위탁시설 또는 법무부장관이 정하는 보호시설에의 감호위탁
7. 의료기관에의 치료위탁
8. 아동보호전문기관, 상담소 등에의 상담위탁

② 제1항 각 호의 처분은 병과할 수 있다.

③ 제1항제3호의 처분을 하는 경우에는 피해아동을 아동학대행위자가 아닌 다른 친권자나 친족 또는 아동복지시설 등으로 인도할 수 있다.

④ 판사가 제1항제3호의 보호처분을 하는 경우 보호처분의 기간 동안 임시로 후견인의 임무를 수행할 사람의 선임 등에 대하여는 제23조를 준용한다.

⑤ 법원은 제1항에 따라 보호처분의 결정을 한 경우에는 지체 없이 그 사실을 검사, 아동학대행위자, 피해아동, 법정대리인, 변호사, 시·도지사 또는 시장·군수·구청장, 보호관찰관 및 보호처분을 위탁받아 하는 보호시설, 의료기관, 아동보호전문기관 또는 상담소 등(이하 "수탁기관"이라 한다)의 장에게 통지하여야 한다. 다만, 수탁기관이 국가나 지방자치단체가 운영하는 기관이 아닌 경우에는 그 기관의 장으로부터 수탁에 대한 동의를 받아야 한다. 〈개정 2020. 3. 24.〉

⑥ 제1항제4호부터 제8호까지의 규정에 따라 처분을 한 경우에는 법원은 아동학대행위자의 교정에 필요한 참고자료를 보호관찰관 또는 수탁기관의 장에게 보내야 한다.

⑦ 제1항제6호의 감호위탁기관은 아동학대행위자에 대하여 그 성행을 교정하기 위한 교육을 하여야 한다.

제37조(보호처분의 기간) 제36조제1항제1호부터 제3호까지 및 제5호부터 제8호까지의 규정에 따른 보호처분의 기간은 1년을 초과할 수 없으며, 같은 항 제4호의 사회봉사·수강명령의 시간은 각각 200시간을 초과할 수 없다.

제38조(보호처분 결정의 집행) ① 법원은 가정보호사건조사관, 법원공무원, 사법경찰관리, 보호관찰관 또는 수탁기관 소속 직원으로 하여금 보호처분의 결정을 집행하게 할 수 있다.

② 제1항에 따른 집행담당자는 아동학대행위자의 보호처분 이행상황에 관하여 시·도지사 또는 시장·군수·구청장에게 통보하여야 한다. 〈신설 2020. 3. 24.〉

③ 보호처분의 집행에 관하여 이 법에서 정하지 아니한 사항에 대하여는 아동보호사건의 성질에 위배되지 아니하는 범위에서 「형사소송법」, 「보호관찰 등에 관한 법률」 및 「정신건강증진 및 정신질환자 복지서비스 지원에 관한 법률」을 준용한다. 〈개정 2016. 5. 29., 2020. 3. 24.〉

④ 시·도지사 또는 시장·군수·구청장은 아동학대행위자의 보호처분 이행을 관리하고, 아동학대행위자가 보호처분 결정을 이행하지 않거나 그 집행에 따르지 아니하는 경우 적절한 조치를 하여야 한다. 〈신설 2020. 3. 24.〉

제39조(보고와 의견 제출 등) ① 법원은 제36조제1항제4호부터 제8호까지의 규정에 따른 보호처분을 결정한 경우에는 보호관찰관 또는 수탁기관의 장에게 아동학대행위자에 관한 보고서 또는 의견서 제출을 요구할 수 있고, 그 집행에 대하여 필요한 지시를 할 수 있다.

② 보호관찰관 또는 수탁기관의 장은 제1항의 경우 외에도 아동학대행위자가 제36조제1항제4호부터 제8호까지의 규정에 따른 보호처분을 이행하지 아니하거나 그 집행에 따르지 아니하는 경우에는

보호처분의 이행 실태에 대한 보고서 또는 의견서를 법원에 제출하여야 한다.

제40조(보호처분의 변경) ① 법원은 보호처분이 진행되는 동안 필요하다고 인정하는 경우에는 직권 또는 검사, 시·도지사, 시장·군수·구청장, 보호관찰관 또는 수탁기관의 장의 청구에 의하여 결정으로 보호처분의 종류와 기간을 변경할 수 있다. 〈개정 2020. 3. 24.〉

② 법원은 필요한 경우 제38조제1항에 따른 집행담당자로 하여금 집행상황을 보고하도록 할 수 있으며, 가정보호사건조사관으로 하여금 보호처분에 관한 집행상황에 대하여 조사하도록 할 수 있다. 〈신설 2020. 3. 24.〉

③ 제1항에 따라 보호처분의 종류와 기간을 변경하는 경우 종전의 처분기간을 합산하여 제36조제1항제1호부터 제3호까지 및 제5호부터 제8호까지의 규정에 따른 보호처분의 기간은 2년을, 같은 항 제4호의 규정에 따른 사회봉사·수강명령의 시간은 400시간을 각각 초과할 수 없다. 〈개정 2020. 3. 24.〉

④ 법원은 제1항에 따라 처분변경 결정을 한 경우에는 지체 없이 그 사실을 검사, 아동학대행위자, 피해아동, 법정대리인, 변호사, 보조인, 시·도지사 또는 시장·군수·구청장, 보호관찰관 및 수탁기관의 장에게 통지하여야 한다. 〈개정 2020. 3. 24.〉

제41조(보호처분의 취소) 법원은 보호처분을 받은 아동학대행위자가 제36조제1항제4호부터 제8호까지의 규정에 따른 보호처분 결정을 이행하지 아니하거나 그 집행에 따르지 아니하면 직권 또는 검사, 피해아동, 그 법정대리인, 변호사, 시·도지사, 시장·군수·구청장, 보호관찰관이나 수탁기관의 장의 청구에 의하여 결정으로 그 보호처분을 취소하고 다음 각 호에 따라 처리하여야 한다. 〈개정 2020. 3. 24.〉

1. 제28조에 따라 검사가 송치한 사건인 경우에는 관할 법원에 대응하는 검찰청의 검사에게 송치
2. 제29조에 따라 법원이 송치한 사건인 경우에는 송치한 법원에 이송

제42조(보호처분의 종료) 법원은 아동학대행위자의 성행이 교정되어 정상적인 가정생활이 유지될 수 있다고 판단되거나 그 밖에 보호처분을 계속할 필요가 없다고 인정하는 경우에는 직권 또는 검사, 피해아동, 그 법정대리인, 변호사, 시·도지사, 시장·군수·구청장, 보호관찰관이나 수탁기관의 장의 청구에 의하여 결정으로 보호처분의 전부 또는 일부를 종료할 수 있다. 〈개정 2020. 3. 24.〉

제43조(비용의 부담) ① 제19조제1항제6호에 따른 임시조치 또는 제36조제1항제7호 및 제8호에 따른 보호처분을 받은 아동학대행위자는 위탁 또는 보호처분에 필요한 비용을 부담한다. 다만, 아동학대행위자가 지급할 능력이 없는 경우에는 국가가 부담할 수 있다.

② 판사는 아동학대행위자에게 제1항 본문에 따른 비용의 예납(豫納)을 명할 수 있다.

③ 제1항에 따라 아동학대행위자가 부담할 비용의 계산, 청구 및 지급 절차, 그 밖에 필요한 사항은 대법원규칙으로 정한다.

제44조(준용) 아동보호사건의 조사·심리·보호처분 및 민사처리에 관한 특례 등에 대하여는 「가정폭력범죄의 처벌 등에 관한 특례법」 제18조의2, 제19조부터 제28조까지, 제30조부터 제39조까지, 제42조, 제56조부터 제62조까지의 규정을 준용한다. 이 경우 "가정보호사건"은 "아동보호사건"으로, "가정폭력행위자"는 "아동학대행위자"로, "피해자"는 "피해아동"으로, "가정폭력범죄"는 "아동학

대범죄"로 본다.

제45조(항고와 재항고) ① 제19조의 임시조치(연장 또는 변경의 결정을 포함한다. 이하 같다), 제36조의 보호처분, 제40조의 보호처분의 변경 및 제41조의 보호처분의 취소에 있어서 그 결정에 영향을 미칠 법령 위반이 있거나 중대한 사실 오인이 있는 경우 또는 그 결정이 현저히 부당한 경우에는 검사, 아동학대행위자, 법정대리인 또는 보조인은 가정법원본원합의부에 항고할 수 있다. 다만, 가정법원이 설치되지 아니한 지역에서는 지방법원본원합의부에 하여야 한다.

② 법원이 제44조가 준용하는 「가정폭력범죄의 처벌 등에 관한 특례법」 제37조에 따라 처분을 하지 아니한다는 결정을 한 경우 그 결정이 현저히 부당할 때에는 검사, 피해아동, 그 법정대리인 또는 변호사는 항고할 수 있다. 이 경우 항고법원에 관하여는 제1항을 준용한다.

③ 항고는 그 결정을 고지받은 날부터 7일 이내에 하여야 한다.

④ 임시조치·보호처분의 항고·재항고에 관하여는 「가정폭력범죄의 처벌 등에 관한 특례법」 제50조부터 제54조까지의 규정을 준용한다. 이 경우 "가정보호사건"은 "아동보호사건"으로 본다.

제5장 피해아동보호명령

제46조(피해아동보호명령사건의 관할) ① 피해아동보호명령사건의 관할은 아동학대행위자의 행위지·거주지 또는 현재지 및 피해아동의 거주지 또는 현재지를 관할하는 가정법원으로 한다. 다만, 가정법원이 설치되지 아니하는 지역에 있어서는 해당 지역의 지방법원으로 한다.

② 피해아동보호명령사건의 심리와 결정은 판사가 한다.

제47조(가정법원의 피해아동에 대한 보호명령) ① 판사는 직권 또는 피해아동, 그 법정대리인, 변호사, 시·도지사 또는 시장·군수·구청장의 청구에 따라 결정으로 피해아동의 보호를 위하여 다음 각 호의 피해아동보호명령을 할 수 있다. <개정 2017. 12. 19., 2020. 3. 24.>

1. 아동학대행위자를 피해아동의 주거지 또는 점유하는 방실(房室)로부터의 퇴거 등 격리
2. 아동학대행위자가 피해아동 또는 가정구성원에게 접근하는 행위의 제한
3. 아동학대행위자가 피해아동 또는 가정구성원에게 「전기통신기본법」 제2조제1호의 전기통신을 이용하여 접근하는 행위의 제한
4. 피해아동을 아동복지시설 또는 장애인복지시설로의 보호위탁
5. 피해아동을 의료기관으로의 치료위탁
   5의2. 피해아동을 아동보호전문기관, 상담소 등으로의 상담·치료위탁
6. 피해아동을 연고자 등에게 가정위탁
7. 친권자인 아동학대행위자의 피해아동에 대한 친권 행사의 제한 또는 정지
8. 후견인인 아동학대행위자의 피해아동에 대한 후견인 권한의 제한 또는 정지
9. 친권자 또는 후견인의 의사표시를 갈음하는 결정

② 아동보호전문기관의 장은 시·도지사 또는 시장·군수·구청장에게 제1항에 따른 피해아동보호명령의 청구를 요청할 수 있다. 이 경우 시·도지사 또는 시장·군수·구청장은 요청을 신속히 처리해

야 하며, 요청받은 날부터 15일 이내에 그 처리 결과를 아동보호전문기관의 장에게 통보하여야 한다. <신설 2020. 3. 24.>

③ 제1항 각 호의 처분은 병과할 수 있다. <개정 2020. 3. 24.>

④ 판사가 제1항 각 호의 피해아동보호명령을 하는 경우 피해아동, 그 법정대리인, 변호사, 시·도지사 또는 시장·군수·구청장 및 아동보호전문기관의 장은 관할 법원에 대하여 필요한 의견을 진술할 수 있다. <개정 2020. 3. 24.>

⑤ 판사가 제1항제7호 및 제8호의 피해아동보호명령을 하는 경우 피해아동보호명령의 기간 동안 임시로 후견인의 임무를 수행할 자의 선임 등에 대하여는 제23조를 준용한다. <개정 2020. 3. 24.>

⑥ 제1항제4호·제5호·제5호의2·제6호의 규정에 따른 위탁 대상이 되는 아동복지시설, 의료기관, 아동보호전문기관·상담소 등, 연고자 등의 기준과 위탁의 절차 및 집행 등에 필요한 사항은 대법원 규칙으로 정한다. <개정 2017. 12. 19., 2020. 3. 24.>

⑦ 판사는 제1항제5호의2에 따른 피해아동보호명령을 하는 경우 필요하다고 인정하는 때에는 피해아동의 보호자를 그 과정에 참여시킬 수 있다. <신설 2017. 12. 19., 2020. 3. 24.>

제48조(보조인) ① 피해아동 및 아동학대행위자는 피해아동보호명령사건에 대하여 각자 보조인을 선임할 수 있다.

② 피해아동 및 아동학대행위자의 법정대리인·배우자·직계친족·형제자매, 아동학대전담공무원, 아동보호전문기관의 상담원과 그 기관장 및 제16조에 따른 변호사는 보조인이 될 수 있다. <개정 2020. 3. 24.>

③ 변호사(「변호사법」에 따른 변호사를 말한다. 이하 제49조에서 같다)가 아닌 사람을 보조인으로 선임하거나 제2항에 따른 보조인이 되려면 법원의 허가를 받아야 한다.

④ 판사는 언제든지 제3항의 허가를 취소할 수 있다.

⑤ 제1항에 따른 보조인의 선임은 심급마다 보조인과 연명날인한 서면으로 제출하여야 한다.

⑥ 제2항에 따른 보조인이 되고자 하는 자는 심급별로 그 취지를 신고하여야 한다. 이 경우 보조인이 되고자 하는 자와 피해아동·아동학대행위자 사이의 신분관계 또는 보조인이 되고자 하는 자의 직위를 소명하는 서면을 첨부하여야 한다.

⑦ 제1항에 따른 보조인은 독립하여 절차행위를 할 수 있고, 제2항에 따른 보조인은 독립하여 피해아동 또는 아동학대행위자의 명시한 의사에 반하지 아니하는 절차행위를 할 수 있다. 다만, 법률에 다른 규정이 있는 때에는 예외로 한다.

제49조(국선보조인) ① 다음 각 호의 어느 하나에 해당하는 경우 법원은 직권에 의하거나 피해아동 또는 피해아동의 법정대리인·직계친족·형제자매, 아동학대전담공무원, 아동보호전문기관의 상담원과 그 기관장의 신청에 따라 변호사를 피해아동의 보조인으로 선정하여야 한다. <개정 2020. 3. 24., 2021. 3. 16.>

1. 피해아동에게 신체적·정신적 장애가 의심되는 경우
2. 빈곤이나 그 밖의 사유로 보조인을 선임할 수 없는 경우
3. 그 밖에 판사가 보조인이 필요하다고 인정하는 경우

② 법원은 아동학대행위자가 「형사소송법」 제33조제1항 각 호의 어느 하나에 해당하는 경우에는 직권으로 변호사를 아동학대행위자의 보조인으로 선정할 수 있다.

③ 제1항과 제2항에 따라 선정된 보조인에게 지급하는 비용에 대하여는 「형사소송비용 등에 관한 법률」을 준용한다.

제50조(피해아동보호명령의 집행 및 취소와 변경) ① 관할 법원의 판사는 제47조제1항제1호부터 제5호까지, 제5호의2 및 제6호의 규정에 따른 피해아동보호명령을 하는 경우, 가정보호사건조사관, 법원공무원, 사법경찰관리 또는 구치소 소속 교정직공무원으로 하여금 이를 집행하게 하거나, 시·도지사 또는 시장·군수·구청장에게 그 집행을 위임할 수 있다. <개정 2017. 12. 19., 2020. 3. 24.>

② 판사는 제1항에 따른 집행담당자에게 피해아동보호명령의 집행상황보고서 또는 의견서를 요구할 수 있고, 그 집행에 필요한 지시를 할 수 있으며, 필요한 경우 가정보호사건조사관으로 하여금 피해아동보호명령의 집행과 관련한 사항에 대하여 조사하도록 할 수 있다. <신설 2020. 3. 24.>

③ 피해아동, 그 법정대리인, 변호사, 시·도지사 또는 시장·군수·구청장은 제47조제1항에 따른 보호명령의 취소 또는 그 종류의 변경을 신청할 수 있으며, 아동보호전문기관의 장은 시·도지사 또는 시장·군수·구청장에게 보호명령의 취소 또는 그 종류의 변경 신청을 요청할 수 있다. <개정 2020. 3. 24.>

④ 판사는 상당한 이유가 있다고 인정하는 때에는 직권 또는 제3항의 신청에 따라 결정으로 해당 피해아동보호명령을 취소하거나 그 종류를 변경할 수 있다. <개정 2020. 3. 24.>

⑤ 법원은 제51조제1항에 따른 피해아동보호명령의 기간이 종료된 경우 시·도지사 또는 시장·군수·구청장에게 그 사실을 통지하여야 한다. <신설 2021. 1. 26.>

제51조(피해아동보호명령의 기간) ① 제47조제1항제1호부터 제5호까지, 제5호의2 및 제6호부터 제8호까지의 피해아동보호명령의 기간은 1년을 초과할 수 없다. 다만, 관할 법원의 판사는 피해아동의 보호를 위하여 그 기간의 연장이 필요하다고 인정하는 경우 직권 또는 피해아동, 그 법정대리인, 변호사, 시·도지사 또는 시장·군수·구청장의 청구에 따른 결정으로 6개월 단위로 그 기간을 연장할 수 있다. <개정 2017. 12. 19., 2020. 3. 24.>

② 보호관찰소의 장 및 아동보호전문기관의 장은 시·도지사 또는 시장·군수·구청장에게 제1항 단서에 따른 피해아동보호명령의 연장 청구를 요청할 수 있으며, 시·도지사 또는 시장·군수·구청장은 요청받은 날부터 15일 이내에 그 처리 결과를 요청자에게 통보하여야 한다. <신설 2020. 3. 24.>

③ 제1항에 따라 연장된 기간은 피해아동이 성년에 도달하는 때를 초과할 수 없다. <개정 2020. 3. 24.>

제52조(피해아동에 대한 임시보호명령) ① 관할 법원의 판사는 제47조에 따른 피해아동보호명령의 청구가 있는 경우에 피해아동 보호를 위하여 필요하다고 인정하는 때에는 결정으로 임시로 제47조제1항 각 호의 어느 하나에 해당하는 조치(이하 "임시보호명령"이라 한다)를 할 수 있다.

② 임시보호명령의 기간은 피해아동보호명령의 결정 시까지로 한다. 다만, 판사는 필요하다고 인정하는 경우에는 그 기간을 제한할 수 있다.

③ 판사가 제47조제1항제7호 및 제8호에 따라 임시보호명령을 한 경우 그 임시보호명령의 기간 동안 임시로 후견인의 임무를 수행할 자의 선임 등에 대하여는 제23조를 준용한다.

④ 임시보호명령의 집행 및 취소와 변경에 대하여는 제50조를 준용한다. 이 경우 "피해아동보호명령"은 "임시보호명령"으로 본다.

제53조(이행실태의 조사) ① 관할 법원은 가정보호사건조사관, 법원공무원, 사법경찰관리 또는 보호관찰관 등으로 하여금 임시보호명령 및 피해아동보호명령의 이행실태에 대하여 수시로 조사하게 하고, 지체 없이 그 결과를 보고하도록 할 수 있다.

② 관할 법원은 임시보호명령 및 피해아동보호명령을 받은 아동학대행위자가 그 결정을 이행하지 아니하거나 집행에 따르지 아니하는 때에는 그 사실을 관할 법원에 대응하는 검찰청 검사에게 통보할 수 있다.

제54조(병합심리) 법원은 사건의 관련성이 인정되어 병합하여 심리할 필요성이 있는 경우에는 피해아동보호명령사건과 아동보호사건을 병합하여 심리할 수 있다.

제55조(아동학대전담공무원 등에 대한 교육) 법무부장관 등 관계 행정기관의 장은 아동학대전담공무원, 사법경찰관리 및 아동보호전문기관의 종사자에게 아동학대사건의 조사와 사례관리에 필요한 전문지식, 이 법에서 정한 절차, 관련 법제도, 국제인권조약에 명시된 아동의 인권 및 피해아동 보호를 위한 조사방법 등에 관하여 교육을 실시하여야 한다. 〈개정 2020. 3. 24., 2021. 1. 26.〉

[제목개정 2020. 3. 24.]

제55조의2(자료요청 및 면담) ① 법무부장관은 아동학대 및 아동보호의 실태를 파악하고 제도를 개선하기 위하여 시·도지사 또는 시장·군수·구청장, 아동권리보장원의 장 및 아동보호전문기관의 장에게 관련 통계 등 자료를 요청할 수 있다.

② 법무부장관은 중대한 아동학대 사건이 발생하여 필요하다고 인정하면 해당 사건의 실태파악 및 제도개선을 위하여 관련 공무원, 아동보호전문기관 또는 관계인을 면담하거나 질문할 수 있다.

[본조신설 2020. 3. 24.]

제56조(준용) ① 피해아동보호명령사건의 조사·심리에 관하여는 「가정폭력범죄의 처벌 등에 관한 특례법」 제19조부터 제22조까지, 제30조부터 제32조까지 및 제34조부터 제36조까지의 규정을 준용한다. 이 경우 "가정보호사건"은 "아동보호사건"으로, "가정폭력행위자"는 "아동학대행위자"로, "피해자"는 "피해아동"으로, "가정폭력범죄"는 "아동학대범죄"로, "보호처분"은 "피해아동보호명령"으로 본다.

제57조(항고와 재항고) ① 제47조에 따른 피해아동보호명령(제51조에 따른 연장의 결정을 포함한다) 및 제50조에 따른 그 취소 또는 종류의 변경, 제52조에 따른 임시보호명령 및 그 취소 또는 종류의 변경에 있어서 그 결정에 영향을 미칠 법령 위반이 있거나 중대한 사실오인이 있는 때 또는 그 결정이 현저히 부당한 때에는 피해아동, 아동학대행위자, 법정대리인, 변호사, 시·도지사, 시장·군수·구청장 또는 보조인은 가정법원본원합의부에 항고할 수 있다. 다만, 가정법원이 설치되지 아니한 지역에서는 지방법원본원합의부에 하여야 한다. 〈개정 2020. 3. 24.〉

② 판사가 피해아동보호명령의 청구를 기각한 경우 피해아동, 그 법정대리인, 변호사, 시·도지사 또는 시장·군수·구청장은 항고할 수 있다. 이 경우 항고법원에 관하여는 제1항을 준용한다. 〈개정 2020. 3. 24.〉

③ 아동보호전문기관의 장은 시·도지사 또는 시장·군수·구청장에게 제1항 및 제2항에 따른 항고

를 요청할 수 있다. 〈신설 2020. 3. 24.〉

④ 제1항 및 제2항에 따른 피해아동보호명령 등의 항고 및 재항고에 관하여는 「가정폭력범죄의 처벌 등에 관한 특례법」 제49조제3항 및 제50조부터 제53조까지의 규정을 준용한다. 〈개정 2020. 3. 24.〉

제58조(위임규정) 피해아동보호명령사건의 조사·심리에 필요한 사항은 대법원규칙으로 정한다.

제6장 벌칙

제59조(보호처분 등의 불이행죄) ① 다음 각 호의 어느 하나에 해당하는 아동학대행위자는 2년 이하의 징역 또는 2천만원 이하의 벌금 또는 구류에 처한다.

1. 제19조제1항제1호부터 제4호까지의 어느 하나에 해당하는 임시조치를 이행하지 아니한 아동학대행위자
2. 제36조제1항제1호부터 제3호까지의 어느 하나에 해당하는 보호처분이 확정된 후에 이를 이행하지 아니한 아동학대행위자
3. 제47조에 따른 피해아동보호명령, 제52조에 따른 임시보호명령이 결정된 후에 이를 이행하지 아니한 아동학대행위자

② 상습적으로 제1항의 죄를 범한 아동학대행위자는 5년 이하의 징역이나 5천만원 이하의 벌금에 처한다. 〈개정 2017. 12. 19.〉

③ 제8조제1항에 따라 이수명령을 부과받은 사람이 보호관찰소의 장 또는 교정시설의 장의 이수명령 이행에 관한 지시에 불응하여 「보호관찰 등에 관한 법률」 또는 「형의 집행 및 수용자의 처우에 관한 법률」에 따른 경고를 받은 후 재차 정당한 사유 없이 이수명령 이행에 관한 지시에 불응한 경우 다음 각 호에 따른다. 〈개정 2017. 12. 19.〉

1. 벌금형과 병과된 경우에는 500만원 이하의 벌금에 처한다.
2. 징역형의 실형과 병과된 경우에는 1년 이하의 징역 또는 1천만원 이하의 벌금에 처한다.

제60조(피해자 등에 대한 강요행위) 폭행이나 협박으로 아동학대범죄의 피해아동 또는 제2조제2호에 따른 보호자를 상대로 합의를 강요한 사람은 7년 이하의 징역에 처한다.

제61조(업무수행 등의 방해죄) ① 제11조제2항·제3항, 제12조제1항, 제19조제1항 각 호, 제36조제1항 각 호 또는 제47조제1항 각 호에 따른 업무를 수행 중인 사법경찰관리, 아동학대전담공무원이나 아동보호전문기관의 직원에 대하여 폭행 또는 협박하거나 위계 또는 위력으로써 그 업무수행을 방해한 사람은 5년 이하의 징역 또는 5천만원 이하의 벌금에 처한다. 〈개정 2020. 3. 24., 2021. 1. 26.〉

② 단체 또는 다중의 위력을 보이거나 위험한 물건을 휴대하여 제1항의 죄를 범한 때에는 그 정한 형의 2분의 1까지 가중한다.

③ 제1항의 죄를 범하여 사법경찰관리, 아동학대전담공무원이나 아동보호전문기관의 직원을 상해에 이르게 한 때에는 3년 이상의 유기징역에 처한다. 사망에 이르게 한 때에는 무기 또는 5년 이상의 징역에 처한다. 〈개정 2020. 3. 24.〉

제62조(비밀엄수 등 의무의 위반죄) ① 제35조제1항에 따른 비밀엄수 의무를 위반한 보조인, 진술조력인, 아동보호전문기관 직원과 그 기관장, 상담소 등에 근무하는 상담원과 그 기관장 및 제10조제2항 각 호에 규정된 사람(그 직에 있었던 사람을 포함한다)은 3년 이하의 징역이나 5년 이하의 자격정지 또는 3천만원 이하의 벌금에 처한다. 다만, 보조인인 변호사에 대하여는 「형법」 제317조제1항을 적용한다. 〈개정 2016. 5. 29.〉

② 제10조제3항을 위반하여 신고인의 인적사항 또는 신고인임을 미루어 알 수 있는 사실을 다른 사람에게 알려주거나 공개 또는 보도한 자는 3년 이하의 징역이나 3천만원 이하의 벌금에 처한다. 〈개정 2016. 5. 29.〉

③ 제35조제2항의 보도 금지 의무를 위반한 신문의 편집인·발행인 또는 그 종사자, 방송사의 편집책임자, 그 기관장 또는 종사자, 그 밖의 출판물의 저작자와 발행인은 500만원 이하의 벌금에 처한다.

제62조의2(불이익조치 금지 위반죄) ① 제10조의2를 위반하여 아동학대범죄신고자등에게 파면, 해임, 해고, 그 밖에 신분상실에 해당하는 신분상의 불이익조치를 한 자는 2년 이하의 징역 또는 2천만원 이하의 벌금에 처한다.

② 제10조의2를 위반하여 아동학대범죄신고자등에게 다음 각 호의 어느 하나에 해당하는 불이익조치를 한 자는 1년 이하의 징역 또는 1천만원 이하의 벌금에 처한다.

1. 징계, 정직, 감봉, 강등, 승진 제한, 그 밖에 부당한 인사조치
2. 전보, 전근, 직무 미부여, 직무 재배치, 그 밖에 본인의 의사에 반하는 인사조치
3. 성과평가 또는 동료평가 등에서의 차별과 그에 따른 임금 또는 상여금 등의 차별 지급
4. 교육 또는 훈련 등 자기계발 기회의 취소, 예산 또는 인력 등 가용자원의 제한 또는 제거, 보안정보 또는 비밀정보 사용의 정지 또는 취급 자격의 취소, 그 밖에 근무조건 등에 부정적 영향을 미치는 차별 또는 조치
5. 주의 대상자 명단 작성 또는 그 명단의 공개, 집단 따돌림, 폭행 또는 폭언, 그 밖에 정신적·신체적 손상을 가져오는 행위
6. 직무에 대한 부당한 감사 또는 조사나 그 결과의 공개

[본조신설 2016. 5. 29.]

제63조(과태료) ① 다음 각 호의 어느 하나에 해당하는 사람에게는 1천만원 이하의 과태료를 부과한다. 〈개정 2020. 3. 24., 2021. 1. 26.〉

1. 정당한 사유 없이 판사의 아동보호사건의 조사·심리를 위한 소환에 따르지 아니한 사람
2. 정당한 사유 없이 제10조제2항에 따른 신고를 하지 아니한 사람
3. 정당한 사유 없이 제11조제6항을 위반하여 사법경찰관리, 아동학대전담공무원 또는 아동보호전문기관의 직원이 수행하는 현장조사를 거부한 사람

   3의2. 정당한 사유 없이 제11조의2제1항 후단을 위반하여 아동학대전담공무원의 출석·진술 및 자료제출 요구에 따르지 아니하거나 거짓으로 진술 또는 자료를 제출한 사람

4. 정당한 사유 없이 제13조제1항에 따른 긴급임시조치를 이행하지 아니한 사람
5. 정당한 사유 없이 제36조제1항제4호부터 제8호까지의 보호처분이 확정된 후 이를 이행하지 아

니하거나 집행에 따르지 아니한 사람

6. 정당한 사유 없이 제39조에 따른 보고서 또는 의견서 제출 요구에 따르지 아니한 사람

② 제1항에 따른 과태료는 대통령령으로 정하는 바에 따라 관계 행정기관의 장이 부과·징수한다.

제64조(벌칙적용에 있어서 공무원의 의제) 아동보호전문기관의 장과 그 직원 및 진술조력인은 「형법」 제129조부터 제132조까지의 규정에 따른 벌칙의 적용에서는 공무원으로 본다.

부칙 <제17932호, 2021. 3. 16.>

제1조(시행일) 이 법은 공포한 날부터 시행한다.

제2조(국선변호사 및 국선보조인 선정에 관한 적용례) 제16조 및 제49조제1항의 개정규정은 이 법 시행 이후 발생한 아동학대범죄부터 적용한다.

자살예방 및 생명존중문화 조성을 위한 법률(약칭: 자살예방법)

[시행 2012.3.31.] [법률 제10516호, 2011.3.30., 제정]

보건복지부(정신건강정책과) 044-202-2865

제1장 총칙

제1조(목적) 이 법은 자살에 대한 국가적 차원의 책무와 예방정책에 관하여 필요한 사항을 규정함으로써 국민의 소중한 생명을 보호하고 생명존중문화를 조성함을 목적으로 한다.

제2조(기본정책) ① 자살예방정책은 자살 위험에 노출된 개인이 처한 특수한 환경을 고려하여 성별·연령별·계층별·동기별 등 다각적이고 범정부적인 차원의 사전예방대책에 중점을 두고 수립되어야 한다.

② 자살예방정책은 생명윤리의식 및 생명존중문화의 확산, 건강한 정신과 가치관의 함양 등 사회문화적 인식개선에 중점을 두고 수립되어야 한다.

제3조(국민의 권리와 의무) ① 국민은 자살위험에 노출되거나 스스로 노출되었다고 판단될 경우 국가 및 지방자치단체에 도움을 요청할 권리가 있다.

② 국민은 국가 및 지방자치단체가 자살예방정책을 수립·시행함에 있어 적극 협조하여야 하며, 자살을 할 위험성이 높은 자를 발견한 경우에는 구조되도록 조치를 취하여야 한다.

제4조(국가 및 지방자치단체의 책무) ① 국가 및 지방자치단체는 자살의 위험에 노출되거나 노출될 가능성이 있다고 판단되는 자(이하 "자살위험자"라 한다)를 위험으로부터 적극 구조하기 위하여 필요한 정책을 수립하여야 한다.

② 국가 및 지방자치단체는 자살의 사전예방, 자살 발생 위기에 대한 대응 및 자살이 발생한 후 또는 자살이 미수에 그친 후 사후대응의 각 단계에 따른 정책을 수립·시행하여야 한다.

제4조(국가 및 지방자치단체의 책무) ① 국가 및 지방자치단체는 자살의 위험에 노출되거나 노출될 가능성이 있다고 판단되는 자(이하 "자살위험자"라 한다)를 위험으로부터 적극 구조하기 위하여 필요한 정책을 수립하여야 한다.

② 국가 및 지방자치단체는 자살의 사전예방, 자살 발생 위기에 대한 대응 및 자살이 발생한 후 또는 자살이 미수에 그친 후 사후대응의 각 단계에 따른 정책을 수립·시행하여야 한다. 이 경우 자살시도자 및 그 가족 또는 자살자의 가족을 보호하기 위한 방안을 포함하여야 한다. 〈개정 2017.2.8.〉

[시행일 : 2017.8.9.] 제4조

제5조(사업주의 책무) ① 사업주는 국가 및 지방자치단체가 실시하는 자살예방정책에 적극 협조하여야 한다.

② 사업주는 고용하고 있는 근로자의 정신적인 건강 유지를 위하여 필요한 조치를 강구하도록 노력하여야 한다.

제6조(다른 법률과의 관계) 자살예방 및 그에 관한 정책의 수립·시행 등에 관하여 다른 법률에 특별한 규정이 있는 경우 외에는 이 법에서 정하는 바에 따른다.

제2장 기본계획의 수립 등

제7조(자살예방기본계획의 수립) ① 보건복지부장관은 관계 중앙행정기관의 장과 협의하고 「국민건강증진법」 제5조에 따른 국민건강증진정책심의위원회 내 자살예방전문위원회의 심의를 거쳐 자살예방기본계획(이하 "기본계획"이라 한다)을 5년마다 수립하여야 한다.

② 기본계획에는 다음 각 호의 사항이 포함되어야 한다.

1. 생명존중문화의 조성
2. 자살상담매뉴얼 개발 및 보급
3. 아동·청소년·중년층·노인 등 생애주기별 자살예방대책
4. 우울증 및 약물 중독관리 등 정신건강증진
5. 정보통신 등 다양한 매체를 이용한 자살예방체계 구축
6. 자살위험자 및 자살시도자의 발견·치료 및 사후관리
7. 자살 감시체계의 구축
8. 자살 수단에 대한 통제
9. 자살예방 교육 및 훈련
10. 자살예방에 대한 연구지원
11. 중앙 및 지역 협력기관의 지정 및 운영 방안
12. 그 밖에 자살예방대책과 관련하여 필요한 사항

③ 보건복지부장관은 확정된 기본계획을 지체 없이 관계 중앙행정기관의 장 및 특별시장·광역시장·도지사·특별자치도지사(이하 "시·도지사"라 한다)에게 통보하여야 한다.

제8조(연도별 시행계획의 수립·시행 등) ① 보건복지부장관, 관계 중앙행정기관의 장 및 시·도지사는 매년 기본계획에 따라 자살예방시행계획(이하 "시행계획"이라 한다)을 수립·시행하여야 한다.

② 관계 중앙행정기관의 장 및 시·도지사는 다음 해의 시행계획 및 지난해의 시행계획에 따른 추진실적을 대통령령으로 정하는 바에 따라 매년 보건복지부장관에게 제출하고, 보건복지부장관은 매년 시행계획에 따른 추진실적을 평가하여야 한다.

③ 시행계획의 수립·시행 및 추진실적의 평가에 관하여 필요한 사항은 대통령령으로 정한다.

제9조(시·도별 시행계획의 조정 등) ① 보건복지부장관은 기본계획에 기초하여 특별시·광역시·도·특별자치도(이하 "시·도"라 한다)별 시행계획을 조정하고 그 이행상황을 점검하여야 한다.

② 보건복지부장관은 시·도별 시행계획이 기본계획 및 중앙행정기관의 시행계획에 위배되는 경우에는 해당 시·도지사에게 이를 변경하도록 요구할 수 있다.

제10조(계획수립의 협조) ① 보건복지부장관, 관계 중앙행정기관의 장 및 시·도지사는 기본계획 또는 시행계획의 수립·시행과 평가를 위하여 필요한 경우에는 관계 중앙행정기관, 지방자치단체, 관계

공공기관, 그 밖에 자살예방활동 관련 단체의 장에게 관련 자료의 제출 등 필요한 협조를 요청할 수 있다.

② 제1항에 따라 협조요청을 받은 자는 정당한 사유가 없는 한 이에 따라야 한다.

제3장 자살예방대책 등

제11조(자살실태조사) ① 국가 및 지방자치단체는 자살실태를 파악하고, 자살예방을 위한 서비스의 욕구와 수요를 파악하기 위하여 5년마다 자살실태조사를 실시하고 그 결과를 발표하여야 한다.

② 제1항에 따른 자살실태조사를 위하여 필요한 사항은 대통령령으로 정한다.

제11조의2(심리부검) 국가와 지방자치단체는 효과적인 자살예방정책을 수립하고, 자살시도자 및 그 가족 또는 자살자의 가족에 대한 심리적 지원을 제공하기 위하여 자살행위 전후의 심리·행동변화 등을 바탕으로 자살원인을 분석하는 심리부검을 실시할 수 있다. 이 경우 미리 자살시도자 및 그 가족 또는 자살자 가족의 동의를 받아야 한다.

[본조신설 2017.2.8.]

[시행일 : 2017.8.9.] 제11조의2

제12조(자살통계 분석 및 정보관리체계 구축) ① 국가 및 지방자치단체는 자살통계를 수집·분석 및 관리하기 위하여 전문 조사·연구 기관을 지정하여 운영할 수 있다.

② 제1항에 따른 전문 조사·연구 기관의 지정 등에 필요한 사항은 보건복지부령으로 정한다.

제13조(자살예방센터의 설치) ① 다음 각 호의 업무를 수행하기 위하여 보건복지부장관은 중앙자살예방센터를, 시·도지사 및 시장·군수·구청장(자치구의 구청장을 말한다)은 지방자살예방센터(이하 "자살예방센터"라 한다)를 설치·운영할 수 있다.

1. 자살 관련 상담
2. 자살위기 상시현장출동 및 대응
3. 자살시도자 사후관리
4. 자살예방 홍보 및 교육
5. 자살예방 전문 인력 양성
6. 그 밖에 자살예방을 위하여 보건복지부장관이 필요하다고 인정하는 업무

② 국가 및 지방자치단체는 제1항에 따른 자살예방센터를 「정신보건법」 제13조의2에 따른 정신보건센터에 둘 수 있다.

③ 국가 및 지방자치단체는 제1항에 따른 자살예방센터를 대통령령으로 정하는 바에 따라 민간에 위탁할 수 있다. 이 경우 국가 및 지방자치단체는 위탁업무의 수행에 드는 비용을 보조할 수 있다.

④ 국가 및 지방자치단체는 수시로 신고를 받을 수 있는 자살예방용 긴급전화를 설치·운영하여야 한다.

⑤ 제1항에 따른 자살예방센터 및 제4항에 따른 긴급전화의 설치·운영에 필요한 사항은 대통령령으로 정한다.

제13조(자살예방센터의 설치) ① 다음 각 호의 업무를 수행하기 위하여 보건복지부장관은 중앙자살예방센터를, 시·도지사 및 시장·군수·구청장(자치구의 구청장을 말한다)은 지방자살예방센터(이하 "자살예방센터"라 한다)를 설치·운영할 수 있다.

1. 자살 관련 상담
2. 자살위기 상시현장출동 및 대응
3. 자살시도자 사후관리
4. 자살예방 홍보 및 교육
5. 자살예방 전문 인력 양성
6. 그 밖에 자살예방을 위하여 보건복지부장관이 필요하다고 인정하는 업무

② 국가 및 지방자치단체는 제1항에 따른 자살예방센터를「정신건강증진 및 정신질환자 복지서비스 지원에 관한 법률」제3조제3호에 따른 정신건강복지센터에 둘 수 있다. 〈개정 2016.5.29.〉

③ 국가 및 지방자치단체는 제1항에 따른 자살예방센터를 대통령령으로 정하는 바에 따라 민간에 위탁할 수 있다. 이 경우 국가 및 지방자치단체는 위탁업무의 수행에 드는 비용을 보조할 수 있다.

④ 국가 및 지방자치단체는 수시로 신고를 받을 수 있는 자살예방용 긴급전화를 설치·운영하여야 한다.

⑤ 제1항에 따른 자살예방센터 및 제4항에 따른 긴급전화의 설치·운영에 필요한 사항은 대통령령으로 정한다.

〈br〉[시행일 : 2017.5.30.] 제13조

제14조(자살위험자 지원 및 정신건강 증진 대책) ① 국가 및 지방자치단체는 정신건강에 이상이 생긴 것으로 인하여 자살 위험에 노출된 자에 대하여 필요한 의료적 조치가 적절히 제공될 수 있는 환경을 조성하여야 한다.

② 국가 및 지방자치단체는 자살위험자를 대상으로 한 정신건강 선별검사 도구를 개발하고 보급하여야 한다.

③ 국가 및 지방자치단체는 자살위험자의 조기 발견, 상담 및 치료를 위하여 필요한 조치를 하도록 노력하여야 한다.

④ 제2항에 따른 선별검사 및 제3항에 따른 상담·치료에 필요한 사항은 보건복지부령으로 정한다.

제4장 생명존중문화 조성 등

제15조(생명존중문화 조성) 국가 및 지방자치단체는 생명을 존중하는 사회문화 환경을 조성하기 위하여 자살예방을 위하여 활동하는 민간단체 등과 협조하여 범국민적 생명존중문화 사업을 추진할 수 있다.

제16조(자살예방의 날) ① 자살의 위해성을 일깨우고 자살예방을 위한 적극적인 사회 분위기를 조성하기 위하여 매년 9월 10일을 자살예방의 날로 하고, 자살예방의 날부터 1주일을 자살예방주간으로 한다.

② 국가 및 지방자치단체는 자살예방의 날 취지에 적합한 행사와 교육·홍보사업을 실시하도록 노력하여야 한다.

제17조(자살예방 상담·교육) ① 다음 각 호에 해당하는 기관·단체 및 시설의 장은 자살방지 및 생명존중문화 조성을 위하여 자살예방 상담·교육을 실시할 수 있도록 노력하여야 한다.

1. 국가기관, 지방자치단체 및 대통령령으로 정하는 공공기관
2. 「노인복지법」에 따른 노인복지시설
3. 「사회복지사업법」에 따른 사회복지시설
4. 그 밖에 자살예방 상담·교육이 필요하다고 인정하여 대통령령으로 정하는 기관이나 단체

② 국가와 지방자치단체는 제1항에 따른 자살예방 상담·교육에 필요한 프로그램을 개발·보급하고, 자살예방 상담·교육에 필요한 비용의 전부 또는 일부를 예산의 범위에서 해당 기관·단체 및 시설에 지원할 수 있다.

③ 제1항에 따른 자살예방 상담·교육, 방법 및 내용과 제2항에 따른 프로그램의 개발·보급 및 지원 등에 필요한 사항은 보건복지부령으로 정한다.

제18조(자살예방을 위한 홍보) 국가 및 지방자치단체는 교육과 홍보 활동을 통하여 자살예방에 관한 국민의 이해를 돕기 위하여 필요한 시책을 강구하여야 한다.

제19조(자살유해정보예방체계의 구축) ① 국가 및 지방자치단체는 다음 각 호와 같은 자살유해정보가 유통되는 것을 차단하고 이를 조기에 발견하여 신속히 대응하기 위한 자살유해정보예방체계를 구축·운영하여야 한다.

1. 자살동반자 모집정보
2. 자살에 대한 구체적인 방법 제시 정보
3. 자살을 실행하거나 유도하는 사진 또는 동영상 정보
4. 독극물 판매정보
5. 그 밖에 자살을 조장하는 정보

② 제1항에 따른 자살유해정보예방체계의 구축·운영 등에 필요한 사항은 보건복지부령으로 정한다.

제5장 보칙

제20조(자살시도자 등에 대한 지원) 국가 및 지방자치단체는 자살시도자 또는 자살자의 가족 등에 미치는 심각한 심리적 영향이 완화되도록 자살시도자 등에게 심리상담, 상담치료를 지원할 수 있다.

제20조(자살시도자 등에 대한 지원) 국가 및 지방자치단체는 자살시도자 및 그 가족 또는 자살자의 가족 등에 미치는 심각한 심리적 영향이 완화되도록 자살시도자 등에게 심리상담, 상담치료를 지원할 수 있다. <개정 2017.2.8.>

[시행일 : 2017.8.9.] 제20조

제21조(명예 및 생활의 평온에 대한 배려) 국가 및 지방자치단체는 자살예방대책을 실시함에 있어서 자살자·자살시도자 및 이들의 가족 등의 명예 및 생활의 평온을 부당하게 침해하는 일이 없도록 하여

야 한다.

제22조(전문인력의 양성) 국가 및 지방자치단체는 자살예방 등에 관한 전문인력의 양성·확보 및 자질의 향상에 필요한 시책을 강구하도록 노력하여야 한다.

제23조(민간단체 등의 지원) 국가 및 지방자치단체는 자살예방사업을 수행하는 단체에 대하여 업무수행에 필요한 지원을 할 수 있다.

제24조(비밀누설의 금지) 이 법에 따라 자살예방 직무를 수행하였던 자 또는 수행하고 있는 자는 직무수행과 관련하여 알게 된 타인의 비밀을 누설하거나 발표하여서는 아니 된다.

제6장 벌칙

제25조(벌칙) 제24조를 위반한 자는 3년 이하의 징역 또는 1천만원 이하의 벌금에 처한다.

제25조(벌칙) 제24조를 위반한 자는 3년 이하의 징역 또는 3천만원 이하의 벌금에 처한다. <개정 2017.2.8.>

[시행일 : 2017.8.9.] 제25조

부칙 <제10516호, 2011.3.30.>

이 법은 공포 후 1년이 경과한 날부터 시행한다.

| 참고문헌 |

강경미, 신경희(1996). **소아기 우울증의 개관 임상연구논문집**. 국립서울정신병원.

강정희(2019). 초등학생을 위한 회복적 생활교육 프로그램이 공감능력과 공동체 의식에 미치는 영향. 대전대학교 교육대학원 석사학위논문.

강충렬, 한상우, 권동택, 손민호, 이진웅, 정진영(2013). **인성교육 중심 수업을 위한 교육과정 편성·운영 방안 연구**. 교육부.

강충렬, 한상우, 권동택, 손민호, 이진웅, 정진영(2013). **인성교육 중심 수업을 위한 교육과정 편성·운영 방안 연구**. 교육부.

경상남도교육청(2021). **평화로운 공동체를 위한 '관계회복 프로그램' 운영 핸드북**.

경상남도교육청(2021). **학교폭력 관계회복 프로그램 도움자료**.

고려대학교 부설 행동과학 연구소 편 (2001). **심리척도 핸드북 Ⅰ**. 서울: 학지사.

공감의 뿌리 연구(2016 Roots of Empathy: Overview of Research From file:///C:/Users/15U530/Downloads/Roots%20of%20Empathy%20Research%20Summary%20January%202016.pdf)

곽금주(2006). 학교폭력과 왕따의 구조적 특성. 문용린 외, **학교폭력 예방과 상담**. 서울 : 학지사.

교육과학기술부 외(2012). **학교폭력 사안처리 가이드북**.

교육과학기술부(2008). **학교폭력 피해학생 치유 프로그램**.

교육과학기술부(2012). **중고등학생을 위한 성폭력 예방교육 길라잡이(교사용)**.

교육과학기술부, 법무부(2009). **굿바이! 학교폭력 : 학교폭력·성폭력 예방 및 대처 가이드북**.

교육부·이화여자대학교 학교폭력 예방연구소(2022). **학교폭력사안처리 가이드북**.

교육부(2014). **「현장중심 학교폭력 대책」 14년 추진계획 발표**.

교육부(2015). **2015년 인성교육중심수업강화 정책**. 교육부 교육과정정책과.

교육부(2015). **2015년도 인성교육 강화 기본계획**.

교육부(2016). **인성교육 5개년 종합계획 [2016~2020]**.

교육부(2020). **「인성교육 5개년 종합계획(2016~2020)」에 따른 2020년 인성교육 시행계획**.

교육부(2020). **유치원 교육과정 총론**. 제2019-189호.

교육부(2020). **제2차 인성교육종합계획(2021~2025)**. https://www.moe.go.kr/boardCnts/viewRenew.do?boardID=316&boardSeq=82385&lev=0

교육부(2021). **2021년 학교폭력 예방교육 컨설팅 매뉴얼**.

교육부(2021). **2022 개정 교육과정 총론 주요사항(시안).**

교육부(2022). **초·중등학교 교육과정 총론**. 교육부고시 제2022-33호. http://www.ncic.go.kr/mobile.dwn.ogf.inventoryList.do

교육부(2022). **학교폭력 사안처리 가이드북**(2022년 개정판).

교육부·이화여자대학교 학교폭력 예방연구소(2022). **학교폭력사안처리 가이드북**.

국가인권위원회 (2012). **유엔 인권교육훈련선언. 인권. 꽃을 피우다.**

김규태 외(2015). **학교폭력예방의 이론과 실제**. 파주: 양서원.

김동민, 강태훈, 김명식, 박소연, 배주미, 선혜연, 이기정, 이수현, 최정윤(2013). **심리검사와 상담**. 서울 : 학지사.

김동일, 고혜정, 김은향, 이현응, 김현수, 서미(2015). **인성교육 5개년 종합계획 수립방안연구**. 서울: 교육부.

김명자(2002). 청소년의 학교폭력행위 예측모형. 전남대학교 박사학위논문.

김붕년, 구훈정, 최상철(2015). **공격적 아동을 위한 학교폭력 치유 프로그램: 가해 아동용.** 서울: 시그마프레스.

김수진, 정원철 (2015). 초등학생 폭력피해 관련 변인에 대한 국내연구 메타분석. **한국교육문제연구,** 33(4), 47-51.

김영길(2013). 학교폭력 경험에 따른 정신건강 비교 연구. 경기대학교 석사학위논문.

김영호(2003). 기질성 성격검사(TCI)와 우울증. 고려대학교 석사학위논문.

김은영, 김대곤, 김미영, 김이영, 박정연, 심정묘, 이행기, 임용숙, 정다운, 최병태(2016). **인성과 리더십**. 파주: 양성원.

김이영, 송창백 이은희, 조은숙, 최윤희, 하경표(2016). **학교폭력 예방의 이론과 실제**. 파주: 양성원.

김재엽, 정윤경(2007). 학교폭력 피해경험이 우울에 미치는 영향에서 가족요인의 조절효과. **한국가족복지학**, 19, 5-28.

김재영(2005). 실업계 고교에서의 가정폭력 경험과 학교폭력의 관계에 관한 연구. 대전대학교 석사학위논문.

김종운 (2014). **학교현장에 맞춘 학교폭력의 예방과 대책.** 서울: 학지사.

김종표, 이복희(2010). **평생교육방법론**. 파주: 양서원

김준범, 최서연(2020). 피해와 우울의 악순환: 학교폭력 피해가 우울의 종단적 매개로 재피해에 미치는 영향. **학교사회복지,** 50, 1-24.

김태규, 권경택, 김승묵(2006). **교양인을 위한 리더십.** 서울: 학문사.

김혜령(2009). 학교폭력의 피해학생의 상담적 접근을 위한 방안 연구. 서울여자대학교 석사학위논문.

김혜원(2011). 집단따돌림과 집단괴롭힘에 따른 남녀 청소년들의 심리적 건강, 학교인식 및 학교적응에 대한 구조분석. **청소년복지연구**, 13(2), 1-33.

김혜원(2013). **청소년 학교폭력: 이해 · 예방 · 개입을 위한 지침서**. 서울: 학지사.

김혜원, 이해경(2000). 학생들의 집단괴롭힘 관련경험에 대한 예언변인들의 탐색: 초 · 중 · 고등학생 간 비교를 중심으로. **교육심리연구,** 15(1), 183-210.

김화숙, 신경일(2015). 중학생 학교폭력 방관자 이해. **사회과학연구,** 31(4), 359-377.

김효창(2013). 혼자서 완성하는 통계분석. 서울 : 학지사.

농촌진흥청(2015). 식물 기르면 욕설 감소, 원예로 학교폭력 예방.

다큐프라임 퍼팩트 베이비(2013. 6. 25). http://home.ebs.co.kr/docuprime/newReleaseView/232?c.page=1

문용린, 김준호, 임영식, 곽금주, 최지영, 박병식, 박효정, 이규미, 임재연, 정규원, 김충식, 이정희, 신순갑, 진태원, 장현우, 박종효, 장맹배, 강주현, 이유미, 이주연, 박명진(2006). **학교폭력 예방과 상담**. 서울: 학지사.

박상미(2007). 고등학생의 학교폭력 현황 및 대처방안 연구: 학교폭력 인식, 조기개입, 사후관리를 중심으로. 평택대학교 석사학위논문.

박선영, 이을순(2022). 영어 의사소통 능력 향상을 위한 비폭력대화 활용 초등 영어 프로그램 개발. **학습자중심교과교육연구,** 22(22), pp. 1119-1139.

박성희 외(2010). **선생님은 해결사: 폭력 행동 편**. 서울: 학지사.

박성희, 김정수, 김기종, 남윤미, 이동갑, 이재용, 장희화(2012). **학교폭력 상담 02: 중학교 편.** 서울: 학지사.

박언하(2018). 한국의 아동학대예방 정책의 개선방안: 외국의 아동학대예방 정책 분석을 중심으로. **복지상담교육연구 7.** 1 (2018): 331-354.

박영숙(1998). **심리평가의 실제**. 서울: 하나의학사.

박영신, 김의철(2001). 학교폭력과 인간관계 및 청소년의 심리 행동특성: 폭력가해, 폭력피해, 폭력무경험 집단의 비교를 중심으로. **한국심리학회지: 사회문제**, 7(1), 63-89.

박은지(2022). 회복적 생활교육 실천을 통한 교사공동체 형성 경험에 대한 자문화기술지 연구, 한국교원대학교 교육대학원.

박인우, 김명랑(2014). 참여중심 공무원 연수프로그램 모형 개발 및 적용 방안. 중앙교육연수원.

박종덕(2014). 인성교육과 교과교육: 인성교육은 가능하고 필요한가. **도덕교육연구,** 26(1), 177-194.

박지도, 최현경, 장우성, 조동환, 김정기(2001). 불량행위청소년을 중심으로 한 학교폭력 가해자의 사회인구학적 특성 및 정신병리. **신경정신의학,** 40(4), 640-655.

박지훈, 강유진, 남정희(2021). 인성 중심 교수 모형에 대한 이해와 실천이 예비 중등 과학교사의 인성 교육에 대한 인식에 미치는 영향 분석. **대한화학회지,** 65(4), 279-295. doi:10.5012/jkcs.2021.65.4.279.

박희진 외(2018). **2015 개정 교육과정에 따른 고등학교 교과에서 인성교육, 인권을 말하다(지도서).** 한국교육개발원 교수학습자료 TL 2018-05.

박희진 외(2018). **2015 개정 교육과정에 따른 중학교 교과에서 인성교육, 인권을 말하다(지도서).** 교수학습자료 TL 2018-03.

박희진 외(2018). **2015 개정 교육과정에 따른 중학교 교과에서 인성교육, 인권을 말하다(지도서).** 교수학습자료 TL 2018-04.

박희진(2017). 회복적 생활교육이 학교 공동체 의식에 미치는 효과분석, 단국대학교 경영대학원 석사학위논문.

배상철, 주경필(2020). 현상학적 연구: 해맑음센터 청소년을 중심으로. **청소년복지연구,** 22(1), 53-72.

배화옥(2010). 아동의 학대경험이 학교적응에 미치는 영향 탄력성의 매개. **아동과 권리,** 14(2): 193-217.

보건복지부(2021). **학대피해아동보호현황 통계정보보고서.**

사이타마현 교육위원회(2011). 밝고 안심하고 배울 수 있는 학교 만들기를 위해서.

서영진(2013). 국어과 교육에서의 인성 교육 방법 탐색-자기 성찰적 교수, 학습 모형의 설계. **국어교육,** 142, 297-332.

서울특벽시 자녀안심운동 서울협의회(2000). **청소년문제행동의 이해.**

송경희, 이승연(2010). 청소년의 마음읽기 능력과 또래괴롭힘의 관계: 도덕적 이탈·도덕적 정서의 매개효과를 중심으로. **한국심리학회지,** 23(3), 105-124.

송미령, 이재연(2011). 부모의 정서적 방임과 아동의 자아탄력성 및 학교 적응과의 관계. **순천향 인문과학논총** 29: 219-244.

송영혜, 강지예, 이정자(2011). **아동심리검사 사례집.** 서울 : 시그마프레스.

송재홍 외 (2015). **학교폭력의 예방 및 대책.** 서울: 학지사

송재홍 외(2012). 학교폭력 예방 및 대책에 관한 교대생과 초등교사의 인식 비교. **초등상담연구,** 12(3), 485-316.

송혜리(2010). 청소년의 집단따돌림 경험 및 자아탄력성, 학교생활적응과의 관계. 성균관대학교 석사학위논문.

안지영(2021). 회복적 생활교육 구현 방안, **한국열린교육학회.**

양정실, 조난심, 박소영, 장근주, 은지용(2013). 교과교육을 통한 인성교육 구현 방안. KICE **연구리포트** 2013. https://www.kice.re.kr/upload/report/20140515/1400132206078_780

양정실, 조난심, 박소영, 장근주, 은지용(2013). **교과교육을 통한 인성교육 구현 방안.** 서울: 한국교

육과정평가원.
염명용, 송민경 (2011). 학교 내 청소년들의 권력관계 유형과 학교폭력 참여 역할 유형. **한국사회복지학,** 63(1), 241-266.
염숙현 (2015). 학교폭력 가해행동 유형별 관련 요인에 관한 메타분석. 한국교원대학교 대학원 석사학위논문.
오인수(2010). 괴롭힘을 목격한 주변인의 행동에 영향을 미치는 심리적 요인. **초등교육연구,** 23(1), 45-63.
오인수(2010). 집단따돌림 해결을 위한 전문상담교사의 전학교 접근. **상담학연구,** 12(1), 303-316.
오해영, 김호영(2005). 중학생 집단따돌림 예방 프로그램의 효과에 관한 연구. **미래청소년학회지,** 2(1), 47-59.
유재봉(2016). 학교인성교육의 문제점과 방향. **교육철학연구,** 38(3), 99-119. doi:10.15754/jkpe.2016.38.3.005
유진이(2013). **청소년 심리 및 상담**. 파주: 양서원.
유한구(2007). 초등학교 인성교육의 현황과 과제. **한국초등교육학회학술논문집,** 5, 1-14.
윤가현, 김문수, 김정희, 남기덕, 도경수, 박권생, 박영호, 손영숙, 송인섭, 심응철, 유승엽, 윤영화, 이철원, 이현진, 조한익, 천성문(2005). **심리학의 이해**. 서울: 학지사.
윤성우, 이영호(2007). 집단따돌림 방관자에 대한 또래지지프로그램의 효과. **한국심리학회지: 임상,** 26(2), 271-292.
이경아(2008). 사회기술 및 또래 관계가 또래 괴롭힘에 미치는 영향. **한국심리학회지: 학교,** 5(1), 61-80.
이규미 외(2015). **학교폭력 예방의 이론과 실제**. 서울: 학지사.
이규미(2006). 학교폭력의 특수성과 전문성. 문용린 외. **학교폭력 예방과 상담**. 서울: 학지사.
이동형, 이승연, 신현숙(2011). **괴롭힘의 예방과 개입.** 서울 : 학지사.
이명우 외(2005). 경찰사이버전 체제운영을 위한 학교폭력가해자 모형 개발. 한국청소년상담원.
이명준, 진의남, 서민철, 김정우, 이주연, 김병준, 박혜정(2017). 교과교육과 창의적 체험활동을 통한 인성교육 활성화 방안. 경제 · 인문사회연구회 협동연구총서. 연구보고 RRC 2011-7-1.
이성흠(2016). 체험중심 인성교육 프로그램이 초등학생의 삶에 대한 긍정적 태도형성에 미치는 효과. **교육문제 연구,** 29(1), 309-336.
이성흠, 김진규, 윤초희, 홍정근(2017). 교과연계형 인성교육중심 수업 프로그램 개발과 적용 효과. **열린교육연구,** 25(4), 1-21.
이수연, 김문섭(2005). 일반청소년과 비행청소년의 가족의 심리적 환경 및 또래환경, 자기통제력의 비교. **대구한의대 학생생활연구,** 10(1), 63-95.
이은영(2004). SER 사회과 인성덕목체계의 타당성 연구. 경인교육대학교 교육대학원 석사학위논문.

이은정(2007). 전문상담교사를 위한 학교폭력 중재무형 구안. 한국교원대학교 석사학위논문.

이익섭, 김근식(1998). 청소년 비행화 과정에 관한 연구: 중학생을 중심으로. **한국사회복지학, 35,** 319-344.

이정숙, 권영란, 김수진(2007). 청소년의 집단따돌림 피해와 우울이 자살사고에 미치는 영향. **정신간호학회지,** 16(1), 32-40.

이한주(2017). 학교폭력피해경험이 우울에 미치는 종단적 연구: 자아존중감과 자아탄력성의 매개효과. **한국학교보건학회지** 30(3), 274-283.

이현림, 김말선, 박춘자(2012). **학교폭력상담의 이론과 실제**. 파주: 한국학술정보.

이호택(2012). "가정폭력 노출 경험이 청소년의 학업성적에 미치는 영향 부모애착의 매개효과." **한국교육논단** 11(1): 25-52

인성교육지원센터(프로그램/지도자료). http://insung.kedi.re.kr/information/info_list2.do

임수현 역(2014). **쇠이유, 문턱이라는 이름의 기적.** 파주: 효형 출판.

임재연(2012). 학교폭력 상담 매뉴얼. 문용린 외. **학교폭력 예방과 상담.** 서울 : 학지사.

장미경 외 역(2005). **상담 및 심리치료 대인과정접근.** 서울 : 시그마프레스.

장연주, 신나민 (2014). 교수학습방법으로써 교육연극 활용 사례연구. **열린교육연구,** 22(1), 21-40.

장현숙(2019). 관계형성을 위한 회복적 생활교육 프로그램이 초등학교 고학년의 공감능력 및 또래관계의 질에 미치는 영향, 경인교육대학교 교육전문대학원 석사학위논문.

전영주, 이영아, 이경희(2014). **학교폭력예방 길라잡이.**

정옥분(2005). **청년심리학**. 서울: 학지사.

정창우, 손경원, 김남준, 신호재, 한혜민(2013). 학교급별 인성교육 실태 및 활성화 방안. 교육부 정책연구개발사업.

정창우, 손경원, 김남준, 신호재, 한혜민(2013). **학교급별 인성교육 실태 및 활성화 방안.** 교육부.

정해창 외(1996). **인간성의 회복**. 한국정신문화연구원.

조민경, 조한익(2019). 가정학대가 청소년의 학교폭력 가해 및 피해경험에 미치는 영향: 공격성과 우울의 매개효과. **한국심리학회지:학교,** 16(1), 17-38.

조혜경(2015). 초등학교 고학년 아동의 공감능력 및 자기조절능력과 학교생활적응능력의 관계. 경인교육대학교 석사학위논문.

차명호 외 (2013). **미래로 가는 e 리더-사이버폭력예방워크북(중등용)**. 교육부, 세종시 교육청.

천세영, 김왕준, 성기옥, 정일화와 김수아(2012). **인성교육 비전 수립 및 실천방안 연구**. 서울: 교육부.

천창희(2014). 아동의 마음의 이론발달과 사회적 마람직성이 친사회적 행동에 미치는 영향. 성균관대학교 석사학위논문.

청소년보호위원회(2003). **학교폭력 가해학생 선도 · 교육 프로그램.**

청소년폭력예방재단 (2008). 위풍당당 무지개 학교폭력 가해 청소년 선도 프로그램 개발. 청소년폭력 예방재단 교육자료.

청소년폭력예방재단(1996). **학교폭력, 고통 받는 아이들을 위해 무엇을 할 것인가? 예방에서 대책까지**. 서울: 한울림.

청소년폭력예방재단(2004). **내가 바로 지킴이.**

최미경(2006). 아동의 또래괴롭힘 및 자아존중감과 외로움 간의 관계. **아동학회지,** 27(4), 133-145.

최원호(2016). **인성교육개론**. 서울: 학지사.

최일춘. 입학사정관제와 인성평가(file:///C:/Users/15U530/Downloads/입학사정관제와_인성평가%20(1).pdf)

최지윤(2009). 청소년의 또래괴롭힘 피해경험이 우울증상에 미치는 영향에서 정서조절 양식의 중재효과. 숙명여자대학교 석사학위논문.

충청남도교육청(2015). **학생중심 생활교육 매뉴얼.** 충청남도교육 2015-1343.

충청북도교육연구정보원(2019). **회복적 생활교육 실천 가이드북**.

학교폭력상담협회(2015). **학교폭력상담 이론과 실제**. 파주: 양서원.

학교폭력예방교육지원센터(2020). **어울림 프로그램 소개**. https://www.stopbullying.re.kr/board?menuId=MENU00345&siteId=SITE00002

한국교육개발원(2013). 어울림 학교폭력예방 프로그램 연수안내.

한국교육개발원(2014). 2014 **교육정책네트워크 연계 정책워크숍 인성교육 활성화 방안.** 연구자료 CRM 2014-97.

한국정보문화진흥원 인터넷중독예방상담센터(2003). **인터넷중독자가진단검사(K-척도)와 예방교육프로그램.**

한시언, 장재홍(2017). 청소년의 아동기 학대경험과 학교폭력 가해, 피해경험 간의 관계: 초기 부적응도식을 매개로. **한국심리학회지: 학교,** 14(1), 69-87.

허미경(2008). 역할극을 활용한 중학생 학교폭력 예방프로그램 개발 연구. **한국사이코드라마학회지,** 11(2), 37-52.

홍미, 김효진(2007). "아동학대 및 방임실태와 정책과제."『**보건복지포럼**』2007: 47-59.

Allison, B. N.(2000). Parent-adolescent conflict in early adolescence: Precursor to adolescent adjustment and behavior problem. *Journal of Family and Consumer Science*, 92(5), 53-56.

American Psychiatry Association(2000). *Diagnostic and statistic manual of mental disorders, fourth edition, text revision.* Washington. DC: Author.

Aronson, E., Willerman, B., & Floyd, J.(1966). The effect of a pratfall on increasing interpersonal attractiveness. *Psychonomic Science, 4*(2), 227-228.

Boivin, S., lavoie, F., Hebert, M., & Gagne, M. H.(2012). Past victimization and dating violence perpetration in adolescence: The mediating role of emotional distress and hostility. *Journal of Interpersonal Violence, 27*(4), 662-684.

Bukowski, W. M., & Kramer, T. (1986). Judgments of the features of friendship among schoolage and early adolescent boys and girls. *Journal of Early Adolescence, 6,* 331-338.

Burns, R. C., & Kaufman, S, H.(1970). *Kinetic family drawings(KFD): An introduction to understanding children through kinetic drawings.* NY : Brunner/Mazel.

Camarena, P. M., Sarigiani, P. A., & Petersen, A. C.(1990). Gender-specific pathways to intimacy in early adolescence. *Journal of Youth and Adolescence,* 19, 19-32.

Coloroso, B. (2003). *The bully, the bullied, and the bystander.* New York, New York:

Craig, W. M.(1998). The relationship among bullying, victimization, depression, anxiety, and aggression in elementary school children. *Personality and Individual Differences, 24,* 123-130.

Elkind, D. E. (1978). Understa nding the young adolescent. Adolescence, Spring, 127-134.

Elkind, D. E.(1967). Ego-centrism in adolescence. *Child Development, 38*, 1025-1034.

Erikson, E. H.(1950). *Childhood and society*. New York: Norton.

Gilligan, C.(1982). *In a different voice: Psychological theory and woman's development.* Cambridge. MA: Harvard University Press.

Goldstein, G., & Hersen, M.(1990). *Handbook of Psychological assessment.* NY: Pergamon Press.

Gordon, M.(2003). Roots of Empathy: Responsive parenting, caring societies. *Keio J Med, 52*(4), 236-243. From http://www.kjm.keio.ac.jp/past/52/4/236.pdf

Grotevant, H. D., & Cooper, C. R. (1986). Individual in family relationships: A perspective on individual differences in the development of identity and role-taking skill in adolescence. *Human Development, 29*, 82-100.

Grunebaum, H., & Solomon, L.(1980). Toward a peer theory of group psychotherapy, I: On the developmental significance of peers and play. *International Journal of Group Psychotherapy, 30*(1), 23-49.

Harper Collins Publishers Inc.

Hazler, R. J.(1996). Bystanders: An overlooked variable in peer abuse. *The Journal for the Professional*

Counselor, 11, 11-21.

Heath, M. A., & Sheen, D.(2005). *School-based crisis intervention: Preparing all personal to assist.* New York: The Guilford Press.

Hunter, W. J. and Austin, R. (2020). Blended and Online Learning for Global Citizenship: New Technologies and Opportunities for Intercultural Education. Routledge.

Janson, G. R., & Hazler, R. J., Carney, J. V., & Oh, I. (2009). Bystander's reactions to witnessing repetitive experiences. *Journal of Counseling and Development, 87*, 319-326.

Kohlberg, L.(1976). Moral stages and moralization. In T. Lickona(Ed.), *Moral development and behavior.* New York: Holt.

Kohlberg, L.(1979). *The meaning and measurement of moral development.* Heinz Werner Memorial Lecture. Worcester: Clark University Press.

Lee, S. C.(2012). Research on the relationship between teenagers`exposure to domestic violence and exercising school violence. *Forum for Youth Culture, 29*, 116-135.

Lewinsohn, P. M., Hops, H., Roberts, R. E., Seeley, J. R., & Andrews, J. A.(1993). Adolescent psychopathology: 1. prevalence and incidence of depression and other DSM-Ⅲ disordersin high school students. *Journal of Abnormal Psychology, 102,* 133-144.

Macklem, G. L. (2003). *Bullying and teasing* : *Social power in children's groups.* New York: Kluwer Academic Pub.

Marcia, J. E.(1980). Identity in adolescence. In J. Adelson (Ed.), *Handbook of adolescent psychology* (pp. 157-187). New York: John Wiley.

Olweus, D.(1993). *Bullying at school: What we know and what we can do.* Oxford, UK: Blackwell Publishers.

Olweus, D.(1993). Victimization by peers: Antecedents and long-term outcomes. In K. H. Rubin & J. B. Asendorpf(Eds.), *Social withdrawal, inhibition and shyness in childhood*(pp. 411-456). New Jersey: Lawrence Erlbaum Associates.

Olweus, D.(1994). Annotation: Bullying at school: Basic facts and effects of a school based intervention program. *Journal of child psychology and psychology, 35,* 1171-1190.

Olweus, D.(2005). A useful evaluation design and effect of the Olweus Bullying Prevention Program. *Psychology, Crime & Law, 11*(4), 389-402.

Piaget, J.(1952). *The origins of intelligence in children.* New York: International Universities Press.

Piotrowski, C.(1997). Use of the Millon Clinical Multiaxial Inventory in clinical practice. *Perceptual and Motor Skills, 84,* 1185-1186.

Reynolds, W. M., & Mazza, J. J.(1999). Assessment of suicidal ideation in inner-city children and young adolescents: Reliability and validity of the Suicidal Ideation Questionnaire-JR. *School Psychology Review,* 28, 17-30.

Reynolds, W.(1987). *Suicidal Ideation Questionnaire: Professional Manual.* Odessa, FL: Psychological Assessment Resources.

Rice, F. P.(1998). *Human development.* New Jersey: Prentice Hall.

Robins, C. J., & Block, P.(2001). Personality vulnerability, life events and depressive symptoms: A test of a specific international model. *Journal of Personality and Social Psychology, 65, 747-762.*

Rogers, C. R.(1982). Reply to Rollo May's letter. *Journal of Humanistic Psychology,* 22(4), 85-89.

Rogers, C. R.(1986). Client-Centered Therapy. In I. L. Kutash & A. Wolf(Eds.), *Psychotherapist's Casebook*(pp.197-208). San francisco: Jossey-Bass.

Salmivalli, C.(1999). Participant role approach to school bullying: Implications for interventions. *Journal of Adolescence,* 22, 453-459.

Salmivalli, C., Poskiparta, E., Tikka, A., & Poyhone, V.(2009). *KiVa Koulu. Opettajan poas. Vuosiluokat* 1-3. [KiVa. Teacher's manual. Unit 1]. Kaarina, Finland : Ministery of Education.

Santos, R. G., Chartier, M. J., Whalen, J. C., Chateau, D., & Boyd, L.(2011). Effectiveness of school-based violence prevention for children and youth: Cluster randomized field trial of the Roots of Empathy program with replication and three-year follow-up. *Healthcare Quarterly, 14,* 80-91.

Santrock, J. W.(2010). *Adolescence*(13th ed). New York: Mcgraw-Hill.

Snowman, J., McCown, R., & Biehler, R.(2011). *Psychology Applied to teaching*(13th ed.). Boston, MA: Houghton Mifflin.

Stiff-Williams, H. R.(2010). Widening the lens to teach character education alongside standards curriculum. *The Clearing House. 83*, 115-120. doi:10.1080/00098651003653030

Sullivan, H. S.(1953). *The interpersonal theory of psychiatry*, 39-44.

University of Turku(2012). KiVa antibullying program-parent's guide. KiVa Program & University of Turku.

Wal, M. F., Wit, C. A. M., & Hirasing, R. A. (2003). Psychosocial health among young victims and offenders of direct and indirect bullying. *Pediatrics, 111*(6), 1312.

Zimmerman, P. (2004). Attachment representations and characteristics of friendship relations during adolescence. *Journal of Experimental Child Psychology,* 88, 83-101.

| 찾아보기 |

저자소개

조형정

고려대학교 교육학과 졸업

고려대학교 교육학과 석사, 박사(교육방법)

고려대학교 고등교육정책연구소 연구교수

고려대학교 교수학습개발원 연구교수

현, 순천향대학교 교직과정부 조교수

김명랑

성신여자대학교 교육학과 졸업

고려대학교 교육학과 석사, 박사(교육공학)

고려대학교 고등교육정책연구소 연구교수

성신여자대학교 교육학과 부교수

현, 인천인재평생교육진흥원 선임연구원

조민희

고려대학교 교육학과 박사(상담)

한성대학교 학생상담센터 초빙교수

현, 포레스타 심리상담연구소 소장

현, 고려대학교 교육대학원 겸임교수

현, 서울사이버대학교 상담심리학과 겸임교수

제2판

학교폭력예방 및 학생의 이해

1판 1쇄 발행 2017년 3월 2일
1판 3쇄 발행 2020년 3월 5일
2판 1쇄 발행 2023년 3월 5일
2판 2쇄 발행 2025년 1월 30일

저　　자 | 조형정 김명랑 조민희
발 행 인 | 박철용
발 행 처 | 양서원
주　　소 | 경기도 파주시 직지길 522 파주출판도시
전　　화 | 031-955-8000(代)
팩　　스 | 031-955-8005
홈페이지 | www.yswpub.co.kr
이 메 일 | yswgroup@naver.com
출판등록 | 1987년 11월 24일 제 406-2003-037 호

ISBN 978-89-994-1344-5

정가 23,000원